중등 수학 수업 이야기

이경화 · 김동원 · 김 연 · 문성재
노정원 · 정혜윤 · 박진형 · 구나영 지음

KM 경문사

중등 수학 수업 이야기

STORIES FROM SECONDARY SCHOOL MATHEMATICS CLASSES

이경화
김동원
김 연
문성재
노정원
박진형
정혜윤
구나영
지음

KM 경문사

머리말

저자들은 중등 수학 수업을 설계, 실행, 성찰하는 일에 오랜 기간 참여하면서 복잡한 수학 수업 사태를 세밀하게 예상하여 준비하고 실행하며, 기록하여 깊이 이해하는 일의 중요성을 절실히 체감하였습니다. 수학 수업은 교사와 다수의 학생이 함께 만드는 예술 공연처럼 저마다의 역할을 충실히 수행하고 서로 협력하며 조화를 이룰 때 즐겁고 유익하게 펼쳐질 수 있습니다. 그런데 모든 공연이 그러하듯이 아무리 철저히 준비해도 시간과 공간, 분위기, 구성원의 기분과 정서가 서로 영향을 주고받아서 실제로 펼쳐지는 수학 수업의 양상은 예상한 것과 매우 다를 수 있습니다. 이런 점 때문에 교사는 수학 수업이 마무리될 때까지 긴장의 끈을 놓을 수 없고 크고 작은 성패를 결과로 받아들이며, 연구자는 수학 수업을 볼 때마다 새롭게 고려하여 연구할 문제를 무궁무진하게 찾을 수 있습니다. 수학 수업은 수학을 가르치고 배우는 크고 작은 기적으로 가득 찬 한편, 보이지 않는 수고와 간절한 노력에도 불구하고 무수히 가르치지 못하고 배우지 못하는 안타까운 미끄러짐으로도 점철되어 있습니다. 이 모든 순간을 세밀하게 살피고 고민하는 일은 매우 도전적이고 중요합니다.

우리나라에서 수학 수업의 설계, 실행, 성찰을 실제 데이터 기반으로 활발하게 논의한 것은 2000년대 초반부터입니다. 이 시기에 여러 교과에서 질적 연구 방법에 따라 수업을 기록하여 분석하는 연구가 많아진 분위기가 한몫을 한 듯합니다. 1990년대에 연이어 이루어진 수학적 지식의 교수학적 분석 연구들은 수학 수업을 보는 깊은 안목과 통찰로 활용되기도 하였습니다. 현장에서 공동체를 이루어 수학 수업을 연구하는 모임도 생겨나고 이를 바탕으로 수학 수업 역량을 기르려는 시도가 이루어지기도 했습니다. 교사와 연구자 사이의 교류를 활성화하여 수학 수업 개선 방안을 도출하도록 지원하는 체제도 만들어졌다가 사라지기를 반복했습니다. 이 시점에 돌아보면 아쉬움도 있으나 그래도 저간의 사정을 모르는 이에게 그동안 수학 수업을 사례 중심으로 이해하려는 시도가 어느 정도 이루어졌다고 말할 수 있습니다. 그런데 상대적으로 중등 수학 수업은 견고한 관례의 벽을 허물기 어려운 면이 있었습니다. 특히, 고등학교의 수학 수업을 대학입시 준비의 과정으로 여겨서 수업을 공개하거나 새롭게 설계, 실행, 성찰할 수 없다고 생각하는 경향도 있었습니다. 이로 인해 고등학교를 끝으로 더 수학을 공부하지 않는 상당수 학생에게 수학과 수학 학습 경험에 대한 부정적인 인식을 수학 수업에서 집중적으로 심어주는 아이러니한 상황입니다. 우리는 척박한 여건에서 용기 내어 수업을 열고 함께 고민했던 훌륭한 교사들 덕분에 불가피한 관례, 부정적인 인식, 아이러니의 고리를 끊어낼 수 있다는 희망이 담긴 중등 수학 수업 이야기를 할 수 있게 되었습니다.

1장에서는 우리가 하려는 중등 수학 수업 이야기의 배경을 제시합니다. 우리나라의 중등 수학 교실에서 수집한 상세한 모습과 언어는 그 자체로 힘이 있다고 생각합니다. 그렇지만 중등 수학을 가르치는 일에 들어서고자 하는 예비교사와 이미 그 일에서 기쁨과 좌절을 느낀 현직교사가 중등 수학 수업 이야기에 주의를 기울여 얻게 되는 보람을 수학 수업 역량의 측면에서 짚어 보고자 합니다. 아울러 우리가 내어놓는 중등 수학 수업 이야기가 수업 이전과 이후에 걸쳐 있다는 점, 꼼꼼히 기록하여 관련 연구에서 말하는 지혜와 통찰에 비추어 세밀하게 살펴본다는 점을 언급합니다. 우리가 책의 부제를 '수학 수업의 설계, 다큐, 톺아보기의 삼중주'로 정하게 된 배경도 풀어 놓습니다. 이 책의 하이라이트인 2장부터 11장까지의 내용을 어떻게 읽기를 바라는지 설명하는 것으로 1장을 마무리합니다.

2장부터 11장까지는 중등 수학 수업 사례로 이루어져 있습니다. 중학교의 '선분, 직선, 반직선', '연립방정식', '미지수가 2개인 일차방정식', '대푯값', 고등학교의 '명제의 대우', '역함수', '확률', '조건부확률', '함수의 증가와 감소, 극대와 극소', '모평균 추정'을 주제로 하는 수학 수업의 설계와 실행, 성찰에 대하여 다루고 있습니다. 저자들은 각 수업의 주요 장면을 분석하여 출판한 논문을 대폭 재구성하여 수학 수업의 진면모를 드러내는 여러 측면을 새로운 이해와 통찰에 근거하여 제시하였습니다. 예비교사와 현직교사가 공동체를 이루어 열 개의 수학 수업 사례를 이해하면서 토론하는 기회를 제공하기 위하여 각 사례를 '수업 밑그림', '생각해 보기', '다큐와 톺아보기', '결론'의 네 부분으로 통일감 있게 구성하였습니다. '수업 밑그림'에서 수업의 배경과 중점 사항을 가볍게 확인하고, '생각해 보기'를 통하여 예상되는 쟁점을 미리 파악할 수 있습니다. '다큐와 톺아보기'에서는 수업 설계, 실행, 성찰 관련 양상에 대한 세부 기록과 분석 관점을 통하여 각 사례를 간접적으로 체험할 수 있습니다. 마지막으로 '결론'에서는 앞서 확인한 쟁점에 대하여 저자들이 사례 기반으로 도출한 시사점, 해당 주제의 수업을 설계, 실행, 성찰할 때 참고할 수 있는 통찰과 아이디어를 볼 수 있습니다.

12장에서는 저자들이 해당 수업의 설계, 다큐, 톺아보기를 통하여 발견한 수학 수업의 특징을 살펴봅니다. 2장부터 11장까지 제시한 수업 사례를 비교하면서 살펴보면, 각 수업의 독특한 면과 여러 수업을 관통하는 양상을 확인할 수 있습니다. 예를 들어, 수업에 따라 교과서 과제를 그대로 사용하기도 하고 전면 재구성하여 활용하기도 했는데, 수업 목표, 내용, 방법을 고려하여 자율적으로 내린 판단이었다는 공통점이 있습니다. 수업마다 국가교육과정과 연계하는 양상은 달랐으나, 수학적 역량 교육이나 깊이 있는 수학 학습을 촉진하기 위한 교수·학습 방법을 도입하였다는 점에서는 비슷했습니다. 이외에도 수학적 의미 탐구 촉진, 수학적 표현 활용, 교사의 역할 등에서 각 수업이 시도하여 확인한 크고 작은 가능성과 잠재력을 수학 수업의 특징으로 정돈할 것입니다. 13장에서는 중등 수학 수업의 설계, 다큐, 톺아보기의 의미와 절차를 간략하게 제시합니다. 아울러 실제로 이 활동을 계획하여 실행하고자 하는 예비교사와 현직교사 공동체를 상상하고, 이들이 구체적으로 어떤 경험과 성장을 기대할 수 있는지도 기술합니다.

중등 수학 수업 이야기를 펼치면서 우리가 가장 기대한 바는, 중등 수학 수업의 설계, 다큐, 톺아보기의 조화를 추구하는 일이 중요함을 알고 기꺼이 동참하는 예비교사와 현직교사가 점차 늘어나서 우리나라의 중등 수학 수업을 애정 어린 눈으로 바라보고 이해하는 마음을 널리 공유하는 것입니다. 그 마음으로 우리나라의 중등 수학 수업 관련 판단, 의사 결정, 비판, 논의, 개선을 지속한다면, 교사와 학생이 중등 수학을 사이에 두고 함께 배우고 성장할 수 있다고 생각합니다. 부디 이 책이 훌륭한 교수자와 독자들을 만나 흥미롭고 도전할 가치가 있는 전문가의 일로 중등 수학 수업을 이해하고 말하며 나누는 계기로 활용되기를 소망합니다.

2025. 1.

저자 일동

차례

제1장 중등 수학 수업 이야기의 배경

제2장 선분, 직선, 반직선 추론 수업

제3장 연립일차방정식 수업

제4장 미지수가 2개인 일차방정식 수업

제5장 대푯값 수업

제6장 명제의 대우 수업

제7장 역함수 수업

제8장 고등학교 확률 수업

제9장 조건부확률 수업

제10장 함수의 증가와 감소, 극대와 극소 수업

제11장 모평균 추정 수업

제12장 <장면들>에 나타난 수학 수업의 특징

제13장 중등 수학 수업의 설계, 다큐, 톺아보기 실습

부 록

제 1 장

중등 수학 수업 이야기의 배경

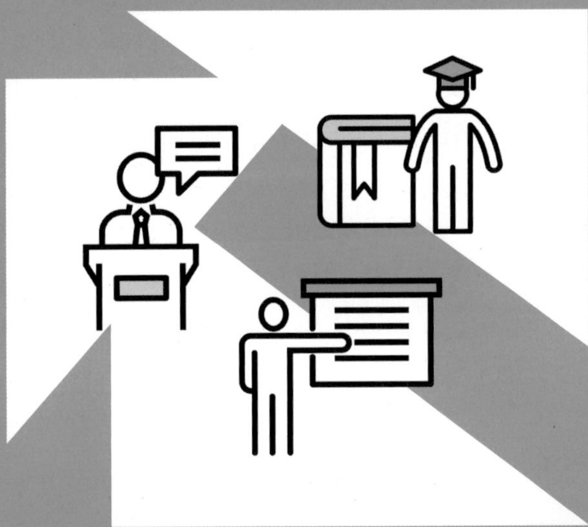

Shulman(2004)은 인류의 발명품을 통틀어 교사가 가르치는 행위, 곧 수업이 아마도 가장 복잡하고, 도전적이며, 힘들고, 미묘하며, 섬세하고 두려운 활동일지 모른다고 하였다. 많은 수학교육 연구자들도 수학 수업이 복잡하며 미묘하고 섬세한 측면으로 이루어져서 이해하기 어려운 사태라고 언급하였다. 1장에서는 예비교사와 현직교사가 중등 수학 수업의 사례를 기반으로 수학 수업 역량을 길러야 하는 이유와 배경을 알아본다. 아울러 이 책의 2장부터 11장까지 제시할 열 개의 중등 수학 수업 사례를 개관한다. 마지막으로, 각 수업 사례를 일관된 구조로 기술하기 위하여 우리가 택한 핵심 항목인 '수업 밑그림', '국가교육과정', '다큐와 톺아보기', '결론'을 어떻게 읽어야 하는지 안내한다.

1 중등 수학 교사 되기와 수학 수업 역량

우리나라 중·고등학생의 장래희망 1위는 최근까지 변함없이 교사(김민경 외, 2022)이다. 2000년대부터 학교 붕괴, 교실 붕괴, 수업 붕괴(김민, 2000)에 대한 우려의 목소리가 높고, 교사의 직무 스트레스(옥장흠, 2009), 교사의 심리적 소진(김은주, 2017), 교사의 위축이나 정체성 변화(권미경, 김천기, 2015) 등 심각한 이슈가 이목을 끌고 있음을 고려하면 교직에 대해 변함없이 높은 인기가 불가사의하다. 아마도 척박한 우리나라의 교육 현실에서 적지 않은 교사들이 좋은 어른의 모습으로 살아가기에 가능한 일이 아닐까. 최근에는 대학입시 준비 수단이 점차 다양화, 첨단화, 자본화되고, 인공지능 기술 발달로 수학 교수·학습의 의미와 방법도 상당한 변화를 겪고 있다. 이런 시기에 '중등 수학 교사 되기'를 꿈꾸는 예비교사들이 급격한 변화의 파고를 넘으려면 결국 수학 수업을 설계, 실행, 성찰하는 역량을 길러야 한다. 첨단 기술은 가르칠 수학의 일부를 알고리즘으로 인식하고 표현할 수 있으나, 대다수 가르칠 수학은 수학 교사와 학생 사이에 이루어지는 상호작용과 그 과정에서 공유되는 수학적 의미와 감수성, 지향, 신념 등에 영향을 받아 임시적이고 계속 진화하는 형태로 존재하며 유한의 알고리즘으로 변환되기 어렵기 때문이다.

수학 수업은 복합적이고 미묘한 사건의 연속으로 볼 수 있어서 수학 수업 역량을 이루는 하위 요소가 매우 많다. 그중 일부를 제시하면 다음과 같다.*

- 가르칠 수학에 대한 깊은 이해와 지식(Mathematical Knowledge for Teaching, MKT)
- 교육과정을 적절히 해석하여 적용하는 능력(교육과정 추론 능력)
- 학생의 수학에 대한 흥미와 수학 학습 동기를 촉진하는 능력
- 학생의 문제해결 및 사고 과정을 이해하고 창의적인 탐구를 지원하는 능력
- 학생의 필요와 요구를 포착하여 시의적절하게 대처하는 능력
- STEAM(Science, Technology, Engineering, Art, & Mathematics) 수업을 설계 및 실행하는 능력
- 플랫폼, 소프트웨어, AI 등 디지털 도구를 활용하여 수학 학습을 강화하는 능력
- 협력적으로 수학을 공부하도록 수업을 조직하고 효과적으로 운영하는 능력

* 각 요소들은 상호 관련되어 있고 의미의 중첩도 있음.

- 사회와 교육과정의 변화를 이해하고 개혁안을 반영하여 수학 수업을 설계 및 실행하는 능력
- 수학 수업 사례를 효과적으로 기록하고 분석하며 공유하는 능력
- 수학 수업 역량을 끈기 있게 개발하는 능력

교원 양성기관에서는 《수학 교재 연구 및 지도법》 또는 이와 비슷한 이름으로 수학 교수법을 다루는 과목에서 위의 수학 수업 능력을 기른다. 교육 실습에서는 실제 수업을 참관하거나 준비하여 실행하면서 실질적인 수학 수업 능력을 함양하게 된다. 그러나 이것만으로는 수학 수업 역량을 함양하는 데 충분하지 않다. 이에 별도로 동아리를 조직하여 수학 수업 역량을 기르기 위한 세미나를 열기도 하고 수학교육 관련 강의에서 모의수업을 설계하고 시연하거나, 졸업논문으로 수학 수업을 설계하여 소규모로 적용한 후 결과를 분석하는 등의 노력이 이루어지고 있다. 예비교사의 수학 수업 역량 강화를 위해 실습학기제나 수습교사제에 대한 논의와 시범 운영도 진행되고 있다. 이와 같은 논의와 제도 정비가 이루어지는 와중에 중등 수학 교사 되기를 희망하는 예비교사가 수학 수업 역량을 함양하기 위하여 할 수 있는 노력 중 하나는, 중등 수학 수업 사례를 가능한 한 많이 접하여 수업의 전반적이고 세부적인 양상을 정교하게 이해하는 것이다. 특히 대략적이거나 피상적으로 기술하여 분석하는 대신 꼼꼼하게 수업의 여러 측면을 기록하고 깊이 있는 통찰과 안목에 비추어 중등 수학 수업을 살펴보는 기회를 가질 필요가 있다.

2 중등 수학 교사로 살아가기와 수학 수업 역량

중학교와 고등학교에 근무하는 수학 교사 각 1명, 예비교사 1명, 사범대학 교수 1명이 좋은 수학 수업의 의미와 실행 방안을 모색하고자 나눈 대화 중 일부는 다음과 같다. 대화에 참여한 현직교사는, '중등 수학 교사로 살아가기'를 한 문장으로 설명하라는 말에, "척박한 수학교육 현실에 불안하게 서 있지만 좋은 수학 수업에 대한 희망과 도전으로 버티는 것"이라고 답하기도 했다.

현직교사 : 건전한 교육과정 해석을 바탕으로 좋은 수학 수업이 가능하다는 교수님의 말씀에 반박할 수는 없지만 그렇다고 전적으로 동의하기도 어려운 상황입니다. 교육과정보다 대입제도 해석이 현장에 훨씬 더 큰 영향을 미치기 때문입니다.

예비교사 : 이론과 현실 사이에 얼마나 큰 간격이 있는지 궁금했는데, 오늘 답을 얻은 것 같아요. 고등학교 때 제가 받은 수학 수업을 떠올려 봐도 교육과정보다는 대입제도가 수업의 내용과 방법에 더 영향을 미친다고 생각합니다.

사범대학 교수 : 현실이 그러한데도 제 주변에 좋은 수학 수업을 위해 노력하는 선생님들이 많으니 새삼 감사하고 소중하다는 생각이 듭니다.

현직교사 : 좋은 수학 수업에 대해 말하거나 들을 때면 무뎌졌던 감정이 마음 깊은 곳에서 다시 꿈틀거립니다. (구체적인 사례를 들어 현실에 좌절하면서도 교원학습 공동체에서 연구하며 배우고 성장했던 경험을 이야기함) 이유 막론하고 제가 수학 교사로 살아가는 한 좋은 수학 수업을 하고 싶어요.

짧은 대화이지만 우리나라 수학교육의 과거, 현재, 미래에 중요한 책임이 있는 세 주체가 대입제도의 영향에 대해 아쉬워하며 좋은 수학 수업에 대해 얼마나 열망하고 있는지 알 수 있다. 저자들이 이 책을 쓰기 위하여 머리를 맞대고 고민할 때도 결론은 매번 비슷하였다. 아무리 시험과 경쟁이 수학교육을 왜곡해도 교육과정을 제대로 반영하여 수업하려 애쓰고, 이론과 현실 사이의 간격을 파악하여 최선책을 찾으며, 감수성을 유지하면서 수학교육의 파수꾼으로 살아가야 한다는 것이다. 그런데 중등 수학 교사로 살아가는 여정에서 정작 중요한 수학 수업 역량을 함양하는 기회는 매우 부족한 실정이다. 중등 수학 수업을 자발적으로 기록하여 나누거나 수업을 공개하는 사례가 희박하다 보니 중등 수학 수업을 연구하거나 이해하는 기회도 극히 부족하다. 이 책에서 소개하는 중등 수학 수업은 이런 상황에서 열린 마음으로 수업을 공개한 교사들 덕분에 기록되고 분석되었음을 고려하면서 사례를 읽으면 좋겠다.

3 수학 수업의 다큐와 톺아보기

수학 수업을 기록한 것을 '수학 수업 다큐멘터리', 줄임말로 '수학 수업 다큐'로 표현할 수 있다. 다큐는 실존하는 사물이나 사건을 기록한 것으로 논픽션 예술의 산물을 가리킨다. 다큐의 라틴어 어원은 'documentum'인데, 흥미롭게도 이 단어의 의미는 '수업(lesson)' 또는 '가르침(to teach or instruction)'이다. 다큐의 반의어인 허구 또는 꾸며낸 것과 달리 실제 또는 실존의 기록물은 그 자체로 가치 있고 의미 있다는 뜻이 이 단어에 포함되어 있음을 알 수 있다. 수학 수업 다큐는 수학 수업의 실제 또는 실존의 기록물을 뜻하며, 우리는 이것이 수학 교사 되기와 수학 교사로 살아가기를 말할 때 비중 있게 다루어져야 한다고 생각한다.

수학 수업 다큐의 대상은 수학 수업 자체만이 아니라 수업을 설계하고, 실행하며, 성찰하는 과정과 결과를 둘러싼 것이다. 수업 참여자의 생각을 담은 말과 행동, 산출물을 녹화 및 녹음, 문서 자료 수집으로 확보하는 것이 수업 다큐의 방법이다. 모든 자료를 빠짐없이 수집해야 하는 것은 아니지만, 자료가 풍부할수록 실제를 이해하는 데 도움이 되고 편견이나 선입견에 의존하여 수학 수업을 이해할 위험을 줄일 수 있다.

수집한 자료를 살펴보면서 수학 교수·학습의 의미를 찾는 과정을 '수학 수업 톺아보기'로 표현할 수 있다. '톺아보기'가 우리말로 샅샅이 살펴보는 활동을 뜻하므로, 수학 수업 톺아보기는 수학 수업을 자세하게 살펴보는 활동으로 보면 된다. '수업 관찰 및 분석', '수업 비평', '수업 장학', '수업 성찰' 등은 이미 학술 저널의 논문에 쓰는 용어인데, 합의된 정의는 없으나 어느 정도 공유된 조건이나 의미가 있다. 예를 들어, 수업 장학은 장학사나 교수, 수석 교사와 같이 권위를 가진 주체가 수업에 참관한 후 수업 평가와 개선점을 전달하는 활동을 가리키는 용어이다. 수업 비평과 수업 성찰은 수업을 마친 후에 수업의 이모저모를 되돌아보는 활동으로, 수업 사태를 평가하고 개선안을 도출하는 의도로 이루어지는 경우가 많다. 이러한 의미 제한에서 벗어나 상황에 따라 작성한 수학 수업 다큐를 꼼꼼히 살펴보는 활동을 뜻하는 새로운 용어로 '수학 수업 톺아보기'를 사용할 수 있다. 수학 수업 다큐와 수학 수업 톺아보기는 권위의 비대칭이나 수업 사태를 평가 및 개선하기 전에 수학 수업 자체를 이해하는 것에 목표를 두는 우리의 입장에 더 적절한 듯하다. 다만 학술적으로 엄격하게 의미를 구분하여 용어를 사용하려는 의도가 아니며 유사한 용어를 혼용할 때도 있을 것이다.

4 수학 수업 다큐와 톺아보기 준비와 실행

수학 수업 다큐와 톺아보기를 위해서는 교육과정 문서, 교과서, 교사용 지도서, 수학 수업 사례 모음, 웹사이트를 포함한 수학 수업 참고 자료, 수학 교수·학습 이론과 선행연구 자료, 녹화 또는 녹음을 위한 도구 등을 준비해야 한다. 항목이 많아 보이지만, 공동체를 이루어 함께 준비하거나 개별적으로 하더라도 몇 회 실행해 보면 노하우가 생겨 부담이 크지 않을 것이다. 공동체에서는 구성원 수와 경력, 관심사를 고려하여 수학 수업 다큐와 톺아보기에서의 역할을 구분하여 준비하고 실행하면 혼자서 결코 파악하지 못했던 역동적이고 복합적인 수학 수업의 측면을 기록하고 톺아볼 수 있다. 개별적으로는 한 학기에 두세 번 시도하면서 자신의 수업 스타일과 그것이 수학적 지식의 교수학적 변환과 다양한 수준의 학생들이 수학을 배우는 데에 미치는 크고 작은 영향을 파악하는 기회로 삼을 수 있다.

먼저 기록하여 톺아볼 수학 수업의 학습 주제를 선정한다. 이어서 '교육과정 추론'** 을 시도한다. 2022 개정 수학과 교육과정을 활용하여 추론한다면, 핵심 아이디어, 성취기준, 성취기준 해설, 성취기준 적용 시 고려 사항, 교수·학습 및 평가 방법 등을 발췌하여 그 의미와 적용 방안, 유의점을 파악하는 과정이 된다. 다음으로 교과서와 교사용 지도서에서 해당 주제를 어떻게 제시하는지, 어떤 유의점이 있는지, 예상되는 학생 반응과 대처 방안은 무엇인지 등을 요약하여 서술한다. 교육과정 자료를 이해한 결과를 종합하여 참신한 아이디어가 있는지 토론하고, 관련 참고 자료를 검색하여 비교하면서 최선의 수업 및 과제 설계, 효과적인 상호작용 방안을 모색한다.

교육과정 추론 과정에서 학생의 반응을 예상할 때 학생이 처한 내·외적 조건을 고려할 필요가 있다. 학습자의 내적 조건으로는 선수학습 수준, 인지 능력, 메타인지 능력, 수학에 대한 흥미와 자신감, 수학적 창의력, 학습 동기 등을 들 수 있다. 교육과정 추론 결과에 따라 수업을 설계한 후 실행하는 과정에서 적절한 순간에 다시 이들 조건 중 일부를 고려해야 한다. 예를 들어, 한 교사가 중학교 3학년 학생을 대상으로 하는 다항식의 인수분해 수업을 준비하여 실행한다고 하자. 학습자의 선수학습 수준을 고려하여 여러 학습 경로를 상정해야 한다. 가령, '자연수의 소인수분해', '두 다항식의 곱', '다항식의 곱셈 공식을 활용한 수의 계산'의 세 범주로 구분하여, 각 범주에 대한 개별

** McDuffie & Mather(2009)가 제안한 용어이다. 교사가 교육과정 지식(curricular knowledge)을 활용하여 교육적 추론(pedagogical reasoning)을 하는 것으로, 교과서의 과제와 설명을 학생이 어떻게 이해하고 해결할지 추론하고 학생에게 적합한 형태로 재구성하는 일련의 사고 과정을 가리킨다.

학생의 학습이 진행되도록 과제를 설계하여 활용할 수 있다. 〈표 1-1〉의 〈선수학습 수준을 고려한 수업 설계와 실행 기록 방안 예시〉와 같이 선수학습 수준에 따라 학습자가 설명, 탐구 활동, 예제, 문제를 받아들이는 양상이 다를 것을 염두에 두고 각 수업의 요소를 적절하게 설계할 수 있다. 선수학습 수준이 다른 여러 학생이 학습에 참여하도록 용어와 내용을 다변화하여 도입부 설명을 준비하고, 세 범주의 선수학습 수준이 높은 학생과 그렇지 않은 학생을 또래 학습 모둠으로 구성하여 탐구 활동을 이끌며, 대다수 학생이 속한 선수학습 수준을 고려하여 예제를 다루고 문제는 수준별로 구성하여 제시하는 방안도 고려할 수 있다. 이것은 예시이며, 상황과 여건에 따라 모둠 구성 방법을 달리할 수 있다.

수업을 준비하고 실행하면서 주안점으로 고려한 조건이 구현되는 양상을 체크리스트, 관찰기록지, 학생들의 자기평가지에 기록할 것을 설계에 반영할 수도 있다. 기록한 자료를 바탕으로 수학 수업에서 일어나는 교수·학습의 효과도 알 수 있고 수학 수업을 성찰할 때도 풍부한 논의가 가능하다. 체크리스트는 실행이 되었는지 그렇지 않은지를 구분하여 표시하거나, 학습의 증거로 볼 수 있는 학습자의 반응 빈도를 헤아리는 등의 용도로 작성한다. 관찰기록지에 특이 사항을 질적으로 서술하여 체크리스트로 확보한 양적인 정보와 비교하면 수학 수업을 이해하는 데 도움이 된다. 그 외의 수업 실행 관련 정보는 녹화 또는 녹음한 자료를 세밀하게 분류하고 분석함으로써 얻을 수 있다. 마찬가지로 학습자의 다른 내적 조건을 고려하여 수학 수업을 설계, 실행, 성찰한다면 수학 수업의 복잡한 측면을 두루 톺아볼 수 있다.

〈표 1-1〉 선수학습 수준을 고려한 수업 설계와 실행 기록 방안 예시

	수업 설계와 실행 내용	기록
설명	• 대다수 학생이 자연수의 소인수분해를 알고 있으므로, 다항식도 분해할 수 있을지 생각해 보도록 동기유발 • 두 다항식의 곱을 모르는 학생이 많으므로 다시 한번 설명하고, 그 역도 가능할지 질문하고 답하면서 인수분해 의미 설명	• 체크리스트1 • 체크리스트2
탐구 활동	• 대수 막대 활용하여 두 다항식의 곱과 인수분해 사이의 관계 탐구 • 두 다항식의 곱을 알고 있는 학생이 멘토, 모르는 학생이 멘티로 활동하도록 함	• 관찰기록지 • 자기평가지
예제	• 다항식의 인수분해 절차와 더불어 두 다항식의 곱과의 관련성도 다시 짚어 연산 후 성찰에 활용하도록 함	• 관찰기록지
문제	• 예제와 동일한 구조의 문제, 일부 변형 문제, 상당 부분 변형 문제를 준비하여 선수학습 수준별로 제시 후 학생들의 수행 정도에 따라 추가 문제 해결하도록 안내	• 체크리스트 • 자기평가지

한편, 선수학습 수준과 인지 능력, 메타인지 능력이 복합적으로 작용하여 상당수 학생이 수학을 학습할 때 오개념이나 오류에 빠지고, 다양한 종류의 어려움을 겪기도 한다. 이에 대해 모든 교사가 지식과 대응 능력을 갖출 수 없으므로, 관련 교수·학습 이론 또는 선행연구를 검색하여 참고하면 수업 설계 및 실행 전략을 세우는 데 도움이 된다. 예를 들어, 조건부확률 수업을 설계하여 실행할 때, 학생들이 주로 어떤 오개념 또는 오류에 부딪히고 이를 어떻게 극복하도록 할 것인지 고민하게 된다. 검색창에 '수학 오개념', '조건부확률 오개념'이라고 써넣으면 아래 두 논문을 쉽게 찾을 수 있다. 첫 번째 논문은 학습자 스스로 수학적 오개념을 자각하고 메타인지 전략을 활용하여 극복하는 방안을 다루고 있다. 두 번째 논문에서는 조건부확률 오개념을 교정하는 데 도움이 되도록 과제를 변형하여 적용한 사례를 제시하고 있다. 두 논문에서 조건부확률 수업에 사용할 과제 설계 아이디어를 찾거나, 학생들이 조건부확률 관련 오개념을 마주하여 극복하도록 수업하는 전략을 세울 수 있다.

- 김수미(1994). 수학적 오개념의 자각과 조종 : Fischbein의 메타인지 전략을 통하여. 수학교육학연구, 4(2), 173-188.
- 이근범(2017). 수학 교사의 과제 변형 및 적용을 통한 조건부확률 오개념 교정. 서울대학교 대학원 석사학위 논문.

학습자의 외적 조건에는 사회·문화적 배경, 가정환경, 학교환경, 교실환경이 포함된다. 환경 조건은 수업의 전반적이고 세부적인 양상에 중대한 영향을 미친다. 예를 들어, 어떤 지역의 학교에서는 절반 이상의 학생이 선행학습을 한다는 점을 고려하여 수학 수업을 설계하고 실행해야 한다. 다른 지역의 학교에서는 다문화 가정 자녀가 상당수 포함되어 있어서 한국어 문해력이 낮은 학생들을 위한 수학 수업을 준비하고 수업 중에도 이를 고려해야 한다. 학습자의 외적 조건을 고려할 때도 학술 검색을 통해 관련 연구를 참고하면 수업 설계 아이디어를 얻는 데 도움이 된다. 예를 들어, 다음과 같은 논문에서 다문화 가정 자녀가 포함된 수학 수업을 설계하고 실행할 때 고려할 사항을 구체적으로 확인할 수 있다.

- 송륜진, 주미경(2011). 다문화 수학교육의 원리와 방법. 교육과정평가연구, 14(2), 101-128.
- 고상숙(2013). 수학 학습 성취도에서 나타난 다문화, 탈북, 저소득층 학생들의 학습부진 특성. 학습장애연구, 10(2), 1-26.

아는 만큼 보인다는 속담처럼, 경험이 풍부하고 관련 이론과 선행연구를 많이 알면 수학 수업에서 동시다발적으로 일어나는 다양한 학습 사태를 포착하는 기회가 그만큼 많아지고, 설계와 성찰 과정에서도 수학 수업에 대한 더 많은 통찰을 얻을 수 있다. 수학 수업 다큐와 톺아보기에 참여하는 구성원이 좋은 연구 자료를 검색하여 함께 공부하고 활용하는 일을 보물찾기처럼 즐기면 공동체와 개인이 함께 성장할 것이다.

5 이 책의 수학 수업 사례

이 책에서 우리는 10개의 중등 수학 수업 사례를 제시한다. 수업 주제는 중학교의 '선분, 직선, 반직선', '연립방정식', '미지수가 2개인 일차방정식', '대푯값'이며, 고등학교의 '명제', '역함수', '확률', '조건부확률', '증가, 감소, 극대, 극소', '모평균 추정'이다. 일부 수업 사례는 이미 분석하여 수학교육 연구 저널에 출판하였으나, 논문에 반영한 부분 외에 수학 수업의 진면모를 드러내는 귀한 자료 대부분을 활용하지 못하고 있음에 아쉬움과 안타까움을 느끼고 있었다. 우리가 작성한 수학 수업 다큐는 풍성한 의미와 정보를 담고 있는데 극히 제한된 부분에만 눈길을 주니 드러난 수학 수업의 모습이 실제보다 빈약함을 한탄하였다. 이에 수업 자료를 다시 꼼꼼히 살펴보고 새롭게 얻은 통찰을 덧붙여 예비교사와 현직교사가 중등 수학 수업에 대한 이해를 꾀하는 기초 자료로 활용하도록 하고자 하였다. 이런 의도를 고려하여 연구 맥락을 최대한 희석하고 수학 수업을 이해하는 데 도움이 되는 형태로 재구성하였다. 일부 수업 사례는 공동체 활동을 통해 이미 다큐와 톺아보기를 거쳤으나 이번 기회에 재해석하여 다른 수업 사례와 함께 세상에 내놓게 되었다.

예비교사와 현직교사가 공동체를 이루어 수학 수업을 이해하기 위한 도구로 수학 수업 다큐와 톺아보기 활동을 할 때 고려해야 할 점을 염두에 두고 각 수학 수업 사례를 '수업 밑그림', '생각해 보기', '다큐와 톺아보기', '결론'의 네 부분으로 구성하였다. '수업 밑그림'에서는 수업의 배경과 중점 사항을 가볍게 스케치하듯이 제시한다. '생각해 보기'는 수업에서 사용할 과제와 상호작용 전략 등 핵심 사항에 주목하여 국가교육과정 및 관련 선행연구와의 연계 가능성을 파악하는 내용으로 이루어진다. 세 번째로 '다큐와 톺아보기'에서는 수업 설계, 실행, 성찰 관련 양상을 기록하고 수학 교수·학습 관점에 따라 그 양상을 해석한 결과를 제시한다. 마지막으로 '결론'에서는 생각해 보기에서 제시한 질문에 저자들이 사례 기반으로 답을 제시하고, 해당 주제의 수업을 설계, 실행, 성찰할 때 참고할 수 있는 통찰과 아이디어를 서술한다.

6 사례 읽기 가이드

6.1 '수업 밑그림' 읽기

수학 수업은 복잡하고 다양한 사건의 결합 또는 연쇄로 이루어진다. 누가, 어떤 의도와 방법으로 수업을 톺아보는가에 따라 드러나는 사건의 측면이나 특징이 결정된다. 수업 관련 정보에는 '수업 환경 및 배경', '학생의 수학 학습 태도와 성취 수준 고려 사항', '학습 목표', '주요 개념과 용어', '핵심 과제 또는 예제', '상호작용 기회와 전략', '문제해결 기회', '탐구 과정', '평가 방법' 등이 포함된다. 저자들은 수업 밑그림에서 톺아보고자 하는 수업 관련 정보 중 일부를 선별적으로 제시하여 개략적으로 수학 수업에 대한 이미지를 가지도록 하였다. 그러므로 수업 밑그림을 읽을 때는 교실 문을 열고 들어가듯이 가벼운 마음으로 해당 수업을 맞이하면 좋겠다. 저자마다 제공하는 정보의 종류, 순서, 깊이가 다른 이유는 저자들이 만난 교실, 교사, 학생이 다양하기 때문이다. 교실의 공기와 문화가 다르므로 자연스럽게 느껴지는 대로 주어진 정보를 확인하는 방식으로 수업 밑그림을 읽으면 된다. 밑그림이기에 세부적인 정보가 나열되어 바로 읽고 이해하기 어려울 수 있다. 이는 당연한 상황이고 저자들의 의도이기도 하므로 여러 정보 중 눈에 띄는 대로, 마음 가는 대로 밑그림을 읽기 바란다.

예를 들어, 〈미지수가 2개인 일차방정식 수업〉의 수업 밑그림은 다음과 같이 시작된다.

> 장교사는 '여행'을 주제로 한 교과 융합 프로젝트에서, '여행 계획 세우기'라는 제목으로 두 차시 수업을 구현하였다. 1차시는 인터넷을 통해 자료를 조사하여 제시된 조건에 맞게 여행의 테마를 정하고 여행지를 선정한 후 여행지 사이의 이동 방법을 구하는 활동이다. 이 글의 대상이 되는 2차시 수업은 1차시 활동을 통해 수집된 자료를 이용하여 미지수가 2개인 일차방정식을 수립하고, 최적의 해를 찾은 다음, 그 해가 최적이 되는 이유를 설명하는 활동이다. 이 수업의 주요 활동은 세 단계로 구분된다.

위의 수업 밑그림에서 학생이 주어진 자료를 파악하여 스스로 여행 테마, 여행지, 이동 방법을 알아보는 즐거운 분위기가 느껴질 것이다. 수학 교과서에서 벗어나 실생활 맥락에서 문제를 도출하여 탐구하므로 학생 스스로 다양한 아이디어, 표현, 추론을 사용할 수 있을 것이다. 그렇게 풍부한 자원을 활용하는 수업에서 교사가 어떤 학습 기회를 포착하고 지원하는지 궁금한 마음을 가지면서 위의 밑그림을 읽으면 된다. 요약하면, 수업 밑그림은 보이는 만큼 보면 된다는 생각으로 읽고, 수업 관련 기본 정보 중 일부에 눈길을 주면 충분하다. 수업 밑그림에서 수업에 대해 원하는 정보를 모두 찾지 못해 의아한 면이 있다면 오히려 저자의 눈길이 머문 특정한 수업의 측면에 주목하면서 다음 단계로 넘어가길 바란다.

6.2 '생각해 보기' 읽기

수업 밑그림을 보면서 누군가는 해당 수업에서 중점적으로 관찰해야 할 사항을 바로 떠올릴 수 있을 것이다. 수업의 달인이거나 유사한 수업에서 고전했던 아픈 기억을 가진 교사, 해당 수업의 내용 지도법을 분석한 연구자는 그렇게 할 수 있을지 모르겠다. 그러나 저자들은 중등 수학 수업을 톺아본 경험이 꽤 있는데도 수업의 중점을 파악하는 데 상당한 시간과 노력이 필요하다고 생각하였다. 이에 '생각해 보기'를 통해 여러 가능한 중점 관찰 포인트 중 일부를 제시하기로 하였다. 수업 밑그림에서 수업의 전반적인 특징을 파악한다면, 생각해 보기에서는 수업의 구체적인 특징을 파악할 렌즈를 얻으면 된다. 예를 들어, 〈모평균의 추정 수업〉에서는 해당 수업에 관련된 국가교육과정의 진술을 찾아 제시한 후, 다음과 같은 점을 생각해 보도록 하였다.

▶ **다음은 2022 수학과 교육과정을 읽은 예비교사가 위 과제에 대해 평가한 내용이다. 읽고 빈 칸에 알맞은 내용을 채우시오.**

> 형석 : 권교사의 과제는 크기가 30인 표본을 분석하여 전교생의 성적 분포를 추정하는 상황을 제시하고 있어. 이러한 점에서 핵심 아이디어의 (   )를 구현하고 있다고 볼 수 있어.
>
> 수지 : 위 과제는 '통그라미'라는 통계 소프트웨어를 활용하여, 학생이 단순 계산에만 집중하는 것에서 벗어나 추정 결과를 해석하고 관련 공식 및 지식을 반성하는 것에 집중하도록 해. 이러한 점에서 성취기준의 (   )를 반영하고 있어.

국가교육과정은 수업의 주요 국면을 설계할 때 고려해야 할 핵심적인 내용과 형식을 담고 있다. 그러나 현실적인 제약으로 국가교육과정과 수업 사이의 간격이 크다. 그 간격을 구체적으로 파악하면 수학 수업은 물론이고 국가교육과정을 이해하고 개선하는 데 도움이 된다. 위에서 두 예비교사의 대화를 채우면 향후 내용을 읽으면서 2022 개정 수학과 교육과정의 '핵심 아이디어'와 '성취기준'을 구체적인 초점으로 하여 해당 수업을 이해하고 개선점을 도출할 수 있다.

국가교육과정과 더불어 우리는 각 수업 사례마다 관련되는 연구 결과를 바탕으로 생각해 볼 문제를 제시하였다. 예를 들어, 〈함수의 증가와 감소, 극대와 극소 수업〉에서는 해당 수업에서 다루는 주제를 학습할 때 부딪히는 어려움과 오개념을 제시한 후, 다음과 같은 점을 생각해 보도록 하였다.

▷ 채교사가 각 수업에서 적용한 과제는 '미분계수를 이용한 함수의 증가, 감소, 극대, 극소의 판정'에 대해 학생이 갖는 학습의 어려움 및 오개념 등을 개선하기 위함입니다. 각 과제에 대한 학생의 반응을 예상해보고, 각 과제와 해당 과제를 통해 개선 가능한 학습의 어려움 혹은 오개념을 짝지어 봅시다.

[과제 1] 주어진 그래프 해석하고 설명하기
[과제 2] $f'(0)=0$의 값을 갖는 함수의 예 구성하기
[과제 3] $x=0$에서 극댓값을 갖는 함수의 예 구성하기

[학습의 어려움 혹은 오개념 1] $f'(a)=0$을 만족하는 함수 $y=f(x)$는 $x=a$에서 극값을 갖는다.
[학습의 어려움 혹은 오개념 2] 함수 $y=f(x)$가 $x=a$에서 극값을 가지면 $f'(a)=0$이 성립한다.
[학습의 어려움 혹은 오개념 3] 그래프 해석과 표현의 어려움
[학습의 어려움 혹은 오개념 4] 열린구간 (a,b)에서 미분가능한 함수 $f(x)$가 그 구간에서 증가하면, 그 구간의 x값에 대해 $f'(x)>0$이다.

저자들은 수업을 톺아본 후 최종적으로 생각해 보기에 대한 결론을 제시하였다. 해당 수업의 사례를 기반으로 내리는 결론이므로 근거 기반이라는 특징이 있다. 독자들도 수업을 구체적으로 기록하여 분석한 장면을 읽으면서 생각해 보기에 대한 나름의 근거 기반 결론을 도출하는 경험을 하길 바란다. 그러려면 생각해 보기를 읽을 때 관

찰 초점이 무엇인지 파악해야 하며, 저자들의 답을 참고하지 말고 나름대로 추측하여 답을 적은 후 저자들의 답과 비교하는 식으로 책을 읽으면 좋다. 생각해 보기를 꼼꼼히 읽어야 하며, 저자들이 왜 그 질문을 생각해 보라고 했는지 고민하면서 읽기를 바란다.

6.3 '다큐와 톺아보기' 읽기

수학 수업은 그 자체로 고도의 전문성과 창의성을 토대로 하는 예술 작품의 성격을 띠며, 그렇기에 수학 수업을 얼마나 전문적이고 창의적으로 해석할 수 있는가에 따라 수학 수업을 이해하는 양상이 달라진다. 수학 수업 다큐와 톺아보기는 수학 수업 전문가들의 창의적인 시도를 존중하고 파악하는 활동이다. 수학 수업 다큐는 수학 수업의 중요한 사태 또는 측면을 드러내는 자료 항목과 형식을 명확히 하여 적절히 기록하는 과정이므로 저자가 어떤 사태 또는 측면을 어떤 자료 항목과 형식으로 기록했는지 확인해야 저자의 다큐 의도를 파악할 수 있다. 우리가 소개하는 열 개의 수학 수업에서는 교사와 학생, 학생과 학생 사이의 상호작용을 다큐의 핵심적인 대상으로 택하고, 참여자의 언어 및 제스처 자료를 녹화하여 전사하였다. 수학 수업에서 이루어진 상호작용을 녹화하여 전사하는 방법은 품이 많이 드는 다큐 방법이지만, 수업을 보는 눈을 바꾸어 다르게 톺아보기가 가능하다는 점에서 유용하다. 예를 들어, 〈모평균의 추정 수업〉에서 저자는 다음과 같은 전사 자료를 제시하면서, 김교사가 권위의 분배를 시도하면서 수업을 진행했는지 확인하는 방식으로 해당 수학 수업을 이해하고자 하였다. 이 기록을 수학적 창의성 교육의 관점에서 파악하여 해당 수학 수업의 효과성을 해석할 수 있다.

김교사 : 보검아, 어떤 방법으로 어느 도형이 더 큰지 어떻게 알 수 있어?
보　검 : 두 도형의 둘레를 구해서 길이를 비교해봐요.
김교사 : 또 다른 사람?
은　우 : 두 도형을 덧붙인 다음 튀어나온 부분을 잘라보면 알 수 있어요.
김교사 : 아 그렇게 비교하는 방법도 있겠다 그치? 수지는?
수　지 : 어떤 작은 물체를 기준으로 해가지고, 각 도형에 그 물건이 몇 개 들어가는지 확인해봐요.
김교사 : 잘했어. 너희 지금 생각한 것들이 다 수학자들이 생각한 거야. 수학자들이 이 과정

을 다 거쳤어. 이게 만약에 논이라고 생각했을 때 논을 떼와 가지고 2개를 막 자르고 이렇게 할 수는 없잖아 그치? 그래서 뭔가 다른 걸로 실험을 해봐야겠다고 생각을 하고 이 수학자들은 어떤 도구를 썼냐면, 어떤 블록을 만들었어. 근데 그 블록이 모양이 어떻게 생겼냐면 ... (정사각형 모양의 스티커를 보여주며) 이런 모양의 블록을 사용했단 말이야.

저자들은 위와 같은 상호작용 전사 자료 외에도, 학습지, 평가지 등 다양한 형태의 기록물을 수집하여 한편으로는 수업 설계 및 실행의 구체적인 맥락과 학습 주제의 수학적 의미를, 다른 한편으로는 해당 맥락만이 아니라 일반적인 수학 수업에서 고려할 수 있는 수학 교수·학습 관점을 렌즈로 해당 수학 수업을 톺아보았다. 예를 들어, 〈대푯값 수업〉에서는 수업 설계를 위하여 여러 차례 과제를 개발하고 수정했는데, 공동체를 이루어 개발한 일차 과제를 예비 적용한 후 학생들의 반응([그림 5-4] 참고)이 담긴 활동지를 수집하여 살펴본 결과를 다음과 같이 제시하였다.

학생들은 주어진 표에 단일한 세트의 해답을 채워 넣는 데에 주로 집중하였으며, 해답을 찾은 뒤에 그 이상의 가능성에 대해서는 더 이상 탐구하지 않았다. 학생들은 세 가지 대푯값의 정의와 알고리즘을 적용하여 필요한 조건들을 대체로 정확하게 고려하긴 하였지만, 그 조건들 사이를 연결지어 보다 정교화된 추측으로 나아가지는 못하였고 이에 따라 세 가지 대푯값으로 가능한 다양한 분포의 가능성과 그 특성에 대한 탐구는 거의 이루어지지 않았다. 또한 많은 학생들이 표만 채우고 해답을 정당화하는 부분은 비워두기도 하였으며, 일부 학생들은 가능한 경우의 수를 좁히기 위해 과제에 주어진 현실 맥락의 측면, 즉 유럽 축구 리그와 관련된 과제 외적인 정보들을 추측에 동원하였다. 위의 그림에서 볼 수 있듯이 학생들은 대푯값 개념과는 전혀 상관없는 축구 팀에 소속된 선수들의 포지션 등을 고려하여 데이터를 추측하고자 시도했다. 이와 같은 학생 반응은 학생들의 초점이 학습 목표와 관련이 없는 배경 맥락 쪽으로 이동해 버렸다는 점에서 메타-인지 이동 현상이 일어난 것으로도 볼 수 있다.

한 차시의 수학 수업을 설계하기 위하여 얼마나 많이 고민하는지 짐작할 수 있는 대목이다. 이런 고민의 흔적은 대부분 사라지고 최종적인 수학 수업 설계와 실행 자료만 남는데, 실제로 일어난 일보다 다채로운 고민의 흔적이 수학 수업을 이해하는 데 더 도움이 될 때도 많다. 수학 수업 다큐와 톺아보기를 읽을 때 겉으로 드러나지 않았던 고민의 흔적을 발견한다면 수학 수업을 이해하는 기회가 증대될 것이다.

6.4 '결론' 읽기

수학 수업을 톺아보면 수업 사태의 다양한 측면이 드러나므로 다양한 시사점을 도출할 수 있다. 그런데 주제에 따라, 여건에 따라, 보는 사람에 따라 다양한 시사점을 도출하더라도 필수적으로 도출해야 할 결론이 있다. 국가교육과정에 제시된 수업의 목표, 내용, 방법이 얼마나 구현되었는지, 관련하여 개선점이 있는지, 해당 수학 수업의 설계와 실행에서 중점적으로 고려했던 교수·학습 이론이나 관점이 어떻게 구현되었는지, 관련하여 시사점이 있는지가 그것이다. 이에 우리는 '결론'을 두 부분으로 구성하였다. 첫 번째 부분에서는 해당 수학 수업이 2022 개정 수학과 교육과정과 어떤 점에서 연계되는지 수학 수업의 구체적인 〈장면들〉을 토대로 살펴보고 시사점을 도출하였다. 두 번째 부분에서는 관련 연구를 참고하여 해당 수학 수업의 설계와 실행 관점을 정한 것에 비추어 해당 수학 수업을 되돌아보고 핵심 제안 사항을 도출하였다. 결론을 읽을 때는 저자들의 해석이 구체적인 〈장면들〉에 의하여 뒷받침되는지, 추가로 필요한 근거가 있는지를 염두에 두어야 한다. 다른 해석이 가능한지, 어떤 조건을 고려할 때 다르게 해석할 수 있는지를 생각해 볼 필요도 있다. 예를 들어, '대푯값' 수업에서는 생각해 보기에 제시한 저자의 질문에 해당 수업 사례를 기반으로 저자가 다음과 같이 답을 제시하였다.

> 이와 같은 맥락에서 이 장에서 다룬 수업과 과제는 중학교 수준에서도 대푯값 개념을 활용하여 학생들에게 통계적 추정을 경험하는 기회를 제공할 수 있다. 이러한 측면은 본격적으로 통계적 추정에 대해서 다루는 고등학교 수준의 통계 교육과정과의 수직적인 계열성과 관련지어 생각해 볼 수 있으며, 또한 통계적 소양의 함양을 강조하는 2022 개정 수학과 교육과정의 취지와도 맥을 같이 한다.

국가교육과정은 수학교육의 목표, 내용, 방법을 제시하는 문서이며, 이를 교사가 어떻게 해석하여 자신의 수업을 설계하고 실행하는지에 따라 수업 양상이 달라진다. 대푯값 수업에서는 통계교육의 목표 중 하나인 통계적 소양 함양을 중점적으로 고려하는 방안을 찾았으며, 사례 기반으로 이와 같은 교육과정 해석에 따라 수학 수업을 설계하여 실행할 수 있음을 결론으로 제시하였다. 만약 국가교육과정의 다른 측면에 주목하여 과제와 수업을 설계한다면 다른 결론을 얻을 것이다. 결론의 두 번째 부분에서 저자들은 해당 수학 수업을 설계, 다큐, 톺아봄으로써 얻은 통찰을 요약하여 제시하였다. 해당 수학 수업을 설계, 다큐, 톺아보는 긴 여정을 마친 후 마지막으로 남기고 싶은 메시지가 결론의 두 번째 부분이다. 저자들이 남기는 메시지를 마음에 담으며 수용적으로 해당 부분을 읽을 수 있다. 메시지에 크게 공감한다면 해당 주제의 수학 수업 설계, 다큐, 톺아보기의 여정을 시작하기 위하여 꼼꼼하게 메시지를 읽고 분석할 수도 있다. 메시지를 다른 주제의 수학 수업에 적용하여 설계, 다큐, 톺아보기를 준비하는 계기로 활용할 수도 있다. 요컨대, 우리가 제시하는 결론은 우리에게 종착점이었지만 독자들에게는 새로운 출발점이 되길 소망한다.

참고문헌

교육부(2023). **학생의 자기주도적 진로개발역량강화를 위한 2023년 진로교육 내실화지원 계획(안)**. 세종: 교육부.

권미경, 김천기(2015). 교사의 관점에서 본 학부모의 소비자 주권적 태도와 그에 따른 교사의 위축 및 정체성 변화. **교육종합연구,** 13(3), 83-109.

김민(2000). 학교붕괴, 신화인가 현실인가? **교육인류학연구,** 3(2), 1-29. 한국교육인류학회.

김민경, 권효원, 문찬주, 박나실, 방혜진, 황승록(2022). **초·중등 진로교육 현황조사**. 세종: 교육부, 한국직업능력연구원.

옥장흠(2009). 교사의 직무스트레스요인이 직무만족과 조직몰입 및 이직의도에 미치는 영향. **한국교원교육연구,** 26(2), 175-200.

McDuffie, A. R., & Mather, M. (2009). Middle school mathematics teachers' use of curricular reasoning in a collaborative professional development project. In J.T., Remillard, B.A., Herbel-Eisenmann, & G.M., Lloyd (Eds.), *Mathematics Teachers at Work: Connecting Curriculum Materials and Classroom Instruction* (pp. 302-320). New York: Routledge.

Shulman, L. S. (2004). Professional development: Leaning from experience. In L. S., Shulman & S. M., Wilson (Eds.), *The wisdom of practice: Essays on teaching, learning, and learning to teach* (pp. 503-522). New Jersey: Jossey-Bass.

제 2 장

선분, 직선, 반직선 추론 수업

교사의 수업 행동은 교사의 수업 의도가 외현화되는 것이며, 그 수업 의도는 교사의 지식, 태도, 신념 및 자기 목표, 제약 등이 상호작용한 과정에서 구성되는 복합체라 할 수 있다. 또한 과제는 수업의 중핵 요소인 동시에 교사 의도가 구체적으로 가시화된 산물이라 할 수 있다. 2장에서는 선분, 직선, 반직선이라는 수학적으로 간단한 내용이 수학적 추론이라는 역량과 결부되어 어떤 방식의 수학적 과제가 설계 가능한지, 그리고 실제 실행 과정에서 설계의 의도와 실행 양상에서 어떤 차이와 간극이 발생하는지, 더불어 수업 교사는 그 차이와 간극을 어떻게 성찰하는지의 제반 과정을 함께 살펴본다.

1 수업 밑그림

선분, 직선, 반직선이라는 세 가지 기본 도형의 의미와 그에 해당하는 기호를 아는 것은 중학교 1학년 학생들에게 그리 부담스럽지 않을 것이다. 수학 교사 입장에서 볼 때, 단순히 이 세 도형의 의미와 기호를 알고, 서로를 구별하는 것으로만 수업의 목표를 한정한다면 교과서에 제시된 내용과 순서 그대로 진행해도 아무런 문제가 없을 수도 있다. 하지만 수학적 내용은 간단하더라도 이를 소재로 학생들이 수학적으로 참과 거짓을 판단해야 하는 상황을 마주하게 하고, 예의 생성을 통해 판단의 근거를 제시하도록 하고, 거짓이라고 판단된 상황이 참이 되도록 하려면 그 상황을 어떻게 수정해야 하는지 제안하게 하는 일련의 경험으로 수업을 구성하고 실행한다면 어떨까?

이 수업은 한 평면 상에 서로 다른 곳에 위치한 점 여러 개가 주어졌을 때, 그 점들을 모두 이용해 만들 수 있는 선분의 개수, 직선의 개수, 반직선의 개수 사이에 모종의 규칙성이 있다는 한 학생의 주장으로부터 시작된다. 수업에 참여한 학생들은 이 주장이 참인지 거짓인지 판단함과 동시에 판단의 근거가 되는 예를 구성해야 한다. 즉, 참이라고 판단했다면 참임을 보여줄 수 있는 예, 거짓이라고 판단했다면 거짓임을 보여줄 수 있는 예를 생성해야 한다. 이어서 하나 또는 여러 개의 반례를 통해 주장이 기각되었다면, 그 주장이 참이 되도록 수정할 기회, 수정된 주장이 참임을 정당화할 기회를 연이어 제공받게 된다. 여기서 소개하는 수업은 이와 같은 일련의 학습 기회 제공이 갖는 잠재력에 관한 것이다.

수업 정보

1. 과제 요약

[과제 1] 한 평면 위의 주어진 몇 개의 점을 지나는 선분, 직선, 반직선의 개수에 관하여, "한 평면 위에 서로 다른 점이 x개 있다면, 주어진 x개의 점으로 만들 수 있는 선분과 직선의 개수는 항상 같고, 반직선은 항상 그 두 배가 된다."는 주장이 참인지 거짓인지 판단하고, 판단의 근거가 될 수 있는 예를 생성하기 (개별활동 및 전체활동)

[과제 2] 찾은 예들을 바탕으로 제시된 추측이 항상 참이 될 수 있도록 아래 문장의 괄호 안에 적당한 표현을 넣어 수정하기

"한 평면 위에 (   ) x개의 점이 주어졌을 때, 주어진 x개의 점으로 만들 수 있는 선분과 직선의 개수는 항상 같고, 반직선의 개수는 항상 그 두 배가 된다."

[과제 3] 수정한 문장이 항상 참인 이유를 설명하기

2. 참여 학생 및 교실 배치

참여 학생 : 중학교 1학년 28명

모둠 배치 : 7개 모둠

<table>
<tr><td colspan="3">6모둠</td><td colspan="2">5모둠</td><td colspan="3">4모둠</td></tr>
<tr><td colspan="2">7모둠</td><td colspan="2">3모둠</td><td colspan="2">2모둠</td><td colspan="2">1모둠</td></tr>
<tr><td colspan="3"></td><td colspan="2">교탁</td><td colspan="3"></td></tr>
</table>

2 생각해 보기

#중학교, #선분, 직선, 반직선, #수학적 추론

1절에서 이 수업의 개요와 간략한 정보를 제공했다. 이제 이 수업으로 들어가기 위한 두 가지 관문을 제시하고자 한다. 첫 번째 관문은 주어진 수업에 대한 정보만으로 2022 개정 수학과 교육과정의 핵심 아이디어 및 성취기준과 관련시켜 생각해 보는 것이다. 두 번째 관문은 이 수업에 사용된 과제의 설계 의도 및 수업의 전개 양상을 이해하기 위한 두 가지 이론적 관점을 생각해 보는 것이다.

2.1 국가교육과정

이 수업의 과제 및 전개와 관련된 사항들을 2022 개정 수학과 교육과정에서 확인해 보면 다음과 같다. 다음을 읽고 두 가지 문제를 생각해 보자.

핵심 아이디어

평면도형과 입체도형은 여러 가지 모양을 범주화한 것이며, 각각의 평면도형과 입체도형은 고유한 성질을 갖는다.

도형의 성질과 관계를 탐구하고 정당화하는 것은 논리적이고 비판적으로 사고하는 데 기반이 된다.

성취기준

[4수03-01] 직선, 선분, 반직선을 이해하고 구별할 수 있다.

[9수03-01] 점, 선, 면, 각을 이해하고, 실생활 상황과 연결하여 점, 직선, 평면의 위치 관계를 설명할 수 있다.

생각해 볼 문제

◆ 이 수업의 과제가 성취기준을 어느 정도 반영하고 있다고 생각하는지 답하시오.

① 반영하고 있지 않다.
② 조금 반영하고 있다.
③ 보통이다.
④ 적절히 반영하고 있다.
⑤ 아주 잘 반영하고 있다.

◆ 2022 개정 수학과 교육과정에서는 추론 역량 함양을 위한 교수학습 방법으로 다음의 세 가지를 제시하고 있다. 이 수업에서 다뤄진 과제와 관련이 있다고 생각되는 표현에 밑줄을 그어 표시하시오.

㉠ 관찰, 실험, 측정 등 구체적 조작 활동을 통해 수학의 개념, 원리, 법칙에 흥미와 관심을 갖고 다양한 방법으로 탐구하고 이해하게 한다.
㉡ 귀납, 유추 등의 개연적 추론을 통해 수학적 추측을 제기하고 정당화하며, 수학적 증거와 논리적 근거를 바탕으로 비판적으로 사고하는 태도를 갖게 한다.
㉢ 수학의 개념, 원리, 법칙을 도출하는 과정과 수학적 절차를 논리적이고 체계적으로 수행하고 반성하게 한다.

수업 밑그림에 제시된 내용을 바탕으로 두 질문에 답해보고, 실제 수업 전개 양상을 예상해본 후 다큐와 톺아보기(3절)을 살펴볼 것을 추천한다.

2.2 수업을 보는 눈

이 수업에 사용된 과제의 설계 의도와 수업의 전개 양상을 이해하기 위해서는 과제 설계의 바탕이 되는 두 가지 주요 관점에 대해 간략히 이해할 필요가 있다. 이 수업의 세 과제는 추측하기(과제 1), 탐구하기 및 수정하기(과제 2), 설명하기(과제 3)라는 일련의 활동이 흐름을 갖도록 구성되었다. 황교사가 이렇게 세 단계로 수업을 설계하고 실행한 배경에는 대만 수학교육학자인 Lin 교수로부터 진단적 추측 교수 모형(Diagnostic Conjecturing Teaching, 이하 DCT)의 원리와 사례에 대한 연수를 받은 경험, 《색다른 학교 수학》(Watson & Mason, 2015) 독서 경험이 작용하였다. 따라서 진단적 추측 교수와 예 만들기가 무엇인지 간단히 알아보고, 이 수업의 과제와 어떻게 연결되는지 파악해보도록 하자.

2.2.1. 진단적 추측 교수(DCT)

DCT 모형은 우리와 상당한 문화적 공통점을 갖고 있는 대만의 수학교육학자들(Chen, et al., 2014)에 의해 제안되었다. DCT는 수학적 추측과 진단적 교수를 통합하기 위한 매개적 틀로서의 절차화된 반박 모형이다. 이 모형을 적용해서 가르치면 학생들의 이해를 제고하고, 오개념을 교정할 수 있으며, 추측 능력과 증명 능력을 향상시킬 수 있는 것으로 알려져 있다.

DCT 모형에 따른 수업에는 참여 원리, 검사 원리, 구별 원리, 수정 원리, 증명 원리의 5가지 원리가 적용되는데, 이 원리들은 각각 수업에서 학생들의 활동 순서에 상응한다. 각 원리와 해당 활동 순서를 이 수업에 사용된 과제와 연결하여 설명하면 다음과 같다. 첫째, 참여 원리는 학생들이 거짓인 명제나 오개념이 포함된 수학적 상황에 관여하는 기회를 제공하는 것이다. 이 기회를 통해 학생들은 자신의 오개념을 끌어낼 수 있는 수학적 상황을 관찰하는 활동을 경험한다. 가령, 한 학생이 “한 평면 상에 서로 다른 점이 x개 주어졌을 때, 주어진 x개의 점으로 만들 수 있는 선분과 직선의 개수는 항상 같고, 반직선의 개수는 그 두 배가 된다”라고 주장하는 수학적 상황이 제시되는 것이다. 둘째, 검사 원리는 학생들이 주어진 거짓 명제를 지지하거나 반대하는 예를 생성하게 하는 것이다. 구체적으로 학생들은 제시된 수학적 상황에 대한 관찰을 기반으로 예와 반례를 생성한다. 이때 학생들은 다양한 방식으로 여러 개의 점을 배열하여 선분, 직선, 반직선을 그린 다음, 각각의 개수를 세어볼 수 있다. 셋째, 구별 원리는 예와 반례의 특징을 구별하면서 수학적 추측을 제기하는 것이며, 학생들은 예들의 공통적 성질을 확인하는 활동을 하게 된다. 이렇게 하여 어떨 때 주어진 주장이 참이 되는지, 어떨 때 주장이 거짓이 되는지 구별하는 경험을 하게 된다. 넷째, 수정 원리는 학생들에게 거짓인 명제나 오개념을 수정할 기회를 제공하는 것이며, 학생들은 제시된 수학적 상황을 수정하여 참인 명제를 구성하는 활동을 한다. 따라서 주어진 추측에서 "어떤 세 점도 한 직선 위에 있지 않은"이라는 제한 조건을 포함시켜 참이 될 수 있는 명제를 구성하게 된다. 마지막으로, 증명 원리는 수정된 명제를 증명할 기회를 제공하는 것이며, 학생들은 수정된 수학적 상황을 정당화하는 활동을 한다. 이를 통해 수정된 명제가 항상 참이 되는 이유를 설명하게 된다.

DCT의 장점은 (1) 학생들의 추측하기와 증명하기 능력을 강화하고, 학생들 자신의 오개념을 수정할 비계를 제공한다는 것, (2) 학생들이 새로운 개념을 학습할 수 있는 비계로 사용할 수 있으며, 이때 오개념 형성을 방지한다는 것에 있다. 하지만 학생들이 가질 수 있는 모든 수학적 오개념에 DCT를 적용할 수는 없으며, DCT만이 학생들의 오개념을 방지하는 것은 아니라는 제한점도 가지고 있기 때문에 수업을 설계할 때 유의할 필요가 있다.

2.2.2. 예 만들기

예 만들기는 대안적인 수학 교수학습 방법으로 수학교육 연구공동체에서 폭 넓게 주목받아 왔다(Watson & Shipman, 2008). 예 만들기는 Watson & Mason(2015)에 의해 제안되었으며, 학생들이 다양한 수학적인 예를 생성하고, 이들을 조직화하면서 수학적 탐구에 참여할 기회를 제공하려는 목적을 갖는다. 예 만들기 활동에서 학생들은 다양한 예를 생성할 수 있으며, 예의 범주를 고려하고 비교하는 경험을 할 수 있다(Watson & Mason, 2015). 실제로 학생들은 자신이 생성한 예를 설명하는 가설을 수립하는 과정을 통해 직접 수학적 대상이나 명제 등을 구성할 수 있으며, 예를 생성하면서 추측을 검증하고 개선할 수 있다.

예 만들기 활동의 밑바탕에는 수학과 수학 학습을 바라보는 관점이 존재한다. 우선 수학은 구성적인 활동이며, 학생들이 적극적으로 수학적인 대상, 관계, 질문, 문제, 의미를 구성할 때 수학을 가장 잘 배울 수 있다는 입장이다. 다음으로 수학을 학습한다는 것은 수학적인 생각이 담긴 예에 익숙해지고 그 예들을 일반화하는 것이다. 이렇게 예에 익숙해질수록, 예를 일반화하면 할수록 수학에 대한 지평을 넓힐 수 있다는 것이다.

그렇다면 수학적인 예로 어떻게 개념, 원리, 풀이 방법 등을 설명하거나 예시할 수 있는지 설명이 필요하다. 여기서 예시는 일반적인 것을 특수화하여 제시하는 것이며, 구체적인 사례 내에서 일반성을 파악하도록 하는 도구이다. 실제로 다음과 같이 예시할 수 있다. (1) 학생들이 실제로 해야 하는 질문을 대표적으로 담고 있는 질문을 제시한다. (2) 정의나 정리에 있는 조건에 의하여 포함시킬 것과 배제할 것을 구체적으로 확인하도록 한다. (3) 정의나 정리에 있는 조건이 왜 필요한지 생각하게 하고, 그 조건이 없으면 어떤 일이 생기는지를 부각시킨다. (4) 복잡한 구조를 매우 간단한 형태로 제시한다. (5) 변하는 것 중에서 불변의 것을 확인하게 하는 포괄적인 예를 제시한다.

이제 이 수업의 과제를 이해하기 위해 제시된 DCT를 바탕으로 다음의 문제를 생각해 보자.

생각해 볼 문제

◆ 이 수업에서 황교사는 수학적으로 거짓인 주장 하나를 제시한 후, 학생들에게 이 주장에 부합하거나 그렇지 않은 시각적 예를 생성하도록 하여 참과 거짓을 판단하게 하고, 거짓으로 판단되었을 때 처음의 주장이 참이 되도록 수정한 다음, 수정된 주장이 참임을 정당화하는 과정을 경험하도록 한다. 이런 황교사의 수업 실행이 DCT 모형의 5가지 원리와 어떻게 상응하는지 아래 표를 채우시오.

원리	설명	본 수업의 실행
참여 원리	거짓인 명제나 오개념이 포함된 수학적 상황에 관여	
검사 원리	주어진 거짓 명제를 지지하거나 반대하는 예를 생성	
구별 원리	예와 반례의 특징을 구별하면서 수학적 추측을 제기	
수정 원리	거짓인 명제나 오개념을 수정할 기회 제공하여 참인 명제 구성	
증명 원리	수정된 수학적 상황을 정당화하거나 수정된 명제가 참이 되는 이유 설명	

3 다큐와 톺아보기

이 수업의 과제가 실제로 어떻게 적용되며 수업이 실행되었는지 황교사의 설계 의도에 따라 추측하기 활동(과제 1), 탐구하기 및 수정하기 활동(과제 2), 설명하기 활동(과제 3)으로 구분하여 살펴보자.

3.1 추측하기 활동(과제 1)

[과제 1]에서 학생들은 과제의 등장인물인 소연이가 제시한 주장의 참, 거짓 여부를 추측하는 활동을 수행했다. 초기에는 전반적으로 참으로 결론을 내리는 분위기였으며, 실제 학생들은 참이 되는 예를 생성했다. 황교사는 참이라고 생각하는 학생과 거짓이라고 생각하는 학생이 어느 정도 있는지 확인한 후, 학생들이 생성한 두 가지 예를 칠판에 붙여놓고 각각의 참과 거짓 여부를 판별하는 대화를 나눴다.

장면 1 학생들이 생성한 두 예의 참과 거짓에 대한 의견 조사

황교사 : 일단 저기 있는 소연이의 주장을 확인하기 위해서 여러분이 잠깐 그려보는 시간을 가졌잖아요. 나는 소연이의 주장이 참이라고 생각하는 사람, 참인 것 같다? 손 높이 한번 들어주세요. 손 높이, 하나 둘 셋 넷 다섯 여섯 일곱 여덟 아홉 열 열하나 열둘, 열한 명, 열한 명이 참이라고 생각했군요. 그러면 거짓이라고 생각하는 사람 나는 거짓이라고 생각한다? 거짓? 1, 2, 3, 안 든 사람들은 아직 고민 중인가요? 참인지 거짓인지 판단이 안 된다?

칠판에 게시된 두 예 중 첫 번째 예는 [그림 2-1]과 같이 세 점과 세 변으로 이루어진 삼각형 모양이다. 황교사는 선분이 3개, 직선이 3개, 반직선이 6개 있으므로 제시된 주장에 부합하는 예라는 것을 확인했다.

[그림 2-1] 선분 3, 직선 3, 반직선 6인 참이 되는 예

> **장면 2** 학생 1이 제시한 예의 참과 거짓 판별하기
>
> 황교사 : 좋아. 그러면 여기 잠깐 앞에 선생님이 두 가지 종이를 붙여놨어요. 일단 하나는 학생 1이 그린 그림이예요. 학생 1은 몇 개의 점을 선택했죠? 세 개, 세 점에 대해서 선분, 직선, 반직선의 개수가 3, 3. 6이다. 이건 참인가요? 거짓이예요? 참이다.

두 번째 예는 [그림 2-2]와 같이 두 점을 연결한 형태이며, 선분 1개, 직선 1개, 반직선 2개로 표기되어 있다. 황교사는 이 예가 주어진 조건, 즉 소연이의 주장에 부합하는지 확인하는 절차를 밟았다.

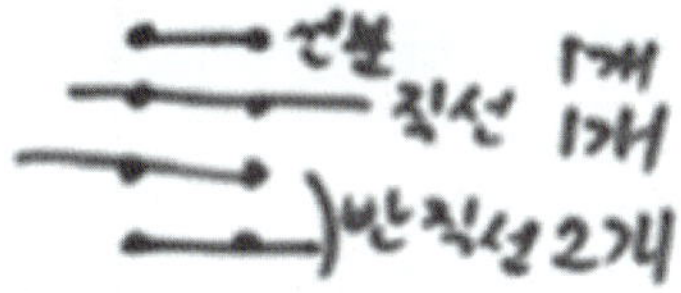

[그림 2-2] 선분 1, 직선 1, 반직선 2인 참이 되는 예

> **장면 3** 학생 2가 제시한 예의 참과 거짓 판별하기
>
> 황교사 : 두 번째는 학생 2가 그린 예입니다. 학생 2는 몇 개의 점을 선택했죠? 두 점을 선택했어요. 두 점에 대해서 선분 1개, 직선 1개, 반직선 2개. 그러면 주어진 조건을 만족하나요? 그러면 이것도 참인가요? 맞아요? 좋아, 그러면 아직까지 참인 예들만 나왔으니까 이 주장은 참이라고 생각할 수 있을 것 같은데…

곧 이어 순회지도를 하는 과정에서 황교사는 [그림 2-3]과 같이 학생들이 생성한 4개의 점으로 이루어진 예를 발견하고 칠판에 부착한 후 또 한 차례 소연이의 주장에 부합하는 예인지 아닌지 확인하는 대화를 나눴다.

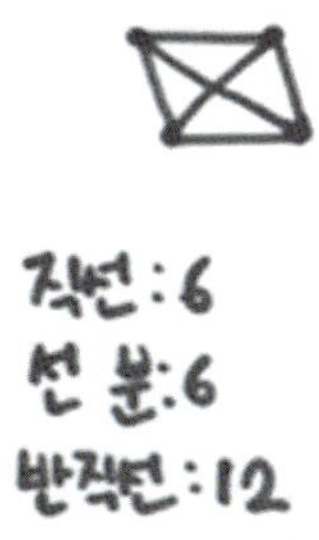

[그림 2-3] 선분 6, 직선 6, 반직선 12인 참이 되는 예

장면 4 학생 3, 4가 제시한 예의 참과 거짓 판별하기

황교사 : 그 사이에 몇 가지 예가 더 나왔는데, …, 학생 3과 학생 4가 찾은 저 예는 참인 예인가요? 거짓인 예인가요? 참인 예인가요? 계속해서 참인 예만 나오고 있네요.

이처럼 계속 참이 되는 예들만 등장하던 중 황교사는 학생들에게 거짓인 예들을 찾아보도록 요청했다.

장면 5 거짓인 예를 찾아보도록 요청하기

황교사 : 다른 친구들도 거짓인 예들을 조금 더 찾아보세요.

잠시 후 학생 5가 거짓인 예(한 직선 위에 세 개 이상의 점이 있는 경우)를 하나 생성했고, 황교사는 앞에 나와서 그 예를 설명해줄 것을 요청했다.

장면 6 학생 5가 제시한 거짓인 예 확인하기

황교사 : 일단 학생 5가, 아이들아 학생 5가 대표로 거짓인 경우를 설명을 해보겠대요. 학생 5, 설명 한번 해주세요.

학생 5 : 소연이가, 소연이의 주장은 항상 직선과 선분의 개수가 같다고 했는데, 그림이 안 보이나 이거, 점이 여러 개가 분산돼 있으면 하나 같은데, 이렇게 직선 형태로 돼 있으면 이 두 점으로 직접 만들면 이 직선 한 개밖에 안 나오니까, 직선이 한 개인데 여기서 선분을 만들면 여러 개가 나오니까 항상 같진 않으니까.

황교사 : 지금 학생 5의 말이 이해되는 사람? 돼요? 안 돼요? 선생님도 아직 명확하지 않은데 학생 5의 말 중에 선생님이 좀 인상 깊게 들은 말이 점들이 한 직선 위에 같이 있을 때랑 아닐 때를 구분한 것 같이 들렸어요. 맞나요?

황교사는 학생 5의 설명이 아이들에게 명확하게 전달되지 않은 것으로 판단했다. 즉, "점이 여러 개가 분산돼 있으면"이라는 표현과 "직선 형태로 되어 있으면"이라는 표현이 혼란을 일으킬 것으로 생각했다. 황교사는 이 두 표현을 포함한 학생 5의 설명에 대해 "점들이 한 직선 위에 같이 있을 때랑 아닐 때를 구분한 것 같이 들렸어요."라고 해석하며 학생들에게 점들의 위치에 따라 그을 수 있는 직선의 개수가 달라질 수

있음에 주목하도록 했다. 이어서 학생 5의 말을 이해한 사람이 있는지 물었을 때 학생 6이 손을 들었고, 황교사는 학생 6에게 이해한 내용을 다시 설명해달라고 요청했다.

장면 7 학생 6에게 학생 5의 설명을 이해한대로 설명하도록 요청하기

황교사 : 네 혹시 그거에 대해서 좀 학생 5의 설명이 좀 더 이해가 된 사람? 좋아. 잠깐만 그러면 일단 우리 학생 6이, 네 학생 6이 학생 5한테 들은 설명을 다시 한번 전달해 본다면?

학생 6의 설명 직후, 황교사는 학생 6의 설명을 다음과 같이 해석해서 말했다.

장면 8 학생 6의 설명에 대한 황교사의 해석

황교사 : 지금 학생 6의 이야기는 학생 5가 그렇게 구분한 이유가 직선 위에 점이 있으면, 직선은 점들을 다 포함하는데 다른 경우는 그렇지가 않아서라는 얘기를 했어요. 근데 아직도 설명이 약간 명확하지 않죠?

황교사는 여전히 학생들이 학생 6의 설명을 명확하게 이해하지 못한 것으로 판단했다. 교실을 순회하던 중 학생 7이 "한 직선 위에 세 점이 있는 경우"를 [그림 2-4]와 같이 예로 완성한 것에 주목하고, 학생 7에게 설명을 요청했다.

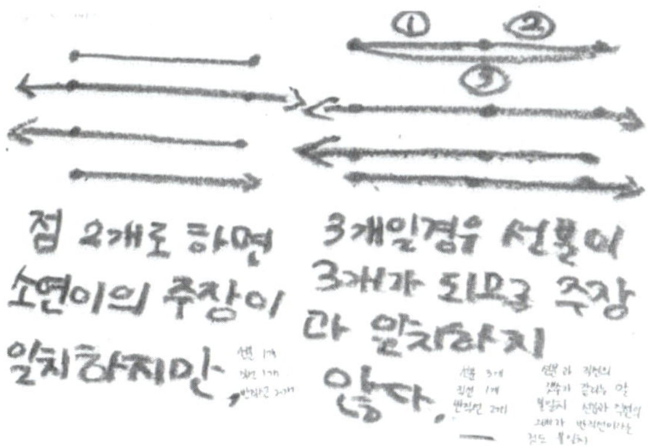

[그림 2-4] 한 직선 위에 세 점이 있는 경우

장면 9 학생 7이 제시한 예에 대한 설명하기

황교사 : 잘 이해 아직 안 되죠. 그래서 학생 7의 설명을 좀 더 들어보면 좋을 것 같아요. 학생 7이 나와가지고, 학생 7은 굉장히 인상적인 빨간색으로 그렸어요. 네, 학생 7의 이야기를 추가로 들어봅시다

학생 7 : 점을 두 개로 하면 소연이의 주장이 일치하지만, 세 개가 있을 경우에는 선분이 세 개가 되고 선분과 직선이 같다는 말도 일치하지 않고, 선분과 직선의 개수의 두 배가 반직선이라는 말도 일치하지 않으므로 소연이의 주장을....

학생 7이 제시한 예와 그에 대한 설명과 같이 소수의 학생에 의해 거짓인 예(세 점이 한 직선 위에 있는 경우)가 생성되었음에도 다수의 학생들은 여전히 소연이의 주장이 참이라는 입장을 바꾸지 않았다. 황교사는 설계 당시에 학생들이 세 점이 한 직선 위에 있는 예(학생의 표현으로 하면, "직선 형태로 되어 있으면")를 생성하는 순간 곧바로 거짓이라고 주장할 것이라 예상했다. 그러나 학생들이 아직 반례의 역할을 제대로 인식하지 못해서인지, 즉각적 입장 변화는 일어나지 않은 것으로 보인다. 약간의 시간이 흐른 뒤, 여전히 소연이의 주장이 참이라고 주장하는 학생들이 다수이긴 했으나, 거짓이라고 자신의 입장을 전환하는 학생들의 수가 차츰 늘어났다. 한 학생의 표현이 다른 학생에 의해 재진술되고, 또 한 차례 재진술되어 "직선 위에 여러 개의 점이 있을 때"라는 표현으로 수정되는 과정과 함께 입장의 전환은 진행되었고, 이제 수업 활동은 탐구하기 및 수정하기로 이어졌다.

3.2 탐구하기 및 수정하기 활동(과제 2)

[과제 1]의 추측하기 활동에서 다양한 예의 생성과 그 속에서의 의사소통을 통해 학생들은 소연이의 주장이 항상 참이 되지는 않는다는 것을 인식하게 되었으며, 그 주장이 항상 참이 되도록 주어진 괄호 안에 조건을 추가하는 활동을 시작했다. 황교사는 "문장을 조금 바꿔서 참이 되게 바꿀 수는 없을까?"라는 질문으로 활동 시작을 알렸다.

장면 10 주장을 참이 되도록 수정 요청

황교사 : 참이라고 생각했는데 거짓인 예들이 나왔죠. 우리가 뭘 한번 해볼 거냐면 소연이의 주장을 문장을 좀 바꿔서 참이 되게 바꿀 수 없을까요? 거짓인 예가 나오지 않도록.

그런데 학생들이 곧바로 "항상을 빼요"라고 말하는 상황이 발생했고, 황교사는 다음과 같이 말하며 '항상'의 의미를 강조함과 동시에 참인 주장을 어떻게 구성하는 것이 좋은지 안내했다.

> **장면 11** 참이 되는 주장을 구성하는 방법에 대한 안내
>
> 황교사 : 그런데 항상을 뺀다라는 건, 그럴 수도 있고, 아닐 수도 있고, 그럼 뭔가 주장이라고 말하기가 어렵죠. 주장이라고 하려면 무언가 조건을 붙여서 항상 참이 되도록 해야 되겠죠.

활동 시작과 동시에 황교사는 학생들 각자가 활동지에 기록한 조건들을 칠판에 적어두며 다른 학생들이 참고할 수 있도록 했다. 학생들이 자신의 생각과 칠판에 기록된 다른 학생들의 조건을 비교하게 함으로써 더 나은 표현, 또는 다른 표현을 생각할 기회를 제공하려는 의도가 담겨있다. 모둠 활동을 돌아보며, 황교사가 주목했던, 그래서 칠판에 기록한 대표적인 조건은 다음과 같다.

(1) 학생 8 : 점이 세 개 이상 일직선 위에 나열되지 않을 때
(2) 학생 6 : 한 직선 위에 있지 않은 x개의 점이 주어져 있을 때
(3) 학생 3 : 점이 정다각형으로 주어졌을 때

수업 사후에 학생들의 활동지를 살펴본 결과 대체로 조건을 추가하지 못했거나 위에 제시된 조건들과 유사하긴 하지만 장황하거나 명확하지 않은 표현으로 서술되어 있었다. 황교사는 학생들에게 칠판에 기록된 세 조건과 비교하여 각자의 표현을 다듬어보도록 했다. 이제 수업 활동은 칠판에 기록된 세 조건에 대한 전체 논의 과정으로 이어졌다.

3.3 설명하기 활동(과제 3), 그리고 새로운 국면

설계 당시 예상했던 것보다 추측하기 활동과 탐구하기 및 수정하기 활동에 상당한 시간이 소요되었다. 황교사는 직전 활동에서 학생들이 제시한 조건을 포함시킨 수정된 주장에 대해 예를 통해 참과 거짓을 판단해 보는 정도로 활동 목표를 수정했다. 황교사는 활동 시작과 동시에 각 조건에 대한 동의 여부를 조사하여 학생들이 주어진 조건

을 고려한 적이 있는지 확인하고자 했다. (1)번과 같은 조건을 고려한 학생은 7명, (2)번의 경우는 2명, (3)번의 경우는 3명이 동의했다. 황교사는 학생들의 의사를 확인한 다음, "주어진 조건들이 같은 것이라고 생각하거나 수정하고 싶은 것이 있는지"라고 말하며 대화를 이어나갔다.

장면 12 세 가지 조건의 의미 탐색하기

황교사 : 그러면 (1)번, (2)번, (3)번의 조건이 혹시 같은 표현이라고 생각하거나 이렇게 좀 수정을 해보면 좋겠다. 그런 의견은 없나요?

황교사의 요청에 학생들이 의견을 내기 시작했다. 우선 학생 6은 (3)번의 '정다각형'을 '다각형 또는 점이 두 개인 경우'로 수정할 것을 요청했다. 학생 6은 앞에서 학생 3과 학생 4가 제시했던 예(사각형 모양)를 참고하여 조건이 수정될 필요가 있다고 말했다. 학생 2는 학생 6의 설명을 모두 듣고 수정에 동의했다.

(1), (2)번과 관련해서는 학생 5가 두 조건이 같다고 말하면서 하나의 논점이 형성됐다. 1모둠 학생들은 (1), (2)번이 점의 개수의 기준이 다르므로 같은 조건이 아니라고 반박했다. 1모둠의 학생들은 점의 개수가 3개인 경우와 4개인 경우로 구분하여 질문했고, 곧바로 점의 개수가 3개 이상 한 직선 위에 있지 않을 때로 의견을 모았다.

이 시점에 황교사가 설계 당시 전혀 예상하지 못했던 상황이 연이어 발생했다. 첫 번째 상황은 (1), (2), (3)번 조건을 다듬는 과정에서 학생 9가 제시한 주장에서 촉발됐다. 학생 9는 (3)번 조건에 대해 삼각형과 사각형의 경우는 참이지만 오각형인 경우에는 참이 아니라는 주장을 제기했다. 황교사의 요청에 따라 학생 9는 앞에 나와서 자신의 예를 직접 그리고 설명을 시도했다. 학생 9가 생성한 오각형의 예는 [그림 2-5]와 같다.

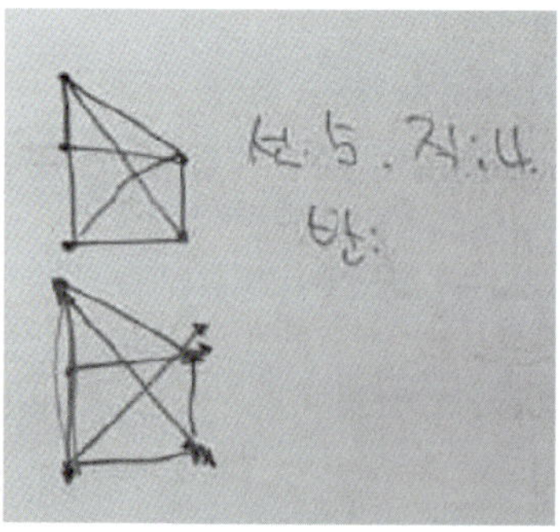

[그림 2-5] 학생 9가 제시한 오각형 모형의 예

학생 9가 제시한 예와 설명에 대해 학생들은 즉각 제시된 예가 오각형이 아니라 사각형이라고 반박하려는 움직임을 보였다. 황교사는 잠시 이를 제지시키고 학생 9 스스로 자기 생각을 충분히 설명하고 그 과정에서 놓친 것은 없는지 점검할 기회를 주고자 했다. 제도가 허용한 시간이 종료되었음에도, 황교사는 학생 9가 간과하고 있었던 것을 고려하여 설명할 것을 요청함과 동시에 학생들에게는 시간이 다소 지연되더라도 학생 9의 설명을 듣고 싶어 하는 친구들을 위해 조금만 기다려달라고 부탁했다. 황교사는 이 상황이 학생 9와 다른 학생들 모두에게 중요한 탐구의 기회라고 판단했다.

장면 13 학생 9의 설명을 끝까지 들어볼 것을 요청하기

황교사 : 잠깐만 기다려봐요. 우리 이 예까지는 되게 궁금하잖아요. 지금 이렇게 눈이 동글동글한 친구들이 있으니까 딱 여기까지만 설명을 들어봐요. 4개, 다음에 반직선은

학생 9 : 이거 안에 있는 곳까지

황교사 : 그럼 좀 더 고민이 되나요? 내부에 있는 걸 생각하지 않았군요. 아 그렇구나. 그러면 이야기들을 조금 더 들어볼게요. 일단 우리 학생 9가 생각한 예는 이런 식의 예를 그림을 그렸어요. 근데 방금 학생 9가 잠깐 고민했던 건 내부에 그려지는 경우는 좀 생각하지 않았대요. 그건 고려해서 반론을 좀 해 주면 좋을 것 같아요.

황교사는 학생 9와의 대화를 마친 후, 학생들에게 학생 9가 놓친 것을 고려해서 반론을 해줄 것을 요청했다. 학생 8이 앞으로 나와서 반론을 제기했다.

장면 14 학생 9의 설명에 대한 학생 8의 반론 제기

학생 8 : 그러니까 이게 오각형이 늘어나잖아요. 그러면 이게 어떻게든 조금이라도 틀어지면, 여기가 하나가 생기고.

황교사 : 그러니까 선생님이 다시 설명을 해보자면 학생 8의 이야기는 이건 오각형이 되지 않고, 오각형이 되려면 한 직선 위의 세 점이 아니라 좀 더 바깥쪽으로 나가서 각이 생겨 180도가 아닌 각이 생겨야 하므로 이 예는 오각형의 예라고 볼 수 없다는 거예요.

학생 8은 세 점이 한 직선 위에 있으므로 오각형이 되지 않는다고 설명했고, 황교사는 학생 8의 설명에 각에 대한 조건을 덧붙이는 방식으로 학생들에게 학생 8의 의견을 전달했다. 다수의 학생들이 이 의견에 동의를 표했다.

수업을 마쳐야 한다는 시간적 압박은 여전했지만, 황교사는 논의했던 과정을 전체적으로 정리하면서 또 다른 의견이 있는지 학생들에게 물었다. 이 질문이 황교사가 설계 과정에서 예상치 못했던 두 번째 상황을 촉발시켰다. 황교사의 질문에 두 명의 학생이 손을 들어 의사 표현을 하고자 했다. 첫 번째로 손을 든 학생 1은 오각형을 택할 때 오각형 안에 점들이 더 있는 경우에 대한 반론을 제기했고, 황교사는 학생 1의 반론에 대한 판단을 내리지 않고 학생들에게 전달하는 정도로 마무리했다. 이제 가장 결정적인 상황은 두 번째로 손을 든 학생 10의 발표로부터 시작된다. 학생 10은 소연이의 주장이 거짓이 되는 경우, 즉 한 직선 위에 3개 이상의 점이 있는 경우를 염두에 두고 다음과 같이 일반화된 규칙을 제시했다.

> 일직선 위에 있는 점의 개수가 n일 때, 직선은 1개이며, 선분의 개수는 $(n-1)+\cdots+1$, 반직선의 개수는 $2n-2$이다.

이 주장이 제기된 후, 수업의 마지막은 학생 10의 주장이 무엇인지 이해하는 과정으로 전개되었고, 시간 제약으로 인해 곧바로 수업이 종료되었다.

3.4 설계와 실행

3.4.1. 설계에 담긴 문제 의식

이 수업의 과제는 전문적 학습 공동체 활동 과정에서 생산된 설계-적용-분석의 결과물이다. 이 수업이 실행되기 1년 전 공동체 소속의 한 교사는 교과서에 제시된 [그림 2-6]과 같은 문제를 학생들이 보다 심층적으로 생각할 기회를 제공하려는 의도로 평면 위에 여러 개의 점(예들 들어, 반원 모양에서 지름 위에는 세 개의 점, 호 위에는

오른쪽 그림과 같이 한 직선 위에 세 점 A, B, C가 있을 때, 다음 직선, 반직선, 선분과 서로 같은 것을 보기 중에서 찾으시오.

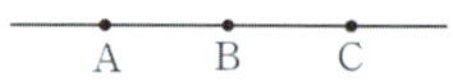

| 보기 |

$\overrightarrow{AB}$, $\overleftrightarrow{AC}$, $\overrightarrow{BA}$, $\overline{BC}$, $\overline{CA}$, $\overrightarrow{CA}$

(1) $\overleftrightarrow{AB}$ (2) $\overrightarrow{AC}$ (3) $\overline{CB}$

[그림 2-6] 교과서에 제시된 문제

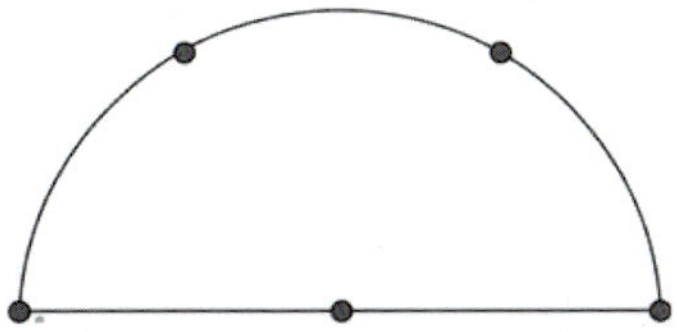

[그림 2-7] 재구성된 과제

선분, 반직선, 직선의 차이점은 무엇일까요? 다음 표를 채워보세요.

	그림으로 나타내기	기호로 나타내기	길이는?
선분 AB			구할 수 (있다, 없다)
직선 AB			구할 수 (있다, 없다)
반직선 AB			구할 수 (있다, 없다)

오른쪽 그림과 같이 세 점 A, B, C가 있습니다. 다음 질문에 답하세요.

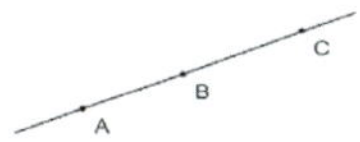

1) 세 점 A, B, C중 두 점을 잇는 **선분**을 모두 찾아보세요. 찾은 선분 중 같은 것이 있을까요?

2) 세 점 A, B, C중 두 점을 지나는 **직선**을 모두 찾아보세요. 찾은 직선 중 같은 것이 있을까요?

3) 세 점 A, B, C중 두 점을 지나는 **반직선**을 모두 찾아보세요. 찾은 반직선 중 같은 것이 있을까요?

다음 그림과 같이 좌표평면 위에 네 점 O, A, B, C가 있을 때, 두 점을 지나는 직선의 개수를 각각 구하시오.

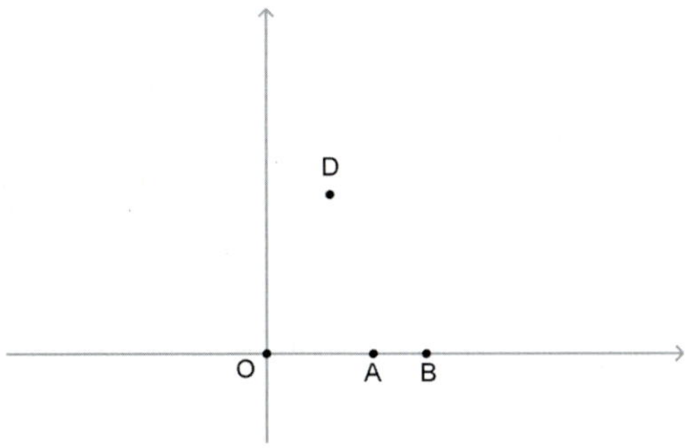

한 평면 위에 서로 다른 네 개의 점이 주어졌을 때 그을 수 있는 직선의 최대 개수 a와 최소 개수 b를 각각 구하시오.

[그림 2-8] 공동체 내 협의 결과 설계된 과제

두 개의 점이 배치된 모양)을 제시하고, 찾을 수 있는 선분, 직선, 반직선의 개수를 구해보도록 과제를 재구성([그림 2-7] 참고)하면 어떨지 제안했다.

공동체 내 협의 과정에서 수업 과제는 [그림 2-8]과 같이 (1) 선분, 직선, 반직선의 차이점 알기, (2) 한 직선 위에 세 점이 주어졌을 때 선분과 직선을 모두 찾고 같은 것 식별하기, (3) 좌표평면 위에 주어진 네 점에서 두 점을 지나는 직선의 개수 구하기, (4) 한 평면 위에 서로 다른 네 개의 점이 주어졌을 때 그을 수 있는 직선의 최대 개수와 최소 개수 구하기의 흐름을 갖도록 설계되었다.

[그림 2-8]의 과제로 실행된 수업에 대한 성찰을 계기로 공동체 소속 교사들은 주어진 점들의 배열에서 선분, 직선, 반직선의 개수를 구하는 것이 어떤 의미가 있는지, 한 수학교육학자의 검토 의견처럼 선분, 직선, 반직선의 의미를 알고 구별할 수 있어야 한다는 교육과정의 본질을 놓치는 것은 아닌지 고민했다. 그리고 이런 유형의 문제를 학생들이 연습삼아 풀고 지나가게 하기 보다는 모종의 의미가 담긴 과제로 재구성된다면 어떨지 숙고했다. 협의 과정에서 교사들은 교육과정에서 요구하는 선분, 직선, 반직선의 의미 이해와 구별을 위한 핵심 아이디어는 두 개의 점과 뻗어나가는 방향성이라는 합의에 이르렀다. 또, 적절한 형식의 과제 변형을 통해 핵심 아이디어가 충분히 수용될 수 있는 아래와 같이 합의된 과제의 목표를 담아낼 수 있을 것으로 기대했다.

- [목표 1] 선분, 직선, 반직선이 어떤 두 점을 지나는지, 그리고 뻗어나가는 방향성이 있는지, 있다면 양방향인지 단방향인지에 주목하여 구별하기
- [목표 2] 점의 배열에 따라 만들어지는 선분, 직선, 반직선의 개수가 다르다는 것에 주목하여 한 평면 위의 직선과 점의 위치 관계를 고려하기
- [목표 3] 점의 개수를 늘려가면서 나타나는 선분, 직선, 반직선의 개수와 규칙성을 찾고 설명하기
- [목표 4] [직선, 반직선, 선분], [점과 직선의 위치관계]의 두 차시에 걸친 용어 정의 수준에서 다루어지는 교과서의 흐름을 바꾸어 문제를 통해 상위 수준과 하위 수준, 그리고 영역 간(도형, 규칙성, 수열)을 연결하여 기본 도형으로서의 점과 선을 깊이 있게 이해하고, 추론과 의사소통의 기회를 제공하기

제시된 네 가지 목표를 살펴보면 공동체 소속 교사들의 과제 설계에 담긴 핵심적인 의도는 내용 측면에서는 수직적, 수평적 연결성이며, 교육과정이 추구하는 역량 측면에서는 추론 능력과 의사소통 능력을 함양하는 것에 있음을 알 수 있다. 또한 학생들의 과제 참여 기회를 확대하기 위한 수준에 대한 고려도 포함하고 있다. 교사들은 목표 수행을 위한 수업 실행의 방향성에 대해서도 다음과 같이 합의했다.

- [방향 1] 선분-직선-반직선 순서로 과제를 제시하여 두 점과 방향성이라는 핵심 아이디어에 주목하게 하기

- [방향 2] 과제의 문장에 직접적 힌트가 될 수 있는 방향, 배열 등의 어휘 포함하지 않기
- [방향 3] 학생들이 한 직선 위의 여러 점을 고려하는 경우가 생기도록 [점 종이]를 제공하여 과제 접근성 높이기
- [방향 4] 교사가 설명하기보다 학생의 질문을 통해 문제를 제기하고, 제기된 문제를 논의하여 과제 해결 방법을 찾아가도록 하기
- [방향 5] 개별 활동-모둠 논의-전체 논의의 큰 틀을 유지하고 초기 추측을 통한 사전 지식 확인과 과제를 해결하는 과정, 학습한 결과로서의 지식을 평가하기

3.4.2. DCT와 예 만들기

앞서 설명한 DCT와 예 만들기가 공동체의 숙의 과정에 어떻게 투영되어 과제로 이어졌는지 그 접점을 살펴보도록 하겠다. 공동체 소속 교사들은 DCT와 예 만들기에 대한 공부 경험을 바탕으로 수업 과제 설계를 위한 세 가지 원칙에 합의했다. 첫째, 학생들은 과제에서 제시된 조건이나 명제와 관련된 다양한 시각화된 예를 생성하는 과정에서 명제의 참과 거짓을 구별할 수 있어야 한다. 이는 DCT 모형에서 언급된 참여 원리, 검사 원리, 구별 원리의 적용을 함의한다. 둘째, 참인 경우에는 예들의 공통적 특성을 파악하여 참이 되는 이유를 정당화 또는 증명해야 한다. 셋째, 거짓인 경우에는 주어진 명제의 조건을 제한하거나 명제 자체를 수정하여 참이 되는 명제를 스스로 구성해야 한다. 둘째와 셋째 항목은 DCT 모형에서의 수정 원리와 증명 원리가 적용되는 지점이다. 이런 원칙을 전제로 과제 설계 시 고려해야 할 사항을 다섯 가지로 정리했다. 첫째, 학생들이 예를 생성할 때 예의 다양성을 추구할 수 있는 기회를 제공한다. 그 과정에서 단순하게 다양한 예를 생성하도록 하기 보다는, 하나의 예를 생성하도록 한 후, 그 예의 특성을 고려하고 반영하여 점진적으로 추가적인 예를 생성하도록 한다. 둘째, 학생들이 다양한 차원의 예 변이를 경험할 기회를 제공하되, 다소 자명한 예에서 출발하도록 하며, 전형적인 예를 생성한 후 이로부터 수정된 예를 만들거나 변이를 경험하게 한다. 셋째, 학생들 각자가 자신이 생성한 예를 정당화하는 활동을 포함시킨다. 이는 생성한 예의 타당성 점검을 통해 추론 능력을 촉진시키고 추측도 개선시키기 위함이다. 넷째, 학생들이 다양한 표상 또는 다이어그램을 생성하고 조작할 기회를 제공하여 학생들이 나름의 방식으로 문제상황에 대한 표상을 구축하고 활용하도록 한다. 다섯째, 학생들 사이의 원활한 의사소통을 보증한다.

이와 같이 합의된 원칙 및 고려 사항을 토대로 수업 과제는 세 개의 하위 과제로 구

성되었고, 추측하기 — 탐구하기 및 수정하기 — 설명하기의 흐름을 갖도록 설계되었다. 일련의 활동이 원활하게 전개되는지 판단할 목적으로 공동체 소속 교사들은 워크숍을 통해 하위 과제 별로 학생들이 생성할 것으로 예상되는 예들을 학생의 입장에서 직접 구성하고 논의했다. [과제 1]의 경우는 제시된 주장의 참과 거짓을 판별해야 하기 때문에 대표적으로 참이 되는 예와 거짓이 되는 예를 예상하였으며, 그 예는 [그림 2-9]와 같다.

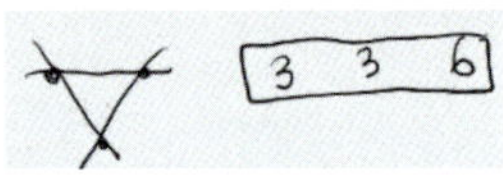		
따라서 참이다.	따라서 거짓이다.	점의 배열에 따라 달라진다.

[그림 2-9] 과제 1에 대한 예상 반응

[과제 2]의 경우는 참이 되는 예와 거짓이 되는 예를 가능한 많이 찾아볼 것과 제시된 주장이 참이 되도록 문장을 수정할 것을 요청하고 있기 때문에, 공동체 교사들은 상상력을 발휘하여 학생들이 생성할 것으로 예상되는 예들을 [그림 2-10]과 같이 목록화했다.

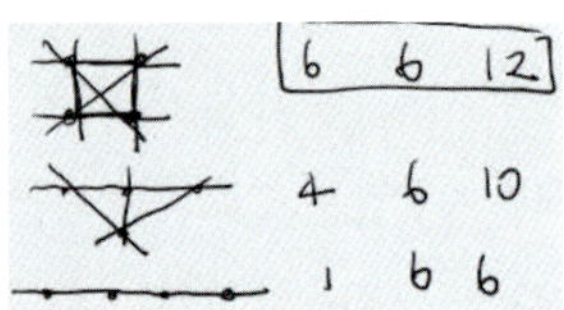	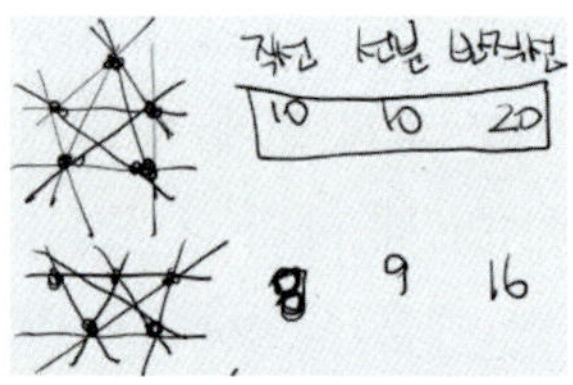	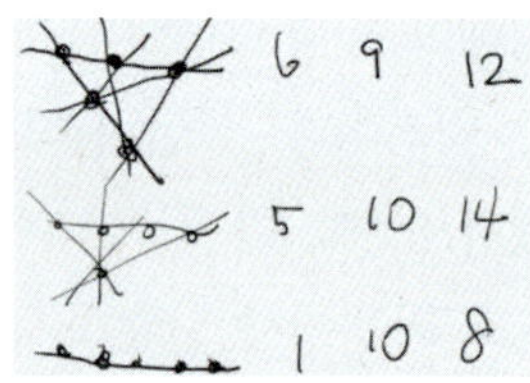

[그림 2-10] 과제 2에 대한 예상 반응

이어서 제시된 주장이 참이 되도록 문장을 수정하라는 요청에 대해서 교사들은 학생들이 괄호 안에 다음과 같은 표현들을 기록할 것으로 예상했다.

> 적어도 서로 다른 세 점이 한 직선 위에 있지 않도록
> 주어진 점들이 정다각형 모양이 되도록

[과제 3]의 경우는 수정된 문장이 참이 되는 이유를 요구하고 있다. 교사들은 학생들이 완벽한 연역적 증명을 제시하는 것까지는 기대하지 않았기 때문에, [그림 2-11]과 같이 학생들이 다각형의 대각선의 개수로 일반화하거나, 점의 개수에 따른 선분, 직선, 반직선 개수를 수열 형태로 일반화하는 것까지를 목표로 삼았다.

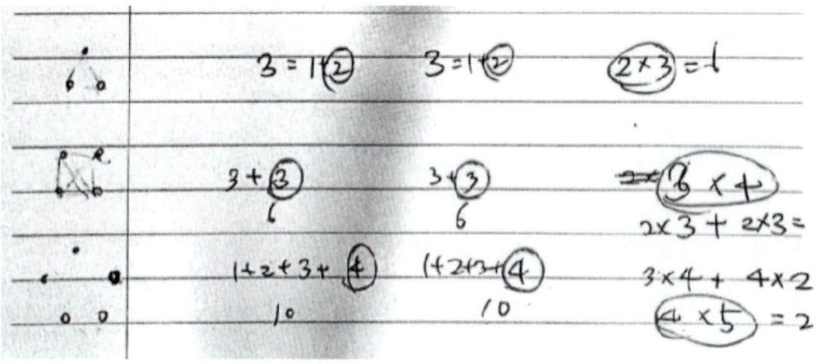

[그림 2-11] 과제 3에 대한 예상 반응

3.4.3. 실행 후 성찰

[과제 1]을 통한 추측하기 활동의 경우 학생들이 참과 거짓 여부를 추측하고 각각에 대한 예를 찾는데 많은 시간이 소요되지 않을 것으로 예상했다. 활동지에 [점 종이]를 도구로 포함시킨 것도 전형적인 반례, 즉 세 개 이상의 점이 한 직선 위에 있을 때 주장이 옳지 않다는 사실을 보여주는 예를 용이하게 찾을 수 있도록 한 의도적 배치였다. 하지만 세 변으로 이루어진 삼각형 모양의 예, 두 점을 연결한 예, 평행사변형 모양의 4개의 점으로 이루어진 예 등 참인 예들만 지속적으로 생성되었고, 거짓인 예는 쉽사리 등장하지 않았다. 거짓인 예를 찾아보라는 황교사의 요청 속에 세 개 이상의 점이 한 직선 위에 있는 경우가 예로 등장하게 되지만, 이에 대한 명확한 설명과 전달의 과정 또한 순탄치 않았다. 예상을 벗어난 또 하나의 지점은 반례가 등장한 순간이다. 황교사는 반례를 확인하는 즉시 입장을 바꿀 거라 기대했지만, 입장의 전환은 점진적으로 시간을 두고 진행되었다.

[과제 2]를 통한 탐구하기 및 수정하기 활동에서도 수업은 두 가지 난관에 직면한다. 두 가지 모두 과제에 제시된 "주장이 참이 되도록 문장을 수정"한다는 표현에 대한 학생들의 해석과 수용 방식에 기인한다. 황교사의 적절한 안내에 따라 즉각 해소되기는 했지만 "항상을 빼요"라는 학생들의 응답은 설계 과정에서 예상치 못한 현상이다. 그리고 몇몇 학생들에 의해 대표적인 세 가지 조건이 도출되긴 했으나 다수의 학생들이 활동지에 조건을 추가하지 못했고, 추가했더라도 명확하지 않은 표현으로 서술되어 있었다. 형식적으로 명제의 뜻을 배우지도 않았고, '항상 성립한다는 것'의 의미를 직

관적으로만 수용할 수 있는 단계에서 제시된 주장이 참인 명제가 되도록 수정하는 것에 대한 인지적 부담이 작용한 것으로 보인다.

[과제 3]을 통한 설명하기 활동으로의 진입은 예상보다 빨리 진행되었다. 이는 황교사가 예상하고 의도했던 두 가지 조건이 얼마 흐르지 않은 시점에 제시되었고, 이미 수업 시간도 많이 경과되었기 때문이다. 당초 설명하기 활동의 목표는 탐구하기 단계에서 학생들이 충분히 많은 예를 찾도록 하고, 이 예들을 분류하고 조직하여 귀납적 일반화를 시도해보도록 하는 것이었다. 하지만 충분한 예들이 생성되지 않은 조건, 수업 잔여 시간의 부족을 고려하여 황교사는 학생들이 제시한 세 가지 조건을 반영한 수정 문장에 대해 예와 반례를 통해 참과 거짓을 판단해 보는 정도로 목표를 수정했다. 이후 수업은 황교사의 판단에 따라 수정된 목표 수행을 위해 진행되었기 때문에 벌어진 모든 상황은 설계 과정에서 예상하지 못한 것이며, 따라서 전개 양상은 소위 돌발 상황의 발현과 황교사의 즉각적 임기응변과 판단의 연속이다. 학생들과의 논의를 통해 처음 두 조건을 하나의 조건으로 통합하고 정교화하는 과정, 세 번째 조건의 외연을 확장하여 일반성을 획득하는 과정까지 일련의 흐름에서 돌발 상황은 발생했으며, 이는 황교사에게 중대한 의사결정의 기로에 서는 경험으로 작용한다. 세 번째 조건과 관련하여 오각형인 경우에는 참이 되지 않는다는 한 학생의 주장과 이에 대한 설명 과정은 황교사에 의한 의도적 지연과 발표 학생에 대한 배려가 담긴 의사결정이다. 한편 또 다른 학생에 의해 제기된 한 직선 위에 3개 이상의 점이 있는 경우에 대한 새로운 추측을 공유하고 이해할 기회를 제공한 것은 언제든 새로운 주장이 제기될 수 있으며, 그 주장을 검토하는 과정에서 또 다른 수학적 추론 학습 기회가 열릴 수 있다는 황교사의 판단이다.

이와 같은 설계와 실행 사이의 간극, 그 속에서의 황교사의 의사결정에 대한 성찰은 다음 수업에 대한 설계로 이어지며, 이 수업의 분석과 연계하여 설계 시 고려해야 할 사항들 또한 상세하게 따져볼 계기가 된다. 실제 수업 종료 후 곧바로 진행된 성찰 과정을 통해 황교사는 다음 수업 설계에 반영할 사항을 다음과 같이 정리했다.

설명하기 활동 중 학생 10이 제시한 새로운 추측에 대한 탐구를 통해 한 직선 위에 있는 n개의 점으로 만들 수 있는 선분, 직선, 반직선의 개수를 일반화하는 것을 과제로 구성한다.

추측하기 활동 중 학생 1이 생성한 삼각형의 예, 설명하기 활동 중 학생 9가 생성한 오각형의 예에 대한 주장과 반론을 고려하여 n개의 점으로 만들 수 있는 다각형을 보다 명확하게 하고, 볼록 n각형 모양의 점의 배열이 주어졌을 때 이들 점으로 만들 수 있는 선분, 직선, 반직선의 개수를 일반화하는 것을 또 하나의 과제로 구성한다.

이 두 가지 사항이 반영된 수업 과제는 다음과 같으며, 이 과제로 한 차례의 수업이 더 실행되었다.

과제 1 학생 10은 주장을 아래와 같이 바꾸었습니다.

한 직선 위에 서로 다른 점이 n개 있다면, 주어진 n개의 점으로 만들 수 있는 직선의 개수는 항상 1개이고, 선분은 (n-1)+(n-2)+(n-3)+ ⋯ +1개, 반직선은 2n-2개이다.	
참이다	거짓이다

학생 10의 주장에 대해 참과 거짓인 예들을 찾아 주장이 참인지 거짓인지 판단해 보세요.

과제 2 학생 2와 학생 6은 소연이의 주장을 아래와 같이 바꾸었습니다.

> 한 평면 위에 다각형 모양이 되는 서로 다른 n개의 점이 주어졌을 때, 주어진 n개의 점으로 만들 수 있는 선분과 직선의 개수는 항상 같고, 반직선의 개수는 항상 그 두 배가 된다!

(1) 위 문장에 대해 학생 1과 학생 9가 다음과 같이 거짓인 예를 제시했습니다.

학생 1 거짓인 예

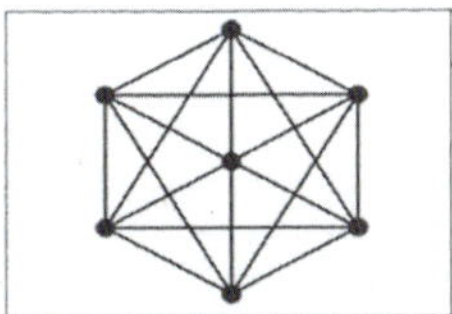

$n=7$

선분	직선	반직선
21	15	6

7개의 점으로 육각형모양이 되도록 배열하면 위의 문장은 거짓이다.

학생 9 거짓인 예

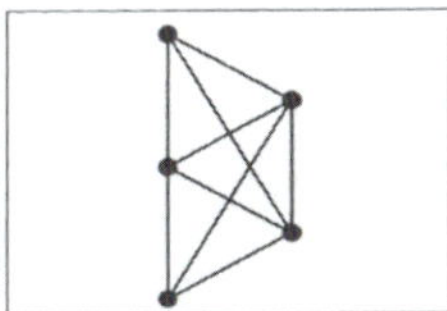

$n=7$

선분	직선	반직선
10	8	18

5개의 점으로 사각형모양이 되도록 배열하면 위의 문장은 거짓이다.

두 사람이 제시한 예가 문제가 되지 않도록 학생 2와 학생 6의 문장을 다시 한번 바꾸어 보세요.

수정한 문장

(2) 수정한 문장에 대해 참과 거짓인 예들을 찾아 주장이 참인지 거짓인지 판단해 보세요.

4 결론

4.1 생각해 볼 문제에 대한 사례 기반 결론

2절의 생각해 보기에서 이 수업의 과제와 교수 내용 및 방법과 관련된 사항들을 2022 개정 수학과 교육과정(교육부, 2022)에서 살펴보고, 아래와 같이 두 가지 생각해 볼 문제를 제시한 바 있다.

▷ 이 수업의 과제가 성취기준을 어느 정도 반영하고 있다고 생각하는지 답하시오.

① 반영하고 있지 않다.
② 조금 반영하고 있다.
③ 보통이다.
⑤ 아주 잘 반영하고 있다.
④ 적절히 반영하고 있다.

▷ 2022 개정 수학과 교육과정에서는 추론 역량 함양을 위한 교수학습 방법으로 다음의 세 가지를 제시하고 있다. 이 수업에서 다뤄진 과제와 관련이 있다고 생각되는 표현에 밑줄을 그어 표시하시오.

㉠ 관찰, 실험, 측정 등 구체적 조작 활동을 통해 수학의 개념, 원리, 법칙에 흥미와 관심을 갖고 다양한 방법으로 탐구하고 이해하게 한다.
㉡ 귀납, 유추 등의 개연적 추론을 통해 수학적 추측을 제기하고 정당화하며, 수학적 증거와 논리적 근거를 바탕으로 비판적으로 사고하는 태도를 갖게 한다.
㉢ 수학의 개념, 원리, 법칙을 도출하는 과정과 수학적 절차를 논리적이고 체계적으로 수행하고 반성하게 한다.

위 두 문제는 모두 개방형이므로 정답은 독자의 판단에 따라 다르겠지만, 아래 제시된 설명이 참고가 될 수 있을 것이다.

우선 성취기준 측면에서 살펴보자면, 선분, 직선, 반직선을 이해하고 구별하는 것은 초등학교 3~4학년에 해당한다. 이처럼 초등학교에서 선분, 직선, 반직선의 뜻을 알고 구별하도록 했기때문에 중학교 도형과 측정 영역에서는 교과서에서 해당 성취기준을 다룰 때 포괄적으로 직선, 선분, 반직선의 의미를 되새기도록 하고 간단한 확인 문제와 연습 문제 정도만 제시하고 있다. 다만, 학습 요소에 초등학교에서 다루지 않는 선분, 직선, 반직선을 나타내는 기호를 포함하고 있다. 실제 중학교 1학년 교과서를 살펴보면 도형을 이루는 기본 요소로서의 점, 선, 면, 교점, 교선을 다룬 직후 선분을 기반으로 거리와 중점을 정의하기 전에 학습 요소로서의 선분, 직선, 반직선에 대해 간단한 설명과 함께 기호를 도입하고 있다. 이런 측면에서 볼 때, 이 수업은 성취기준을 적정 수준 이상 반영하고 있는 것으로 보인다.

다음으로, 추론 역량 함양과 관련된 문제를 생각해 보자. 이 수업에 사용된 과제의 명시적 목표 중 하나는 교육과정이 추구하는 수학적 추론 역량 함양에 있다. 이를 위해 황교사는 아래의 세 가지 원칙이 과제 실행을 통해 구현되기를 기대했다.

첫째, 학생들은 과제에서 제시된 조건이나 명제와 관련된 다양한 시각화된 예를 생성하는 과정에서 명제의 참과 거짓을 구별할 수 있어야 한다.

둘째, 참인 경우에는 예들의 공통적 특성을 파악하여 참이 되는 이유를 정당화 또는 증명해야 한다.

셋째, 거짓인 경우에는 주어진 명제의 조건을 제한하거나 명제 자체를 수정하여 참이 되는 명제를 스스로 구성해야 한다.

즉, 학생들이 직접 수학적 추측을 생성하지는 않더라도 제시된 추측을 시각화된 예를 통해 검증 또는 반박하고, 수정된 추측을 제시한 후 이를 정당화하는 일련의 수학적 추론 과정을 경험할 수 있도록 했다. 그리고 설계 의도대로 과제의 흐름이 정상적으로 수행되면 학생들은 자연스럽게 이 과정을 경험할 수 있을 거라고 기대했다. 하지만 학생들의 활동 과정은 기대만큼 원활한 흐름을 갖지 못했다. 여러 가지 원인이 있을 수 있지만, 학생들의 수학적 주장 혹은 명제에 대한 경험의 부재, 그리고 반례가 추측을 기각하는 것에 내재된 수학적 논리에 대한 인식 부족, 반박된 추측을 수정한다는 것에 대한 이해 부족 등을 생각해 볼 수 있다. 실제 사후 분석 결과 이런 요인들이 제약으로 작용했음을 확인할 수 있다. 따라서 이 수업과 같이 수학적 추론 과정의 경험을 통해 추론 역량을 함양하려는 목표로 수업을 진행하기 위해서는 보다 정밀한 사전 설계와 수업 중 안내의 과정이 필요할 것으로 보인다.

한편, 2절에서 이 수업의 과제를 이해하기 위해 제시된 DCT를 바탕으로 다음의 문제를 생각해 보도록 요청한 바 있다. 즉, 황교사의 수업 실행이 DCT 모형의 5가지 원리와 어떻게 상응하는지 아래 표를 채우도록 요청하였다. 여기에서는 표의 빈 칸에 저자 입장에서 간단히 답을 채워서 제시할 것이다.

원리	설명	본 수업의 실행
참여 원리	거짓인 명제나 오개념이 포함된 수학적 상황에 관여	"한 평면 위에 서로 다른 점이 x개 주어졌을 때, 주어진 x개의 점으로 만들 수 있는 선분과 직선의 개수는 항상 같고, 반직선의 개수는 그 두 배가 된다"고 주장하는 수학적 상황의 제시
검사 원리	주어진 거짓 명제를 지지하거나 반대하는 예를 생성	제시된 수학적 상황에 대한 관찰을 기반으로 예와 반례를 생성 학생들은 다양한 방식으로 여러 개의 점을 배열하여 선분, 직선, 반직선을 그린 다음, 각각의 개수를 세어볼 수 있음
구별 원리	예와 반례의 특징을 구별하면서 수학적 추측을 제기	학생들은 예의 공통적 성질을 확인하는 활동 어떨 때 주어진 주장이 참이 되는지, 어떨 때 주장이 거짓이 되는지 구별
수정 원리	거짓인 명제나 오개념을 수정할 기회 제공하여 참인 명제 구성	학생들은 제시된 수학적 상황을 수정하여 참인 명제를 구성하는 활동 "어떤 세 점도 한 직선 위에 있지 않은"이라는 제한 조건을 포함시켜 참이 될 수 있는 명제를 구성
증명 원리	수정된 수학적 상황을 정당화하거나 수정된 명제가 참이 되는 이유 설명	수정된 명제가 항상 참이 되는 이유를 설명

4.2 DCT와 예 만들기 기반 수업 설계 및 실행의 중요성

지금까지 선분-직선-반직선의 의미의 이해와 구별, 수학적 추론 능력의 함양을 목표로 했던 한 수학 수업을 살펴봤다. 이와 같은 설계-실행-성찰의 순환에 내재된 몇 가지 함의를 제시하는 것으로 이 수업에 대한 이야기를 마무리할 것이다.

이 수업의 과제 설계 시 학생들의 예와 관련하여 고려했던 사항이 실제 실행의 과정에서 어떤 양상으로 나타나는지 확인해 볼 필요가 있다. 교사는 학생들의 예와 관련하여 예의 다양성, 다양한 차원의 예 변이, 예에 대한 정당화, 다양한 표상 또는 다이어그램의 생성과 조작이 발현될 것을 고려했다. 점의 개수에 따른 선분, 직선, 반직선의 개수의 일반화된 관계를 귀납적으로 추론하는 과정에서 예의 다양성은 추구될 수 있으며, 다양한 예들에서 구체적으로 선분, 직선, 반직선의 개수를 확인하는 과정에서 자연스럽게 정당화는 수반될 것으로 보인다. 또한 두 개의 점으로 생성되는 다소 자명한 예로부터 점 배열의 복잡성을 증가시키는 방향으로 예의 변이를 경험하게 할 수도 있다. 하지만 선분, 직선, 반직선이라는 내용 요소의 단순성, 그리고 그것에 내재된 강력한 표상은 다양한 표상 또는 다이어그램의 생성과 조작의 제약으로 작용할 수 있다는 것을 염두에 둘 필요가 있다. 다시 말해 학생들의 수학적 추론 능력 함양에 내용의 단순성 및 표상의 특성이 제약 조건으로 작용할 수 있다는 의미이다.

다음으로 과제에서의 도구가 미치는 영향을 생각해 볼 필요가 있다. 통상 수학 수업에서는 기존 교과서의 과제를 있는 그대로 사용하는 경우도 있지만, 대다수 과제는 교사의 교수학적 의도에 맞게 새롭게 만들어진 과제이거나 기존 과제가 변형된 형태라고 할 수 있다. 구체적으로 과제의 질문을 변형할 수도 있고, 과제에 포함된 수학적인 예를 추가하거나 교체할 수도 있다. 한편, 과제에 제시된 맥락을 수정할 수도 있고, 과제의 도구를 변형 및 추가할 수도 있다. 그런데 교수학적 장치로서의 도구의 잠재성은 때론 양날의 검으로 작용하기도 한다. 실제 이 수업에서 도입된 대표적인 도구는 [점 종이]이며, 한 직선 위에 있는 여러 개의 점을 떠올리기 쉽도록 고안된 것이다. 사후 협의회에서 논의된 바에 따르면, 학생들의 [점 종이] 활용률이 높지 않았을 뿐만 아니라 이를 활용해 세 점이 한 직선 위에 있는 예, 즉 반례를 보았음에도 학생들은 여전히 제시된 주장이 참이라고 생각했다는 것이다. 더군다나 설명하기 활동에서 등장했던 학생 9의 오각형 예처럼 실제 사각형이지만 다섯 개의 점으로 구성되어 오각형으로 판단하는 데 영향을 주기도 했다. 이렇듯 촉진자의 역할을 부여하기 위해 도입한 도구가 오히려 학생들의 사고에 제약을 가하는 도구로 작용할 수도 있다. 그래서인지 사후 협의회에 참여한 교사들은 [점 종이]의 긍정적 영향과 부정적 영향을 모두 인식했고, 사용 여부 선택에 관해서는 서로 입장을 달리했다.

참고문헌

교육부(2015). **수학과 교육과정**. 교육부 고시 제2015-74호 [별책 8]. 서울: 교육부.

교육부(2022). **수학과 교육과정**. 교육부 고시 제2022-33호 [별책 8]. 세종: 교육부.

박경미, 이환철, 박선화, 권점례, 강은주, 김민정, 김선희, 방정숙, 임해미, 이화영, 김성여, 임미인, 장혜원, 이만근, 강태석, 김화경, 윤상혁, 이광상, 이경은, 조혜정, 권영기, 권오남, 신동관, 강현영, 김재영, 도종훈, 박정숙, 서보억, 안현정, 오택근, 이경진, 이광연, 이문호, 이승훈, 이은정, 이지윤, 전인태, 최지선, 한준철, 황선미, 박문환, 김완일, 강성권(2015). **2015 개정 수학과 교육과정 시안 개발 연구 Ⅱ**. 서울: 한국과학창의재단.

이경화, 김선희, 김남균, 이명화, 조성민, 지영명, 최성이, 나귀수, 도주원, 선우진, 이정, 임미인, 최지선, 탁병주, 임해미, 김보현, 김부미, 나미영, 서보억, 이윤경, 정종식, 강현영, 고호경, 장정욱, 강은주, 구나영, 권순학, 김동재, 김윤민, 김은하, 김정현, 김하림, 박정숙, 양정은, 이경원, 이상훈, 전수경, 전종삼, 정중기, 조장익, 주미경, 주신영, 최은아, 최인용, 홍영범(2022). **2022 개정 수학과 교육과정 시안(최종안) 개발 정책연구**. 서울: 한국과학창의재단.

Chen, J.-C., Lin, F.-L., Hsu, H.-Y., & Ying-Hao Cheng. (2014). Integration of conjecturing and diagnostic teaching: Using a proceduralized refutation model as intermediate framework. In Oesterle, S., Nicol, C., Liljedahl, P., & Allan, D. (Eds.) *Proceedings of the Joint Meeting of PME 38 and PME-NA 36, Vol. 6*. (p. 38). Vancouver, Canada: PME.

Watson, A., & Mason, J. (2015). **색다른 학교수학**. (이경화 역). 서울: 경문사. (영어 원작은 2005년에 출판).

Watson, A., & Shipman, S. (2008). Using learner generated examples to introduce new concepts. *Educational studies in mathematics, 69*, 97-109.

제 3 장

연립일차방정식 수업

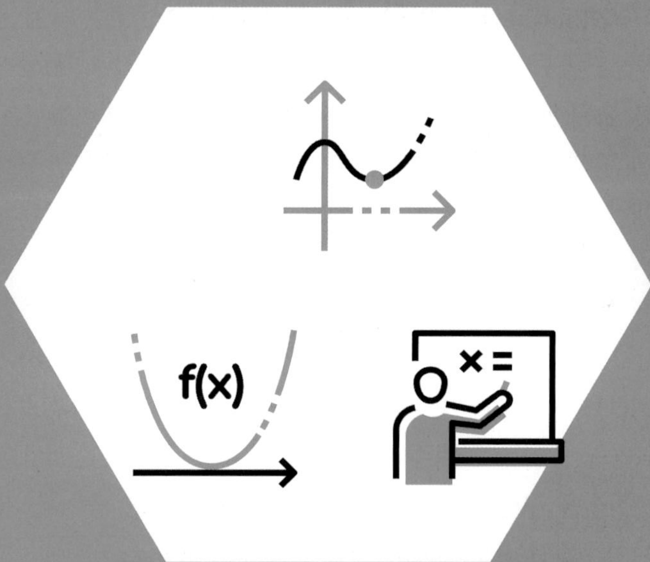

이 글은 한 중학교 연립방정식 수업 사례를 톺아보는 글이다. 이 수업에서 교사는 학생에게 주어진 부지에 단독주택과 공동주택을 몇 채 건설하는 것이 합리적일지 묻는 현실 맥락을 제시하고, 이를 연립방정식을 통해 해결하도록 하였다. 본 글에서는 이러한 현실 맥락의 문제상황에서 학생들이 식, 표, 그래프와 같은 다양한 수학적 표상을 어떻게 사용하고 있는지, 그리고 그와 관련하여 교사가 어떤 교수학적 조치를 취했는지를 조명한다. 또한 2022 개정 수학과 교육과정의 핵심 요소들이 실제 수업에서 어떻게 구현되고 있는지, 특히 역량 함양을 위한 교육이 어떻게 추구되고 있는지 살펴본다. 이러한 작업을 통해 본 글은 수학적 문제해결 역량 교육 및 교사와 학생의 표상 사용에 대한 몇 가지 시사점을 제시하고자 한다.

1 수업 밑그림

이 수업의 목적은 학생들이 현실 맥락의 문제를 연립일차방정식을 활용해 해결할 수 있도록 하는 수학적 역량을 기르는 것이다. 이에 송교사는 건물의 총 수 및 건물이 차지하는 면적 등을 고려하여, 주어진 부지에 단독주택과 공동주택을 각각 몇 채 건설하는 것이 합리적일지를 묻는 과제를 설계하였다.

먼저 건물이 차지하는 면적을 고려하여 문제를 해결하기 위해 학생들은 문제상황을 합리적으로 해석하고 처리해야 한다는 점에 동의하였고, 이를 위해 수학적인 접근이 필요하다는 합의가 이루어졌다. 송교사는 개별 학생들에게 주어진 문제상황을 먼저 수학적인 식으로 표현하고나서, 주어진 식을 만족하는 순서쌍을 표에 작성하도록 하여 조건을 만족하는 단독주택 및 공동주택의 수를 찾도록 하였다. 시간이 흐른 후, 송교사는 표에 적힌 순서쌍을 좌표평면 위에 나타내어 직선의 형태를 그리도록 요청하였다. 이 과정에서 학생들은 그래프 위의 격자점이 단독주택 및 공동주택의 수를 나타낸다는 점을 이해하며 문제상황을 수학적으로 해석하였다.

주어진 조건만으로는 하나의 방정식에 대한 탐구만이 가능했기에, 학생들은 문제해결을 위해 추가 조건이 필요하다는 점에 동의하였다. 송교사는 단독주택 수와 공동주택의 수의 합이 26채라는 추가 조건을 제시하였고, 학생은 이를 다시 수학적인 식으로 표현하고 해당 식을 만족하는 몇 개의 순서쌍을 찾아내었다. 이후 송교사는 학생들에게 투명한 좌표평면 종이를 나눠준 뒤 추가 조건을 만족하는 순서쌍을 좌표평면에 나타내어 새로운 직선을 구성하도록 하였고, 학생들은 투명한 종이를 기존 과제의 좌표평면 위에 붙여 두 직선이 교차하는 지점을 찾아냈다.

송교사와의 전체 논의에서 학생들은 그 교차하는 지점이 곧 결정된 단독주택과 공동주택의 수라는 점, 그리고 그것이 기존의 일차연립방정식을 만족하는 해가 된다는 점을 인식하였다. 그리고 확정된 단독주택과 공동주택의 수를 나타내는 순서쌍이 앞서 구성한 두 직선의 그래프의 교점이 된다는 점에 대한 반성을 하며 수업이 마무리되었다.

수업 정보

1. 과제 요약

단독주택 주민들은 단독주택만 지어야 한다고 주장하고, 공동주택 주민들은 공동주택만 지어야 한다고 주장하고 있다.

〈단독주택 주민 의견〉
우리 동네에서는 맑은 공기를 마시며 마음껏 뛰어놀 수 있어요!
그래서 마당이 있는 주택을 많이 지어야 해요!

〈공통 주택 주민 의견〉
우리 동네에 살고 싶어하는 사람이 많아요.
그래서 아파트 같은 공동주택이 필요해요. 아파트는 살기에도 편하구요!

시에서는 환경문제와 인구문제를 종합적으로 고려하여 어느 한쪽의 주민들의 의견만을 따를 수 없다고 판단하고, 단독주택과 공동주택을 골고루 짓기로 하였다.
단독주택 한 채를 지으려면 $600m^2$의 땅이 필요하고, 공동주택 한 채를 지으려면 $400m^2$의 땅이 필요하다. (단, 주택 건설에 필요한 면적에는 정원, 주차장, 도로 등 주거에 필수적으로 필요한 시설의 면적을 포함한다고 가정하자.)

❶ 위와 같은 상황을 수학적으로 표현할 수 있을까?

❷ M건설회사에서 주어진 땅을 모두 활용하여 단독주택 8채, 공동주택 18채를 지으려고 한다.
이 계획안은 가능한가?

❸ M건설회사 계획과 다른 계획안이 있는가? 있다면 다른 계획안 3개를 찾고, 그 계획안이 가능한지 확인해보자.

	계획안	단독주택 넓이	공동주택 넓이	전체 넓이
1				
2				
3				

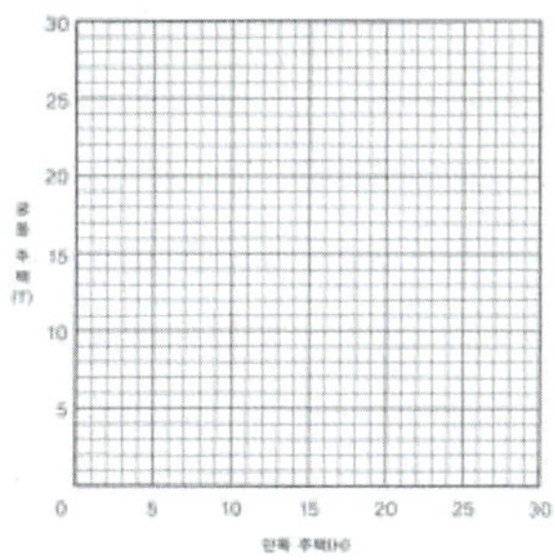

[그림 3-1] 송교사가 사용한 과제

2. 참여 학생 및 교실 배치

참여 학생 : 중학교 2학년 학생 20명

모둠 배치 : 5개 모둠

	5모둠	4모둠
3모둠	2모둠	1모둠
	교탁	

2 생각해 보기

#문제해결 #문제해결 역량 #표상 #표상 기능 #표상 번역

1절에서 이 수업에 대한 간략한 정보를 제공하였다. 이제 이 수업으로 들어가기 위한 두 가지 관문을 제시하고자 한다. 첫 번째 관문은 주어진 수업에 대한 정보만으로 2022 개정 수학과 교육과정의 핵심 아이디어 및 성취기준과 관련시켜 생각해 보는 것이다. 두 번째 관문은 이 수업에 사용된 과제 설계 의도 및 수업 전개 양상을 이해하기 위한 이론적 관점을 생각해 보는 것이다.

2.1 국가교육과정

일반적으로 문제해결 역량은 "해결 방법을 알고 있지 않은 문제상황에서 수학의 지식과 기능을 활용하여 해결 전략을 탐색하고 최적의 해결 방안을 선택하여 주어진 문제를 해결하는 능력"으로 간주된다(교육부, 2015, p. 39). 또한, 역량이 구체적인 삶의 맥락에서 지식과 기술, 태도 등을 선택하고 활용하는 능력이라는 점을 고려해보면(Rychen & Salganik, 2003), 역량 함양을 위해 학생들에게 제시되는 문제 역시 현실 맥락을 포함하고 있어야 한다는 점을 알 수 있다. 이와 관련된 사항들을 2022 개정 수학과 교육과정에서 확인해 보면 다음과 같다.

핵심 아이디어

수와 그 계산은 문자와 식을 사용하여 일반화되며, 특정한 관계를 만족시키는 미지의 값은 방정식과 부등식을 해결하는 적절한 절차를 거쳐 구해진다.

과정 · 기능

방정식과 부등식 풀기, 방정식, 부등식, 함수와 관련된 문제해결하기, 상황이나 관계를 표, 식, 그래프로 나타내기, 주어진 그래프 해석하기

가치 · 태도

순서쌍과 좌표, 그래프 등 수학적 표현의 유용성과 편리함 인식, 방정식, 부등식, 함수의 필요성 인식, 체계적으로 사고하여 합리적으로 의사 결정하는 태도, 타당한 근거에 따라 논리적으로 설명하는 태도

교수·학습 방법

① 다음과 같은 교수 · 학습 방법을 통해 문제해결 역량을 함양하게 한다.
② 수학의 개념, 원리, 법칙을 이용하여 해결 가능한 문제를 학생에게 제시한다. 이때 다양한 방법으로 해결 가능한 문제, 여러 가지 해답이 나올 수 있는 문제 등을 활용할 수 있다.
③ 문제에 주어진 조건과 정보를 분석하고 적절한 문제해결 계획을 수립하고 실행하며 문제해결 과정을 반성하도록 구체적인 발문과 권고를 제시한다.
④ 다음과 같은 교수 · 학습 방법을 통해 연결 역량을 함양하게 한다.
⑤ 수학과 실생활, 사회 및 자연 현상, 타 교과의 내용을 연계하는 과제를 활용하여 수학의 유용성을 인식하게 한다.

생각해 볼 문제

◆ 다음은 2022 개정 수학과 교육과정을 읽은 예비 교사들이 위 과제에 대해 평가한 내용이다. 다음 중 타당하다고 생각하는 의견을 모두 고르시오.

① 은우 : 송교사가 설계한 과제는 단독주택과 공동주택의 수를 결정하는 문제상황을 표, 식, 그래프 등의 여러 표현으로 나타내도록 하고, 그 표현을 해석하여 합리적인 방안을 이끌어내도록 하고 있어. 이러한 점에서 위 과제는 2022 개정 수학과 교육과정의 과정 기능 요건을 잘 반영하고 있다고 생각해.
② 청하 : 내가 생각하기에 연립방정식 수업에서 학생이 역량을 발휘하게 하기 위해서는

실생활 맥락이 없는 문제를 알고리즘을 이용하여 반복적으로 풀게 시켜야 할 것 같아. 그래서 위 과제는 학생의 역량 발현을 촉진하는 과제가 아닌 것 같아.

③ 동석 : 학생들이 위 과제의 문제를 풀 때, 수학적 표현이 실생활의 문제를 해결하는 데 큰 도움이 되지 않을 것 같다고 느낄 것 같아. 따라서 송교사의 과제가 2022 개정 수학과 교육과정의 가치 태도 요건을 잘 만족하지 않는 것 같아.

④ 디오 : 송교사가 제시한 문제상황을 합리적으로 해결하기 위해서는 모두가 납득할 수 있는 방안이 필요해. 위 과제를 해결하는 과정에서 학생들은 방정식이라는 수학적인 도구가 현실 세계의 문제를 해결하는 합리적인 방안을 제시해줄 수 있다는 점을 깨달을 수 있어.

⑤ 수지 : 위 과제를 가지고 수업을 진행할 때는 문제에 제시된 조건이나 정보를 수학적인 표현으로 변환하는 작업은 교사가 전부 담당하고, 그 이후 수학적인 식을 정리하여 해를 구하는 작업은 학생이 맡아서 처리해야 할 것 같아.

2.2 수업을 보는 눈

1절에서 송교사가 학생들에게 여러 종류의 표상을 활용하도록 요청하는 모습을 확인하였다. 본 절에서는 이러한 부분과 관련하여 다뤄볼 수 있는 이론적 관점을 살펴보도록 하자.

2.2.1. 문제해결과 학생의 표상 사용

2022 개정 수학과 교육과정의 방정식에 대한 성취기준에는 "다양한 상황을 일상 언어, 표, 그래프, 식으로 나타내고 이들 사이의 상호 변환 활동을 하게 한다"가 명시되어 있다. 이는 방정식을 푸는 과정에서 학생들이 문제에 대한 다양한 종류의 표상을 활용해야 한다는 의미이다.

일반적으로 표상은 다른 무언가를 나타내는 여러 종류의 형상들로 정의되며, 모종의 정보에 대한 의사소통 및 이해를 위한 유용한 도구로서 간주되고 있다(Kaput, 1985; NCTM, 2000). 특히, 수학 기호, 언어적 표현, 그림, 그래프, 표와 같은 형상은 수학 개념을 나타내는 대표적인 표상이며, 수학적 의사소통 및 이해의 과정에서 사람들은 이러한 종류의 표상을 사용할 수밖에 없다. 예를 들어, 일차함수라는 개념은 $y = ax + b$와 같은 수학 기호로도, 직선 형태의 그래프로도, 순서쌍을 표시한 표로도 나타낼 수 있다.

중요한 점은, 하나의 표상이 다른 표상들과 분리된 채로 독립적으로 작용하기보다는, 어떠한 규칙을 따라 다른 표상과 함께 작동한다는 것이다. 특히, 수학 개념을 이해하거나 수학적 문제해결을 수행하는 과정에서 학생들은 같은 개념에 대한 다양한 형태의 표상을 동시에 다뤄야 하는 경우가 많고, 하나의 표상을 다른 표상으로 성공적으로 전환할 수 있어야만 한다. 그리고 이 과정에서 표상 사이의 전환은 임의적으로 이루어지지 않고 특정한 규약을 따라 이루어지기에, 학생들은 단순히 표상 하나하나에 집중하는 것에서 벗어나 각 표상을 상호 변환하는 규범까지 학습해야만 한다. 가령, $y=ax+b$와 같은 표상을 그래프로 나타낼 때는 각 순서쌍을 좌표로 하는 점들을 직선의 형태로 나타내는 규칙을 따라야만 하는 경우를 생각해 볼 수 있다. 혹은, 1절에 언급된 수업 과제의 상황적 표현을 이차식이 아닌 미지수가 2개인 일차식의 형태로 정확히 전환하는 경우도 생각해 볼 수 있다. 이와 관련하여 Janvier(1987)는 수학적 문제해결 과정에서 수행해야만 하는, 하나의 개념에 대한 다양한 표상 사이의 변환 작업을 표상의 '번역'이라 언급하였다. 수학적 문제해결 과정에서 수행해야만 하는 이러한 여러 표상 사이의 번역 활동은, 현 수학교육 공동체에서 매우 중요히 다뤄지고 있다.

한편, Stylianou(2011)는 다양한 표상 사이의 번역 활동에 더해, 수학적 문제해결 과정에서 학생이 각 표상을 어떤 목적으로 사용하는지에도 주목해야 한다고 주장하였다. 예를 들어, $y=x^2-3$와 $y=ax+3$으로 둘러싸인 영역의 넓이가 최소가 되도록 하는 a의 값을 구하라는 문제를 해결하는 과정에서, 학생은 문제를 이해하기 위한 목적으로 두 함수의 그래프 표상을 구성할 수 있다. 그리고 a의 값을 변화시키며 여러 모양의 직선 그래프를 그리고 넓이의 변화를 탐구한다면, 학생은 문제해결 전략을 탐구하기 위해 표상을 활용하였다고 볼 수 있다. 또한, 문제해결 전략을 떠올린 뒤 앞서 구성한 그래프나 그림 표상을 다시금 관찰하는 과정에서, 학생은 자신의 전략을 평가하거나 점검하기 위한 목적을 세울 수도 있다. 이렇듯 스틸리아누(Stylianou)는 문제해결 과정에서 학생이 단 하나의 표상만을 활용하더라도, 그 단일한 표상이 문제해결 단계에 따라 상이한 목적 하에 다양한 방식으로 활용될 수 있다는 점에 주목해야 한다고 주장하였다.

Stylianou(2011, 2013)에 의하면 문제해결 과정에서 학생들이 표상을 사용하는 방식은 그 목적에 따라 다음 여섯 가지로 구별될 수 있다. 첫째, 정보를 이해하기 위한 수단으로서의 표상으로, 문제의 다양한 정보를 종합하고 그것들이 문제해결 과정에 어떻게 기여하는지 검토하기 위한 목적으로 표상을 사용하는 경우이다. 둘째, 기록을 위한 도구로서의 표상으로, 모든 정보를 정신 속에서만 처리하지 않고, 제시된 정보나 문제상황을 정신 외적인 영역에 기록하고 그것들에 주목하는 도구로서 표상을 사용하는 경우를 뜻한다. 셋째, 탐구를 촉진하는 도구로서의 표상으로, 개념 탐구를 촉진하고 문제의 추가적인 함의점 등을 드러낼 수 있도록 하는 유연한 도구로서 표상을 활용하는 상황을 의미한다. 넷째, 점검 및 평가 도구로서의 표상으로, 여기서 표상은 문제해결 과정을 모니터링하고 이후 목표를 설정하거나 현재 계획을 유지 또는 수정할 때 정보에 기반한 결정을 내리는 목적으로 사용된다. 다섯째, 공동 의미 형성을 위한 도구로서의 표상이 있으며, 이는 동료와 함께 문제해결전략을 함께 만들어내고 각자의 의견을 협상하는 데 표상이 사용되는 경우라 할 수 있다. 마지막은 공유를 위한 목적으로 표상이 사용되는 경우이며, 이 경우 표상은 여러 정보를 공유하는 데 사용된다.

이렇듯 문제해결 과정에서 학생들은 자신의 목적에 따라 같은 표상을 다양한 방식으로, 다양한 목적을 위해 사용할 수 있다. 그런데 문제해결의 각 단계 혹은 세부 목적에 적합한 표상이 있을 수 있다. 어떠한 상황에서는 여러 정보를 종합하고 정리하기 위해 대수적인 상징을 활용하는 게 더 적합할 수 있으며, 다른 상황에서는 직관을 얻기 위한 그래프 표상이 탐구에 더 적절할 수도 있는 것이다. 결국, 교사는 학생들이 어떠한 목적을 위해 표상을 사용하고 있는지 파악할 수 있어야만 하며, 학생의 문제해결을 돕기 위해 적절히 개입하여 적합한 표상을 사용할 수 있도록 지도할 수도 있어야 한다. 단순히 학생에게 여러 종류의 표상을 다루도록 하는 것이 언제나 성공적으로 기능하지는 않으며, 오히려 표상을 상황이나 목적에 맞게끔 적합하게 사용하는 것이 중요할 수 있다는 점도 알아야만 한다.

생각해 볼 문제

◆ 이 수업의 과제와 교수 내용 및 방법과 관련한 사항들을 위에서 논의한 문제해결과 표상 사용의 관점에서 다음과 같이 생각해 볼 수 있다. 아래 빈 칸에 알맞은 표현을 채우시오.

1. 송교사의 과제를 해결하는 과정에서 학생들은 방정식을 만족하는 여러 순서쌍을 찾아낼 수 있다. 하지만 학생들이 찾아낸 순서쌍을 전부 기억하는 것은 어렵기 때문에 그것을 체계적으로 표에 정리할 수 있다. 이러한 표상의 사용 방식은 (   )을 목적으로 하는 사용 방식이다.
2. 위 과제를 처음 접할 때 학생들은 도시 개발, 주민들 사이의 대립, 각 진영의 주장, 주택 건설에 필요한 땅의 넓이 등 다양한 정보에 직면하게 된다. 주어진 문제를 이해하

고 다음 단계로 나아가기 위해 학생은 여러 정보를 종합하여 식의 형태로 정리할 수 있어야만 한다. 여기서 수학식 표상은 (   )을 목적으로 하는 표상이다.

3. 송교사가 제시한 과제를 해결할 때 학생들은 좌표평면 위에 각 연립방정식을 나타내는 그래프를 그린 뒤, 그래프가 교차하는 지점을 확인해야 한다. 즉, 각 그래프를 그리고 그것들이 어떠한 지점에서 만나는지 확인하는 것은 문제를 해결하는 주된 방식이라 할 수 있다. 따라서 그래프 표상은 (   )을 목적으로 하는 표상이다.

3 다큐와 톺아보기

이 절에서는 교사가 학생에게 어떠한 목적으로 다양한 수학적 표상을 사용하게끔 하는지를 중심으로 실제 수업 에피소드를 살펴보고자 한다. 그 다음, 수학과 교육과정의 요소가 수업에서 어떠한 양상으로 드러나고 있는지를 확인할 것이다.

3.1 문제해결과 학생의 표상 사용

3.1.1. 문제 이해와 표상 번역 활동

학생들은 처음 주어진 문제상황을 해결하기 위한 여러 방법을 모색한 뒤, 문제를 해결하기 위해 합리적인 방법이 필요하다는 인식 후 수학적인 접근을 선택하는 것에 동의하였다.

장면 1 정보이해를 위한 표상 사용

송교사 : 일단 땅이 얼마 있어요?

학생 1 : 12000.

송교사 : 네, 12000 제곱미터. 단위 생략할게요. 그런데 어디와 어디가 지금 갈등 상황에

있어요?

학생들 : 단독주택이랑 공동주택.

송교사 : 응 단독주택이랑 공동주택 팀들이 지금 대립 상황에 있군요? 그러면 단독주택을 한 채 짓는 데는 얼마의 땅이?

학생들 : 600.

송교사 : 600. 공동주택을 한 채 짓는 데는?

학생들 : 400.

송교사 : 그러면 이 상황에서 이 땅을 모두 소유해야 한다면? 그 상황이에요. … 이와 같은 상황을 수학적으로 표현할 수 있나요?

학생들 : 네.

송교사 : 한번 그러면 표현해 보세요.

…

송교사 : (교실을 순회하며) x는 뭐고 y는 뭐예요?

학생 1 : x는 단독.

송교사 : 어 적어줘야죠. x, y가 무엇인지 설명을 해줘야죠.

…

송교사 : 이와 같은 상황이 수학적으로 표현이 가능했어요?

학생들 : 네.

송교사 : 어떻게 표현했어요? 불러주세요.

학생들 : 600x+400y=12000.

송교사 : x는 뭐고 y는 뭔가요?

학생들 : x는 단독주택 수 … y는 공동주택 수.

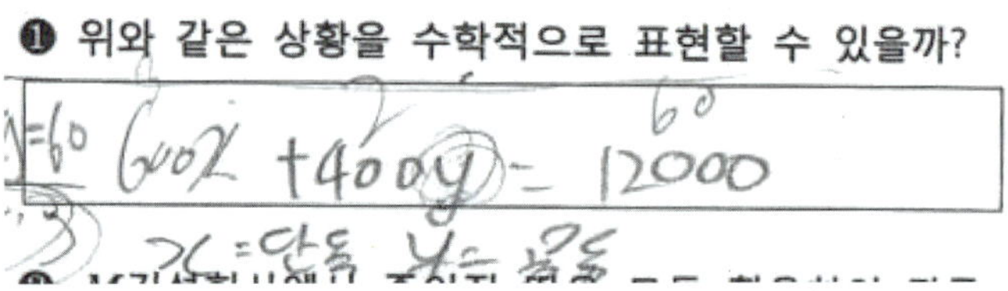

[그림 3-2] 학생이 구성한 대수적 표상

〈장면 1〉에서 송교사는 학생과 함께 문제에 제시된 정보가 어떠한 의미인지, 그것을 어떻게 정리할 수 있을지 논의하였다. 이후 송교사는 학생들에게 문제상황을 수학적으로, 특히 대수적인 표상으로 전환하도록 요구하였다. 이에 학생들은 이전에 학습하였던 미지수 2개를 가지는 일차식의 형태를 상기하고, 문제상황을 x와 y라는 미지수를 활용하여 일차식으로 성공적으로 표현하였다. 이 과정에서 송교사는 학생들이 단순히 기계적인 방식으로 대수식 표상을 구성하지 않도록, 교실을 순회하며 x와 y가 무엇을 의미하는지를 반복적으로 질문하였다. [그림 3-2]에서 확인할 수 있듯이 학생들은 각 미지수가 무엇을 표현하는지 분명히 주목하는 모습을 보인다.

여기서 학생들은 문제의 조건 및 정보를 파악하여 수학적으로 문제를 명료화하는 것에 성공하고 있다. 또한 과제의 현실 맥락을 일차식의 형태로 표현하는 것은 문제에 주어진 정보를 이해하고 종합하기 위한 목적 하에서 이루어졌다고 할 수 있다. 실제로 미지수 2개인 일차식은 단독주택과 공동주택의 넓이 및 수, 그리고 제시된 땅의 넓이 사이의 관계를 표현하는 수단이다. 따라서, 문제를 이해하는 과정에서 교사가 학생한테 주로 요구한 표상 사용 방식은 정보 이해를 위한 수단으로서의 표상이라 할 수 있다.

3.1.2. 문제해결 전략 탐색과 표상 사용

이후 송교사는 학생들에게 한 건설회사에서 단독주택 8채, 공동주택 18채를 지으려는 계획안을 제출했다는 상황을 제시하며 이것이 수학적으로 가능하냐고 물었다. 여기서 송교사는 단순히 대수식을 수학적으로만 처리하는 것을 넘어, 문제의 맥락인 주택 건설 상황과 지속적으로 연결지어 해석할 수 있도록 조치하고 있다. 학생들이 방정식의 미지수에 각각 8과 18을 대입하여 건설회사가 제안한 계획안이 가능하다는 사실을 깨닫도록 한 뒤, 송교사는 학생들에게 건설회사에서 제시한 방안과 다른 계획안 3개를 찾아 밑의 그림의 표로 정리하도록 요청하였다. 특히, 찾은 계획안을 순서쌍의 형태로 표현하도록 안내하였다. 이후 학생의 활동이 이루어지는 동안 송교사는 교실을 순회하며, 대수식을 만족하는 순서쌍을 찾는 데 어려움을 겪는 학생들에게 필요한 정보를 제공하였다.

이 과정에서 송교사가 요청하고 학생이 수행한 표상 사용은, 앞서 구성하였던 대수식 표상을 표 표상으로 전환하는 것이었다. 이러한 표상 사용은 본격적인 문제해결 전략 탐색에 앞서, 학생이 대수식을 만족하는 여러 순서쌍을 한번에 기억하기 어렵다는 판단 하에 이루어진 것으로 여겨진다. 즉, 송교사는 학생들에게 [그림 3-3]과 같은 표 표상을 구성하도록 하여 찾아낸 정보들을 체계적으로 기록하도록 하였고, 이러한 체계적인 기록은 이후 학생이 순서쌍들 사이에서 성립하는 선형성을 더 쉽게 파악하도록 하는 잠재력을 지니고 있다고 여겨진다. 따라서 이 장면에서 확인할 수 있는 표상 사

❸ *M* 건설회사 계획과 다른 계획안이 있는가? 있다면 다른 계획안 3개를 찾고, 그 계획안이 가능한지 확인해보자.

	계획안	단독주택 넓이	공동주택 넓이	전체 넓이
1	(10,15)	6000 m^2	6,000 m^2	12,000 m^2
2	(12,12)	7200 m^2	4,800 m^2	12,000 m^2
3	(14,9)	8,400 m^2	3,600 m^2	12,000 m^2

[그림 3-3] 대수식에서 표 표상으로의 번역

용 방식은 기록을 위한 도구로서의 표상이다.

이후 송교사는 각 조에서 작성한 계획안을 미니 칠판에 적어 제출하도록 했다. 여기서 학생들은 문제 조건을 만족하는 여러 계획안이 존재한다는 사실을 깨달았으며, 문제해결을 위한 정보를 서로 공유할 수 있었다. 이 장면에서 나타난 송교사의 수업 조치는 학생들의 표 표상을 정보를 공유하기 위한 목적으로서의 표상으로 사용하고자 하는 의도를 가지고 있다고 해석할 수 있다. 이렇게 조건을 만족하는 많은 정보를 교실에 공유한 뒤, 송교사는 학생들에게 표 표상을 그래프 표상으로 전환할 것을 요구하였다.

이후 학생들은 [그림 3-4]와 같이 다른 조의 학생들이 찾은 순서쌍들을 과제의 좌표평면 위에 찍어나갔다. 그리고 그 순서쌍들이 좌표평면에서 일직선이 된다는 점을 인

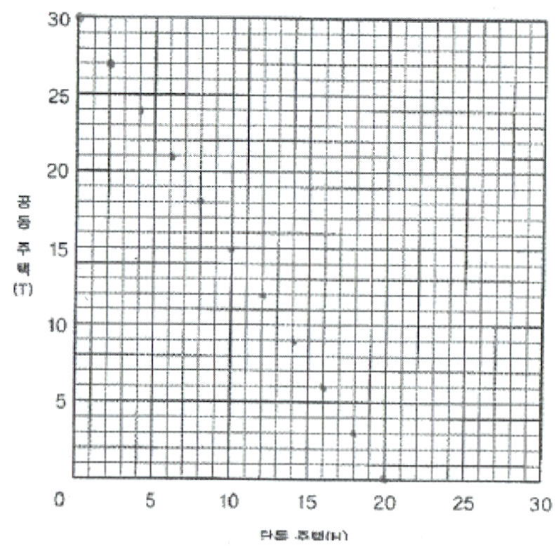

[그림 3-4] 학생들이 첫 번째로 구성한 그래프 표상

식할 수 있었다. 이 그래프 표상은, 이후 또 다른 일차방정식에 대한 직선과 함께 문제를 해결하는 데 있어 중요하게 쓰이는 표상이기도 하다. 이러한 점에서 학생들이 표 표상으로부터 번역해낸 그래프 표상은 문제해결 전략을 찾기 위한, 탐구를 위한 목적으로서의 표상으로 여겨질 수 있다.

물론 하나의 방정식에 대한 그래프를 그린다고 하여 주어진 문제를 해결할 수는 없다. 송교사는 주어진 조건만으로 단독주택의 수와 공동주택의 수를 확정하는 것이 불가능하다는 점을 학생들과 함께 확인하였고, 추가로 어떠한 조건이 필요한지에 대한 논의를 시작하였다.

장면 2 새로운 표상 번역 활동

송교사 : 지금 너무 많아요. 그죠? 이 조건을 만족하는 대안이, 대체 기획안이, 기획안들이 되게 많은데, 하나로 결정해야 해요. 지금 이제 결정해야 되는데 이때 필요한 것이 무엇일까요?

학생 1 : 다수결.

송교사 : 다수결? 또? 나는 이때 뭐가 필요하다고 생각한다? 뭐가 필요할까요?

…

학생 2 : 인구수.

학생 3 : 환경문제.

〈장면 2〉에서 나타난 학생들의 제안은 실제 주택 문제를 해결하는 맥락에서 고려해야만 하는 요인이나, 이는 송교사가 강조하고자 하는 수학적인 접근법하고는 다소 거리가 있다. 여기서 송교사는 학생들의 제안이 가지는 한계를 지적한 뒤 문제해결에 합리적인 수학적 방법이 필요하다는 점을 강조하며, 단독주택의 수와 공동주택의 수의 합이 26채라는 조건을 추가로 제시한다. 그리고 송교사는 앞선 절차와 마찬가지로 새로운 문제상황을 수학적인 식 표상으로 번역하도록 요구하였다. 이에 학생들은 새 문제상황에 대한 수학적인 식을 세웠다.

학생들이 대수식을 완성한 것을 확인한 송교사는 학생들에게 투명한 좌표평면 종이를 새롭게 나눠주었고, 이 투명한 좌표평면에 새 방정식을 만족하는 순서쌍을 모둠별로 표시하도록 하였다. 각 모둠별로 찾은 순서쌍을 투명한 좌표평면에 찍은 뒤, 송교사는 전체 학급 단위에서 학생들이 다른 조와 함께 상호작용하며 그래프 표상을 완성하도록 요청한다.

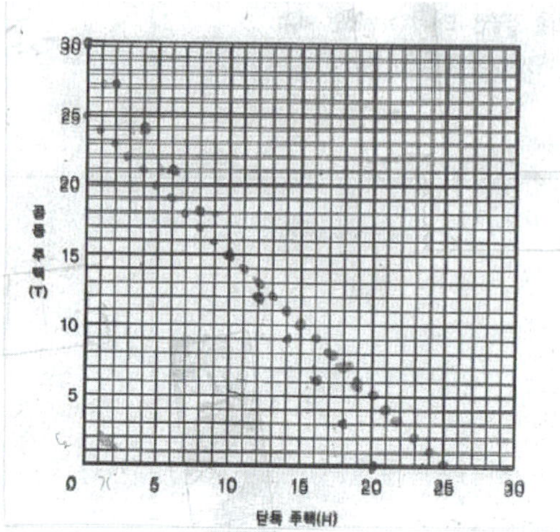

[그림 3-5] 공동 활동을 통해 학생들이 최종 구성한 그래프 표상

여기서 송교사는 [그림 3-5]와 같이 투명한 좌표평면 위에 그려진 그래프 표상을, 앞서 과제에 그린 그래프 표상과 겹치도록 요청한다. 두 그래프 표상이 겹쳐지는 행위는 문제해결 전략을 찾아내기 위한 목적 하에 이루어졌다. 다시 말해, 송교사의 조치는 문제의 정보를 확인하고 이해하기 위한 목적으로의 표상이었던 대수식 표상을, 본격적인 해결 전략을 탐색하기 위한 목적으로의 표상인 그래프 표상으로 전환시킨 것으로 여겨질 수 있다. 이후, 학생들은 투명한 좌표평면을 기존의 좌표평면에 겹치며 두 직선의 교점 (10, 15)를 찾아내었다. 또한, 단순히 두 그래프를 '겹친다'는 물리적 행위에 그치지 않게끔 하기 위해, 송교사는 두 그래프가 각각 주어진 문제의 조건을 의미하는 것이며 두 그래프가 만나는 지점은 두 조건을 동시에 만족하는 주택의 수를 뜻하는 것임을 주지시켰다.

이와 같이, 학생들은 문제해결을 위해 송교사의 안내에 따라 다양한 표상을 상호 번역하였고, 상황에 맞게끔 각 표상을 정보를 이해하기 위해, 기록을 위해, 정보를 공유하기 위해, 탐구 전략을 구성하기 위해 사용하는 모습을 보였다. 또한, 송교사는 각 표상의 잠재력을 분명히 인식하고 수업에 활용하고 있었으며, 적절한 시점에 표상을 특정 목적을 위한 다른 표상으로 번역하고 사용할 수 있도록 지도하였다. 이러한 점을 고려하여, 문제해결 활동을 진행할 때 송교사는 다양한 표상이 어떠한 목적으로 쓰일 수 있을지, 어떤 표상이 문제해결의 각 절차에 적절한지 등을 사고실험을 통해 사전에 계획하고, 이를 바탕으로 실제 수업에서 학생에게 적절한 안내 및 발문을 진행하여야 한다는 점을 확인해볼 수 있다.

3.2 교육과정 요소 확인

본 수업에서 다룬 문제상황은 부지의 넓이 및 건설해야 하는 주택의 총 수와 같은 현실적인 조건을 고려하여 가능한 단독주택과 공동주택의 수를 확정하는 것이었다. 이와 같은 현실 맥락은 학생이 몰입할 수 있는 맥락이며, 문제를 해결하기 위한 수학적 아이디어를 구성하도록 촉진하는 상황이기도 하다. 즉, 송교사는 구체적인 삶의 맥락에서 발생할 법한 문제를 해결하기 위해 여러 수학적 수단 및 아이디어를 동원하도록 하는, 문제해결 역량 발현을 수업의 주된 목표로 설정하고 있다. 또한, 송교사의 안내에 따라 학생들은 문제상황의 여러 요소를 다양한 수학적 표현을 통해 나타내고 상호 조정하였으며, 각 표현의 의미를 적절히 해석하는 수준에 다다를 수 있었다.

장면 3 문제해결 과정 반성

송교사 : 6번 문제, 학생 4가 읽어주세요.
학생 4 : 신도시 건설 최종 계획안의 도출을 위해 활용된 수학적 아이디어는 무엇일까?
송교사 : 뭐가 있었죠? 이거를, 지금 최종안 내는 데 어떤 아이디어가 쓰였을까요?
학생들 : 연립방정식

…

송교사 : 여러분들, 이제 TV 채널로부터 시작했던 의사결정이 있다가, 어른들이 경험하는 갈등 상황에 놓여가지고, 그걸 의사 결정을 어떻게 하느냐를 뭐를 통해서 우리가 해봤죠?
학생들 : 연립방정식
송교사 : 연립방정식을 통해 해봤어요. 그래서 의사결정이 완료되었어요. 그래서 연립방정식의 해라는 것은, 두 가지의 의견이 대립되었을 때 하나의 안을 도출하는 데 중요하게 쓰였죠?

수업의 초반부에서 송교사와 학생은 당면한 문제를 해결하기 위해 합리적인 수학적 방법이 필요하다는 점에 동의하였고, 이후 수업의 마무리 부분인 〈장면 3〉에서도 연립방정식이라는 수학적 수단이 대립되는 두 가지 의견을 조율하는 데 효과적으로 쓰일 수 있다는 점을 확인하였다. 결국, 수업에서 학생들은 방정식이라는 수학적 도구가 현실 세계의 문제를 해결하는 합리적인 방안을 제시해줄 수 있다는 점을 인식하였다고 할 수 있다. 이러한 점들을 고려하였을 때, 송교사의 수업에서 2022 수학과 교육과정의 제반 요소가 충실히 구현되고 있다고 판단할 수 있다.

4 결론

4.1 생각해 볼 문제에 대한 사례 기반 결론

2절의 생각해 보기에서 제시한 질문을 중심으로 이 수업을 정리해 보도록 하자. 앞서 2절에서 살펴보았듯이, 현재 2022 교육과정에서는 문제해결 역량의 중요성이 강조되고 있다. 특히, 수학적 문제해결 역량은 전 세계적으로 수학 교과의 핵심적인 교육 목표로 인정되고 있으며, 수학적 창의성과도 밀접한 관련이 있는 능력이기도 하다(이경화, 2015). 이러한 점에서 수학 교사는 수학적 문제해결 역량이 과제와 수업에 어떻게 구현될 수 있는지 알아야 할 필요가 있다. 따라서 위 생각해 보기의 문제들에 대해 다각도로 고민해볼 가치가 있는 것이다.

▶ 다음은 2022 개정 수학과 교육과정을 읽은 예비 교사들이 위 과제에 대해 평가한 내용이다. 다음 중 타당하다고 생각하는 의견을 모두 고르시오.

① 은우 : 송교사가 설계한 과제는 단독주택과 공동주택의 수를 결정하는 문제상황을 표, 식, 그래프 등의 여러 표현으로 나타내도록 하고, 그 표현을 해석하여 합리적인 방안을 이끌어내도록 하고 있어. 이러한 점에서 위 과제는 2022 개정 수학과 교육과정의 과정 기능 요건을 잘 반영하고 있다고 생각해.

② 청하 : 내가 생각하기에 연립방정식 수업에서 학생이 역량을 발휘하게 하기 위해서는 실생활 맥락이 없는 문제를 알고리즘을 이용하여 반복적으로 풀게 시켜야 할 것 같아. 그래서 위 과제는 학생의 역량 발현을 촉진하는 과제가 아닌 것 같아.

③ 동석 : 학생들이 위 과제의 문제를 풀 때, 수학적 표현이 실생활의 문제를 해결하는 데 큰 도움이 되지 않을 것 같다고 느낄 것 같아. 따라서 송교사의 과제가 2022 개정 수학과 교육과정의 가치 태도 요건을 잘 만족하지 않는 것 같아.

④ 디오 : 송교사가 제시한 문제상황을 합리적으로 해결하기 위해서는 모두가 납득할 수 있는 방안이 필요해. 위 과제를 해결하는 과정에서 학생들은 방정식이라는 수학적인 도구가 현실 세계의 문제를 해결하는 합리적인 방안을 제시해줄 수 있다는 점을 깨달을 수 있어.

⑤ 수지 : 위 과제를 가지고 수업을 진행할 때는 문제에 제시된 조건이나 정보를 수학적인

표현으로 변환하는 작업은 교사가 전부 담당하고, 그 이후 수학적인 식을 정리하여 해를 구하는 작업은 학생이 맡아서 처리해야 할 것 같아.

먼저, 송교사가 제시한 과제는 단순히 대수식의 형태로 주어진 방정식을 알고리즘을 활용하여 풀이하는 게 아니라, 단독주택과 공동주택의 수를 결정한다는 문제상황을 방정식을 비롯한 여러 수학적 수단을 이용하여 해결하도록 하는 과제이다. 이 과정에서 학생들은 문제상황을 표, 식, 그래프로 나타내고, 그래프를 해석하여 합리적인 방안을 이끌어낼 수 있다. 또한, 현실 맥락의 문제를 해결할 때 방정식이 많은 이가 동의할 수 있는 합리적인 해결 방안을 제시할 수 있다는 점, 여러 수학적 표현이 문제해결에서 중요하게 활용된다는 점을 깨달을 수도 있다. 이러한 점에서 수업에서 제시한 과제는 교육과정의 변화와 관계 영역에서 제시한 과정 기능과 가치 태도 요건을 잘 반영하고 있다고 볼 수 있다. 따라서 은우와 디오의 주장은 옳으며, 동석의 주장은 타당하지 않다고 볼 수 있다.

둘째, 일반적으로 역량은 삶에서 맞닥뜨리게 되는 여러 문제상황을 여러 학문의 지식을 활용하여 해결할 수 있는 능력을 의미한다. 수업에서 사용된 과제는 우리가 삶을 살아가면서 마주칠 수 있는 현실 맥락을 활용하고 있으며, 문제를 해결하기 위해 방정식 개념을 다각도로 활용할 것을 요구하고 있다. 또한, 학생들은 문제에 주어진 조건과 정보를 여러 표상을 통해 분석하고, 두 방정식을 동시에 만족하는 순서쌍을 찾아나가는 과정이 곧 합리적인 문제해결 절차임을 인식하게 된다. 이러한 점에서 수업의 과제는 문제해결 역량을 신장시키는 데 효과적임을 확인할 수 있다. 따라서 청하의 주장은 옳다고 볼 수 없다.

마지막으로, 학생의 역량 신장을 위해서는 학생들이 스스로 문제에 주어진 조건과 정보를 분석하고 적절한 문제해결 계획을 수립하고 실행하며 문제해결 과정을 반성하도록 수업을 이끌어야 할 필요가 있다. 학생이 문제의 정보를 이해하고 정리하는 과정에서 어려움을 겪을 때 교사가 개입해야 하는 것은 당연한 일이다. 그러나 위 수업을 진행한 송교사가 그러했듯이, 교사는 학생이 수학적 과정을 주도적으로 처리할 수 있도록 보조적인 역할을 주로 수행해야 한다. 이러한 점에서 수지의 주장은 타당하지 않다.

생각해 볼 문제

◆ 이 수업의 과제와 교수 내용 및 방법과 관련한 사항들을 위에서 논의한 문제해결과 표상 사용의 관점에서 다음과 같이 생각해 볼 수 있다. 아래 빈 칸에 알맞은 표현을 채우시오.

1. 송교사의 과제를 해결하는 과정에서 학생들은 방정식을 만족하는 여러 순서쌍을 찾아낼 수 있다. 하지만 학생들이 찾아낸 순서쌍을 전부 기억하는 것은 어렵기 때문에 그것을 체계적으로 표에 정리할 수 있다. 이러한 표상의 사용 방식은 (　　　　　　　　　)을 목적으로 하는 사용 방식이다.

2. 위 과제를 처음 접할 때 학생들은 도시 개발, 주민들 사이의 대립, 각 진영의 주장, 주택 건설에 필요한 땅의 넓이 등 다양한 정보에 직면하게 된다. 주어진 문제를 이해하고 다음 단계로 나아가기 위해 학생은 여러 정보를 종합하여 식의 형태로 정리할 수 있어야만 한다. 여기서 수학식 표상은 (　　　　　　　　　)을 목적으로 하는 표상이다.

3. 송교사가 제시한 과제를 해결할 때 학생들은 좌표평면 위에 각 연립방정식을 나타내는 그래프를 그린 뒤, 그래프가 교차하는 지점을 확인해야 한다. 즉, 각 그래프를 그리고 그것들이 어떠한 지점에서 만나는지 확인하는 것은 문제를 해결하는 주된 방식이라 할 수 있다. 따라서 그래프 표상은 (　　　　　　　　　)을 목적으로 하는 표상이다.

2.2절에서 확인하였듯이, 수학적 문제해결에서 다양한 표상을 적절한 목적에 맞게끔 활용하는 능력은 매우 중요하다. 하지만 학생들이 언제나 스스로 상황에 맞는 적절한 표상을 떠올리고 상호 조정할 수 있는 것은 아니다. 따라서 교사는 수학적 문제해결 과정에서 학생들이 어떠한 표상을 활용하도록 할지, 그 표상을 어떠한 세부 목적에 따라 이용하도록 할지 계획하고 실행할 수 있어야만 한다. 위 생각해 보기 문제를 고민해 보는 과정에서 독자는 여러 표상의 적절한 사용 목적 및 방식 등에 대해 익숙해질 수 있을 것이다.

첫째, 문제를 해결하는 과정에서 필요한 정보를 기억하기 위해 특정 표상을 사용하는 것은 기록을 위한 도구로서의 표상 활용이다. 다음으로, 주어진 문제에 제시된 여러 정보 중 필요한 부분에 집중하며 그것을 표상으로 나타내는 경우는 정보를 이해하고 종합하기 위한 목적으로서의 표상 활용으로 분류할 수 있다. 마지막으로, 문제를 해결하기 위한 전략을 세우고 실현할 때 요구되는 표상을 활용하는 것은 탐구를 위한 목적의 표상 사용으로 여겨질 수 있다.

4.2 수학 문제해결 교육을 위한 학생의 표상 사용

일찍이 Polya(1945)는 문제해결 과정을 문제를 이해하고, 풀이 계획을 세우고, 세운 계획을 실행하고, 문제를 반성하는 4단계 모델로서 제시한 바 있다. 그가 제시한 모델에 따라 위 수업에서 나타난 학생의 표상 사용 방식 및 교사가 수행한 교수학적 조치를 정리하면 다음과 같다.

첫째, 문제를 이해하는 단계에서 정보를 이해하고 종합하기 위한 목적으로서의 표상 활용이 부각되었다. 문제해결역량 신장을 위해 학생에게 제공되는 현실 맥락에는 다양한 정보가 제시되어 있는 경우가 많으며, 학생들은 맥락에 내재된 많은 정보 중 문제해결에 필요한 정보에 주목하고 그것을 정리해야만 한다. 위 수업에서도 학생들은 도시 개발, 주민들 사이의 대립, 각 진영의 주장, 주택 건설에 필요한 땅의 넓이 등 다양한 정보에 직면하였다. 주어진 문제를 이해하고 다음 단계로 나아가기 위해서는 새로운 표상 수립에 필요한 정보에 집중하고 그것을 식의 형태로 정리할 수 있어야만 한다. 이를 위해 송교사는 학생과 함께 문제에 제시된 정보가 어떠한 의미이며 그것을 어떤 형태, 어떤 표상으로 정리할 수 있을지에 대한 논의를 충분한 시간을 들여 진행하였던 것이다.

결국, 문제를 이해하는 단계에서는 크게 두 가지 특징이 두드러질 수 있음을 확인할 수 있다. 먼저, 문제의 맥락을 수학적인 표상의 형태로 정리하는 것, 그리고 정보를 이해하고 종합하기 위한 목적으로의 표상 사용. 따라서 교사는 문제 이해 단계에서 정보를 이해하고 종합하기에 적합한 종류의 표상이 무엇인지 미리 계획하고, 학생들이 문제 맥락을 표상으로 전환할 때 제시된 정보가 무엇이었는지를 기억할 수 있도록 지속적인 발문을 던져야 할 필요가 있다.

둘째, 본격적인 문제해결 전략의 탐색 이전에 기록을 위한 도구로서의 표상 사용 방식이 강조되었다. 여기서 송교사는 표 형태의 표상을 적극 활용하였는데, 표는 체계적으로 여러 정보를 범주화하고 정리하여 기록하기에 적합한 표상으로 여겨진다. 찾아낸 순서쌍을 기록하지 않으면 학생들은 너무나도 많은 정보를 기억해야 하며, 찾은 정보를 체계적으로 범주에 따라 정리하지 않으면 이후 문제해결에 어려움을 겪을 공산이 크다. 따라서 문제해결 전략을 탐색하는 과정에서 교사는 이와 같이 기록을 위한 도구로서의 표상을 학생이 다룰 수 있도록 지도해야만 한다.

셋째, 문제해결 계획을 세우고 실행하는 과정에서 탐구를 위한 목적의 표상 사용이 두드러지게 나타났다. 위 문제해결 과정에서는 두 방정식에 대한 그래프를 그리고 그래프 사이의 교점을 찾는 것이 가장 중요한 전략이라 할 수 있다. 이에 송교사는 학생의 탐구를 촉진하기 위해 투명한 좌표평면 용지를 적극 활용하였고, 그 결과 학생들은 두 개의 그래프 표상을 겹치는 행위를 통해 문제를 성공적으로 해결할 수 있었다. 송교사가 학생들에게 요청한 표상 사용 방식은 그래프의 교점을 찾기 위한 아이디어를 동적으로 구현하는 것이었으며, 매우 효과적인 교수학적 조치임이 확인되었다. 결국 교사는 문제해결 전략 및 아이디어를 잘 구현할 수 있는 표상의 형태는 무엇인지, 그러한 표상을 활용하는 방식은 어떠해야 하는지 사고실험을 통해 탐구해야 할 필요가 있는 것이다.

마지막으로, 학생의 문제해결을 이끌기 위해 교사는 같은 표상을 상황에 따라 다른 목적으로 유연하게 활용할 수 있어야 한다는 점을 확인할 수 있다. 앞서 살펴본 수업에서도 송교사는 상황에 따라 그래프 표상을 공유를 위한 목적으로도, 탐구를 위한 목적으로도 활용하는 모습을 보였다. 표 표상의 경우 역시 기록을 위한 목적으로도, 문제를 이해하기 위한 목적으로도 사용되었다. 교사는 단일한 하나의 표상을 하나의 목적에만 제한할 것이 아니라, 문제해결의 각 단계가 원활하게 진행될 수 있도록 표상 사용의 목적을 유연하게 전환할 수 있어야만 한다.

한편, 학생의 수준 및 학생이 처한 상황에 따라 적절한 수학 수업의 형태는 상이하다는 점도 강조할 필요가 있다. 가령, 학생에게 현실 맥락의 문제를 해결하는 데 사용할 도구가 갖추어지지 않은 경우에는 교사가 관련 지식을 암기시키고 반복적인 문제풀이를 요구해야 할 수도 있다. 혹은 수업 시간이 충분하지 않은 상황에서는 교사가 주도적으로 여러 형태의 표상을 제시하고 상호 전환하는 모습을 보여줘야 할 수도 있을 것이다. 본 수업의 장면을 살펴보고 해석해보면서, 각기 다른 형태의 수업에 걸맞은 수학 과제와 교사의 수업 조직 방식에 대해 생각해 보기를 제안한다.

참고문헌

교육부(2022). **수학과 교육과정**. 교육부 고시 제2022-33호 [별책 8]. 교육부.

이경화(2015). **수학적 창의성**. 서울: 경문사.

Janvier, C. (1987). Translation processes in mathematics education. In C. Janvier (Ed.), *Problems of representation in the teaching and learning of mathematics*. Lawrence Erlbaum.

Kaput, J. (1985). Representation and problem solving: Methodological issues related to modelling. In E. A. Silver (Ed.), *Teaching and learning mathematical problem solving: Multiple research perspectives* (pp. 381-398). Lawrence Erlbaum.

National Council of Teachers of Mathematics. (2000). *Principles and standards for school mathematics*. NCTM.

Pólya, G. (1945). *How to solve it*. Princeton University Press.

Rychen, D. S., & Salganik, L. H. (Eds.). (2003). *Key competencies for a successful life and well-functioning society*. Hogrefe Publishing.

Stylianou, D. A. (2011). An examination of middle school students' representation practices in mathematical problem solving through the lens of expert work: Towards an organizing scheme. *Educational Studies in Mathematics, 76*, 265-280.

Stylianou, D. A. (2013). An examination of connections in mathematical processes in students' problem solving: Connections between representing and justifying. *Journal of Education and Learning, 2*(2), 23-35.

제 4 장

미지수가 2개인 일차방정식 수업

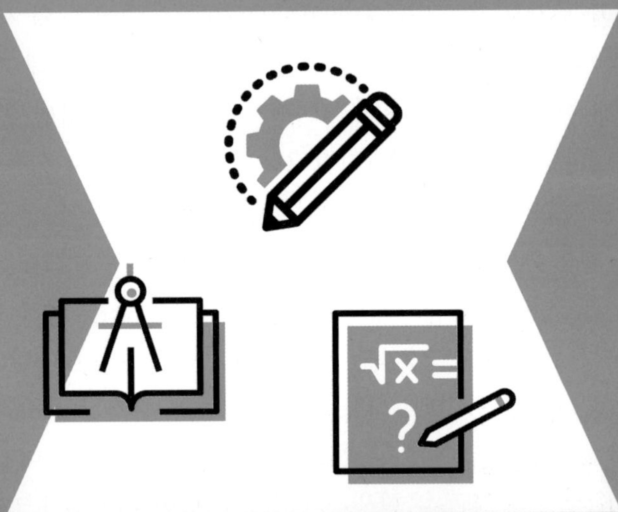

좋은 수학 수업을 이야기할 때 우리는 학생들이 자신의 삶의 문제와 직결되는 실세계 현상을 수학의 문제로 편입하여 수학적 도구를 사용하여 문제를 해결한 후 다시 삶의 문제에 적용하는 수학적 경험을 기대한다. 4장에서는 실제 중학교 2학년 학생들이 자신들의 삶의 문제를 수학적 표현인 미지수를 사용하여 미지수가 2개인 일차방정식이라는 수학적 모델을 구성하고, 이를 다시 현상에 적용하여 최적화된 해를 구하는 경험을 다룬 수업을 소개한다. 학생들의 수학적 모델링의 경험을 상세하게 소개하는 과정에서, 교육과정과 수학적 모델 사이에 발생하는 간극, 이에 수반되는 현상과 모델의 간극이 수업 과제 실행에 어떻게 작용할 수 있는지 생각해 볼 시간을 갖는다.

1 수업 밑그림

학생들이 자신들의 삶의 문제와 직접 관련되는 실세계 현상을 수학 수업의 문제로 끌어들여 수학적 도구로 해결한 후 의사결정을 하는 수학적 경험을 제공하는 수학 수업을 상상해볼 수 있지 않을까? 한 가지 예로 학생들은 한정된 재화(거리, 시간, 비용, 인원 등) 범위에서 자율적으로 최적화된 수학여행 경로를 스스로 결정해야 하는 상황을 맞이할 수 있으며, 상황 속 문제해결을 통해 결정된 경로는 수학의 입장에서 보면 최적의 해가 될 것이다. 학생들의 이런 경험의 과정이 수학 수업에서 구현될 수 있을지, 여기에서 제시된 수업을 통해 살펴보도록 하자.

장교사는 '여행'을 주제로 한 교과 융합 프로젝트에서, '여행 계획 세우기'라는 제목으로 두 차시 분량의 수학 수업을 설계했다. 1차시는 인터넷을 통해 자료를 조사하여 제시된 조건에 맞게 여행의 테마를 정하고 여행지를 선정한 후 여행지 사이의 이동 방법을 구하는 활동이다. 이 글에서 이야기할 2차시 수업은 1차시 활동을 통해 수집된 자료를 이용하여 미지수가 2개인 일차방정식을 수립하고, 최적의 해를 찾은 다음, 그 해가 최적이 되는 이유를 설명하는 활동이다.

이 수업의 주요 활동은 세 단계로 구분된다. 첫 번째 활동은 1차시 활동에서 수집, 정리된 자료를 바탕으로 미지수가 2개인 일차방정식을 세우는 것이다. 학생들은 모둠별로 수집된 자료를 바탕으로 거리, 시간, 인원 수 등에서 가장 중요하다고 생각하는 요소를 정하고, 이 요소에 해당하는 두 개의 미지수를 설정한 후, 미지수가 2개인 일차방정식을 세웠다. 두 번째 활동은 학생들 스스로 수립한 미지수가 2개인 일차방정식에 대해 최적이라고 생각하는 해를 하나 구하고, 그 해가 최적이라고 생각하는 이유를 설명하는 활동이다. 학생들은 모둠별로 자신들이 수립한 방정식을 만족하는 x와 y의 쌍을 선택하고, 그렇게 선택한 쌍(즉, 해)이 왜 최적의 경로가 되는지 합당한 이유를 설명했다. 마지막으로 모둠별 활동 결과를 서로 발표하고 공유하면서, 수업이 마무리되었다.

1. 과제 요약

1. 여행 테마:
2. 여행 지역: 서울
3. 우리 조가 선택한 여행지(후보)

주어진 조건:

1) 성균관대 새천년홀을 중심으로 점심시간 포함하여 4시간, 체험지 2곳을 갈 계획
2) 점심 1인당 10,000원, 입장료, 교통비 등의 비용 1인당 22,000원 기준

여행지		관람료	체험 시간	여행지 평점
1				
2				
3				
4				
5				
6				

4. 여행지 사이의 이동 방법 구하기

출발지	도착지	이동수단	이동시간	이동요금

5. 위의 정보를 이용한 미지수가 2개인 일차방정식을 쓰고, 해 찾기

6. 최적화 경로는? 이유 적기

2. 참여 학생 및 교실 배치

참여 학생 : 중학교 2학년 25명

모둠 배치 : 5개 모둠

5모둠		4모둠
3모둠	2모둠	1모둠
	교탁	

2 생각해 보기

#중학교, #방정식, #수학적 모델링 #수학적 연결성

1절에서 이 수업의 개요와 간략한 정보를 제공했다. 이제 이 수업으로 들어가기 위한 두 가지 관문을 제시하고자 한다. 첫 번째 관문은 주어진 수업에 대한 정보만으로 2022 개정 수학과 교육과정의 핵심 아이디어와 성취기준 및 교수학습 방법과 관련시켜 생각해 보는 것이다. 두 번째 관문은 이 수업에 사용된 과제의 설계 의도 및 수업의 전개 양상을 이해하기 위한 한 가지 이론적 관점을 생각해 보는 것이다.

2.1 국가교육과정

이 수업의 과제 및 전개와 관련된 사항들을 2022 개정 수학과 교육과정에서 확인해 보면 다음과 같다. 다음을 읽고 두 가지 문제를 생각해 보자.

핵심 아이디어

수와 그 계산은 문자와 식을 사용하여 일반화되며, 특정한 관계를 만족시키는 미지의 값은 방정식과 부등식을 해결하는 적절한 절차를 거쳐 구해진다.

성취기준

[9수02-13] 미지수가 2개인 연립방정식을 풀 수 있고, 이를 활용하여 문제를 해결할 수 있다.

교수·학습 방법

(다) 수학과의 수업은 학습 내용, 학생의 능력과 수준 등을 고려하여 다음의 교수·학습 방안을 적절히 선택하여 적용한다.

⑥ 수학적 모델링은 학생의 삶과 연계된 현상을 다양한 수학적 표현 방식을 이용하여 수학적 모델로 만들고 수학적 모델을 다시 실생활이나 사회 및 자연 현상에 적용하는 교수·학습 방안으로, 수학의 응용에 대한 넓은 안목을 갖게 할 수 있다.

생각해 볼 문제

◆ 아래 진술에 대해 O, X로 답하시오.

- 이 수업의 활동은 학생의 삶과 연계된 현상을 미지수가 2개인 일차방정식으로 연결시키고 있다는 측면에서 수학적 모델링 활동이라고 할 수 있다. (　　)
- 이 수업의 활동은 학생들이 자신들이 수립한 방정식에 대한 최적의 해를 찾아 다시 자신들의 삶의 문제에 적용했다는 측면에서 수학적 모델링 활동이라고 할 수 있다. (　　)

수업 밑그림에 제시된 내용을 바탕으로 두 질문에 답해보고, 실제 수업 전개 양상을 예상해본 후 다큐와 톺아보기(3절)을 살펴볼 것을 추천한다.

2.2 수학적 모델링과 수학적 연결성

수학적 모델링과 관련된 수학교육 연구를 살펴보면, Freudenthal(1991)의 저술 이래로 수학 교수학습에 실세계 현상을 적극적으로 접목하자는 논의가 전개되었음을 알 수 있다. 이 측면에서 보면 수학적 모델링은 실세계 현상의 복잡성을 생생하게 다루는 과정을 포함한다는 점에서 학생들에게 수학과 실세계의 연결성 및 수학의 응용을 경험할 기회를 제공하는 것으로 파악할 수 있다. 여기서 수학적 모델은 "실세계 현상에 포함된 대상, 자료, 관계, 조건을 수학적 언어로 번역한 것(Blum et. al., 2002, p. 153)"이며, 이러한 수학적 모델을 수립하고 검증하며, 수정하고 개선하는 과정을 '수학적 모델링'이라고 한다(Blum et. al., 2002). 다시 말해, 수학적 모델링은 실세계 현상에서 출발하여 그 현상을 설명하는 수학적 모델을 생성하고 개선하는 과정이며, 대안적인 수학 교수학습 방안으로 논의되어 왔다(Kaiser & Sriraman, 2006). 이는 앞서 기술된 2022 개정 수학과 교육과정의 교수학습 방안으로 제안된 수학적 모델링의 의미와 궤를 함께하는 것으로 해석 가능하다. 실제로 실세계 현상이 학생의 삶과 연계되어야 한다는 것, 수학적 모델의 생성에 있어 수학적 표현 방식을 이용한다는 것, 만들어진 수학적 모델을 적용한다는 것을 교육과정에서는 강조하고 있기 때문이다.

이러한 수학적 모델링이 수학과 교육과정에서의 수학적 연결성 추구와 어떻게 관련되는지 살펴볼 필요가 있다. 박진형(2016)에 따르면 수학적 모델링을 수학 교수학습에 접목하고자 시도했던 몇 가지 연구의 유형을 확인할 수 있다. 첫 번째 유형의 접목은 Freudenthal(1991)을 중심으로 한 RME(Realistic Mathematics Education) 관점을 가진 연구자들에 의한 것으로 이들은 비형식적 수학과 형식적 수학의 연결을 안내하고 지원하기 위한 방법으로 수학적 모델링을 활용했다. 두 번째 유형의 접목은 수학의 응용, 즉 수학과 실세계 현상 사이의 연결성을 추구하는 것으로 학생들로 하여금 수학의 응용을 경험하게 하려는 방식의 접목이다. 수학의 응용 경험에 초점을 두는 이 유형에서, 연구자들은 학생들이 수학적 모델링의 과정을 원활하게 수행하면서 문제상황에 부합하는 수학적 모델을 수립하도록 하는 데 초점을 두는 경향이 있다. 또한 이들은 근래에 강조되어 온 역량 함양 시도의 차원에서 모델링 역량 함양을 모색했다. 세 번째 유형의 접목은 비판적 교육을 시도하는 입장에서의 수학적 모델링 활용에 초점을 두고 있다. 이들은 학생들로 하여금 수학적 모델링을 활용하여 사회 현상을 비판하고 반성하는 기회를 제공하려고 한다. 즉, 이 유형에서는 수학과 사회 비판 사이의 연결성을 확인할 수 있다.

2022 개정 수학과 교육과정에서 수학적 모델링은 학생의 학습 능력과 수준 등을 고려하여 적절히 선택하여 적용할 수 있는 하나의 교수학습 방안으로 다음과 같이 다루어지고 있다.

> 수학적 모델링은 학생의 삶과 연계된 현상을 다양한 수학적 표현 방식을 이용하여 수학적 모델로 만들고 수학적 모델을 다시 실생활이나 사회 및 자연 현상에 적용하는 교수학습 방안으로, 수학의 응용에 대한 넓은 안목을 갖게 할 수 있다(교육부, 2022, p. 46).

또한 2022 개정 수학과 교육과정에서는 연결 역량 함양을 위해 다음과 같은 교수학습 방법을 제안하고 있다.

> ㉠ 영역이나 학년(군) 내용 간에 관련된 수학의 개념, 원리, 법칙 등을 유기적으로 연계하여 새로운 지식을 생성하면서 창의성을 기르게 한다.
> ㉡ 수학과 실생활, 사회 및 자연 현상, 타 교과의 내용을 연계하는 과제를 활용하여 수학의 유용성을 인식하게 한다. (교육부, 2022, p. 44)

2022 개정 수학과 교육과정 중 중학교 변화와 관계 영역의 가치/태도 범주 안에는 "실생활, 사회 및 자연 현상과 관련된 문제를 수학적 모델링을 통해 해결하려는 도전적 태도"(교육부, 2022, p. 8)가 포함되어 있으며, 성취기준 적용 시 고려 사항에서는 다음과 같은 내용이 제시되어 있다.

> 실생활이나 사회 및 자연 현상과 관련된 문제를 해결할 때 수학적 모델링을 적용하고 도전적으로 문제를 해결할 수 있게 한다. (교육부, 2022, p. 37)

이와 같이 수학적 모델링은 다양한 교육적 의도의 달성을 위해 수학과 교육과정 및 교수학습에 접목되어 있음을 확인할 수 있다. 즉, 수학적 모델링을 통해 이뤄지는 수학적 모델의 수립 및 개선은 학생들로 하여금 비형식적 수학적 활동의 촉발과 개선을 통해 형식적 수학의 탐구를 시도하게 함과 동시에 그들이 학습한 수학적 대상과 절차를 실세계 현상에 적용하는 과정으로 다뤄지고 있음을 파악할 수 있다.

이제 이 수업의 과제와 실행 과정을 이해하기 위해 제시된 수학적 모델링과 수학적 연결성을 바탕으로 다음의 문제를 생각해 보자.

생각해 볼 문제

◆ 이 수업에 제시된 과제의 흐름을 아래와 같이 수학적 모델링의 과정과 연결지으려고 한다. 빈 칸에 알맞은 내용을 기술하시오.

수학적 모델링의 과정	본 수업의 과제
현상을 수학적 표현을 통해 수학적 모델로 만들기	
수학적 모델을 현상에 적용하기	

3 다큐와 톺아보기

지금부터 수학적 모델링의 입장에서 이 수업의 주요 장면을 살펴볼 것이다. 즉, 학생들이 수학적 표현을 사용하여 주어진 현상을 수학적 모델로 만들고, 그 수학적 모델을 현상에 적용하는 과정을 파악해보고자 한다.

3.1 모델링 활동 안내

수업 시작과 동시에 장교사는 지난 수업 때 했던 활동이 무엇인지 간단히 짚고, 이번 수업에서 어떻게 활동을 이어나갈지 설명했다. 장교사의 안내에 따르면 지난 수업에서는 수학여행과 관련된 실생활 상황으로 문제 만들기 또는 문제를 통해서 상황을 구성하는 방법에 대해 이야기를 나눴다. 또 학생들은 각자 태블릿을 이용해 수학여행 장소별로 관람료, 체험 시간, 여행지 평점 등에 관한 자료를 조사하여 표로 정리(3번)했다. 또 장소별 이동 수단, 이동 소요 시간, 이동 요금도 별도로 조사하여 표로 정리(4번)했다. 장교사는 이번 수업에서는 지난 수업에서 조사된 자료를 바탕으로 수학을 이용해 문제를 해결할 예정이라고 말했다. 동시에 장교사는 수학여행을 갈 때 가장 중요한 요소는 무엇인지 질문했고, 학생들은 조사한 자료를 바탕으로 거리, 시간, 인원수, 장소(체험처) 등이 있다고 답변했다. 학생들의 답변을 들은 후 장교사는 수학여행이 어떤 의미를 갖는 것인지 생각해야 하며, 자료 조사를 한 것은 그 이유와 깊은 관련이 있다고 말했다.

이어서 장교사는 이번 수업의 주요 활동을 안내했다. 지난 수업에서 조사한 장소별 거리, 시간, 비용 등의 정보들 중에서 궁금한 것, 의미를 두어야 할 것을 미지수로 정하고 이를 기반으로 합리적인 여행지 선정이 될 수 있도록 방정식을 세워야 하며(5번), 방정식의 특정 해를 정해보고, 그 해가 최적의 수학여행 경로가 되는 이유까지 생각해보도록 했다(6번). 장교사는 미지수를 정하고, 방정식을 세우기 위해 비용에 치중할 것인지, 시간에 비중을 둘 것인지 등에 대한 판단을 해야 함을 강조했다. 더불어 지난 수업에서 체험지를 두 곳으로 정한 모둠은 그대로 진행하면 되지만, 세 곳 또는 네 곳을 정한 모둠의 경우는 그 중에서 두 곳을 정해야 하는데 어느 곳을 고르는 것이 합리적인지 생각을 할 필요가 있다고 말했다. 수업의 목적 자체가 학생들이 실생활 맥락으로부터 미지수가 2개인 일차방정식 하나를 세울 수 있도록 하는 것이기 때문에, 여행지를 두 곳으로 한정할 수밖에 없었던 상황으로 보인다. 장교사는 학생들에게 최종적으로 토의하여 수학여행의 테마를 정하고, 이에 합당한 방정식을 세우도록 했다. 장교사는 활동 과정에서 궁금한 것이 있으면 언제든 질문하라고 말하며, 조사된 자료가 불충분한 것으로 판단되면 태블릿을 이용해 추가 조사를 해도 된다고 허용했다. 이렇게 전체 학급 논의 형식의 장교사의 활동 안내가 종료되었고, 본격적인 모둠 활동으로 이어졌다.

3.2 미지수 정하기와 방정식 세우기 (모둠 활동 1)

장교사의 안내에 이어 본격적으로 모둠 활동이 시작되었다. 여기에서는 저자가 집중적으로 관찰하고 분석한 5모둠의 활동을 중점적으로 소개할 것이다. 5모둠의 학생들은 지난 수업에서 조사하고 수집한 자료를 바탕으로 수학여행의 주제를 '전통 문화 체험'으로 정하고, 이에 합당하다고 판단되는 여행지를 북촌한옥마을과 창덕궁으로 정했다. 자료 조사 결과를 바탕으로 이 두 곳을 정한 이유는 과제에서 주어진 제한 조건(출

3. 우리 조가 선택한 여행지(후보)

주어진 조건: 1) 성균관대 새천년 홀을 중심으로 점심시간 포함하여 4시간, 체험처 2곳을 갈 계획

2) 점심 1인당 10,000원, 입장료, 교통비 등의 비용 1인당 22,000원 기준

	여행지	관람료	체험시간	여행지 평점		
1	다운타우너 안국(햄버거)	9300		4.56		
2	동림매듭공방	10000	1시간	4.79		
3	북촌 한옥마을	입장료 : X 한복대여 : 10000 [illegible]		4.28		
4						식비 : 9300 체험비 : 20000
5						교통비 : 2100

[그림 4-1] 3번에 대한 자료 수집 결과

4. 여행지 사이의 이동방법 구하기

출발지	도착지	이동수단	이동시간	이동요금
성균관대 새천년 홀	다운타우너 안국	버스	20분	1200
다운타우너 안국	동림 매듭공방	도보	9분	X
동림 매듭공방	북촌 한옥마을	도보	1분	X
북촌 한옥마을	성균관대 새천년 홀	버스	22분	900

[그림 4-2] 4번에 대한 자료 수집 결과

발 위치, 여행지 개수, 소요 시간, 비용)을 충족시키기 위함이다. 실제 지난 수업에서 5모둠 학생 중 한 명(학생 1)이 자료 조사를 통해 3번과 4번을 수행한 결과는 각각 [그림 4-1], [그림 4-2]와 같다.

5모둠 학생들은 수학여행지 결정의 중요한 요소를 무엇으로 정할지, 즉 무엇을 미지수로 설정할지에 대한 논의부터 시작했다. 학생들은 별다른 망설임 없이 곧바로 체험 시간에 주목했다. 따라서 두 곳의 체험 시간을 각각 x, y로 두면 될지, 그렇게 한다면 방정식은 어떻게 세울 수 있는지 이야기를 나눴다. 학생 1은 다음과 같이 이야기했다.

장면 1 **체험 시간에 대한 방정식 세우기**

학생 1 : x, x 플러스 y 플러스 이동 시간까지 해서 4시간을 해야 된다.

학생 2는 이 말을 듣고 이견없이 곧바로 활동지에 시간과 관련된 미지수를 쓰기 시작했다.([그림 4-3] 참고)

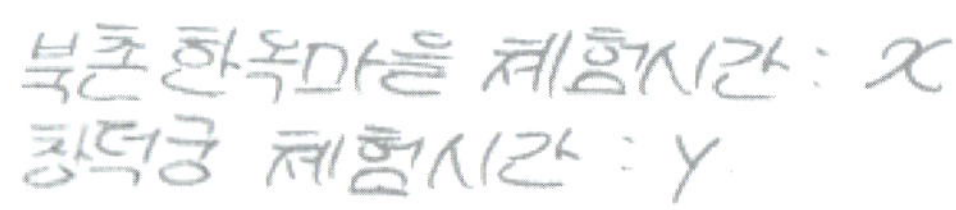

[그림 4-3] 두 장소에 대한 체험 시간을 미지수로 설정

두 장소에 대한 체험 시간을 각각 미지수 x, y로 설정했기 때문에, 이제 방정식을 세워야 하는 상황이었다. 그런데 장소별 이동 시간을 어떻게 다뤄야할지가 문제가 되었다. 이때 학생 2가 이동 시간은 정하면 되는 것, 즉 정해서 상수로 취급하면 된다는 의미로 다음과 같이 방정식을 세우자고 제안했다. 학생 2가 제안한 방정식은 다음과 같다.

장면 2 **체험 시간에 대해 학생 2가 제안한 방정식**

$$x+y+(\text{이동 시간})=4$$

학생 2 : 이동 시간은 정해지잖아. … 그러니까 이동 시간을 이동 시간대로 놓고, x 플러스, x랑 y는 미지수니까, x 플러스 y라고 놓고. 근데 x 플러스 y 하면은 이동하는 시간이 없어서 체험만 4시간 하고 돌아오는 시간을 고려하지 않은 것 같아서. 돌아오는 시간까지 다 더해갖고 4시간이 나와야 되는 거니까. 그러니까 x 플러스 y 플러스 이동 시간은 4시간으로 하는 게 낫지 않아?

학생 2의 제안에 모두 동의하는 분위기였다. 그런데 상수인 이동 시간을 얼마로 정해야 할지 논의하던 중, 시간 단위를 무엇으로 해야할지 결정해야 하는 상황이 발생했다. 5모둠 학생들이 공통적으로 참고하고 있는 수집된 자료에 따르면 총 이동 시간이 61분이었다. 이 상황에서 학생들은 단위를 통일시켜야 하기 때문에 4시간도 분 단위로 고치려고 했다. 하지만 "우리가 뛰면 되잖아", "여러 명이 이동하면 더 늦어지는 거 아니야?" 등의 대화를 나눈 뒤, 학생들은 1분 정도는 수용할 수 있는 오차로 판단했다. 학생들은 61분을 어림하여 1시간으로 하고, 단위를 시간으로 결정했다. 이렇게 하여 5모둠에서 수립된 방정식은 다음과 같다.

$$x+y+1=4$$

이제 5모둠 학생들은 학생 2의 다음 제안에 따라 조사된 자료를 기반으로 어떻게 x랑 y에 적절한 시간을 배분할지, 어떻게 한 쌍의 특정한 해를 정할지 논의하기 시작했다.

장면 3 **방정식에 대한 한 쌍의 특정 해 정하기**

학생 2 : 그러면 x랑 y에 가장 적합한 해를 찾아야 되는 거야.

먼저 북촌한옥마을을 2시간, 창덕궁을 1시간으로 할지, 아니면 반대로 할지 의견을 모으는 상황으로 대화는 이어졌다. 이때 학생 1이 제한 시간이 4시간인 것을 4시간 이내로 판단하여 부등식 상황으로 생각해야 한다고 제안했다. 하지만 부등식이 아니라 일차방정식을 세우라고 했던 장교사의 안내를 기억해냄으로써 이 제안은 기각되었고 다시 방정식의 특정 해를 구하는 상황으로 이어졌다. 이동 시간을 1시간으로 정했기 때문에 x와 y를 합해서 3시간이 되는 것까지는 정해졌지만, 식사 시간을 어떻게 처리할지가 또 다른 변수로 등장했다. 학생 1은 식사 시간을 고려해서 추가 시간을 더 넣어야 할 거라고 제안했다. 이때, 교사가 5모둠에 방문하게 되면서 순식간에 대화의 전환이 발생했다.

3.3 방정식 세우기와 최적 해 찾기 (모둠 활동 2)

장교사는 5모둠에 방문하여 학생들이 세운 식을 보며, 왜 3시간으로 했는지 질문했다. 학생 2는 제한 시간인 4시간 중에서 이동 시간 1시간을 뺀 값이라고 답했다. 이어진 대화는 다음과 같다.

> **장면 4** 5모둠의 방정식에 대한 교사-학생간 대화
>
> 장교사 : 이동 시간을 아예 빼버렸어?
>
> 학생 2 : 네.
>
> 장교사 : 그럼 여기에 이동 시간 1시간이라고 적어줘봐. 선생님이 알아볼 수 있게. 이동 시간 1시간을 빼서 3시간? 그럼 여기는 뭐를 넣으려고 했던 거야?
>
> 학생 1 : 밥 먹는 시간…
>
> 장교사 : 아. 밥 먹는 시간이 안들어가 있어서?
>
> 학생 1 : 얘는 체험 시간이 됐는데, 밥 먹는 시간을….
>
> 장교사 : 지금 여기는 북촌한옥마을에서 밥을 먹을 거니까 그걸 체험시간으로 취급해서 하자. 이거고. 너(학생 1)는 지금 밥 먹는 시간을 빼야 된다 이거잖아? 합의를 봐. (장교사는 다른 모둠으로 이동) (19:39)

학생 1의 식사 시간을 포함해야 한다는 주장이 모둠 내에서 공유가 되지 않았던 상황이 장교사와의 대화를 통해 어느 정도 해소되었고, 장교사는 모둠 학생들에게 합의를 보라고 말하며 잠시 다른 모둠으로 옮겨갔다. 이때 학생 2는 학생 1이 무엇을 말하려고 했는지 이해했다고 한다.

잠시 후, 장교사가 다시 5모둠에 방문을 했으나, 모둠 학생들은 여전히 식사 시간이 어느 정도 걸릴지 정확히 정하지 못하고 있었다. 장교사는 식사 시간을 이동 시간과 마찬가지로 상수로 정해야 하는 것인지, 아니면 체험 시간으로 정한 x 또는 y 중 하나에 포함시키기만 해도 되는 것인지 질문하며, 학생들에게 결정권을 부여했다.

> **장면 5** 변수와 상수 결정하기
>
> 장교사 : x, y를 체험 시간으로 둔 거 아니었어? 아직도 밥 먹는 시간으로 고민하는거야? 식사 시간을 체험 시간에 포함시킨다고 하면 x나 y 중 하나에 포함되는 거 아니야?

학생 2 : 네.

장교사 : 그러면 정할 필요가 있는거야?

모둠 학생들은 결국 학생 1의 의견을 수용하고, 밥을 어디서 먹을지 논의하여 x를 좀 늘려야 한다고 판단했다. 즉, x에 식사 시간까지 포함시키기로 했다. 모둠에서 지금까지 논의된 것을 반영하여 학생 2는 활동지에 [그림 4-4]와 같이 5번 과제에 대한 기록을 완성했다.

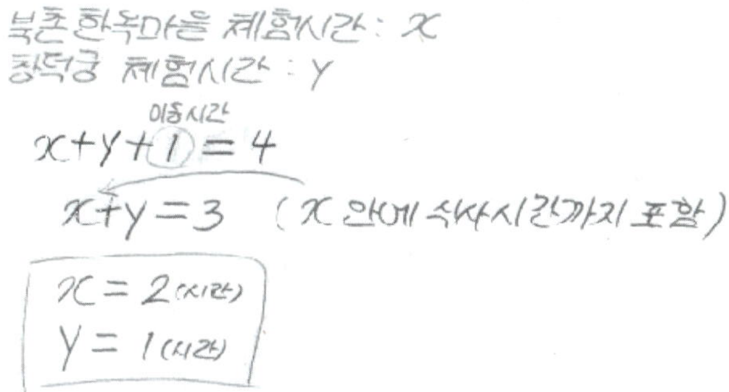

[그림 4-4] 5모둠의 방정식과 해

장교사는 활동지의 기록을 보며 다음과 같이 질문하며 최적화의 의미를 생각해 보도록 했다.

장면 6 **최적화의 의미 탐색하기**

장교사 : 그러면 이제 방정식 세워졌으면, 채워봐. 2시간, 1시간으로 딱 정해주면, 그 체험처가 그 시간 안에 다 돌 수 있는 체험처야?

학생들 : (고개를 끄덕이며) 한옥마을이니까….

장교사 : 한옥마을이고, 또 하나는? 창덕궁은 한 시간 안에 다 돌 수 있다고 장담해? 우리가 얘기하는 가장 최적화라고 하는 거는 뭐야? 그 장소에 맞게 시간도 정해줘야 되는거 아니야?

학생들 : 네.

장교사는 자신의 의도했던 최적화의 의미가 공유될 수 있도록 요금에 대한 이야기를 끌어와 다음과 같이 학생들에게 설명했다.

장면 7 최적화의 의미 공유하기

장교사 : 아까 우리 맨 처음에 입장료 얘기할 때 금액이 되게 여러 개 나왔잖아. 그렇게 나왔을 때 너희들이 "이 금액이 가장 좋아요, 이 금액이 좋아요" 한 이유가 되게 다양했잖아. 그러면 너희들은 한 시간 두 시간이라고 했던 것을 왜 두 시간이 좋은지, 과연 그 시간이 좋을까? 그 시간뿐이 없어? 그러니까 그거에 대한 얘기가 돼야 되겠지. 해를 구해보고 최적화된 시간대로 할 건지 분 단위로 끊을 건지도 고민해봐야 될 문제야? 알았지?

5모둠 학생들은 장교사의 이야기를 듣고 창덕궁 체험에 대해서도 생각했다. 창덕궁도 상당히 규모가 있기 때문에 1시간 안에 모두 체험할 수 있을지 고민했다. 학생들은 1시간 40분과 80분으로 시간을 조정해보려는 시도도 했다. x랑 y에 대한 최적의 합을 구해야 되는데, 그걸 구하지 못하고 방황하고 있다고 생각했다. 어떻게든 해를 만들어야 한다고 생각했다. 5모둠 학생들은 다시 여러 요인들을 고려한 후, 결과적으로 2시간과 1시간으로 정하는 방향으로 합의했다.

3.4 전환 - 또 다른 방정식 찾기(모둠 활동 3)

2시간과 1시간이 왜 최적의 해가 되는지 이유를 찾기 전에 5모둠 학생들은 다음 활동이라고 생각하며 비용에 대한 논의를 시작했다. 즉, 비용을 미지수로 어떻게 방정식을 세울 수 있는지 이야기했다.

장면 8 비용을 미지수로 한 방정식 수립하기

학생 3 : 생각나는 거 있으면 그냥 아무거나 던져봐. 우리가 어떻게든 만들지. 그럼 다른 거 하나 더 만들어야 되니까. 다른 거 어떻게 경비로 할까?

북촌한옥마을에서 쓸 돈을 x로, 창덕궁에서 쓸 돈을 y라고 두는 경우와 체험비를 x로 두고 이동 경비를 y로 두려는 경우로 나누어 생각했다. 하지만 이동 경비는 이미 상수로 정해져있다는 것을 인식했고, 총 비용에서 이동 경비를 빼려고 했다. 하지만 아직 x랑 y를 무엇으로 둘지 최종적으로 정하지 못했다. 이때 학생 2가 다시 한옥마을을 x, 창덕궁을 y로 둘 것을 제안했다. 이동경비 2100원을 총 경비 32000원에서 빼기로 했다. 이렇게 하여 만들어진 방정식은 다음과 같으며, x에는 식사비까지 포함된 것으로 정했다.

$$x + y = 29900(\text{원})$$

이때, 장교사가 다시 5모둠에 방문했다. 순회지도 과정에서 발생할 수 있는 대화의 단절 때문인지, 장교사는 학생들이 비용을 x, y로 놓고 새롭게 식을 세운 것을 보고 시간으로 놓은 거 아니었는지 반문했다. 직전 순회지도 과정에서의 기억을 떠올린 것으로 보인다. 그런 다음 "방정식 하나 가지고 하는 거잖아"라면서 활동에 대해 다시 안내한다. 학생들은 식을 두 개 만드는 것으로 알고 있었던 것이다. 직전 차시 수업에서 미지수가 2개인 일차연립방정식을 수립했던 것의 영향으로 보인다. 학생들은 비용을 미지수로 한 방정식을 지우고, "이제 해를 구해봐야지"라는 장교사에 안내에 따라 최초에 세운 방정식으로 돌아갔다. 이때 학생 2는 "선생님 이렇게 구한 이유도 설명해야 되나요?"라고 질문했다. 장교사는 이 질문에 대하여 "너희가 해를 하나 선택해서 그게 왜 의미가 있는지 얘기해보라는 거야"라고 답했다.

3.5 최적의 해 찾기(모둠 활동 4)

5모둠 학생들은 시간을 미지수로 하여 세운 방정식에서 $x=2$, $y=1$이라고 특정 해를 설정한 이유를 논의하기 시작했다. 우선 $x=2$라고 둔 이유를 생각했다. 북촌한옥마을 체험 시간에는 식사 시간과 한복 환복 시간이 포함되기 때문에 2시간을 설정했고, 창덕궁은 둘러보는 체험이기 때문에 상대적으로 적은 시간이 들 것 같아서 1시간으로 정했다는 것이 5모둠 학생들의 최적화 해의 근거로 정해졌다([그림 4-5] 참조).

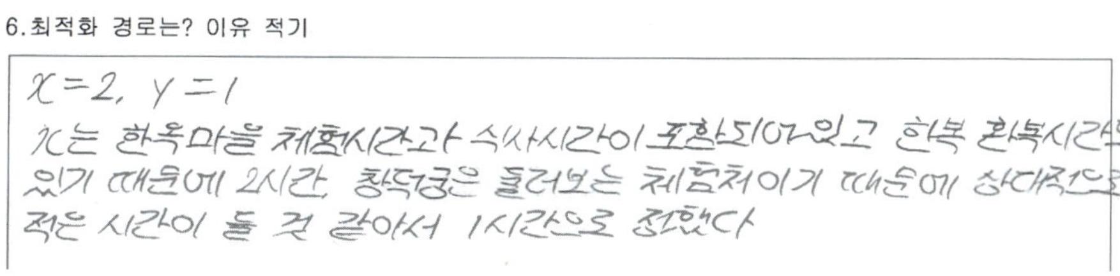

[그림 4-5] 최적 해와 이유 제시

모둠 활동이 쉽게 마무리되지 않자 장교사는 모둠 활동에 5분을 더 할애했다. 그러다보니 예정되어 있던 마지막 발표는 학생들이 정리한 내용을 간단히 읽는 정도에서 마무리 되었다. 장교사는 시간이 부족하니 피드백은 다음 수업에서 제공하기로 하며 수업을 종료했다.

3.6 수학적 모델링 돌아보기

3.6.1. 수학적 모델 구축의 난점

앞서 언급한 바와 같이 이 수업의 과제는 실제 학생들이 자신들의 체험 학습 계획을 스스로 구성해야 한다는 의미에서 학생들의 삶과 연계된 현상을 기반으로 하고 있다. 학생들은 1차시 수업에서 미리 주어진 출발지를 기점으로 4시간 안에 다양한 교통편을 이용하여 다녀올 수 있는 체험 장소 2곳을 물색했다. 이어서 체험 장소별로 어떤 활동을 할지 구체적으로 계획을 작성했으며, 그에 따른 지출 비용도 가용 범위 내에서 편성했다. 자료의 검색과 수집은 인터넷을 활용했으며, 활동지에 제시된 표에 체계적으로 정리한 바 있다. 이에 따른 2차시 수업에서는 '수학적 표현', 즉 문자를 사용하여 하나의 수학적 모델을 구성했다. 과제에서 제시된 수학적 모델은 미지수가 2개인 일차 방정식이다. 이 수업에서 고민해 보아야 할 사항은 학생들이 하나의 수학적 모델을 구축하는 과정에서 경험하게 되는 어려움에 관한 것이다. 학생들이 첫 번째로 직면한 어려움은 무엇을 미지수 x, y로 두느냐에 있으며, 두 번째 어려움은 설정한 두 미지수와 자료에서의 조건을 바탕으로 어떤 수학적 모델, 즉 일차방정식을 세우느냐에 있다. 이 두 가지 어려움에 대해 5모둠 학생들의 활동 기록을 토대로 보다 상세하게 살펴보도록 하겠다.

5모둠 학생들은 별다른 망설임 없이 체험지 결정에 중요한 요소를 시간으로 정했다. 또, 학생들은 시간이라는 하위 요소에 체험 시간, 이동 시간, 식사 시간 등이 포함될 수 있다는 사실을 인식했다. 학생들은 장소별 체험 시간을 각각 x, y라는 미지수로 설정했다. 체험 시간은 장소의 특성과 체험 활동의 내용에 따라 유동적일 수 있기 때문의 미지의 양으로 판단한 것으로 보인다. 이동 시간의 경우는 이동 수단에 따른 소요시간이 자료로 조사되어 있었기 때문에 상수로 판단했다. 그런데 식사 시간을 상수로 해야 할지 또 다른 변수로 해야할지 쉽게 결정하지 못했다. 즉 실세계 현상을 수학적 표현을 사용하여 수학적 모델로 만드는 첫 관문인 미지수를 설정할 때, 학생들은 미지수로 놓아야 할 중요 요소를 포착하는 것에는 어려움을 느끼지 않지만, 정작 그 요소를 미지수로 표현할 때, 각 미지수의 포함 범위를 결정함에 있어서는 어려움을 겪는 것으로 보인다. 더불어 실세계 현상의 측정값은 단위를 기반으로 하기 때문에, 미지의 양과 기지의 양 모두 단위를 수반할 수밖에 없는데, 이를 충분히 고려하지 못하는 것으로 보인다.

학생들은 미지수 설정, 양의 단위 결정, 각 미지수가 포함해야 하는 범위 등의 복잡한 논의 과정을 거쳐 결국 x(식사 시간 포함)$+ y + 1$(이동 시간)$= 4$라는 미지수가 2개인 일차방정식, 즉 수학적 모델에 도달하기는 했다. 그런데 이 모델이 만들어지기까지 학생들은 자신들에게 부여된 자기주도적 의사결정 권한을 충분히 발휘하지 못하고, 망설였던 장면들이 포착된다. 스스로 조사한 자료를 바탕으로 수립한 수학적 모델이기 때문에 식사 시간을 미지의 양으로 정할지 기지의 양으로 정할지 스스로 결정할 수 있는 문제였다. 미지의 양으로 정할 경우에는 새로운 미지수가 추가되기 때문에 미지수가 3개인 일차방정식이 만들어지는 상황에 직면하게 될텐데, 이런 상황도 경험해 봄직하다. 이미 수립해야 할 모델이 미지수가 2개인 일차방정식이어서 미지수 3개를 미지수 2개로 줄여서 표현할 수 있는 방법을 탐색하는 것도 의미가 있기 때문이다. 기지의 양으로 정할 경우는 상수이기 때문에 식사 시간을 확정해 제한 시간인 4시간에서 이동 시간과 식사 시간의 합을 뺀 값으로 방정식을 세우면 해결된다. 이런 경험과 판단은 모두 학생들의 자기주도적 의사결정의 범위에 있었다. 학생들은 무엇 때문에 망설였던 것일까? 수집된 자료의 복잡성 때문이었을까? 아니면 수학적 모델로 만드는 과정에 수반되는 탈맥락화 경험의 부재 때문이었을까?

3.6.2. 수학적 해법이 실세계에서 갖는 의미

교육과정에 제안된 바에 따르면 학생들은 수학적 모델을 수립한 후, 그 모델을 다시 현상에 적용하고 개선하는 절차를 밟을 필요가 있다. 과제 6번은 학생들이 수립한 미지수가 2개인 일차방정식(수학적 모델)에 대한 최적의 해를 구하고 왜 그 해가 최적인지 근거를 제시하도록 하고 있다. 즉, 모델을 실제 현상에 적용하도록 함으로써 수학적 모델링의 순환 과정 완성을 꾀하고 있음을 알 수 있다.

5모둠 학생들의 활동 기록을 살펴보면 수학적 모델의 적용 과정에 약간의 아쉬움이 남는다. 북촌한옥마을 체험 시간을 2시간으로 정한 이유는 식사 시간과 한복 환복 시간이 포함되어 있기 때문이라고 기술되어 있으며, 창덕궁 체험 시간을 1시간으로 정한 이유는 창덕궁 체험이 단순히 둘러보는 체험이기 때문이라고 기술되어 있다. $x = 2$,

$y=1$은 학생들이 수립한 수학적 모델, 즉 미지수가 2개인 일차방정식의 한 해임은 분명하다. 그런데 제시한 이유가 최적의 해임을 잘 밝히고 있는지 질문할 수밖에 없다. 장교사는 전체 학급 논의에서도, 모둠 활동 순회 과정에서도 최적화의 의미를 강조했다. 그런데 학생들은 최적화라는 말을 어떻게 수용한 것일까? 수학여행 프로그램을 자율적으로 정함에 있어 최적화의 의미는 장교사가 과제를 통해 제시한 시간, 비용, 거리 등의 요소들과 밀접한 관련이 있다고 볼 수 있다. 그렇다면 시간의 최적화, 비용의 최적화, 거리의 최적화가 갖는 의미가 무엇인지에 대한 논의가 선행될 필요가 있지 않았을까? 이런 논의의 부재 때문인지 학생들은 즉흥적 판단으로 해를 정하고, 그 해에 대한 다소 피상적인 근거를 제시하는 수준으로 과제를 마무리했다. 혹시 이전 차시 수업에서 학생들이 조사해서 정리한 자료에 최적화의 근거가 충분히 마련되어 있었다면 상황은 달라졌을까? 현상에서의 주요 요인들을 최적화하는 것이 어떤 의미인지 논의하는 경험이 수반되었다면 어땠을까? 이런 질문들을 조심스럽게 던져볼 만한 대목이다.

4 결론

4.1 생각해 볼 문제에 대한 사례 기반 결론

2절의 생각해 보기에서 이 수업의 과제와 교수 내용 및 방법과 관련된 사항들을 2022 개정 수학과 교육과정(교육부, 2022)에서 살펴보고 아래와 같이 두 가지 생각해 볼 문제를 제시한 바 있다.

생각해 볼 문제

◆ 아래 진술에 대해 O, X로 답하시오.

- 이 수업의 활동은 학생의 삶과 연계된 현상을 미지수가 2개인 일차방정식으로 연결시키고 있다는 측면에서 수학적 모델링 활동이라고 할 수 있다. (　　)
- 이 수업의 활동은 학생들이 자신들이 수립한 방정식에 대한 최적의 해를 찾아 다시 자신들의 삶의 문제에 적용했다는 측면에서 수학적 모델링 활동이라고 할 수 있다. (　　)

위 문제의 정답 여부는 독자의 판단에 따라 다르겠지만, 아래 제시된 설명이 판단의 근거가 되길 바란다.

앞서 언급한 바와 같이 수학적 모델링은 다양한 교육적 의도의 달성을 위해 수학과 교육과정 및 교수 학습에 접목되어 있다. 즉, 수학적 모델링을 통해 이뤄지는 수학적 모델의 수립 및 개선, 즉 이 수업에 비춰 말하자면 최적의 여행 경로 설정을 위한 미지수가 2개인 일차방정식의 수립, 방정식에서의 변수와 상수의 관계 조정, 최적의 해 탐색, 모델 정교화 과정, 자신들의 삶의 문제인 여행 경로 선정에의 적용은 학생들로 하여금 비형식적 수학적 활동의 촉발과 개선을 통해 형식적 수학의 탐구를 시도하게 함과 동시에 그들이 학습한 수학적 대상과 절차를 실세계 현상에 적용하는 과정으로 다뤄지고 있음을 파악할 수 있다.

한편, 2절에서 이 수업의 과제를 이해하기 위해 제시된 수학적 모델링과 수학적 연결성을 바탕으로 다음의 문제를 생각해 보도록 요청한 바 있다. 즉, 장교사의 수업에 제시된 과제의 흐름이 수학적 모델링의 과정과 어떻게 연결되는지 아래 표를 채우도록 요청했다. 여기에서는 표의 빈 칸에 저자 입장에서 간단히 답을 채워서 제시할 것이다.

수학적 모델링의 과정	본 수업의 과제
현상을 수학적 표현을 통해 수학적 모델로 만들기	미지수가 2개인 방정식 수립하기
수학적 모델을 현상에 적용하기	최적의 해를 찾고, 여행 계획 확정하기

4.2 수학적 모델링 수업 설계와 실행의 중요성

이 수업은 학생들이 자신들의 삶과 관련이 있는 실세계 현상을 수학적 표현을 사용하여 수학적 모델을 구성하고, 수학적 모델을 다시 현상에 적용해보는 경험을 갖도록 구성된 수학적 모델링 과제로 실행된 수업이다. 저자가 보기에 학생들이 제한된 조건 내에서 자신들의 수학여행 장소를 결정하는 상황은 자신들이 처한 현실과 밀접한 관련이 있다. 실제 이 수업에 참여한 학생들은 나중에 자신들의 설계를 기반으로 수학여행을 다녀왔기 때문이다. 이런 의미에서 학생들이 교과서에 제시된 소위 흔하디 흔한, 피부로 와닿지 않는 방정식의 활용 문제를 해결하는 것과 이 수업의 과제처럼 수학적 모델링 경험을 하는 것에는 분명 차이가 있다고 할 수 있다. 학생들이 스스로 생성한 수학적 모델과 그 해를 정말로 상황에 적용했는지, 적용하면서 자신들의 모델이 어떠했는지 평가하고 수정하는 경험을 했는지, 그 속에서 학생들은 수학적 모델링에 대해서, 수학의 유용성에 대해서 어떤 관념을 갖게 되었는지 저자 입장에서 속속들이 알 방법은 없다. 하지만 과제의 설계와 실행, 성찰이라는 입장에서 이 수업이 우리에게 어떤 의미를 주는지 간략히 언급하려고 한다.

이 수업의 과제는 중학교 2학년 일차연립방정식 단원과 연계되어 설계되었다. 교육과정 성취기준을 고려하다보니 학생들에게 제시할 수 있는 수학적 모델은 미지수가 2개인 일차방정식으로 제한될 수밖에 없다. 이렇듯 수학적 모델이 미리 설정된 상황이다보니, 학생들이 경험하게 되는 실세계 현상의 복잡도와 수학적 모델 사이에는 간극이 존재하게 된다. 체험 장소도 두 곳으로 한정해야 하고, 체험 장소별 주요 요인들 중 하나의 요인만 선택해야 하고, 선택한 요인들 중에서 미지의 양 또한 두 개로 한정해야 했다. 그러다보니 수학화 과정 혹은 탈맥락화 과정이 순탄하지만은 않았다. 즉, 현상과 모델의 간극이 수업 과제 실행에 부담 요인으로 작용하지 않았을까 하는 예상을 해보게 된다.

만일 두 모둠이 동일한 장소에서 동일한 체험을 했다고 가정하자. 각 모둠은 모든 구성원이 만족할 수 있는 소위 가성비가 뛰어난 식사를 짧은 시간에 했다고 하자. 이때 한 모둠은 이동 시간을 단축하여 4시간보다 짧은 시간에 활동을 마쳤고, 다른 모둠은 정확히 4시간에 맞춰 복귀했다고 한다면, 과연 어느 모둠이 더 최적화된 여행을 한 것일까? 학생들이 이 질문에 답해볼 수 있는 수학적 모델링 활동을 경험했다면 어땠을까 하는 질문으로 글을 마친다.

참고문헌

교육부(2015). **수학과 교육과정**. 교육부 고시 제2015-74호 [별책 8]. 서울: 교육부.

교육부(2022). **수학과 교육과정**. 교육부 고시 제2022-33호 [별책 8]. 세종: 교육부.

박진형(2016). 수학적 모델링에 의한 수학적 연결성 추구의 의미. **학교수학과 수학적 연결성 – 대한수학교육학회 2016 연보**(pp. 378-394). 서울: 경문사.

이경화, 김선희, 김남균, 이명화, 조성민, 지영명, 최성이, 나귀수, 도주원, 선우진, 이정, 임미인, 최지선, 탁병주, 임해미, 김보현, 김부미, 나미영, 서보억, 이윤경, 정종식, 강현영, 고호경, 장정욱, 강은주, 구나영, 권순학, 김동재, 김윤민, 김은하, 김정현, 김하림, 박정숙, 양정은, 이경원, 이상훈, 전수경, 전종삼, 정중기, 조장익, 주미경, 주신영, 최은아, 최인용, 홍영범(2022). **2022 개정 수학과 교육과정 시안(최종안) 개발 정책 연구**. 교육부, 한국과학창의재단.

Blum, W. et al. (2002). ICMI study 14: Applications and modeling in mathematics education – Discussion document. *Educational Studies in Mathematics, 51*, 149-171.

Freudenthal, H. (1991). *Revisiting mathematics education china lectures*. London: Kluwer Academic Publishers.

Kaiser, G., & Sriraman, B. (2006). A global survey of international perspectives on modelling in mathematics education, *ZDM-Mathematics Education, 38*(3), 302-310.

제 5 장

대푯값 수업

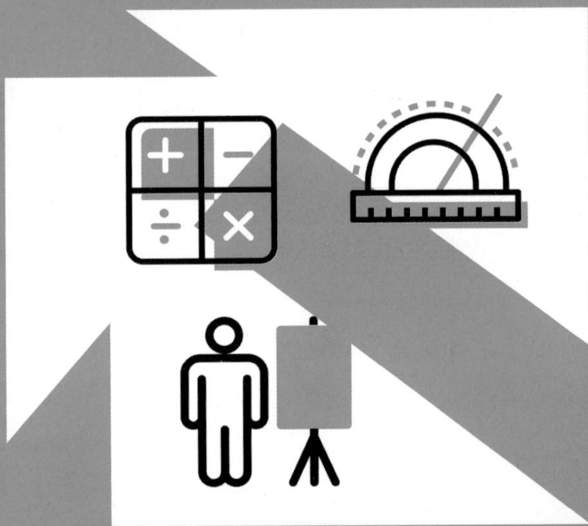

일상적인 과제와 차별적인 독특한 과제를 설계하고 수업에 적용하고자 할 때엔 그러한 과제를 통해 제공하고자 하는 새로운 학습 기회와 기존의 교육과정에서 요구하는 성취 수준 사이의 긴장을 고려할 필요가 있다. 5장에서는 대푯값 단원의 전형적인 교과서 과제 대신 대푯값들이 먼저 주어지고 그 대푯값들로부터 가능한 자료 집합을 추론해보는 과제를 적용한 수업 사례를 수학적 창의성의 틀을 통해 톺아본다. 교사가 초기에 설계했던 과제의 세부 요소를 어떻게 수정하였는지 그리고 과제를 적용한 수업에서 어떤 발문을 통해 수업을 이끌었는지를 살펴보면서, 과제의 특성이 가져올 수 있는 잠재적인 기회와 제약 사이의 긴장을 조절해나가는 교사의 역할에 관해 생각해 볼 수 있기를 기대한다.

1 수업 밑그림

이 수업은 중학교 3학년 대푯값 단원 수업으로, 최교사는 주어진 자료로부터 대푯값을 구하는 전형적인 과제 대신 대푯값들이 먼저 주어지고 그 대푯값들로부터 가능한 자료 집합을 추론해보는 과제를 준비하였다. 수업을 시작하며 최교사는 어느 유럽 축구 팀 선수들의 한 시즌 동안의 골 득점수의 평균과 중앙값, 최빈값을 보여주었다. 그리고 최소 한 골 이상의 골을 넣은 열다섯 명의 선수들의 명단을 보여주고 모둠 논의를 통해 선수들 각각의 득점수를 추측해보자고 하면서 과제를 제시하였다. 특히 각각의 대푯값으로부터 알 수 있는 정보들을 먼저 정리해본 이후에, 그 정보들을 종합하여 자료 집합에 관해 추측해보도록 할 것을 강조하였다.

모둠 활동 초기에 학생들은 각각의 대푯값들을 낱낱의 정보로만 이해하고 두 개 이상의 정보들을 종합하여 얻을 수 있는 결론에 관해 추론하는 것을 어려워하였다. 또한 일부 학생들은 해당 축구팀에 관해 자신들이 알고 있는 비수학적인 정보를 가지고 득점수를 추측해보려고 시도하기도 하였다. 최교사는 순회지도를 하면서 다양한 발문을 통해 학생들이 통계적인 정보에 보다 집중하고, 정보들 사이의 연결 지점을 발견해낼 수 있도록 유도하였다.

학생들은 점차 주어진 정보들을 종합하여 알 수 있는 결론을 다양한 방식으로 표현하기 시작하였다. 모둠별로 자료 집합에 관해 추론한 사실들을 발표하면서 수업이 마무리되었다.

수업 정보

1. 초기 과제와 수정 과제

최교사는 대푯값 수업을 준비하면서 처음 설계한 과제를 몇몇 학급의 수업에 적용해본 후, 과제의 일부 요소를 수정한 후에 다른 학급에 적용하였다([그림 5-1]). 과제의 큰 틀은 유지한 채로, 일부 형식적인 요소와 발문만을 수정하였는데도 과제 수정 전후 수업에서 학생들의 반응은 두드러지게 변화하였다.

탐구 활동 리버풀 선수들 15명의 골 득점에 대한 대푯값들입니다.

평균	최빈값	중앙값
5.4	1	2

1. 이것을 근거로 하여 리버풀 선수들의 골 득점이 얼마나 될지 추측해 봅시다.
2. 친구들과 의논하여 가장 합리적으로 보이는 값들을 선택하여 봅시다.

연번	골 득점
1	
2	
3	
4	
5	
6	
7	
8	
9	
10	
11	
12	
13	
14	
15	

3. 우리 모둠에서 그 값들을 선택한 이유에 대해 설명해 봅시다. 설명할 때 그림이나 식 등 다양한 방법을 이용하여 자신의 주장을 정당화해 봅시다.

탐구 활동 리버풀 선수들 15명의 골 득점에 대한 대푯값들입니다.

평균	중앙값	최빈값
5.4	2	1

1. 각각의 대푯값들이 알려주는 정보가 무엇인지 생각해 보고 이를 이용하여 리버풀 선수들의 득점을 추측해 봅시다. 가능한 경우가 여러 가지가 있을 수 있습니다.

연번	득점 유형1	득점 유형2
1		
2		
3		
4		
5		
6		
7		
8		
9		
10		
11		
12		
13		
14		
15		

(1) 평균이 알려주는 정보

(2) 중앙값이 알려주는 정보

(3) 최빈값이 알려주는 정보

(4) 1~3의 정보를 종합해서 알 수 있는 결론

[그림 5-1] 초기 과제와 수정 과제

2 생각해 보기

#중학교, #확률과 통계, #대푯값, #통계적 문제해결, #창의성

2.1 국가교육과정

이 수업과 관련된 사항들을 2022 개정 수학과 교육과정에서 확인해 보면 다음과 같다.

핵심 아이디어

- 자료를 수집, 정리, 해석하는 통계는 자료의 특징을 파악하고 두 집단을 비교하며 자료의 관계를 탐구하는 데 활용된다.
- 자료를 이용하여 통계적 문제해결 과정을 실천하고 생활 속의 가능성을 탐구하는 것은 미래를 예측하고 합리적인 의사 결정을 하는 데 기반이 된다.

성취기준

[9수04-01] 중앙값, 최빈값의 뜻을 알고, 자료의 특성에 따라 적절한 대푯값을 선택하여 구할 수 있다.

이 수업에 적용된 과제는 2022 개정 수학과 교육과정의 '자료와 가능성' 영역의 성취기준에 제시된 "자료의 특성에 따라 적절한 대푯값을 선택하여 구하는" 것과는 반대 방향의 과정을 요구하는 과제에 해당한다. 일부 교과서에서는 자료 집합의 일부분을 비워둔 채로 대푯값을 제시하고 비워진 값을 구해보도록 하는 방식의 과제를 제시하기도 하지만, 이 수업에 적용된 과제와 같이 전체 자료 집합을 비워둔 채로 다양한 자료 집합의 가능성을 열어둔 과제는 제시되지 않는다. 이러한 맥락에서 이후 분석을 살펴보기에 앞서 다음과 같은 질문들에 대한 답을 먼저 생각해 보기를 제안한다.

생각해 볼 문제

◆ 위에 제시된 자료와 가능성 영역의 핵심 아이디어 및 성취기준과 관련하여, 다음의 설명 중 알맞은 것을 모두 고르시오.

① 주어진 자료에 대해 적절한 대푯값을 선택하여 구하도록 하는 교과서 과제는 자료의 특징을 파악하는 측면과 주로 관련된다.
② 대푯값 개념은 단순한 알고리즘만을 요구하므로 자료의 특성을 예측하고 합리적인 의사결정을 하는 통계적 도구로 활용하기에는 부적절하다.
③ 대푯값, 도수분포표, 상대도수, 산포도 등에 대해 다루는 중학교 통계 영역의 내용은 주어진 자료에 대한 정리와 해석 활동에 주로 집중되어 있다.
④ 고정되지 않은 가능한 자료 집합의 가능성을 탐구하는 활동은 성취기준을 넘어서는 것이므로 중학생들에게는 무리한 과제에 해당한다.
⑤ 중학교 수준에서 불확실한 자료 집합에 대해 추론해보는 경험을 제공하는 것은 이후 고등학교 통계에서 다루게 되는 통계적 추정과 연계될 수 있다.

◆ 2022 개정 수학과 교육과정에서는 '연결' 역량 함양을 위한 교수 · 학습 방법으로 다음의 두 가지를 제시하고 있다. 이 수업의 과제와 관련이 있다고 생각되는 표현에 밑줄을 그어 표시하시오.

㉠ 영역이나 학년(군) 내용 간에 관련된 수학의 개념, 원리, 법칙 등을 유기적으로 연계하여 새로운 지식을 생성하면서 창의성을 기르게 한다.
㉡ 수학과 실생활, 사회 및 자연 현상, 타 교과의 내용을 연계하는 과제를 활용하여 수학의 유용성을 인식하게 한다.

2.2 발산적/수렴적 사고와 수학적 창의성

이 수업의 대푯값 과제는 영재 학생들이 아닌 일반 학생들을 대상으로 정규 교육과정의 내용 범위 안에서 어떻게 수학적 창의성을 추구할 수 있을 것인지에 대한 고민에서 출발하여 설계되었다. 수업에서 교사가 제시하는 수학 과제 또는 교사가 던지는 발문이 학습자의 수학적 창의성 발현과 어떻게 연관지어질 수 있는지 살펴보기 위한 관점과 틀은 다양할 수 있다. 이 수업의 과제는 어떠한 측면에서 창의성과 연관지어질 수 있을까? 실생활 맥락을 기반으로 열린 질문을 제시하였기 때문에 창의성을 촉진한다는 것일까? 그렇다면 학생들이 이미 알고 있는 대푯값의 공식이나 정의에 관해 물어보는 것은 창의성과 관련이 없는 것일까? 더 나아가, 수학적 창의성을 추구하는 것과 수학 개념에 대해 학습하는 것은 거리가 먼 영역일까?

창의성 교육에 관한 고전적인 연구들에서는 주로 학습자들에게 다양한 가능성을 찾아보도록 하고 기존의 것을 새로운 관점에서 바라보도록 하는 등의 '발산적 사고

(divergent thinking)'를 촉진시키는 쪽에 초점을 맞춰 왔다. 예를 들어, 어떤 문제에 대해 얼마나 다양한 답을 만들어낼 수 있는지, 얼마나 다양한 전략을 활용하는지 등이 주된 관심사였다. 하지만 이와 같은 발산적 사고만을 추구해서는 창의성의 발현이 어려우며, 기존의 지식을 바탕으로 정확하고 정교한 해답을 찾는 것과 관련된 '수렴적 사고(convergent thinking)'와 적절하게 융합을 시켜야 창의적인 학습 결과를 이끌어낼 수 있다는 관점이 점차 주목 받고 있다. 예를 들어, 문턱 모델(threshold model)을 제안한 Cropley(2011)에 따르면 알고 있는 지식을 적용해서 정해진 해답을 찾는 학습자의 수렴적인 사고 능력이 일정한 수준 이상에 도달해서 '문턱'을 넘어서야 비로소 학습자의 발산적 사고가 발휘되어 무언가 새로운 것을 창안하여 창의적인 성과를 낼 수 있다는 것이다.

이와 같은 수렴적 사고와 발산적 사고에 대한 융합적인 관점에서 수학 과제나 교사의 발문을 살펴볼 수 있다. 〈표 5-1〉에 제시된 틀은 수학 과제나 교사의 발문이 학습자에게 제공하는 학습 기회가 어떤 유형의 사고와 관련이 있는지 분석하기 위한 기준을 제공한다(Lee, 2017).

〈표 5-1〉 발산적 사고 및 수렴적 사고 관련 요소 분석 기준

발산적 사고	수렴적 사고
1. 새로운 것을 발견하는가?	1. 사실을 상기하는가?
2. 알고 있는 것을 새로운 관점에서 조망하는가?	2. 기존 지식을 적용하는가?
3. 관점을 이동하는가?	3. 논리적이고 정확한가?
4. 위험을 감수하는가?	4. 정답을 만들어내는가?
5. 기존 지식을 확장하는가?	5. 정교화해야 하는가?
6. 새로운 가능성을 보는가?	6. 구조화되어 있는가?
7. 개방형인가?	7. 수학적인 사실과 표현을 인식하는가?
8. 비구조화되어 있는가?	8. 알고리즘과 원칙을 따르는가?
9. 다양한 해법을 만드는가?	
10. 수학적 아이디어와 표현을 독특하게 하는가?	

이러한 틀을 통해서 어떤 수학 과제를 살펴보았을 때, 과제가 발산적 사고와 관련된 측면만을 고려하고 수렴적 사고와 관련된 측면은 고려하지 않았다면 이는 맹목적으로 다양성만을 추구한 것이라 볼 수 있다. 반대로 수렴적 사고와 관련된 측면만을 고려하고 발산적 사고와 관련된 측면은 고려하지 않았을 때는 기존의 관행을 강화시키는 과제에 해당한다. 발산적 사고와 수렴적 사고 양쪽 측면 모두를 고려했을 때 비로소 두 사고를 융합시키는 수학적 창의성을 추구했다고 볼 수 있다. 이와 같은 도식을 [그림

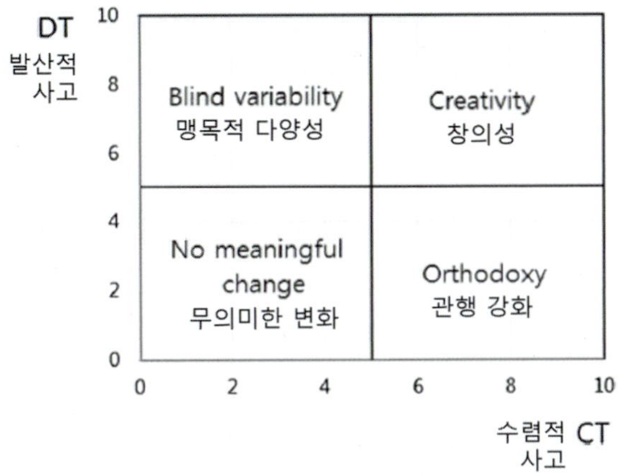

[그림 5-2] 발산적 사고와 수렴적 사고를 고려한 과제 변형의 4분면 모델 (Lee, 2017)

5-2]와 같이 사분면으로 표현해볼 수 있다.

또한 어떤 과제에 대한 학생들의 예상 풀이 과정이나 연속적으로 제시된 과제 계열(sequence)이 발산적 사고와 수렴적 사고를 유도하는 방식에 따라 그 유형을 구분해 볼 수도 있다. 예를 들어 다양한 표현을 자유롭게 만들어보도록 한 후에, 그것들을 하나의 초점으로 종합시키도록 하는 전개 방식의 과제는 발산적 사고 이후에 수렴적 사고가 뒤따르도록 유도하고 있으므로 발산→수렴 유형의 과제로 구분해볼 수 있다. 반대로 이미 알고 있는 기본적인 지식을 상기시킨 이후에 그것을 바탕으로 다양한 결과를 산출하도록 하는 방식의 과제는 수렴→발산 유형 과제라 할 수 있다.

생각해 볼 문제

◆ 아래의 질문들은 최교사가 설계한 초기과제와 수정과제에 포함되어 있는 질문들이다. 각각의 질문들이 〈표 5-1〉에 제시되었던 발산적 사고와 수렴적 사고 관련 요소들 중 어떤 것들과 연관될 수 있는지 선택해 봅시다.

과제에 포함된 질문	발산적/수렴적 사고 요소
평균값, 중앙값, 최빈값이 다음과 같을 때, 선수들의 골 득점수로 가장 합리적인 값을 선택해서 표를 채워보세요.	
주어진 평균값, 중앙값, 최빈값으로 알 수 있는 정보는 각각 무엇일까요?	
각각의 정보들을 종합해서 알 수 있는 결론은 무엇일까요?	

3 다큐와 톺아보기

이 절에서는 먼저 최교사가 초기 과제를 수정하기 전후의 변화를 '생각해 보기'의 〈표 5-1〉의 틀을 통해 살펴보고, 이에 따른 학생들의 반응 변화를 분석해본다. 그리고 수업 장면을 살펴보면서 최교사가 수업 중에 던진 발문들에 대해서도 〈표 5-1〉의 틀을 통해 분석해보고자 한다.

3.1 교사의 과제 수정 및 학생 반응 변화

3.1.1 교사의 과제 수정

최교사가 과제를 수정하는 과정에서 변화한 부분은 크게 세 가지로 볼 수 있다([그림 5-3]). 먼저, 세 가지 대푯값 각각으로부터 알 수 있는 정보가 무엇인지 차례로 묻고 이를 종합하여 알 수 있는 결론을 정리해보도록 하는 네 개의 보조 문항이 추가되었다. 다음으로, 문항의 서술 방식이 '가장 합리적으로 보이는 값들'을 선택해보라는 것

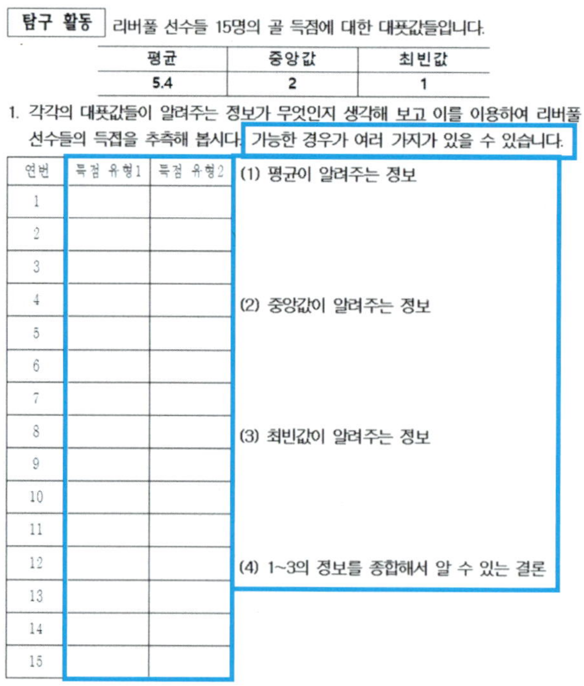
탐구 활동 리버풀 선수들 15명의 골 득점에 대한 대푯값들입니다.

평균	중앙값	최빈값
5.4	2	1

1. 각각의 대푯값들이 알려주는 정보가 무엇인지 생각해 보고 이를 이용하여 리버풀 선수들의 득점을 추측해 봅시다. 가능한 경우가 여러 가지가 있을 수 있습니다.

연번	득점 유형1	득점 유형2
1		
2		
3		
4		
5		
6		
7		
8		
9		
10		
11		
12		
13		
14		
15		

(1) 평균이 알려주는 정보

(2) 중앙값이 알려주는 정보

(3) 최빈값이 알려주는 정보

(4) 1~3의 정보를 종합해서 알 수 있는 결론

[그림 5-3] 수정 과제에서 변화된 부분

에서, '가능한 경우가 여러 가지 있을 수 있습니다'와 같이 바뀌었다. 마지막으로, 추측한 값들을 작성하는 표의 세로 열을 하나 늘려서 제시하였다. 이러한 변화가 발산적 사고 및 수렴적 사고와 어떻게 연관될 수 있는지 〈표 5-1〉의 틀을 통해 분석해보자.

먼저 추가된 보조 문항들을 살펴보았을 때, 보조 문항 (1) ~ (3)의 경우 주어진 대푯값들로부터 알 수 있는 정보를 구하기 위해서 학생들은 기존에 학습한 수학적 지식을 논리적이고 정확하게 적용해야 하며, 평균을 구하는 계산법이나 중앙값, 최빈값의 정의 등의 원칙을 따라야 한다. 따라서 이는 과제의 수렴적 사고와 관련된 측면을 강화시키는 문항들이라 할 수 있다. 보조 문항 (4)의 경우, 한편으로는 (1) ~ (3)에서 알게 된 정보를 정교화시켜야 한다는 점에서 수렴적 사고와 연관되는 동시에, 다른 한편으로 주어진 정보들을 종합하여 새로운 가능성을 탐색하도록 유도한다는 점에서 발산적 사고와도 연관된다고 볼 수 있다.

다음으로 문항의 서술 방식의 변화의 경우, 초기 과제의 서술 방식은 가장 합리적인 해답의 존재를 전제하고 있는 반면에 수정 과제의 서술은 다양한 해법의 가능성을 강조하고 복수의 해답을 탐색해보도록 유도하고 있다. 또한 표에서 세로 열이 추가된 변화의 경우에도 가능한 해답의 유형이 다양할 수 있다는 점을 강조하였다고 볼 수 있다. 따라서 이와 같은 변화들은 과제의 발산적 사고의 측면과 밀접하게 연관된다.

수정 과제를 전반적으로 살펴보았을 때 네 개의 보조 문항이 추가되면서 전체 과제의 해결 단계가 보다 구조화되었다고 볼 수 있다. 앞서 살펴보았듯이 보조 문항 (1) ~ (3)의 경우 수렴적 사고의 측면과 밀접하게 연관되며, 보조 문항 (4)와 표를 채우는 과정은 발산적 사고와 보다 연관된다. 따라서 수정 과제는 수렴적 사고를 통해 기존의 지식을 종합한 이후에 발산적 사고를 통해 다양한 결과물의 산출을 이끄는 수렴 → 발산 유형의 과제의 특성이 명확해졌다고 볼 수 있다.

3.1.2 초기 과제를 적용한 수업에서의 학생 반응

이 과제는 세 가지 대푯값을 만족하는 다양한 경우의 해답이 가능한 열린 형태의 과제였지만 초기 과제를 적용한 수업에서 학생들의 초점은 고정된 하나의 해답을 찾는 데에 맞춰졌다. 즉, 공식 또는 알고리즘을 이용해서 세 가지 대푯값을 구하는 방식의 전형적인 과제와 정반대의 구조를 지닌 개방형 과제가 주어졌지만 학생들은 마치 정해진 하나의 정답을 찾는 문제처럼 접근했으며 발산적 사고의 발현으로 이어지지 못했다. 초기 과제를 적용한 학급들에서의 전형적인 학생 반응은 [그림 5-4]와 같다.

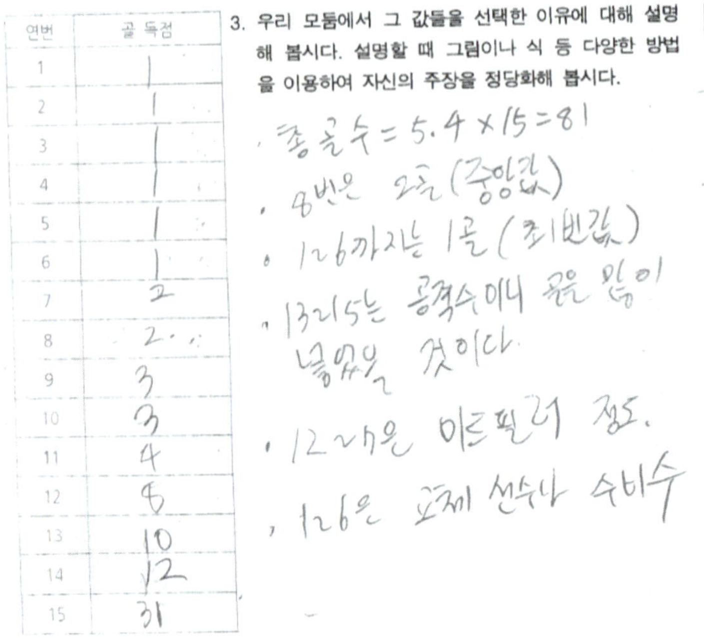

[그림 5-4] 초기 과제에 대한 학생 반응 예시

이와 같이 학생들은 주어진 표에 단일한 세트의 해답을 채워 넣는 데에 주로 집중하였으며, 해답을 찾은 뒤에 그 이상의 가능성에 대해서는 더 이상 탐구하지 않았다. 학생들은 세 가지 대푯값의 정의와 알고리즘을 적용하여 필요한 조건들을 대체로 정확하게 고려하긴 하였지만, 그 조건들 사이를 연결지어 보다 정교화 된 추측으로 나아가지는 못하였고 이에 따라 세 가지 대푯값으로 가능한 다양한 분포의 가능성과 그 특성에 대한 탐구는 거의 이루어지지 않았다.

또한 많은 학생들이 표만 채우고 해답을 정당화하는 부분은 비워두기도 하였으며, 일부 학생들은 가능한 경우의 수를 좁히기 위해 과제에 주어진 현실 맥락의 측면, 즉 유럽 축구 리그와 관련된 과제 외적인 정보들을 추측에 동원하였다. [그림 5-4]에서 볼 수 있듯이 학생들은 대푯값 개념과는 전혀 상관없는 축구팀에 소속된 선수들의 포지션 등을 고려하여 데이터를 추측하고자 시도했다. 이와 같은 학생 반응은 학생들의 초점이 학습 목표와 관련이 없는 배경 맥락 쪽으로 이동해버렸다는 점에서 메타-인지 이동 현상이 일어난 것으로도 볼 수 있다(황혜정 외, 2019). 초기 과제를 적용한 수업을 마친 후 이루어진 협력 공동체 논의 과정에서 최교사가 언급한 내용을 살펴보면 과제 활동에 참여하는 학생들의 분위기가 어떠했을지 미루어 짐작해볼 수 있다.

EPL(영국 축구 리그)에 대해 한참을 떠들면서 금요일 6교시지만 아주 활기찬 수업이 되었네요. … 남자 아이들의 축구 대화는 정말 풍성해서 따라가기가 어려울 정도입니다.
(학생들이) 최빈값이 1인 이유가 수비수와 수비형 미드필더의 수가 많기 때문이라고 추측을 했습니다. 그래서 대충 6명 정도가 1점, 5명 정도를 2점으로 하고 나머지 선수들의 득점을 더 높은 값으로 정했습니다.

3.1.3 수정 과제를 적용한 수업에서의 학생 반응 변화

수정 과제를 적용한 수업에서의 학생 반응은 초기 과제를 적용했을 때와 여러 측면에서 대조적이었다. 먼저 초기 과제 때와 달리 학생들은 주어진 표를 완벽하게 채우고자 시도하지 않았다. 대신에 여러 가지 해답이 가능하다는 점을 고려하여 표는 비워둔 채로 여러 가지 가능성들을 탐색하였다. 예를 들어 [그림 5-5]와 같은 학생 반응 사례를 살펴볼 수 있다.

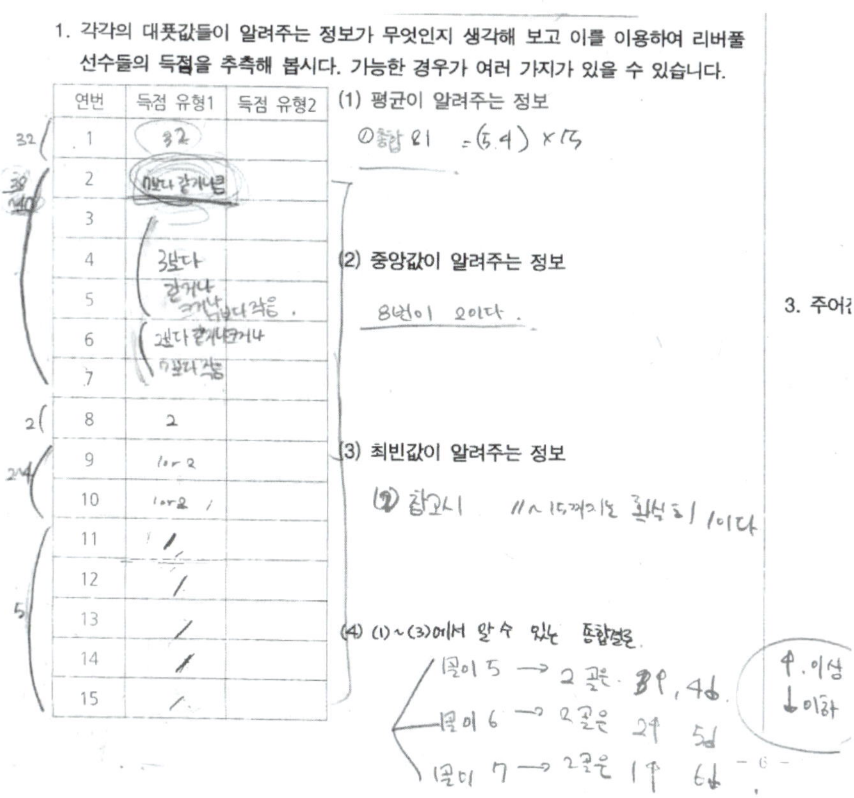

[그림 5-5] 수정 과제에 대한 학생 반응 예시

이와 같이 수정 과제를 적용한 수업에서 많은 학생들이 주어진 대푯값들이 대표할 수 있는 데이터의 분포가 다양할 수 있다는 점을 염두에 두고 그러한 변이 가능성을 해답에 포함시키고자 하였다. 그래서 주어진 표에서 확정적으로 알 수 있는 일부분만을 채워둔 채로, 나머지 데이터에 대해서는 '이상/이하' 같은 표현을 사용하거나 '최대/최소', '~이면 ~이다.', 또는 범위를 나타내는 부등호 표현 등을 사용하여 데이터 분포의 특성을 수학적인 표현으로 정교화시키고자 시도하였다. 이러한 학생들의 반응은 다양한 해법과 나름의 독특한 수학적 표현을 찾고자 했다는 점에서 발산적 사고의 발현으로 볼 수 있는 동시에, 기존의 지식을 적용하고 이를 정교화하고자 했다는 점에서 수렴적 사고 역시 함께 발현된 것으로 볼 수 있다.

또한 초기 과제를 적용한 수업에서는 과제의 현실 맥락과 관련된 정보를 결정적인 근거로 활용하여 자신의 해답을 정당화하고자 시도한 학생들이 상당수 있었던 반면에, 수정 과제를 적용한 수업에서는 현실 맥락의 정보를 언급하거나 적어둔 경우는 있더라도 이를 해답의 근거로 동원하는 경우는 많지 않았다.

초기 과제를 적용한 5개 학급의 수업에서 수집된 총 84명의 학생들의 활동지와 수정 과제를 적용한 3개 학급의 수업에서 수집된 총 58명의 학생들의 활동지에서 관찰된 학생들의 반응을 양적으로 비교해본 결과는 〈표 5-2〉와 같다.

〈표 5-2〉 학생들의 반응 차이 분석

	수렴적 사고 관련		발산적 사고 관련	비수학적인 현실 맥락 정보 이용
	세 가지 대푯값을 정확하게 적용	표의 빈 칸을 모두 채우고자 시도	다양한 자료 집합의 가능성 고려	
초기 과제	67.9%	95.2%	0%	32.1%
수정 과제	86.2%	25.9%	91.4%	6.9%

3.2 수업 장면 분석: 과제 특성을 고려한 교사의 발문

이와 같은 학생들의 반응 변화는 최교사가 초기 과제를 적용해본 이후 과제를 변형하는 과정에서 과제의 특성에 관해 보다 깊이 이해하였고 이후 수업에서 보다 적절한 발문을 통해 학생들의 사고 과정을 이끌었기 때문이라고도 볼 수 있다.

수정 과제를 적용한 수업 도입부에 최교사는 먼저 학생들의 초점이 비수학적인 배경 맥락 쪽으로 이동해버릴 수 있는 위험성을 낮추고 학생들의 과제에 대한 접근 방식을 구조화시키기 위한 조치를 취하였다(장면 1).

장면 1 수업 도입부에서 과제에 대한 학생들의 접근 방식을 구조화하기

학생 1 : 여기(남은 빈 칸)는 어떻게 해 그럼 … 찍는 거야? … 2등 선수가 누구였지? … 선생님 2등이 누구였죠?

학생 2 : 우선은 마네(선수 이름)가 열 몇 골은 넣었을 거야. 이건 팩트야.

최교사 : 얘들아 선생님이 뭐를 먼저 하라고 그랬죠? 1번, 2번, 3번, 답을 먼저 써보라고 그랬어요. 알겠어요? 4번 답까지 먼저 쓰세요. 이거(교실 앞 스크린에 비춰지고 있던 축구 선수들의 명단)는 선생님이 잠깐 감출게요. 5분 뒤에, 5분 뒤에 다시 보여주세요.

장면 1에서 살펴볼 수 있듯이, 과제 활동이 시작되자 많은 학생들이 수학적인 정보에 대해서는 짧게만 논의하고 축구 선수들과 관련된 현실 맥락 정보들을 언급하며 이를 통해 데이터를 추측하고자 하였다. 이러한 학생들의 모습은 과제 활동의 초점이 동기 유발을 위해 도입된 배경 맥락으로 옮겨가면서, 과제 해결을 위한 접근 방식이 대푯값 개념과는 괴리된 채 점수를 맞추는 활동 자체에만 집중되는 메타-인지 이동 현상이 발생한 것이라 볼 수 있다. 최교사는 일부 모둠을 순회지도하던 도중 이러한 학생들의 반응을 인식하고 전체 학급 학생들에게 골 득점수부터 맞추려고 시도하기보다는 보조 문항들에 우선적으로 초점을 맞춰보도록 유도하였다. 이러한 언급은 수정 과제에 추가된 보조문항들을 활용하여 학생들이 과제에 접근하는 방식을 구조화시키고자 한 발문이라 볼 수 있으며, 수렴적 사고와 밀접하게 연관된다고 볼 수 있다.

장면 2 수렴적/발산적 사고와 연관된 발문 연쇄적으로 활용하기

최교사 : 일단 1번은, 응 그래 좋아. 맞게 잘했어. 1번은 뭐를 알 수 있어 평균을 알면은?

학생 1 : 선수의 총 골 득점수를 알 수 있다.

최교사 : 그치? 전체 선수의 총합을 알 수 있지. 2번을 알면? 중앙값을 알면?

학생 1 : 8등의 골 득점수가 2점이라는 걸 알 수 있고 그 아래가 다 1점이다.

최교사 : 전부 1점일까?

학생 3 : 1이나 2요.

최교사 : 자, 그 다음에 3번은?

학생 3 : 한 골을 넣은 수가...

학생 1 : 1점이 제일 많고...

최교사 : 그치. 근데 이제 그거 세 개를 합쳐서 보란 말이야, 4번에서는.. 너희가 말한 대로

중앙값이 2잖아. 그럼 여기가 만약 2라면... 근데 최빈값은 1이라면… 어떻게 될 것인가?

학생 1 : 2점보다 1점이 많아야 돼요.

(다른 모둠 순회지도)

최교사 : 자, 지금 1이 최빈값이지? 그렇단 얘기는 1이?

학생 4 : 제일 많다.

최교사 : 그러면 그걸 나머지 두 개랑 연결시켜봐 (...) 일단 이거랑 연결시켜보자.

학생 4 : 그럼 여기서부터 여기까지 다 1일수도 있겠다.

최교사 : 1이 네 개면 어떻게 돼?

학생들 : 안돼요.

최교사 : 1이 한 개면 어떻게 돼?

학생 4 : 1이 하나면 절대 안 되는…

학생 2 : 최소.. 최소 여기…

이어서 학생들의 모둠 활동을 순회지도하는 과정에서 최교사는 수렴적 사고와 발산적 사고를 연쇄적으로 이끌어낼 수 있도록 추가적인 발문을 활용하였다(장면 2). 많은 모둠의 학생들이 보조 문항 (1)~(3)까지 작성한 이후에 그때까지 구한 정보들을 종합하는 보조 문항 (4)에서 어려움을 겪었다. 이때 최교사는 학생들에게 먼저 "평균을 알면?", "중앙값을 알면?", "지금 1이 최빈값이지? 그렇다는 얘기는 1이 …?"와 같이 구체적인 대푯값 정보를 상기시키는 발문을 하였다. 이는 학생들이 기존에 알고 있는 사실과 개념을 다시 상기시키고자 한다는 점에서 수렴적 사고와 밀접하게 연관된 발문에 해당한다. 그러고 나서 최교사는 "그럼 여기가 만약 2라면?", "1이 한 개면 어떻게 돼?"와 같이 가정법을 이용한 열린 발문을 제시하였다. 이러한 발문들은 학생들의 관점을 이동시키고, 새로운 가능성을 탐색해보도록 유도하는 등 확장적인 사고를 요구한다는 점에서 발산적 사고와 밀접하게 연관된다고 볼 수 있다. 이와 같은 연쇄적인 발문을 통해 학생들은 보조 문항 (4)에서 두 가지 이상의 정보들을 결합시켜 가능한 데이터 분포의 특성에 대해 탐구해볼 수 있었다. 예를 들어, 학생들은 최빈값과 중앙값을 동시에 결합시켜 고려했을 때, 골 득점수가 1인 선수의 수와 2인 선수의 수로 가능한 경우의 수를 나눠보는 등의 방식으로 다양한 데이터 분포의 가능성을 탐구하기 시작하였다. 이에 따라 앞서 학생 반응 분석에서 살펴볼 수 있었듯이 학생들은 최소, 최대와 같은 수학적인 표현을 도입하여 가능한 데이터 분포의 다양한 경우들을 표현하였다. 이처럼 수렴적 사고와 연관된 발문으로 출발하여 발산적 사고와 연관된 발문으로 이어진 최교사의 교수학적 개입은 수렴 → 발산 유형 과제에 해당하는 수정 과제에 잠재된 학습 기회를 최대한으로 이끌어내기 위한 교수 전략에 해당한다고 볼 수 있다.

이와 같이 수정 과제를 적용한 수업에서 최교사는 과제의 비수학적인 현실 맥락이 가져올 수 있는 위험성을 고려하는 동시에 과제가 지닌 발산적/수렴적 사고와 연관된 잠재성을 함께 고려하는 지도 전략을 통해 수업을 이끌었다고 볼 수 있다.

4 결론

4.1 생각해 볼 문제에 대한 사례 기반 결론

2절의 생각해 보기에서는 이 수업과 관련하여 미리 생각해 볼 만한 몇 가지 질문들을 제시한 바 있다. 일상적인 과제와 차별적인 독특한 과제를 설계하고 수업에 적용하고자 할 때엔, 그러한 과제를 통해 제공하고자 하는 새로운 학습 기회와 기존의 교육과정에서 요구하는 성취 수준 사이의 긴장을 고려할 필요가 있다. 이러한 긴장을 적절하게 고려하지 않는다면 자칫 수학적 창의성을 추구하고자 한 수업이 소수의 학생들만을 위한 수업이 될 수 있다는 점에서, 과제 설계에서 의도한 학습 기회를 교육과정에 제시된 핵심 아이디어 및 성취기준, 역량 등과 관련지어 생각해 보는 일은 중요하다. 이와 같은 맥락에서 먼저 아래의 질문을 살펴보자.

▶ 위에 제시된 자료와 가능성 영역의 핵심 아이디어 및 성취기준과 관련하여, 다음의 설명 중 알맞은 것을 모두 고르시오.

① 주어진 자료에 대해 적절한 대푯값을 선택하여 구하도록 하는 교과서 과제는 자료의 특징을 파악하는 측면과 주로 관련된다.

② 대푯값 개념은 단순한 알고리즘만을 요구하므로 자료의 특성을 예측하고 합리적인 의사 결정을 하는 통계적 도구로 활용하기에는 부적절하다.

③ 대푯값, 도수분포표, 상대도수, 산포도 등에 대해 다루는 중학교 통계 영역의 내용은 주어진 자료에 대한 정리와 해석 활동에 주로 집중되어 있다.

④ 고정되지 않은 가능한 자료 집합의 가능성을 탐구하는 활동은 성취기준을 넘어서는

것이므로 중학생들에게는 무리한 과제에 해당한다.

⑤ 중학교 수준에서 불확실한 자료 집합에 대해 추론해보는 경험을 제공하는 것은 이후 고등학교 통계에서 다루게 되는 통계적 추정과 연계될 수 있다.

중학교 대푯값 단원에서 제시된 성취기준과 교과서의 과제 등은 자료와 가능성 영역의 핵심 아이디어 중 주로 자료의 특징을 파악하는 측면과 관련되는 반면, 이 수업의 과제는 주어진 대푯값으로부터 자료 분포의 특성을 역으로 추측해보는 기회를 제공하였다. 대푯값, 도수분포표, 상대도수, 산포도 등에 대해 다루는 중학교 통계 영역의 교육과정 내용은 주로 주어진 자료에 대한 정리와 해석 활동에 집중되어 있기 때문에, 통상적으로 중학교 통계 수업에서는 데이터가 주어지지 않은 상황에서 통계량만을 가지고 분포의 특성을 추측해보는 기회는 잘 주어지지 않는다. 이와 같은 맥락에서 이 장에서 다룬 수업과 과제는 중학교 수준에서도 대푯값 개념을 활용하여 학생들에게 통계적 추정을 경험시켜볼 수 있다는 가능성을 보여준다. 이러한 측면은 본격적으로 통계적 추정에 대해서 다루는 고등학교 수준의 통계 교육과정과의 수직적인 계열성과 관련 지어 생각해 볼 수 있으며, 또한 통계적 소양의 함양을 강조하는 2022 개정 수학과 교육과정의 취지와도 맥을 같이 한다. 따라서 위 문제의 답은 ①, ③, ⑤이다.

2022 개정 수학과 교육과정에서는 '연결' 역량 함양을 위한 교수 · 학습 방법으로 다음의 두 가지를 제시하고 있다. 이 수업의 과제와 관련이 있다고 생각되는 표현에 밑줄을 그어 표시하시오.

㉠ 영역이나 <u>학년(군) 내용 간에 관련된 수학의 개념, 원리, 법칙 등을 유기적으로 연계</u>하여 새로운 지식을 생성하면서 창의성을 기르게 한다.

㉡ 수학과 실생활, 사회 및 자연 현상, 타 교과의 내용을 연계하는 과제를 활용하여 수학의 유용성을 인식하게 한다.

이 수업의 과제는 수학과 실생활을 연계시키는 것과 더불어, 주로 개별적인 계산 값으로 다루어지는 세 가지 대푯값 개념들을 유기적으로 연결시켜서 데이터의 특성을 추측하는 데에 활용해볼 수 있도록 하였다. 또한 위에서 지적하였듯이 이러한 활동은 고등학교 수준 통계 교육과정에서 다루게 될 통계적 추정과의 수직적 연계성 역시 가지고 있다. 따라서 '연결' 역량과 관련하여 이 수업의 과제와 밀접하게 관련되는 부분은 위의 밑줄 표시한 부분이라 볼 수 있다.

어떤 과제를 통해 제공하고자 하는 학습 기회의 수준을 조정하고자 할 때, 최교사의 경우처럼 과제의 세부 요소들을 조금씩 수정해볼 수 있다. 이때 이 장에서 살펴본 발산적/수렴적 사고의 틀은 과제 수정 전후의 변화나 유사한 학습 목표를 공유하는 과제들 사이의 차이를 상대적으로 비교해볼 수 있도록 해주는 유용한 도구가 될 수 있다. 이와 같은 맥락에서 2절에서 아래와 같은 질문에 대해 미리 생각해 보길 권한 바 있다.

▶ 아래의 질문들은 최교사가 설계한 초기과제와 수정과제에 포함되어 있는 질문들이다. 각각의 질문들이 〈표 5-1〉에 제시되었던 발산적 사고와 수렴적 사고 관련 요소들 중 어떤 것들과 연관될 수 있는지 선택해 봅시다.

과제에 포함된 질문	발산적/수렴적 사고 요소
(a) 평균값, 중앙값, 최빈값이 다음과 같을 때, 선수들의 골 득점수로 가장 합리적인 값을 선택해서 표를 채워 보세요.	- 기존 지식의 적용(수렴) - 정답을 만들어야 함(수렴)
(b) 주어진 평균값, 중앙값, 최빈값으로 알 수 있는 정보는 각각 무엇일까요?	- 기존 지식의 적용(수렴) - 알고리즘과 원칙을 따름(수렴)
(c) 각각의 정보들을 종합해서 알 수 있는 결론은 무엇일까요?	- 알고 있는 것을 새로운 관점에서 조망(발산) - 개방형, 다양한 해법(발산)

최교사가 수정하기 전 초기 과제의 발문은 (a)와 같이 수렴적 사고 요소와의 연관성이 강했다. 하지만 수정 후 과제는 (b)→(c)와 같은 순서의 보조문항들이 추가되면서 과제 활동의 단계가 구조화되었으며 학생들이 수렴적 사고에서 출발하여 발산적 사고로 나아갈 수 있도록 하는 수렴→발산 유형 과제의 특성을 갖게 되었다고 볼 수 있다. 이와 같은 과제를 적용한 수업에서 학생들은 이미 알고 있는 대푯값 개념을 떠올리고 적용해본 후에 다양한 자료 집합의 변이 가능성에 대해 탐색해볼 수 있었다. 물론 어떤 과제를 특정한 사고 요소와 연관시키는 것은 일정 부분 주관적인 해석의 영역에 해당하므로 위의 표에 제시된 답안이 반드시 단일한 해답이라 보기는 어려우며 해석에 따라 다른 사고 요소와의 관련성을 보다 강조해서 해석해볼 수도 있을 것이다.

4.2 수학적 창의성을 고려한 수업 설계 및 실행의 중요성

수학 내용에 충실하면서도 맥락이 풍부하고 도전적인 수학 과제를 선택하여 적용하고, 이와 관련하여 적절한 교수법을 활용하는 것은 수학 수업에서 학생들의 학습의 양상을 결정 짓는 중요한 요소이다(Sullivan, Clarke & Clarke, 2013). 예를 들어 현실적인 맥락에 기반을 둔 과제는 학생들의 동기를 유발하고 적극적인 참여를 이끌 수 있다. 다양한 해답과 해결 전략이 존재할 수 있는 개방적인 과제는 해결 과정에서 단순한 규칙이나 절차를 적용하기보다는 스스로 의사결정을 하는 기회를 제공할 수 있으며 다양한 수준의 학생들이 다양한 방식으로 과제에 참여하도록 독려할 수도 있다. 하지만 이러한 과제의 특성들은 반대로 수업에서 학생들의 학습을 방해하는 제약으로 작동할 수도 있다. 예를 들어, 학생들의 활동의 초점이 과제의 목표보다 현실 맥락 쪽으로 이동해버릴 수도 있으며, 다양한 해답의 가능성을 탐색하기보다 익숙한대로 정해진 해답만을 추구하여 허울뿐인 개방형 과제에 머무를 수도 있다. 따라서 그러한 제약을 극복하고 과제의 특성을 장점으로 활용하기 위해서는 수업을 이끄는 교사의 역할이 중요하다.

이 장에서는 한 교사가 설계한 대푯값 과제의 수정 전후의 변화를 수학적 창의성의 관점에서 살펴보고, 그에 따른 학생들의 반응 차이 및 수업에서의 교사의 지도 전략을 분석해보았다. 수학적 창의성은 우리나라를 비롯하여 여러 국가에서 교육과정의 목표로서 명시적으로 또는 암묵적으로 추구되고 있다(이경화, 2017). 주로 소수의 영재 학생들의 창의성에 주목해왔던 과거와 달리 현재의 많은 연구자들은 보통 수준의 학생들이 학습 상황에서 발현하는 능력, 또는 그들의 학습의 과정, 생산물로서의 창의성에 주목하고 있다. 하지만 수십 년간의 연구에도 불구하고 창의성이란 용어에 대해 일반적으로 합의된 정의가 존재하지 않을 만큼 창의성을 바라보는 관점은 다양하고 복잡하며 여전히 활발히 연구 중인 영역에 해당한다. 이에 따라 학습 상황에서 그것이 발현되었는지 여부를 확인하거나 그것을 촉진시키는 방법을 평가하는 일은 쉽지 않은 일이다. 이와 같은 맥락에서 이 장에서 살펴본 발산적 사고와 수렴적 사고의 틀은 과제에 포함된 세부 요소나 교사의 발문, 학생들의 응답 등을 창의성과 연관시켜 살펴볼 수 있는 유용한 분석 도구가 될 수 있다. 예를 들어 어떤 과제가 학생들에게 요구하는 활동의 단계가 수렴적 사고로부터 발산적 사고로 나아가는지, 또는 발산적 사고에서 출발하여 수렴적 사고로 이끄는지 등에 대해 분석해볼 수 있으며, 이러한 분석 과정을 통해 상황에 맞게 과제의 세부 요소를 적절히 변형시켜볼 수 있다. 또한 이러한 과제를 수업에 적용하는 과정에서 각 활동 단계마다 발산적/수렴적 사고 중 어떠한 측면에 주목하여 발문을 제시하는 것이 적절할 것인지에 대해서도 생각해 볼 수 있다.

이 장에서 살펴본 수업 분석의 초점은 특정한 특징을 지닌 과제가 좋은 과제라고 주장하거나 어떤 교수 전략이 적절한 교수법이라는 것을 강조하는 것이 아니다. 그보다는 자칫 사소해보일 수 있는 과제의 일부 요소들의 변화가 학생들의 큰 반응 차이를 가져올 수 있으며, 어떤 과제를 수업에 적용하는 과정은 과제의 특성이 가져올 수 있는 잠재적인 기회와 제약 사이의 긴장을 조절해나가는 과정이라는 것이다.

참고문헌

이경화(2015). **수학적 창의성**. 서울: 경문사.

문성재, 노정원, 노예솔, 이경화(2019). 연구공동체 활동을 통한 한 경력교사의 전문성 신장: 수학적 창의성 촉진을 위한 대푯값 과제의 변형과 실행을 중심으로. **A-수학교육,** 58(4), 545-566.

황혜정, 나귀수, 최승현, 박경미, 임재훈(2019). **수학교육학신론 1**. 서울: 문음사.

Cropley, A. J. (2011). Definitions of creativity. In Runco, M. A., Pritzker, S. R. (Eds.), *Encyclopedia of creativity* (pp. 511-524). San Diego, CA: Academic Press.

Foster, C. (2015). The Convergent-Divergent model: an opportunity for teacher-learner development through principled task design. *Educational Designer, 2*(8), 1-25.

Lee, K. H. (2017). Convergent and divergent thinking in task modification: a case of Korean prospective mathematics teachers' exploration. *ZDM-Mathematics Education, 49*(7), 995-1008.

Lee, K. H., Moon, S. J., & Noh, J. W. (2022). Integration of mathematical creativity into everyday classes through dynamics between divergent and convergent thinking. *ZDM-Mathematics Education, 54*, 179-192.

Mokros, J., & Russell, S. J. (1995). Children's concepts of average and representativeness. *Journal for Research in Mathematics Education, 26*, 20-39.

Sullivan, P., Clarke, D., & Clarke, B. (2013). *Teaching with tasks for effective mathematics learning*. Springer Science & Business Media.

제 6 장

명제의 대우 수업

이 글은 고등학교 명제 수업 사례를 톺아본다. 이 수업에서 김교사는 학생들에게 명제의 대우를 찾는 문제를 교과서에서 선정하여 제시하고, 학생들이 모둠에서 논의를 하는 기회를 제공하고, 이후에 전체 논의를 운영하였다. 이 글은 모둠 논의와 전체 논의에서 김교사의 행위를 '주목하기'라는 개념을 통해 분석하며, 김교사가 어떻게 논의를 효과적으로 운영하는지를 구체적인 발언, 발문 및 행위를 가지고 살펴본다. 또한 2022 개정 수학과 교육과정의 교수·학습 방법이 수업에서 어떻게 구현되는지 조명한다. 이를 통해 효과적인 수학적 논의를 위해 교사가 수업 준비 및 구현을 위해 무엇에 주목하는지에 대한 몇 가지 시사점을 제시한다.

1 수업 밑그림

교사가 학생의 수학적 아이디어를 수업에 엮어낼 때, 비로소 학생들의 몸과 마음이 교실에 존재하는 수학 수업이 된다. 이를 위해 교사는 어떤 역량을 갖추어야 할까? 여러 역량이 있겠으나, 이 장은 주목하기에 대해 살펴보는데, 교사가 모둠 활동 및 전체 활동 각각에서 무엇에 주목해야 하는지는 수업의 질에 많은 영향을 주기 때문이다. 구체적으로, 명제의 역과 대우에 관한 김교사의 수업을 가지고 교사의 주목하기가 어느 순간에 어떻게 구현되어 학생이 수학적 이해에 도달하게 되는지 살펴보고자 한다.

김교사의 명제 수업의 전체 흐름은 다음과 같다: 김교사는 수업이 시작되고 5분 동안 이전 수업에서 다룬 명제의 가정과 결론, 명제의 부정에 대해 복습하였다. 수업 5분부터 13분까지 학생들은 김교사가 제시한 명제 1의 역과 대우를 찾는 것을 각자 풀이한 후, 곧바로 모둠별로 논의를 하였다. 이 때, 김교사는 모둠별로 순회하면서 피드백을 제공하였다. 13분부터 19분까지는 학생들과 김교사가 함께 모둠에서 논의한 내용을 가지고 전체 논의가 이루어졌다. 19분부터 26분까지는 김교사가 수학자 네이피어에 관한 동영상을 학생들에게 보여주고, 그 영상에서 다루는 명제와 그 대우의 관계를 설명했다. 26분부터 학생들은 김교사가 제시한 또 다른 명제 2의 대우를 찾는 과제를 각자 풀이해보고, 이어서 모둠 논의가 이루어졌으며, 이때 김교사는 모둠별로 피드백을 제공하였다. 수업 36분부터 김교사가 선정한 두 모둠이 각자의 풀이를 발표하고, 이에 대해 논의를 한 후 수업이 마무리되었다.

수업 정보

1. 과제 요약

이 수업은 광역시에 위치한 인문계 고등학교 1학년 학급에서 수집된 것으로, 이 수업을 위해 김교사는 교과서에서 몇 가지 과제를 선정하여 수업을 진행하였는데, 이 장에서 집중적으로 살펴볼 수업의 순간은 아래 표에 제시된 두 명제에 대하여 대우를 말하고 그것의 참, 거짓을 판별하는 것이다. 이 교실의 모습을 간략하게 표현하면 [그림 6-1]과 같다.

〈표 6-1〉 수업에서 사용된 두 명제

명제 1	$a=0$ 또는 $b=0$이면 $ab=0$이다.
명제 2	두 수 a, b에 대하여 $a+b<0$이면 a, b 중 적어도 하나는 음수이다.

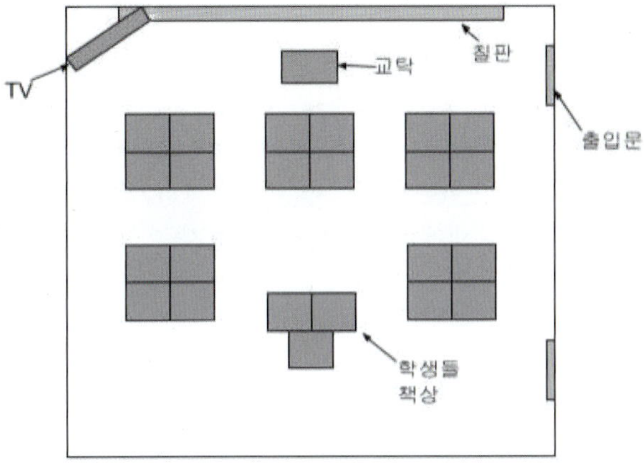

[그림 6-1] 교실 평면 및 책상 배치

2 생각해 보기

#고등학교, #명제, #학생의 실수, #수학 수업에서 대화, #주목하기

앞 절에서 이 수업에 대한 학습자(인문계 고등학교 1학년), [그림 6-1]의 교실 평면, 〈표 6-1〉의 수업에서 사용한 주요 과제(교과서에서 선정한 두 개의 과제)와 전체 흐름 등에 대한 정보를 제시하였다. 이러한 정보들과 관련하여 두 가지 추측을 할 수 있을 것 같다. 우선, 이 수업에서 김교사는 교과서에 제시된 과제를 이용하였는데, 이 과제는 평범하기 때문에 학생들의 탐구를 일으키기에는 역부족일 것이라는 점이다. 게다가, 이 평범한 과제를 가지고 고등학교에서 수업을 하기 때문에, 김교사가 과제에 대한 풀이를 설명하고, 학생들은 이를 적용하여 교과서의 다른 문제를 푸는 장면을 전형적으로 추측할 것이다. 3절에서 상세히 보고하겠지만, 이러한 통상적인 추측과 달리 이 수업에서 학생들은 과제를 수학적으로 탐구하고 협업했을 뿐만 아니라 학생들의 아이디어가 수업에 적극적으로 반영되었다. 게다가 상호작용 유형별로 이 수업을 정리하면, 많은 시간(33분)을 교사와 학생 간 상호작용으로 분류할 수 있으며, 교사 주도 설명은 약 7분, 학생 개별 활동은 2분 정도이다. 양적으로 보면 이 수업은 교사-학생 상호작용과 학생들 간의 상호작용이 주를 이룬다. 교사의 어떤 역량이 전형적일 수 있는 수업을 비전형적인 수업으로 전환시켰을까? 이를 국가교육과정과 주목하기와 관련지어 살펴보고자 한다.

2.1 국가교육과정

이 수업과 관련된 사항들을 2022 개정 수학과 교육과정에서 확인해 보면 다음과 같다. 이와 관련하여 다음 두 문제에 대해 생각해 보자.

핵심 아이디어

집합은 대상을 논리적으로 표현하고 이해하는 도구이며, 명제는 추론을 통해 증명된다.

성취기준

[10공수2-02-05] 명제의 역과 대우를 이해하고 설명할 수 있다.

교수·학습 방법

(가) ③ ㉢ 학생 간 상호작용과 질문이 활발한 교실 문화를 조성하고 수학적으로 의미 있는 의사소통이 이루어지도록 적절한 과제를 제시하고 안내한다.

(나) 학생들이 수학 학습에 주도적으로 참여하는 교수·학습 환경과 분위기를 조성한다.

④ 교사 및 동료와 협력적 관계 속에서 수학 학습에 대한 조언과 의견을 경청하고 수용할 수 있도록 허용적인 분위기를 조성한다.

⑤ 수학 학습에 자신감을 가지고 실수가 배움의 기회임을 인식하며 끈기 있게 도전하도록 격려하고 지원한다.

생각해 볼 문제

◆ 〈표 6-1〉에 제시된 과제에 대하여 학생들이 토로할 수 있는 어려움을 다음 중 모두 고르시오.

① (명제 1)에서 가정과 결론의 구분을 어려워할 수 있다.

② (명제 1)의 가정($a=0$ 또는 $b=0$)의 부정이 '$a \neq 0$ 또는 $b \neq 0$'인지 '$a \neq 0$ 그리고

$b \neq 0$'인지에 대해 헷갈려할 수 있다.
③ (명제 2)에서 가정과 결론의 구분을 어려워할 수 있다.
④ (명제 2)에서 'a, b 중 적어도 하나는 음수이다'가 뜻하는 바를 모른다.

◆ 위에서 찾은 학생의 어려움에 대하여, '실수가 배움의 기회임을 인식'하면서 '활발한 교실 문화를 조성하고 수학적으로 의미있는 의사소통이 이루어지도록' 할 수 있는 교사의 질문 또는 조언으로 적절한 것을 다음 중 모두 고르시오.

① (명제 1) 의미만 생각해봐. '$a = 0$ 또는 $b = 0$이다'를 부정하는 거야. '$a = 0$ 또는 $b = 0$이다'라는 말의 뜻이 둘 중에 적어도 하나가 0인 거야. 그것을 부정하면?
② (명제 1) a와 b가 모두 0이 아닌 것을 말하려면, '그리고'라고 해야해.
③ (명제 2) 명제 시작할 때 '두 실수 a, b에 대하여'라고 있잖아. 얘는 a, b의 조건이에요. 그 뒤에 부분부터 가정, 결론 나눠서 해주시면 됩니다.
④ (명제 2) 숫자를 세 개로 나눌 수 있잖아. 음수, 양수, 그리고 하나 뭐 있지?

수업을 준비하고 진행하려면 교사의 다양한 지식과 기술(skill)이 필요한데, 이 장에서는 교사의 주목하기를 중심으로 수업의 장면을 자세히 살펴보고자 한다. 우선, 주목하기란 어떤 역량인지 알아보자.

2.2 주목하기(Noticing)

Goodwin(1994)은 전문 지식이 없는 사람은 놓칠 수 있는 하나의 현상에 대하여 전문 분야에 있는 사람의 눈(lense)으로 포착할 수 있는 능력을 전문적 안목(professional vision)이라는 용어로 소개하고 있다. 수업 상황에서 교사의 전문적 안목이란 교실에서 다른 사람들이 볼 수 없는 특별한 현상을 알아차릴 수 있는 능력을 지칭하는 것이다. 이러한 전문적 안목의 한 형태이자, 교사의 전문적 역량의 하나로 간주되고 있는 교사의 주목하기(noticing)라는 개념은 수학 교실에서 주목할 만한 사건을 알아차리는 것으로부터 확장되면서 개념화되었다(Mason, 2002, 2008; Star & Strickland, 2008).

수학교사의 주목하기와 관련된 역량을 밝히고 있는 van Es & Sherin(2002, 2008)에 따르면 주목하기는 교사가 학습해야 하는 능력이며, '교수 상황에서 중요한 사건 확인하기', '맥락으로부터의 지식에 기반하여 사건 추론하기', '특정 사건을 더 넓은 교수

학습 원리와 연결하기'의 세 가지 측면으로 이루어진다. 주목하기 개념은 주목하기를 단순히 교사가 교실에서 발생하는 중요한 사건을 포착해 내는 것을 넘어 주목하는 주체의 지식과 이해에 기반하여 사건에 대해 추론할 수 있는 능력을 강조하고 있다는 점에서 특징적이다. van Es & Sherin(2002, 2008)의 아이디어를 확장하여 Jacobs et al.(2010)는 학생의 수학적 사고에 대한 전문적 주목하기(professional noticing of children's mathematical thinking)와 관련된 역량으로서 '주의 기울이기', '분석하기', '어떻게 반응할지 결정하기'의 세 가지를 제시한다. 주의 기울이기란 복잡한 교수 상황에서 교사가 학생의 수학적 사고나 전략 등과 같은 특정 세부 사항들에 주의를 기울이는 것이며, 분석하기는 학생의 전략에 나타난 학생의 이해를 해석하고 증거에 기반하여 추론하는 것이다. 어떻게 반응할지 결정하기는 학생의 수학적 사고와 전략에 대해 교사가 어떻게 반응할 것인지를 결정하는 것이다. 이러한 세 가지 역량으로 구성되는 Jacobs et al.(2010)의 주목하기 개념은 교사가 수학 교실에서의 광범위한 현상들보다 학생의 수학적 사고에 주목하는 것을 강조하고 있으므로 수학에 대한 의견을 드러내고 다른 사람들과 의사소통하는 효과적인 수학적 논의 수업이 구현되기 위해 교사가 가져야 하는 중요한 역량으로 간주될 수 있다.

이에 Choy et al.(2017)는 수업의 각 단계에서 Jacobs et al.(2010)의 주목하기 역량 각각이 생산적으로 나타날 때의 특징을 제시하는데, (1) 학생 반응에서 개념에 대한 이해 파악하기, (2) 학생 반응에서 학생들이 무엇을 어려워할지 파악하기, (3) 학생들이 개념에 대해 무엇을 생각하는지 분석하기, (4) 학생들의 이해를 파악하기 위한 질문 생각하기, (5) 개념에 대해 학생들이 어떻게 생각하는가를 파악하기 위한 질문하기, (6) 학생의 아이디어/추론을 듣고 반응 준비하기 등 여섯 가지이다(Choy et al., 2017). 여기서 학생의 개념 이해 및 어려움 파악하기(1, 2)는 Jacob et al.(2010)의 주의 기울이기, 개념에 대한 생각 분석 및 이해 파악을 위한 질문 생각하기(3, 4)는 분석하기에, 개념에 대한 생각 파악을 위한 질문 준비와 아이디어에 대한 반응 준비하기(5, 6)는 어떻게 반응할지 결정하기에 대응하는 것이다. 이는 수업의 각 국면에서 나타날 수 있는 생산적 주목하기의 특징을 나열해 놓은 것뿐만 아니라 실제 수업에서 교사가 얼마나 생산적으로 주목하기 역량을 보여주는지를 분석하는 데 활용될 수 있다(Choy, 2016).

▶ 이 수업의 과제와 교수 내용 및 방법과 관련된 사항들을 주목하기와 관련하여 다음 문제를 생각해 보자.

생각해 볼 문제

◆ 대우 명제를 찾는 이 수업을 '교사 및 동료와 협력적 관계 속에서 수학 학습에 대한 조언과 의견을 경청하고 수용할 수 있도록 허용적인 분위기를 조성'하기 위해 교사가 수업에서 주목해야 할 점이라고 생각하는 표현에 밑줄을 그으시오.

a. 주의 기울이기

① 교사는 순회하면서 학생들이 역을 찾는 것, '또는'과 '적어도'라는 용어로 연결되어 있는 가정이나 결론의 의미를 이해하는 것을 어려워한다는 것을 파악하였다.

② 교사는 순회하면서 학생들이 나름대로 자신의 답변을 적고 있다는 것을 파악하였다.

b. 분석하기

① 교사는 학생들이 '음수가 아닌 수는 양수'라고 생각한다고 분석하였다.

② 교사는 학생들이 정답을 쓰고 있는지 아니면 오답을 쓰고 있는지 조사하였다.

c. 어떻게 반응할지 결정하기

① 교사는 학생들이 명제의 의미를 파악하고 있는지의 여부와 어떻게 이해하는지를 파악하기 위한 질문을 하였다.

② 교사는 명제의 의미와 역을 찾은 학생들의 다양한 풀이를 듣고, 서로 다른 표현에 관심을 갖도록 독려하였다.

3 다큐와 톺아보기

본 절에서는 김교사가 모둠 활동과 전체 활동에서 무엇에 주목하고 있는가를 중심으로 살펴보고자 한다.

3.1 모둠 활동(학생의 어려움에 생산적으로 주목하기)

이 수업에서 모둠 활동은 명제 1의 역과 대우를 구하는 과제와 명제 2의 참, 거짓을 판별하는 과제를 해결할 때 이루어졌다. 이 과정에서 학생들은 서로 이야기를 나누면서 모둠별로 주어진 과제를 해결하였다. 먼저 명제 1의 대우를 구하는 과정에서 1 모둠의 학생들은 명제 1의 가정($a = 0$ 또는 $b = 0$)의 부정이 '$a \neq 0$ 또는 $b \neq 0$'인지 '$a \neq 0$ 그리고 $b \neq 0$'인지에 대해 논의하였다. 그러나 모둠 내에서는 해결되지 않자, 교사에게 도움을 요청하였다. 다음은 교사와 학생들의 첫 번째 상호작용이 있었던 6분 30초 즈음의 김교사와 1 모둠 학생들의 대화 내용이다. 연속적인 대화였는데, 설명의 편의를 위해 세 장면으로 구분을 하였다.

장면 1 학생의 어려움 파악하기 1

학생 1 : 선생님, 이거 '또는'이에요, '그리고'에요?

김교사 : 자 우선 우리 제일 쉽게 가정까지 잘라보자. 가정이 어디까지야?

학생 1 : '이면'. '이면'까지.

김교사 : 동의? '이면'까지 동의?

학생 1, 학생 2 : 네. 동의.

김교사 : 오케이.

장면 2 학생의 어려움 파악하기 2 & 오류 교정하기

김교사 : 근데 거기서 뭘 모르겠어?

학생 1 : '또는'을 어떻게 바꿔야 해요? '또는'을 '그리고'로 고쳐야 해요?

김교사 : 자 그러면 의미를 한번 생각해 볼까?

학생 2 : 그냥 바꾸고 여기 대우에서 바꾸는 거 아니에요? 또는.

김교사 : 아. 역부터 헷갈리는구나. 역은 가정, 결론을 이 상태에서 그대로 위치만?

학생 1 : 바꾸는 거.

김교사 : 바꾸는 거.

학생 2 : 아.

김교사 : 자 그럼 문장을 봐. … 안에 있는 내용을 바꿔야 할까?

학생 1, 학생 2 : 아니요.

김교사 : 가정, 결론에 위치만 바뀌잖아. 그렇지?

장면 3 학생들이 과제의 초점에 직면하도록 만들기 & 모둠 논의 진행하기

학생 1 : 대우는?

김교사 : 대우는 각각을?

학생 1 : 아니면.

김교사 : 그래.

학생 1 : 그리고 이거이다?

김교사 : 자 뒤의 거를 어떻게 부정할지 한번 생각해 볼까?

학생 1 : a는 0이 아니고 그리고 b도 0이 아니다.

김교사 : 너의 의견은?

학생 2 : 또는?

김교사 : 자 학생 2의 의견은 '$a \neq 0$ 또는 $b \neq 0$이다'. 중간에 뭐가 들어가야 할까? 그냥 그대로 '또는' 일까? 아니면 '그리고' 일까?

학생 1 : 대우니까 '또는'을 '그리고'로 바꿔야 하지 않을까요?

김교사 : 자 그러면 의미만 생각해봐. 얘($a = 0$ 또는 $b = 0$)를 부정하는 거야. 그렇지? 그럼 '$a = 0$ 또는 $b = 0$이다'라는 말의 뜻이 둘 중에 적어도 하나가 0인 거지? 그거를 부정하면?

학생 1 : 그럼 둘 다.

김교사 : 둘 다?

학생 1, 학생 2, 학생 3 : 아니다.

김교사 : 아닌 거지. 그럼 중간에 연결을 어떻게 해야 해?

학생 2 : 그리고.

김교사 : 왜? 결정해봐.

학생 2 : 그리고?

학생 1 : 그리고.

김교사 : 둘 다 0이 아닌 거는 '또는'이라고 적어야 할까? '그리고'라고 적어야 할까?

〈장면 1〉에서 학생들이 도움을 요청하자, 김교사는 학생의 어려움을 파악하기 위하여 "자 우선 우리 제일 쉽게 가정까지 잘라보자. 가정이 어디까지야?"라고 묻는다. 이 발문은 이 과제에 대한 기초 지식인 '명제의 가정과 결론'을 학생들이 알고 있는지 파악하는 것을 목적으로 하는 생산적 주목하기이다. 김교사는 학생들이 명제의 가정과 결론은 명확히 이해하고 있다는 점을 파악할 수 있었다.

〈장면 2〉에서 김교사는 학생 2가 "그냥 바꾸고 여기 대우에서 바꾸는 거 아니에요? 또는."이라며 다소 부정확하게 대답하는 것을 듣고, "아. 역부터 헷갈리는구나."라고 말하면서, 학생들이 명제의 역을 구하는 것부터 어려워하고 있다는 점을 파악한다. 즉, 학생들이 구두로 명백히 말하는 어려움에만 김교사가 주목하는 것이 아니라, 학생들이 주어진 과제의 초점에 대해 논의하는 데 일종의 방해가 되는 어려움들을 우선 주목하고 이를 해결하는 것을 볼 수 있다. 이 과제는 대우에 관한 것이므로, 학생이 이미 학습한 역에 대해서 모르는 것은 일종의 오류라고 볼 수 있다. 이때에는 즉각적이고 절차적인 교정이 타당한데, 왜냐하면 이 수업의 주제인 대우에 학생들이 집중할 수 있기 때문이다. 김교사는 명제의 역을 만드는 법을 짧게 설명하고, 학생들이 이를 쉽게 받아들이는 것을 관찰할 수 있다.

〈장면 3〉에서 김교사는 본격적으로 학생들이 과제의 초점에 직면할 수 있도록 돕는데, 교사가 직접 문제의 해결책을 제시하는 것이 아니라 학생들이 서로 논의하도록 이끌고 있다는 점을 볼 수 있다. 단순히 "너희들이 이야기 나누어봐"라고 하면서, 학생들끼리 과제를 함께 궁리해보는 '방법'만을 강조하는 것이 아니라, 이 과제의 해결에 중요한 방향으로 '의미'를 파악하는 것을 제시함으로써, 학생들이 함께 궁리해야 할 대상을 명확히 제시했다는 점도 김교사의 주요 역량이라고 할 수 있다. 학생들이 과제에 대해서 함께 궁리하고 탐구할 기회를 제공하는 것뿐만 아니라 그러한 협력적인 궁리를 할 때 무엇에 초점을 두어야 할 지도 함께 제시하였다는 점이 김교사의 모둠에서 생산적 주목하기의 특징이 되는데, 이러한 면모는 다음의 장면에서도 관찰된다.

다른 모둠을 살펴보던 김교사는 2모둠의 학생들 역시 동일한 문제로 어려워하는 것에 주목하였으며, 모든 경우 구하기와 관련된 발문을 다음과 같이 제기하였다. 다음은 10분 30초 즈음의 김교사와 학생들의 대화 내용이다.

장면 4 과제의 초점에 직면하게 만들기 & 모둠 논의 진행하기

김교사 : 자 그러니까 이거 의미를 생각하면서 바꿔야 해. 외우면 헷갈리니까. a가 0 또는 b는 0이라는 소리는 둘 중에 적어도 하나가 0인 요 세 가지(김교사는 학생이 공책에 쓴 $a=0$이고 $b\neq 0$, $a\neq 0$이고 $b=0$, $a=0$이고 $b=0$을 가리킴) 경우지? 그럼 이 세 가지가 아닌 경우는 둘 다?

학생 4 : 0이 아니다.

김교사 : 0이 아닌 경우지. 둘 다 안돼야 해. 그러려면 어떻게 연결해야 해?

학생 5 : $a\neq 0$ 그리고 $b\neq 0$

김교사 : a가 0이

학생 6 : 아니고?

김교사 : 아니고.

학생 6 : b도 0이 아니다.

김교사 : 그럼 중간에 '또는'이 아니라 뭐야?

학생 4, 학생 5, 학생 6 : 그리고.

김교사 : 그렇게 되겠지. 그렇지? 그러니까 의미를 생각해서 적어봐.

〈장면 4〉에서 김교사는 각 모둠에서 확인되는 학생들의 공통된 어려움에 주의를 기울이고 각 어려움의 이유를 밝히며, 다시 어려움을 해결해 줄 수 있는 발문을 제기하는 방식으로 생산적 주목하기를 하고 있다. 앞에서 살펴본 1모둠과 다르게 2모둠의 학생들은 이미 과제의 초점에 대하여 논의하고 있었고, 따라서 교사는 2모둠의 논의의 결론을 맺는 데 도움을 주는 것을 관찰할 수 있다.

이러한 김교사의 생산적인 주목하기 사례는 다음 〈장면 5〉에서도 확인된다. 모둠별로 명제 2의 참, 거짓 판별 과제를 해결할 때 교사는 순회를 하며 모둠별 반응을 빠르게 점검한 후, 많은 모둠에서 '두 실수 a, b에 대하여'라는 표현에 주목하면서 명제의 가정과 결론 구분에 어려움을 가짐을 파악하였다. 이에 교사는 전체 학생들에게 다음과 같이 27분 10초 즈음에 말하였다. 〈장면 5〉에서 보이는 김교사의 반응은 모둠 논의의 핵심에서 벗어난 내용을 빠르게 차단하여, 논의의 초점이 명제의 가정과 결론에 집중되도록 하였다.

장면 5 전체 학생들에게 조언하기

김교사 : 얘들아, 너희 지금. 잠깐만, 8반, 8반. 지금 잠깐 헷갈리는 게 뭔지 알겠어. 자, 지금 자 명제 시작할 때 '두 실수 a, b에 대하여'라고 있잖아. 거기 괄호를 쳐, 괄호. 문제 2번에 '두 실수 a, b에 대하여'. 얘는 a, b의 조건이야. 조건. 가정, 결론에 넣지 마시고, 그냥 조건이니까 괄호치고, 안 건드리셔도 돼요. 이해됐어? a, b의 조건이기 때문에 너희가 건드릴 필요가 없다. 괄호 치고 뒤에 부분부터 가정, 결론 나눠서 해주면 돼.

이 외에도 김교사의 생산적 주목하기의 네 번째 사례는 〈장면 6〉 및 〈장면 7〉과 같다. 명제 2의 결론, 즉 'a, b 중 적어도 하나는 음수이다'의 부정을 찾는 과정 중 학생들은 결론의 부정을 어떻게 해야 하는지 교사에게 물었다. 이후 교사는 다음과 같이 발문하는데, 이는 교사와 학생 간 상호작용 (모둠)이 있었던 28분 10초 즈음의 대화이다. 연속적인 대화였는데, 설명의 편의를 위해 두 장면으로 구분을 하였다.

장면 6 학생의 어려움 파악하기

김교사 : 어떻게 적어야 할까? 그걸 너희가 찾아야 하는데? 같이 얘기해서 찾아봐. 어떻게 찾아야 할까?

학생 7 : '아니다' 해야 해요?

김교사 : a, b 중 적어도 하나는 음수이다. … 부정하면? 어떻게 생각해? 학생 9야 어떻게 생각해? 갑자기 목소리가 작아졌어. 얘들아 a, b 중에 적어도 하나가 음수라는 말은 무슨 뜻이야?

학생 8 : a, b 둘 중 하나만 음수?

김교사 : 둘 중 하나만 음수면 되지? 그럼 그거의 부정은 뭘까?

학생 8 : 둘 다 음수.

김교사 : 둘 다?

학생 7 : 양수.

김교사 : 양수?

학생 9 : 음수.

김교사 : 음수?

학생 8 : 음수, 아, 양수.

장면 7 모둠 논의 진행하기

김교사 : 자 봐봐. 쌤이 이렇게 얘기했어. 얘들아, a랑 b 중에 적어도 하나는 음수다. 그런데, 그게 아닌 거야.

학생 8 : 둘 다 양수. 아니 음수가 아니다.

김교사 : 둘 다, 음수가 아니다. 그러면 음수가 아니면 양수인가?

학생 8 : 아니요. … 둘 다 음수가 아니야.

김교사 : 둘 다 음수가 아니야. 그러면 어떻게 적을래?

학생 8 : 모두 양수다.

김교사 : 음수가 아니면 모두 양수다? 자 음수. 숫자를 세 개로 나눌 수 있잖아. 음수, 양수. 또 하나 뭐 있지?

학생 8 : 0!

김교사 : 그러면 음수가 아니면?

학생 8 : 양수랑 0. 둘 중에 하나. 두 개다.

김교사 : 둘 중에 하나. 그러면 그거를 말로 적어봐. 어떻게 적을까?

학생 8 : 양수랑 0.

김교사 : 자 지금 있잖아. 세 명이 의미는 알거든. 그런데 문장을 바꾸는 걸 힘들어하네. 빨리 의논해봐. 의미는 이해됐지? 의미 이해됐어? a, b가 둘 다 뭐가 아니다?

학생 8 : 음수가 아니다.

김교사 : 그럼 그걸 어떻게 적을까? 의논 한번 해봐.

〈장면 6〉에서 김교사는 학생들에게 과제의 답을 질문하지만, 학생들이 자신의 답변에 대하여 확신하지 못하는 모습을 보이자 모둠 논의를 진행하기 시작한다. 〈장면 7〉에서 김교사는 학생들이 음수가 아닌 것을 양수로 생각하면서 0에 주목하지 못함을 파악한 후, 학생들에게 수의 분할이 어떻게 이루어질 수 있는지를 상기시키면서, 지속적으로 생각할 기회를 제공한다. 그 결과, 0을 찾아냈지만, '음수가 아님'을 기호로 표현하지 못하는 학생들에게 교사는 끝까지 답을 말하지 않고 스스로 생각하게 한다. 이러한 과정에서 학생이 일관적이지 않은 대답을 하면서 시간이 많이 소요되었지만, 교사는 포기하지 않고 꾸준히 기다려주면서 학생들을 독려하였다.

모둠 논의를 위해 활용한 명제 2에 대한 문제는 학생들이 절차적으로 해결하도록 지도할 수 있는 문제였다. 그러나 이 수업에서 교사는 학생 질문의 의도가 무엇이고, 학생이 어려워하는 점이 무엇인지에 주목하면서 적절한 발문을 제기하려 노력하였다. 이러한 교사의 생산적 주목하기는 교사와 학생 간의 긴밀한 상호작용이 필요한 작업일 뿐만 아니라 단번에 이루어지지 않아 시간이 많이 소요되지만, 학생들이 자신의 아이디어에 담긴 수학적 오류를 파악하고 이를 수정하면서 새로운 수학적 아이디어를 만들어내는 데 유의미한 과정이었다. 이러한 이유로, 교사들이 첫 번째 사례인 1 모둠에서 보인 김교사의 행위와 판단을 유의깊게 보고 연습하기를 기대한다.

3.2 전체 활동(다양한 표현과 주요 개념의 연결에서 학생 사고에 대한 생산적 주목하기)

명제 2의 참, 거짓 여부에 대한 모둠 논의를 마친 후 김교사는 다음과 같이 두 모둠을 선정하고 순서에 따라 발표하도록 하였다. 수업 막바지에 있었던 6분 동안의 전체 교실 상황에서 상호작용에서 김교사가 다양한 표현과 주요 개념의 연결에서 학생 사고에 대해 생산적으로 주목하는 것이 관찰되었다. 각각에 대한 상세한 분석은 다음과 같다. 수업 36분 즈음의 대화이다.

장면 8 전체 논의 진행하기 1

김교사 : 자 오케이. 오늘은 두 조만 발표할게요. 자 여기 3조하고, 4조. 두 조 발표할게요. 자 우선은 3조부터 나오세요. 누가 나올까요? 아까 학생 9는 발표했으니까 다른 친구가 나오면 좋겠어요.

이에 3 모둠에서는 두 학생이 나와 다음과 같이 발표한다.

학생 10 : 대우를 만들려면 어떻게 해야 해요? 뒤집고 부정해야 하죠? … 뒤집으면 뭐가 되죠?

학생 11 : a, b 중 적어도 하나가 음수이면 $a+b<0$.

학생 10 : 맞아요. 그거를 부정해보겠습니다. 'a, b 중 적어도 하나가 음수이다'를 부정하면?

학생 11 : a, b 둘 다 음수가 아니다.

(중략)

학생 10 : 자 이 대우는 보세요. a, b 둘 다 음수가 아니라는 말은 양수이거나 0이라는 말이죠.

학생 11 : 네.

학생 10 : 음수가 아닌 것끼리 더했어요. 그러면 음수가 나옵니까?

학생 11 : 아니요.

학생 10 : 자 그래서 이 대우는 참입니다. 그러면 주어진 명제는?

학생 11 : 참.

〈장면 8〉에서 이 모둠은 명제 2의 대우 명제를 찾았을 뿐만 아니라 이를 식으로 정확히 표현하고 있다. 이는 대우 명제를 식으로 제대로 표현하지 못한 모둠들이 참고할 수 있는 사례가 되는 것이다. 또한 이 모둠은 명제 2의 대우 명제가 참임을 보이는 방법을 통해 명제 2의 참, 거짓 여부를 정확히 파악하였다. 다음으로 발표한 4 모둠은 간단하게만 설명해달라는 교사의 요청에 따라 다음과 같이 모둠원 한 명이 발표하였다.

학생 12: 역을 하고 난 뒤에 대우를 적용하면 … 두 실수 a, b에 대하여 $a, b \geq 0$이면 $a+b \geq 0$이고. … 그래서 참이 됩니다.

두 모둠의 발표내용에서 다른 점은 결론의 부정을 표현하는 방법의 차이다. 3 모둠은 결론의 부정을 "a, b 둘 다 음수가 아니다"와 같이 언어적으로 표현했지만, 4 모둠은 기호적으로 표현하였다. 교사는 이러한 두 모둠의 표현의 차이점에 주목하면서 의도적으로 모둠을 선정한 것이다. 두 모둠이 발표를 마친 후 교사는 학생들에게 두 모둠이 선정된 이유에 대하여 찾아보도록 독려하면서 자신이 주목한 점을 공유하였다.

수업 40분 20초 즈음의 대화이다.

장면 9 전체 논의 진행하기 2

김교사 : 자 그러면 얘들아 쌤이 이 두 조를 뽑은 이유. 어느 부분이 달라요?

학생들 : a랑 b 음수.

김교사 : a, b 둘 다, 첫 번째 조는 음수가 아니라고 적었죠. 그런데 두 번째 조는 어떻게 적었어요?

학생들 : 크거나 같다.

김교사 : 뭐보다?

학생들 : 0보다.

김교사 : 둘 다 의미가 어때요?

학생들 : 같아요.

김교사 : 같아요. 자 음수가 아니면 보통 양수라고만 생각하기 쉽잖아. 뭐까지 포함해야 해요?

학생들 : 0.

김교사 : 0까지. 두 번째 조는 0 이상이라고 표현을 했어요. 이렇게 해도 되겠죠? 그죠? 오케이. 잘했습니다.

〈장면 9〉에서 김교사의 주목하기는 교사의 발언인, "어느 부분이 달라요?"으로 시작하여, 학생들의 서로 다른 해결 방법과 표현을 연결해 줄 뿐만 아니라 모둠 논의 과정에서 어려워했던 점을 다른 학생의 반응에 비춰 해결해 주고 있다는 점에서 의미가 있다. 교사가 직접 설명하지는 않았지만, 표현 방식이 서로 달라도 의미가 같다는 점과 '음수가 아니라는 것'은 양수뿐만 아니라 0을 포함해야 한다는 점을 학생들이 자연스럽게 깨닫도록 하는 기회를 제공하고 있으며, 이로 인해 수업의 목적이었던 명제의 가정과 결론의 부정에 대한 이해에 도달하는 데 주요한 역할을 하였다. 명제의 역과 대우 수업에서 교사의 생산적 주목하기는 의도적인 학생 반응 선정하기와 계열짓기 및 학생 반응과 수학적 개념 연결하기 관행의 유기적 연합으로 볼 수 있다(Smith & Stein, 2013; Stein et al., 2008). 또한 이는 교실 내 유의미한 반응들을 활용하여 학생의 아이디어를 확장할 수 있는 기회를 제공한다는 점에서 효과적인 논의 수업이 되도록 하는 데 이바지했다(Hsi & Hoadley, 1997).

3.3 수업 설계(학생 반응에 대한 생산적 주목하기)

시간 순서로는 수업의 준비가 구현보다 먼저 일어나는 일이다. 앞서 수업의 장면을 모두 살펴본 독자들이라면, 김교사가 수업을 준비할 때 도대체 무엇에 주목하였는지 궁금할 것 같다. 수업 설계에서 김교사는 이전에 명제의 역과 대우를 지도했던 경험을 상기하면서, 학생들이 명제의 역과 대우를 학습할 때 어려워하는 점에 주목하였다.

> 김교사 : 역 대우 찾는 것도 잘 못하더라고요. … 대우할 때 부정을 하잖아요. … 교과서에 문제를 보면 뭐 또는 뭐, 이런 식으로 되어있는 게 부정이 되고, 그게 잘 안되는 애들이 좀 많아요. … 왜냐면 헷갈리니까. 왜냐면 이게 문장이 길어지면서 여기서 잘리고, '이고'를 부정하면 '또는'이 되고. 약간 이거에 대해서 감을 잡는 데 좀 걸리더라고요. … 'a, b 중 적어도 하나는 음수이다.' 이런 문장이 나오면 애들이 대우시키기가 힘든 거예요. … 생각보다 애들이 어려워해요. 글자도 '적어도' 이런 의미를 생각을 다시 해야 하고. … 생각보다 애들이 대우 찾는 것 자체도 힘들어 하는구나.

김교사가 제일 먼저 주목한 점은 학생들이 대우 명제를 학습할 때 명제에서 가정과 결론을 각각 부정하는 것을 어려워한다는 것이었다. 예를 들어, 명제 1의 대우 명제를 찾으려면 '$a=0$ 또는 $b=0$'의 부정이 '$a \neq 0$ 그리고 $b \neq 0$'이 됨을 이해해야 하는데, 학생들은 '또는'이 '그리고'로 바뀌는 점을 이해하기 어려워한다는 것이다. 또한 학생들이 '적어도'라는 부사가 포함된 명제를 다루기 어려워한다는 점에 주목하였는데, 이는 명제의 대우를 찾을 때 '적어도'라는 부사의 의미를 정확히 파악해야 하기 때문이라고 분석하였다. 다시 말하여 김교사가 대우 명제 수업에서 학생들의 어려움의 원인으로 파악한 것은 명제의 가정과 결론을 부정하는 과정에서 명제에 포함된 조사의 변화나 부사의 의미를 알아야 한다는 점이었다.

이후 김교사는 학생들이 가정 혹은 결론의 부정을 잘 이해하도록 하는 방법을 고안하였다. 예를 들어, 명제 2의 결론(a, b 중 적어도 하나는 음수이다)의 부정을 학생들에게 더 잘 이해시키기 위한 방법으로 'a, b 중에서 적어도 하나는 음수'가 되는 모든 경우를 나열해주는 방법에 주목하였다.

> 김교사 : 근데 그 과정[모든 경우를 나열해주는 방법]을 이해를 못할 수도 있어요. … 그거를 나누는 거 자체를 … 애들이 이거를 표현하는 방법이 되게 다양하더라고요. 'a, b 모두 음수가 아니면' 이렇게 얘기하는 애도 있고 … 좀 잘못 쓴 애는 'a, b 모두가 양수이며' … 왜냐면 애들이 진짜 참, 거짓을 판단하는데 이게 논리가 안 돼요. 그니깐 어쨌냐면 '$x = y$이면, $x^2 = y^2$이다.' 이게 맞잖아요. 거꾸로 하잖아. $x^2 = y^2$이면, $x = y$이다.' 그거에 대해서 … 포함관계로 이렇게 설명을 해도 … 어렵죠.

이처럼 김교사는 모든 가능한 경우를 각각 나눠서 보여주는 방법은 경우를 나누는 과정에 대한 학생의 이해가 낮을 수 있다는 점을 한계로 파악하였다. 이에 다음으로 학생들이 'a, b 중 적어도 하나는 음수이다'의 부정을 어려워할 때 이를 단계적으로 이해할 수 있도록 하는 발문을 구체적으로 생각해 내었다. 예를 들어, 김교사가 미리 계획한 발문은 '적어도 하나는 음수이다'라는 말은 음수가 몇 개라는 말일까?', '음수가 아니라는 것은 무엇이라는 말일까?' 등이다. 이처럼 명제의 역과 대우 수업 설계 과정에서 김교사는 자신의 지도 경험을 활용하면서 학생들이 대우 명제를 학습할 때 어려워하는 점과 그 원인을 분석하고 수업 중 이를 해결하는 방안 각각에 주목하면서 구체적으로 수업을 설계하였다. 수업 설계 과정에서 나타난 김교사의 주목하기는 학생들이 수학적 논의 과정에서 다소 수학적으로 미흡한 면을 보일 때, 적절한 피드백을 제공하여 학생들이 스스로 자신의 아이디어를 수정하고 확장해 효과적인 논의가 이루어 질 수 있도록 하는 기회를 준비하였다(Hsi & Hoadley, 1997).

4 결론

4.1 생각해 볼 문제에 대한 사례 기반 결론

2절의 생각해 보기에서 제시한 질문을 중심으로 이 수업을 정리해 보도록 하자. 2022개정 수학과 교육과정이 제시하는 학생이 '실수가 배움의 기회임을 인식'하면서 '활발한 교실 문화를 조성하고 수학적으로 의미있는 의사소통이 이루어지도록' 하기 위해서, 교사는 선정한 과제에 대하여 학생들이 어떤 어려움에 직면할 것인가의 관점으로 과제를 분석하고, 이에 대해 어떻게 대처해야 할 것인가에 대해 사전에 준비해야 한다. 이러한 분석과 준비가 과제에 대한 수학적이고 교수학적 판단이다. 첫 번째 문제는 학생들이 직면할 수 있는 수학적 어려움에 대한 준비이고, 두 번째 문제는 이에 대한 교사의 대처를 묻는 것이다.

▶ 〈표 6-1〉에 제시된 과제에 대하여 학생들이 토로할 수 있는 어려움을 다음 중 모두 고르시오.

① (명제 1)에서 가정과 결론의 구분을 어려워할 수 있다.
② (명제 1)의 가정($a=0$ 또는 $b=0$)의 부정이 '$a \neq 0$ 또는 $b \neq 0$'인지 '$a \neq 0$ 그리고 $b \neq 0$'인지에 대해 헷갈려할 수 있다.
③ (명제 2)에서 가정과 결론의 구분을 어려워할 수 있다.
④ (명제 2)에서 'a, b 중 적어도 하나는 음수이다'가 뜻하는 바를 모른다.

이 수업에서 학생들은 (명제 1)과 관련하여 명제의 역을 구하는 것부터 학생들이 어려워했는데, (명제 1)의 가정($a=0$ 또는 $b=0$)의 부정이 '$a \neq 0$ 또는 $b \neq 0$'인지 '$a \neq 0$ 그리고 $b \neq 0$'인지에 대해 헷갈려 하는 모습을 볼 수 있었다. (명제 2)와 관련하여서는 '두 실수 a, b에 대하여'라는 표현에 주목하면서 명제의 가정과 결론 구분에 어려워 하였고, 'a, b 중 적어도 하나는 음수이다'의 의미를 파악하는 것도 어려워 하였다. 따라서, 김교사의 수업에 참여한 학생들이 보인 어려움은 ②, ③, ④였다. 물론, 학생들의 선수학습 수준이나 언어 능력 및 추론 능력에 따라 어려움의 내용과 형식은 달라질 수 있을 것이다.

▶ 위에서 찾은 학생의 어려움에 대하여, '실수가 배움의 기회임을 인식'하면서 '활발한 교실 문화를 조성하고 수학적으로 의미있는 의사소통이 이루어지도록' 할 수 있는 교사의 질문 또는 조언으로 적절한 것을 다음 중 모두 고르시오.

① (명제 1) 의미만 생각해봐. '$a=0$ 또는 $b=0$이다'를 부정하는 거야. '$a=0$ 또는 $b=0$이다'라는 말의 뜻이 둘 중에 적어도 하나가 0인 거야. 그것을 부정하면?
② (명제 1) a와 b가 모두 0이 아닌 것을 말하려면, '그리고'라고 해야해.
③ (명제 2) 명제 시작할 때 '두 수 a, b에 대하여'라고 있잖아. 얘는 a, b의 조건이에요. 그 뒤에 부분부터 가정, 결론 나눠서 해주시면 됩니다.
④ (명제 2) 숫자를 세 개로 나눌 수 있잖아. 음수, 양수, 그리고 하나 뭐 있지?

여러 장면 중에서도 (명제 1)과 관련하여 〈장면 3〉과 〈장면 4〉에서 관찰되는 교사의 질문은 학생들이 자신들의 아이디어를 실수로 파악하기 보다 탐구의 과정으로 여기도록 하면서, 논의하고 탐구하게 만드는 수학 수업의 관행을 만드는 데 중요한 역할을 한다. (명제 2)와 관련하여 학생들이 '두 실수 a, b에 대하여'라는 표현의 파악을 공통적으로 어려워 하자, 〈장면 5〉에서처럼 짧게 전체 학생들에게 조언하였고, 'a, b 중 적어도 하나는 음수이다'의 의미를 파악하는 것을 어려워 할 때에는 〈장면 7〉처럼 학생들이 의미 파악에 집중하도록 의사소통하였다. 따라서, 김교사의 질문과 조언으로 관찰된 것은 ①, ③, ④이다. ②는 교사의 친절한 답변이라기 보다는, 학생이 실수에서 생각할 수 있는 기회를 빼앗아 버리는 역할을 하기 쉽다. 더욱이, 이러한 교사의 간결한 정답 제공은 학생들끼리의 의사소통이 아니라 교사에게 의존하는 의사소통을 수업의 관행으로 결정해 버리는 단초가 된다.

한편, 다음 질문은 2022개정 수학과 교육과정이 제안하는 허용적인 분위기를 조성하기 위한 한 가지 방법으로 학생의 수학적 사고에 대한 전문적 주목하기가 제안하는 세 가지 역량을 이 수업의 과제와 관련하여 구체적으로 교사가 수행해야 할 행위를 생각하도록 하는 것이다.

▷ 대우 명제를 찾는 이 수업을 '교사 및 동료와 협력적 관계 속에서 수학 학습에 대한 조언과 의견을 경청하고 수용할 수 있도록 허용적인 분위기를 조성'하기 위해 교사가 수업에서 주목해야 할 점이라고 생각하는 표현에 밑줄을 그으시오.

a. 주의 기울이기

① 교사는 순회하면서 학생들이 역을 찾는 것, '또는'과 '적어도'라는 용어로 연결되어 있는 가정이나 결론의 의미를 이해하는 것을 어려워한다는 것을 파악하였다.

② 교사는 순회하면서 학생들이 나름대로 자신의 답변을 적고 있다는 것을 파악하였다.

b. 분석하기

① 교사는 학생들이 '음수가 아닌 수는 양수'라고 생각한다고 분석하였다.

② 교사는 학생들이 정답을 쓰고 있는지 아니면 오답을 쓰고 있는지 조사하였다.

c. 어떻게 반응할지 결정하기

① 교사는 학생들이 명제의 의미를 파악하고 있는지의 여부와 어떻게 이해하는지를 파악하기 위한 질문을 하였다.

② 교사는 명제의 의미와 역을 찾은 학생들의 다양한 풀이를 듣고, 서로 다른 표현에 관심을 갖도록 독려하였다.

답은 a는 ①, b는 ①, c는 ①과 ②이다. 김교사의 명제 수업과 관련지어 좀 더 상세히 살펴보자. 이 수업은 과제를 궁리하고 논의하는 생산적인 기회를 학생들에게 제공하였다고 볼 수 있다. 이러한 분석을 기반으로 Choy et al.(2017)가 제안한 수업 실행에서 교사의 주목하기 분석틀을 이용하여 김교사가 수업에서 무엇에 주목하였는지를 요약하면 다음과 같다.

주의 기울이기

- 교사는 학생들이 과제에 어떻게 접근하는지 파악하기 위하여 순회하면서 학생들과 논의를 하였다.
- 교사는 학생들이 명제의 대우를 찾는 과제에서 역을 찾는 것, '또는'과 '적어도'라는 용어로 연결되어 있는 가정이나 결론의 의미를 이해하는 것을 어려워한다는 것을 파악하였다.

분석하기

- 교사는 학생들이 '$a=0$ 또는 $b=0$이다'가 의미하는 바를 파악하기 위해, a와 b가 각각 음수, 0 그리고 양수인 경우를 조사하지 않고, '또는'을 '그리고'라고 바꾸어야 하는지 아니면 그대로 두어야 하는지에 대해서만 집중하고 있다고 분석하였다.
- 교사는 학생들이 '음수가 아닌 수는 양수'라고 생각한다고 분석하였다.
- 교사는 학생들이 명제의 의미를 파악하고 있는가의 여부와 어떻게 이해하는가를 파악하기 위한 질문을 고려하였다.

어떻게 반응할지 결정하기

- 교사는 학생들이 명제의 의미를 파악하고 있는지의 여부와 어떻게 이해하는지를 파악하기 위한 질문을 하였다.
- 교사는 명제의 의미와 역을 찾은 학생들의 다양한 풀이를 듣고, 서로 다른 표현에 관심을 갖도록 독려하였다.

김교사는 학생들의 반응으로부터 학생들의 이해 상태에 주목하였으며, 학생들의 이해를 파악하기 위한 발문을 하고, 학생들의 어려움을 정확하게 파악하고, 학생들의 서로 다른 접근을 적극적으로 이용하여 학생들이 명제의 의미를 파악하고, 대우를 찾을 수 있도록 하였다.

4.2 교사의 주목하기(Noticing) 기반 수업 설계와 실행의 중요성

수업의 실행에서 학생의 사고에 주목하는 것이 효과적인 논의 수업에 중요하며, 교사의 주목하기를 향상시킬 수 있는 실제적인 노력이 필요하다. 김교사의 수업에서 사용된 과제는 학생들이 명제의 대우를 찾는 과정에서 수학적 탐구를 하게 하는 방식의 과제로 실행되었고, 수학 행하기(doing math)의 성격을 가진 과제로 준비되었다(Kim, 2013). 명제 수업에서 과제를 선정한 방식은 교과서가 수업의 주요 과제 선정을 위한 자료가 되는 일반적인 고등학교에서도 이용될 수 있는 접근방식이라는 점에서 시사하는 바가 크다. 즉, 과제의 출처나 학생들의 단순한 흥미보다 과제의 선정에서 학생들의 수학적 사고라는 관점을 가지고 주의를 기울이고 학생들의 이해를 해석하려는 노력이 중요하다(Doerr, 2006).

또한, 김교사는 "효과적인 가르침은 학생들을 관찰하고 주의 깊게 그들의 아이디어와 설명을 듣는 것"이라는 National Council of Teachers of Mathematics(2000, p. 19)의 권고와 같이 각 모둠의 학생들을 지속적으로 관찰하였다. 또한 명확하지 않은 학생의 반응에 대해서도 학생의 의도를 파악하기 위해 주의 집중하였으며(Sherin & van Es, 2009), 이는 수학적 논의의 이해적 듣기 지향이기도 하다(Davis, 1997; Hintz & Tyson, 2015). 또한, 김교사는 학생의 개념 이해를 도울 수 있는 발문을 제기하면서 유의미한 수업이 이루어질 수 있도록 하였다. 이 글에서 제시한 수업의 장면은 교사가 수업의 운영에서 주목하기와 관련된 실제적인 노력을 하고자 하는 교사들에게 좋은 사례가 될 것으로 기대한다.

한편, Choy et al.(2017)가 제안한 수업 설계에서 교사의 주목하기 분석틀을 이용하여 김교사가 수업 설계에서 무엇에 주목하였는지를 요약하면 다음과 같다.

주의 기울이기

- 교사는 명제의 논리적 구조, 가정과 결론의 부정, 교육과정에서 다루는 내용 등을 파악하였다.

- 교사는 학생들이 명제에서 가정과 결론을 각각 부정하는 것을 어려워한다는 것을 파악하였다.

분석하기

- 교사는 학생들이 대우 명제를 어려워하는 것은 명제의 가정과 결론을 부정하는 과정에서 명제에 포함된 조사나 부사의 의미를 알아야 하기 때문이라고 분석하였다.
- 교사는 학생들에게 제공된 명제의 의미를 설명하는 기회를 제공해야한다고 생각하였다.

어떻게 반응할지 결정하기

- 교사는 과제를 교과서에서 선정하였다.

김교사는 학생들의 수학적 사고, 특히 학생들이 과제를 어려워할 수 있는 이유에 대해 주목하고, 그에 따라 과제와 발문을 준비한 이 수업은 실행에서도 학생들의 사고에 집중하여 운영되었다. 이러한 결과는 교사의 주목하기가 수업의 질을 결정하는 중요한 요소이므로(Mason, 2002, 2008), 수학적 논의가 수업에서 효과적으로 운영되기 위해서는 수업의 설계에서부터 학생들의 수학적 사고에 주목하는 것이 필요함을 나타낸다(Choy, 2016). 또한 교사의 사전 주목하기 활동이 수업 실행에서 학생들이 유의미한 수학 학습을 할 수 있도록 하는데 중요하다는 선행연구(예: 이은정, 이경화, 2016)의 주장을 뒷받침한다고 볼 수 있다.

이 수업은 교사가 교과서에 실린 과제를 그대로 사용하더라도 학생들의 학습 과정에 주목하고 적절히 반응하면 유의미한 수학 학습을 촉진할 수 있는 가능성을 보여주었다. 김교사가 시도한 것처럼 다양한 학생의 학습 과정에 세밀하게 주의를 기울이고, 학생들의 개념 이해와 추론 과정을 분석하여 적절히 반응한다면 더 많은 고등학교에서 효과적인 수학 수업을 실행할 수 있을 것으로 기대한다.

참고문헌

교육부(2022). **수학과 교육과정**. 교육부 고시 제2022-33호 [별책 8].

이은정, 이경화(2016). 교사의 사전 주목하기와 수학수업에서 실제 주목하기에 대한 연구. **학교수학, 18**(4), 773-791.

Choy, B. H. (2016). Snapshots of mathematics teacher noticing during task design. *Mathematics Education Research Journal, 28*(3), 421-440.

Choy, B. H., Thomas, M. O., & Yoon, C. (2017). The FOCUS framework: Characterising productive noticing during lesson planning, delivery and review. In E. Schack, M. Fisher, & J. Wilhelm (Eds.), *Teacher noticing: Bridging and broadening perspectives, contexts, and frameworks* (pp. 445-466). Springer.

Davis, B. (1997). Listening for differences: An evolving conception of mathematics teaching. *Journal for Research in Mathematics Education, 28*(3), 355-376.

Doerr, H. M. (2006). Examining the tasks of teaching when using students' mathematical thinking. *Educational Studies in Mathematics, 62*(1), 3-24.

Goodwin, C. (1994). Professional vision. *American Anthropologist, 96*, 606-633.

Hintz, A., & Tyson, K. (2015). Complex listening: Supporting students to listen as mathematical sense-makers. *Mathematical Thinking and Learning, 17*(4), 296-326.

Hsi, S., & Hoadley, C. M. (1997). Productive discussion in science: Gender equity through electronic discourse. *Journal of Science Education and Technology, 6*(1), 23-36.

Jacobs, V. R., Lamb, L. L., & Philipp, R. A. (2010). Professional noticing of children's mathematical thinking. *Journal for Research in Mathematics Education, 41*(2), 169-202.

Kim, Y. (2013). A decomposition of the work of leading mathematical discussions with single case questions. *Journal of Educational Research in Mathematics, 23*(4), 449-466.

Mason, J. (2002). *Researching your own practice: The discipline of noticing.* Routledge Falmer.

Mason, J. (2008). Being mathematical with and in front of learners: Attention, awareness, and attitude as sources of differences between teacher educators, teachers and learners. In B. Jaworski & T. Wood (Eds.), *The mathematics teacher educator as a developing professional* (pp. 31-56). Sense Publishers.

National Council of Teachers of Mathematics (2000). *Principles and standards for school mathematics.*

Sherin, M. G., & van Es., E. A. (2009). Effects of video club participation on teachers' professional vision. *Journal of Teacher Education, 60*(1), 20-37.

Smith, M. S., & Stein, M. K. (2013). **효과적인 수학적 논의를 위해 교사가 알아야 할 5가지 관행**. (방정숙 역). 서울: 경문사. (영어 원작은 2011년 출판).

Star, J. R., & Strickland, S. K. (2008). Learning to observe: using video to improve preservice mathematics teachers' ability to notice. *Journal of Mathematics Teacher Education, 11*(2), 107-125.

Stein, M. K., Engle, R. A., Smith, M. S., & Hughes, E. K. (2008). Orchestrating productive mathematical discussions: Five practices for helping teachers move beyond show and tell. *Mathematical Thinking and Learning, 10*(4), 313-340.

van Es, E. A., & Sherin, M. G. (2002). Learning to notice: Scaffolding new teachers' interpretations of classroom interactions. *Journal of Technology and Teacher Education, 10*(4), 571-596.

van Es, E. A., & Sherin, M. G. (2008). Mathematics teachers' "learning to notice" in the context of a video club. *Teaching and Teacher Education, 24*(2), 244-276.

제 7 장

역함수 수업

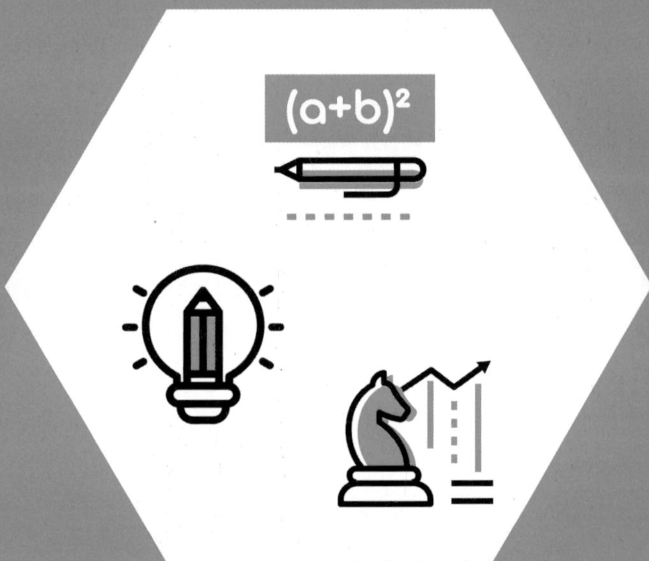

이 글은 고등학교 역함수 수업 사례를 톺아본다. 이 수업에서 박교사는 학생들에게 역함수를 찾기 위해 일차함수 3개를 제시하고, 교사는 모둠 활동과 전체 활동을 반복하면서 수업을 운영하였다. 이 글은 사회적 상호작용 네 가지 유형을 소개하고, 이를 통해 수업을 분석한다. 특히, 학생들이 답을 찾는 것보다 탐구와 논의에 참여하도록 만드는 박교사의 발언 및 행위를 살펴본다. 또한 2022 개정 수학과 교육과정의 교수·학습 방법이 수업에서 어떻게 구현되는지 살펴본다. 이를 통해 수업에서 상호작용이 학생의 수학에 대한 정의적 태도에 미치는 영향에 대한 시사점을 제시한다.

1 수업 밑그림

교사는 수업에 다양한 형태의 상호작용이 있다는 것을 알아야 하고, 각각을 수업에서 구현할 수 있어야 한다. 왜냐하면, 한 가지 방식으로만 대화하는 교사의 수업은 지루해진다는 것은 매우 인간적인 현상이기 때문이다. 따라서, 교사가 아무리 좋은 정보를 학생에게 전달하려고 해도, 학생들이 거부하는 경우를 관찰하는 것은 어려운 일이 아니다. 그런데, 교사가 구현하기 가장 어려운 상호작용이 논의인데, 이 논의는 과연 효과가 있는 것일까? 이 장은 역함수에 관한 박교사의 수업을 가지고 수학 수업에서 논의의 구체적인 사례를 살펴보고자 한다.

박교사의 역함수 수업의 전체 흐름은 다음과 같다: 이 수업의 처음 6분은 전체교실에서 박교사가 전체 학생들에게 학생들이 제출한 학습지에 대한 평가와 주의할 부분을 조언하고, 학습지를 배부하였다. 그 이후 11분 동안 학생들이 개별로 과제를 수행하고, 박교사는 순회지도를 하면서 개별 학생들과 과제에 대해 논의하였다. 이때 박교사는 순회하며 학생들이 발견한 성질들을 물어가며 학생들의 반응을 수집하고, 어려움을 겪는 학생들을 도왔다. 수업이 시작된 17분 즈음부터 수업이 마무리 될 때까지, 모둠 논의와 전체 논의가 4번 반복되었다. 전체 논의에서 박교사는 학생들이 찾은 성질이 성립하는 이유를 공유하고, 이에 대한 설명을 제공하였다.

수업 정보

과제 요약

이 수업은 읍면지역에 위치한 인문계 고등학교 1학년 학급에서 수집된 것으로, 일차함수의 역함수를 찾는 원리에 대한 이해를 목표로 한다. 이 수업의 과제는 $y=2x+1$, $y=\frac{1}{3}x-2$, $y=x$의 그래프와 각각의 역함수의 그래프를 그리는 것인데, 박교사는 이를 학습지로 배부하였다. [그림 7-1]은 $y=2x+1$와 $y=\frac{1}{3}x-2$ 그래프와 그 역함수의 그래프의 완성된 모습이다.

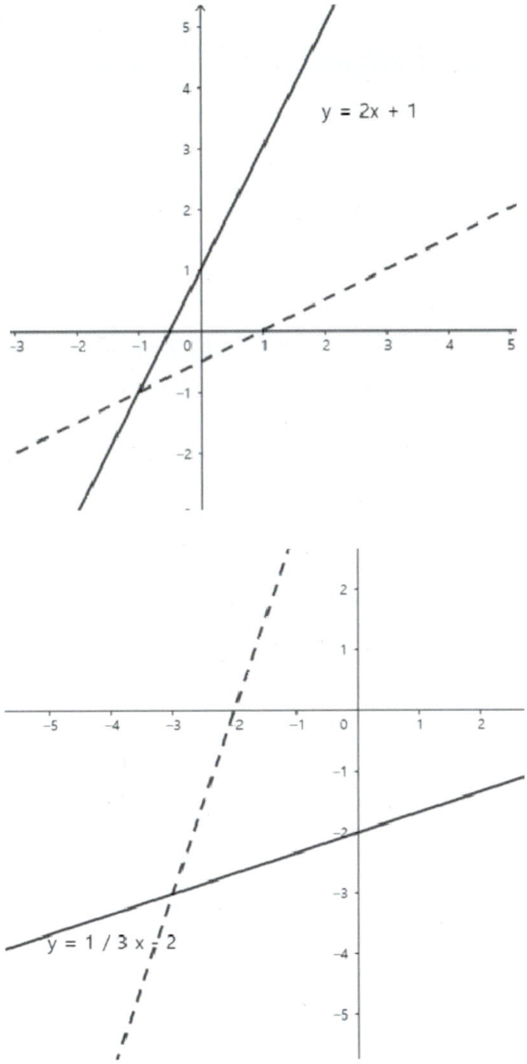

[그림 7-1] $y=2x+1$과 $y=\dfrac{1}{3}x-2$의 그래프와 각각의 역함수 그래프

전체 논의에서 박교사는 학생들이 발견한 함수와 역함수의 그래프가 만난다는 것(거짓 명제)과 $y=x$에 대칭한다는 것(참인 명제)을 공유하였다. 박교사는 $y=x$에 대칭이라는 성질이 정말 성립하는지 모둠별로 의논하도록 하고, 역함수를 구하는 과정과 이 성질이 관련이 있다는 단서를 제공하였다. 특히, 수업이 시작된지 30분 정도 경과했을 때, 전체 논의에서 박교사는 학생들이 찾은 성질이 성립하는 이유를 공유하고, 이에 대한 설명을 제공하였다. 마지막으로, $y=x+2$의 그래프와 이 함수의 역함수의 그래프를 그려보도록 하고, 이 예에서 두 그래프가 만나는지를 발문하여, 학생들이 앞서 찾은 성질에 대해서 반증하였다.

2 생각해 보기

#고등학교, #역함수, #상호작용, #정의적 태도

앞 절에서 이 수업에 대한 학습자(인문계 고등학교 1학년), 수업에서 사용한 주요 과제를 제시하였다. 이러한 정보들과 관련하여 두 가지 추측을 할 수 있을 것 같다. 우선, 주어진 일차함수의 역함수를 찾는 과제는 일반적으로 인지적 요구 수준이 낮은 것으로 간주되곤 한다. 둘째, 고등학교 수업이기 때문에 교사가 과제에 대한 풀이를 보여주거나 설명하고, 학생들은 이를 적용하여 교과서의 다른 문제를 푸는 장면을 전형적으로 추측할 것이다. 하지만 이 수업에서 학생들은 과제를 수학적으로 탐구하고 협업했을 뿐만 아니라 학생들의 아이디어가 수업에 적극적으로 반영되었다. 이러한 정보들을 가지고 이 수업에 대한 몇 가지 궁리를 해볼 수 있다.

2.1 국가교육과정

이 수업과 관련된 사항들을 2022 개정 수학과 교육과정에서 확인해 보면 다음과 같다. 이와 관련하여 다음 두 문제에 대해 생각해 보자.

핵심 아이디어

두 집합 사이의 대응으로 일반화된 함수는 대상 간의 관계를 논리적으로 해석하는 데 활용된다.

성취기준

[10공수2-03-03] 역함수의 개념을 설명하고, 역함수를 구할 수 있다.

교수·학습 방법

(가) ③ ㉢ 학생 간 상호작용과 질문이 활발한 교실 문화를 조성하고 수학적으로 의미 있는 의사소통이 이루어지도록 적절한 과제를 제시하고 안내한다.

(나) 학생들이 수학 학습에 주도적으로 참여하는 교수 · 학습 환경과 분위기를 조성한다.
④ 교사 및 동료와 협력적 관계 속에서 수학 학습에 대한 조언과 의견을 경청하고 수용할 수 있도록 허용적인 분위기를 조성한다.

생각해 볼 문제

◆ 고등학교 수업에서 역함수를 지도할 때 다루어야 할 중요한 수학적 특징으로 적절한 것을 모두 고르시오.

> ① 역함수를 구하는 방법을 익힌다.
> ② 주어진 함수와 역함수에 어떤 관계가 있는지(예: $y=x$에 대칭이다)를 추측한다.
> ③ 다양한 일차함수의 역함수를 구하는 연습을 한다.
> ④ 함수와 역함수의 관계에 대해 추측한 바를 정당화하거나 논의한다.

◆ 위의 교수 · 학습 방법 (가)와 (나)가 잘 구현되기 위하여 교사가 역함수 수업에서 할 수 있는 발문으로 적절한 것을 모두 고르시오.

> ① 어떤 함수와 그 역함수는 $y=x$에 대칭일까? 예, 대칭입니다. 중요한 것은 그 이유이지요. 역함수를 구하는 방법을 생각하면서, 모둠에서 논의해 보세요.
> ② (두 그래프가 $y=x$에 대칭인 이유를 잘 찾지 못하는 모둠에게) 너희 x축에 대칭, y축에 대칭, 원점에 대해 대칭, $y=x$에 대한 대칭 배우지 않았어? 그것과 관련지어봐.
> ③ (두 그래프가 만나는 경우에 대해 논의하면서) $y=x+2$의 그래프를 그리고, 이 함수의 역함수를 식을 구하지 않고 그래프를 그려보세요.
> ④ (역함수를 잘 찾지 못하는 학생에게) $y=2x+1$의 역함수를 구하지 못하는 구나. 내가 설명해 줄테니, 잘 봐.

위의 질문들에 대해 구체적으로 답변을 작성해 보고, 다음 장으로 넘어가는 것을 제안한다. 수업을 준비하고 진행하려면 교사의 다양한 지식과 기술(skill)이 필요한데, 이 장에서는 상호작용을 중심으로 수업의 장면을 자세히 살펴보고자 한다.

2.2 수업에서 상호작용

Cohen(2023)에 따르면, 지식은 수업에 필수적이지만, 지식만으로 수업이 충분한 것은 아니다. 학생이 교사와 지식을 만나는 사회적 상호작용에 참여하게 될 때 비로소 수업이 된다. 수업에서 상호작용은 지식을 교환하고 확장하기 위해 사회적으로 조직된 수단이며, 다양한 형태가 있다. 같은 시공간에서 교사와 학생이 직접 대면하는 직접적인 사회적 상호작용도 있고, 학생이 모니터 등에서 나오는 영상과 목소리로 교사를 마주하는 간접적인 상호작용도 있다. 이 중 직접적 상호작용의 유형을 살펴보면 〈표 7-1〉과 같다.

〈표 7-1〉 수업에서 직접적인 사회적 상호작용 유형과 그 영향

유형	자습	강의	낭독	논의
특징	교사가 담화를 독점할 수 있다. 전체-학급 활동이 사실상 제거된다. 교사는 주로 개별 학생과 이야기한다.	교사가 담화를 독점할 수 있다. 교사가 모든 학생들에게 말하지만, 학생들은 답변할 필요가 없다. 학생들이 청중이고, 담화는 공개적이다.	수업은 공개적이고 학생들이 참여하지만, 교사에 대한 응답으로 말한다. 학생들은 교사의 관점에서 담화를 만드는 것을 돕는다.	교사와 학생이 함께 참여한다. 논의가 잘 이루어지면, 학생들은 자신의 의견과 질문을 말하고, 교사뿐만 아니라 서로 이야기를 주고받는다.
영향	담화에 직접 영향을 주는 학생의 기회가 매우 제한적이다.	학생들은 보통 담화에 대한 직접적인 영향력이 제한적이다.	학생들은 담화에 직접 영향을 미칠 수 있는 작은 기회가 있다.	논의가 잘 이루어지면, 학생들은 담화에 직접적인 영향을 크게 미칠 수 있다.

자습은 학생들의 공적인 참여 유형과 영향을 제한할 수 있는 잠재력이 크다. 학생들은 교사가 정해준 과제를 개별적으로 수행하고, 개별적으로 교사와 상호작용한다. 하지만, 학생들은 수업 이외의 활동을 할 수 있는 많은 기회가 생기게 된다. 강의도 학생들의 참여를 제한하는데, 그 방식이 다르다. 강의는 공개적이고 담화를 사유화하지 않지만, 교사가 발언을 독점하고 학생들은 청중으로만 간주된다. 이는 학생들을 위축시키기도 하고, 학생들은 자거나, 휴대전화를 이용하거나, 잡담을 할 수 있다. 논의는 학생들이 논쟁하고, 설명하고 질문하면서 교사 그리고 학생 간에 직접적인 상호작용이 가능하다. 논의에서 학생들은 교사로부터뿐만 아니라 서로 가르치고 배운다. 논의가 위험하다고 생각하는 교사들도 있다. 왜냐하면 학생들이 엉뚱한 의견을 내세우거나, 주제를 바꾸려 하는 등 수업에 방해가 되는 의견을 내놓을 수도 있기 때문이다. 자습이나 강의에서 학생들이 수업을 방해할 가능성은 적다. 논의에서 그러한 혼란은 어느 정도 훈육과 같은 교사의 직접적인 노력에 의해 통제되어야 한다. 분명히 논의는 교실에서 수업 목표 성취와 상관없는 사적인 상호작용을 줄이고 수업을 위한 공적인 영역을 확장하기 위한 교사의 역할이 중요하다. 낭독은 논의처럼 적극적인 학생의 참여에 대한 기대가 없다. 다만, 교사가 질문하고 학생들이 답한다. 학생들은 서로 대화하지 않고 교사에게만 말한다. 이런 담화는 공개적이지만 일방적이다. 강의와 달리 낭독은

학생들의 지식에 접근할 여지가 많지만, 학생의 발언이 수업의 내용과 형태에 주는 영향은 적다.

이러한 네 가지 상호작용 중에서 논의가 수학 학습을 돕는 것으로 간주된다(Sfard et al., 1998). 수학 교수·학습 과정에서 교사와 학생 간 그리고 학생들 사이의 활발한 의사소통을 통해 학생은 무엇인가를 배울 기회를 얻고, 교사는 무엇인가를 지도할 기회를 얻는 것으로 보는 것이다. 또한, 수학 학습에서 수학적 언어는 학습의 대상이기도 하다(Arzarello, 1998; Pimm, 1987; Chapman, 1993). 이와 같은 입장은 교육과정 문서에서도 확인할 수 있는데, 우리나라 교육과정과 NCTM의 규준은 모두 수학적 표현을 적절히 사용하는 것과 수학적 표현과 개념들을 적절히 사용하여 다른 사람과 효과적으로 의사소통하는 것을 학생들이 갖추어야 하는 능력으로 본다(교육부, 2022; NCTM, 2000). 나아가 Sfard & Kieran(2001)은 의사소통이 수학 학습을 도우며 수학적 언어 사용이 수학 학습의 일부라고 보는 것 이상으로 수학 학습과 의사소통 사이의 관계를 고려하는 것이 필요하다고 보았다. 이에, Sfard(2008)는 수학 학습을 의사소통의 변화로 정의할 것을 제안하였다. 수학 학습에 대한 담론적 관점에서 의사소통은 집단적으로 수행되어온 유형화된 활동으로 정의되고, 사고는 의사소통의 한 방식으로서 (개인 간) 의사소통이 개별화된 형태로 정의되며, 수학 학습은 수학에 관한 의사소통 방식의 변화로 정의되고, 수학 학습은 수학적 담화의 적법한 참여자가 되어 가는 과정으로 기술된다(Sfard, 2008).

생각해 볼 문제

◆ 박교사의 역함수 수업에서 위 네 가지 상호작용 유형 중에서 구현되었을 것이라고 예상되는 것은 무엇인지 기술하시오.

3 다큐와 톺아보기

앞서 제시한 수업 밑그림을 되돌아 보면, 박교사의 주도적인 설명은 수업 초반에서 약 6분 정도였고, 이를 제외한 대부분의 시간(34분)을 박교사와 학생 간 상호작용으로 분류할 수 있다. 양으로만 보면, 이 수업에서 박교사와 학생 간 상호작용이 압도적인데, 이 절에서는 박교사가 학생들과 상호작용하는 몇 가지 주요 장면을 살펴보고자 한다.

장면 1 일차함수($y=2x+1$)을 그리지 못하는 학생과의 상호작용

학생 1 : 쌤 요.

박교사 : (학생의 학습지를 언뜻 보더니) 잘 그렸네. (다시 상세히 보면서) 어, 아니야, 아니에요. 이거 봐. 이게($y=2x+1$ 그래프의 x절편을 가리키며) 마이너스 2분의 1이 돼야지.

학생 1 : 마이너스요?

박교사 : 마이너스 2분의 1. 그러니까 x절편이라는 거는 얘가 0이 될 때잖아. $2x$ 플러스 1이니까, x가 마이너스 2분의 1이니까, 여기 찍혀야 돼. 얘는 바로 찍혔는데, 그렇지. 그러니까 이렇게 다시 지워서… 그리고 역함수도 그려봐.

〈장면 1〉은 학생들이 개별활동으로 $y=2x+1$, $y=\frac{1}{3}x-2$, $y=x$의 그래프와 각각의 역함수의 그래프를 그리고 있는 중, 박교사가 순회지도를 하면서 학생 1과 나눈 대화이다. 학생 1은 $y=2x+1$의 그래프를 잘 그리지 못하고 있었다. 이러한 종류의 개별활동은 자습에 해당된다. 이 대화에서 학생 1의 발언은 "쌤 요"와 "마이너스요?" 뿐이고, 박교사가 거의 대부분의 대화를 독점하고 있다.

장면 2 주어진 세 개의 일차함수의 그래프와 그 역함수를 찾고 모두 그린 학생과의 상호작용

박교사 : (학생 2의 학습지를 관찰한 후, 학생 2에게) 그러면 학생 2야, 다 했잖아. 학생 2가 지금 제일 먼저 다 한 거 같네. 어떤 관계가 있는지 한번 말하지 말고 그냥 보기만 하고.

박교사 : 생각나는 건 있어?

학생 2 : 네.

박교사 : 말하지 말고. 생각나는 건 있어? 오케이. 근데, 그 생각나는 게 있으면, 그냥 이제 몇 개 사례만 가지고 생각난 거잖아.

학생 2 : 네.

박교사 : 근데 몇 개가 된다고 해서 다 된다고 얘기할 수는 없잖아. 그럼 다 된다고 얘기하려면 우리가 어떤 말을 하면 될까? 이미 배웠어. 쌤이 딱 얘기하진 않았지만 그것

도 알겠어?
학생 2 : 아니요.
박교사 : 생각만 해봐.
학생 2 : 생각해 볼게요.
박교사 : 아직 친구들한테 얘기하지 말고

〈장면 1〉의 학생 1과 다르게 〈장면 2〉에서 학생 2는 교사가 제시한 과제를 모두 수행했고, 이를 파악한 박교사는 학생 2에게 심화과제를 제시하는 장면이다. 〈장면 2〉도 박교사와 학생 2는 사적인 대화를 나누고 있으며, 자습에 해당하는 상호작용 유형이다. 다만, 박교사가 상호작용이 자습인 수업 상황에서 개별 학생들의 과제 수행 과정을 조사하여, 서로 상이한 교수학적 판단과 행동을 하고 있음을 알 수 있다.

장면 3 **모둠에서 논의할 과제를 제시하는 전체 상호작용**

박교사 : (모든 학생들에게) 이제 거진 다 그려가는데요. 얘들아, 이제 자기 그린 거, 그 다음에 친구 그린 걸 보면서 내가 발견한 관계가 뭔지 한번 팀별로 얘기를 한번 해보세요. 이제. 내 생각은 이렇다, 한번 얘기를 해보세요. 할 수 있는 이야기를 다 해봐요. 어떤 관계가 있는지 친구들끼리 얘기해 봐요. 모둠끼리.

…

박교사 : (모둠활동이 끝난 후, 교사가 칠판 앞에 서서 전체 학생들에게 질문한다.) 역함수와 원래 함수가 어떤 관계가 있는 것 같아요?
학생 3 : 만나요.
박교사 : 만나요?
학생들 : 네!
박교사 : (교사가 칠판에 "1. 만난다"를 쓴다) 뭐, 또 발견한 거 있어요?
학생 4 : $y=x$에...
박교사 : $y=x$에?
학생 5 : 대칭이요.
박교사 : (교사가 칠판에 "2. $y=x$ 대칭"을 쓴다.) $y=x$에 대칭인 거 동의하는 사람? (몇몇 학생이 손을 든다) 어, 또 있어요? 없어? 그럼 일단 이 두 가지에 대해 생각해봅시다. 우리가 $y=x$에 대하여 대칭이라는 점을 사례 3개($y=2x+1$,

$y = \frac{1}{3}x - 2$, $y = x$의 그래프와 각각의 역함수의 그래프를 말함)에서 발견했어요. 그러면 아무 함수를 가져와도 그 역함수는 언제나 $y = x$에 대칭이 될까요?

학생 6 : 아니요.

학생 3 : 몰라요.

학생 4 : 몰라요.

박교사 : 어떤 함수가 있으면 그 역함수를 구하면 $y = x$에 대칭이 될까요? 결론은? 됩니다. 중요한 거는 이유가 중요해요. 왜 그런지. 왜 그럴까요? 이유를 알겠는 사람? 모둠별로 논의를 해봐요.

박교사 : (모둠을 전체를 빠르게 둘러본 후, 전체 학생들에게) 역함수 구하는 방법을 생각해 보세요. 1단계, 2단계 있지. 1단계는 뭐죠?

학생 7 : x에 대해서 정리하기.

박교사 : 2단계는?

학생 5 : x, y 자리를 바꾸죠.

박교사 : 자, 조별로 잠깐 시간을 줄게요. 의논을 한번 해보세요. 자, 왜 $y = x$에 대칭이 되는지 의논을 한번 해봐요. 두 단계에 대해서 생각해 보세요.

박교사는 학생들이 $y = 2x + 1$, $y = \frac{1}{3}x - 2$, $y = x$의 그래프와 각각의 역함수의 그래프를 그린 이후에, 모둠별로 세 쌍의 그래프에서 발견한 바를 공유하도록 하였다. 〈장면 3〉은 박교사가 모든 학생들이 참여한 상황에서 학생들이 발견한 두 가지 가정을 다시 공유하고 명시하는 장면이다. 교사와 학생들이 함께 대화에 참여하고 있으며, 학생들은 의견을 말하는데 장애가 없는 것으로 보였다. 따라서, 학생들의 발언도 수업에 영향을 미치고 있는 논의라고 할 수 있다. 뿐만 아니라, 박교사는 이 장면에서 귀납적으로 찾은 두 개의 가정에 대한 정당화 또는 증명을 시도하는 과제를 제시하고 있는데, 이는 학생들의 탐구와 논의를 이끌어내는 인지적 요구 수준이 높은 과제를 다루는 것으로 수업이 전환되고 있다. 박교사가 학생들을 빠르게 검토한 후, 논의에서 고려해야 할 점이 역함수를 구하는 방법에 있음을 안내하고 있지만, 여전히 학생들은 이유의 탐구에 몰두하고 있었다. 교사의 힌트 또는 안내는 과제의 수준을 떨어뜨릴 수도 있고, 학생들의 탐구의 방향을 제시할 수도 있다. 〈장면 3〉은 후자에 해당한다고 볼 수 있다.

장면 4 '함수와 그 역함수의 그래프는 $y=x$에 대칭인가'에 대한 모둠활동

(모둠 1)

박교사 : (모둠 1로 다가가서) 왜?

학생 3 : x랑 y를 바꾸면, x절편과 y절편.. 이렇게 서로 바꾸면은...

학생 4 : 요렇게? 요렇게?

(박교사는 학생들이 서로 이야기하는 모습을 관찰 후 모둠 2로 이동함)

(모둠 2)

박교사 : 학생 5, 됐어? 학생 6은?

학생 6 : 뭔가 알겠는데 말을 못하겠어요.

박교사 : 어디에 해당되는 것 같아?

학생 5 : 정리하는 거.

박교사 : 어?

학생 5 : 정리하는 거.

박교사 : 정리하는 거?

학생 6 : 바꾸는 거 아니에요?

박교사 : 바꾸는 거? 어. 바꾸는 거. 왜? x, y 바꾸는거야. 근데, 왜? 너희 중학교 때 x에... y축에 대칭, y축에 대칭 배웠지?

학생 6 : 배웠는데.

박교사 : 원점에 대해 대칭 배웠지? $y=x$에 대해 대칭 배우지 않았어?

학생 6 : 네.

박교사 : 맞지.

학생 6 : x랑 y좌표를 바꾸는 거.

박교사 : 그래. 근데, 왜 그럴까?

(학생들이 대화를 시작하는 것을 보고, 모둠을 떠남)

〈장면 4〉에서 보이는 박교사의 순회지도는 〈장면 1〉과 〈장면 2〉의 순회지도에서 보인 상호작용인 자습과 매우 상이하다. 모둠 1에서 관찰된 대화에서 박교사는 대화의 시작에서만 등장하고, 학생들이 서로 의견을 주고 받는다. 이를 확인한 교사는 모둠을 떠나고 학생들은 대화를 이어갔다. 모둠 1과 다르게 모둠 2의 학생들은 탐구의 시작을 하지 못하고 우왕좌왕하고 있었는데, 이에 교사는 중학교에서 배운 내용을 상기시킨다. 학생들은 중학교에서 배운 대칭 개념과 두 그래프가 $y=x$에 대칭인 이유를 연결

해야하는 탐구 상황에 여전히 남겨져 있다. 〈장면 4〉에서 학생에게 주어진 역할은 단순히 교사의 질문에 응답하는 것이 아니라 자신의 의견을 말하고 공유하는 것이다. 사적인 담화가 끼어들 여지가 좁고, 학생들은 교사가 의도하는 수업 주제에 깊게 참여하고 있다. 따라서, 〈장면 4〉는 논의라고 할 수 있다.

장면 5 두 그래프가 $y=x$에 대칭인 이유에 대한 전체 논의

박교사 : 그래. 자, 얘들아. 몇 단계 때문에 그러는 것 같아요?
많은 학생들 : 두 번째.
학생 7 : 첫 번째.
박교사 : 두 번째? 왜?
학생 8 : x는 y에 바꿔주니까, 그런 거 아니에요?
박교사 : x, y 바꿔주는 거랑 뭐랑 관련시켜야 됩니까?
학생 9 : $y=x$에 대칭이다.
박교사 : $y=x$이다와 어떻게 관련이 됩니까?
학생 9 : $y=x$에 대칭이동 시킬 때, x랑 y자리를 바꾸듯이 역함수를 구할 때도 x랑 y랑 자리를 바꿔서.
학생 10 : 저도 같은 의견입니다.
박교사 : 이해됩니까? 방금 학생 9가 한 말?
학생들 : 네.
박교사 : 자, 학생 9가 한 말이 뭐예요? x를 y로 바꾸고, y를 x로 바꾸는, 이게 뭐지? $y=x$에 대칭이동할 때, 우리 이렇게 했죠? $y=x$에 대칭할 때는 어떻게 했어요?
학생 11 : x가 y로, y가 x로 바뀌었어요.
박교사 : 근데 우리가 역함수 구할 때 어떻게 구했어요? 이 행위와 이 행위는 어때요?
학생들 : 같아요.
박교사 : 그러니까, 이렇게 했으니까, 당연히 그 함수는 어떻게 돼요? $y=x$?
학생들 : 대칭.

〈장면 5〉는 두 그래프가 $y=x$에 대칭인 이유를 공유하는 전체 논의 장면이다. 이 장면에서 학생 7을 제외하고 대부분의 학생이 역함수를 찾을 때 x와 y의 위치를 바꾸는 것이 $y=x$에 대칭이동시키는 것과 동일하다는 근거를 가지고 두 함수의 그래프가 $y=x$에 대칭임을 정당화하고 있다. 학생들이 전체 논의에서 이렇게 적극적으로 참여할 수 있었던 것은 모둠에서 논의로 이 과제를 탐구했기 때문에, 대화의 맥락이 전체

로 바뀌었어도 자신의 생각을 자유롭게 말하고 적극적으로 들을 수 있었다. 박교사가 "자, 학생 9가 한 말이 뭐예요?"에서 시작된 설명은 흡사 낭독과 유사하지만, 이에 앞서 학생 8과 학생 9의 적극적인 의사표현으로 인하여 박교사의 설명은 학생들의 아이디어를 정돈하여 공유할 수 있는 형태의 대화로서 역할을 한다. 〈장면 5〉 전체에 걸쳐 학생이 단순히 '교사에 대한 응답'의 역할을 넘어서 자신의 의견을 말할 수 있는 역할을 수행하기 때문에 〈장면 5〉는 논의라고 할 수 있다.

장면 6 '두 그래프가 만난다'에 대한 전체 논의

박교사 : 좋습니다. 자, 그러면 여러분 이걸 한번 해봅니다. 뭘 해보냐면은… $f(x) = x+2$이 그래프를 그리고, 역함수 그래프를 식을 구하지 않고 그려보세요.
(박교사가 모둠을 순회지도하면서 몇 몇 학생들의 학습지를 사진 찍음.)

박교사 : (전체 학생들에게) 자, 칠판 보세요. 칠판. 모니터. 학생 2의 그래프 어때요? $y = x$에 대칭되나요?

학생들 : 네.

박교사 : 그러면 아까 너희들 얘기했던 거. (칠판에 적혀있는 "1. 만나요"를 가리키며) 만나요.

학생 11 : 안돼요.

박교사 : 안돼?

학생들 : 안돼요. 안 만나요.

박교사 : 자, 그래프가 항상 만나는 건?

학생들 : 아니다.

박교사 : 아닙니다. 어, 왜요? 왜? 확신할 수 있어요?

학생 12 : 항상...

박교사 : 뭐라고?

학생 12 : 항상 만나지 않아요.

박교사 : 항상 만나지 않아요. 왜 그래요? 학생 13이 얘기하는 것 같은데.

학생 13 : 기울기가 같아요.

박교사 : 기울기가... (미러링된 그래프를 가리키며) 이거 기울기가 뭔데요?

학생들 : 1

박교사 : 이거 기울기가 1이라고 어떻게 확신해요? 구하지도 않았는데. $y = x$에... 기울기가 얼마예요, 네?

학생 14 : 1이에요.

박교사 : 1이지. 똑같은 기울긴데 (사진의 $y = x + 2$ 그래프를 가리키며) 이걸 대칭시켰으니까 (사진의 $y = x - 2$ 그래프를 가리키며) 얘도 기울기가 1이겠지. 그러니까 기울기가 같으면 만나, 안 만나?

학생들 : 안 만나요.

박교사 : 그런 것 뭐라고 해요?

학생들 : 평행하다.

박교사 : 그럼 우리가 이것에 대해서 어떻게 말할 수 있을까요?

학생 15 : 함수와 그 역함수의 그래프가 항상 만나는 것은 아니다.

〈장면 6〉은 '함수와 그 역함수의 그래프가 만난다'라는 가정에 대한 탐구 후 전체 논의를 하는 장면이다. 교사가 '$f(x) = x + 2$'의 그래프와 그 역함수를 그려보도록 하는 과제를 제시하는 것은, 결과적으로 기존의 세 쌍의 그래프에 반박할 수 있는 근거를 만들어주는 역할을 한다. 따라서, 과제의 선정은 수학적 논의를 풍부하게 하는 데 중요한 역할을 한다는 것을 보여주는 장면이다. 한편, 〈장면 6〉에서 어느 한 학생이 의견을 길게 제시하지는 않고 있지만, 많은 학생들이 등장하고 있고, 교사는 그들의 아이디어를 엮고있다. 〈장면 5〉처럼 교사의 설명이 주도적인 순간이 없다는 점도 주목할 만하다. 따라서 이 장면도 논의에 해당한다.

4 결론

4.1 생각해 볼 문제에 대한 사례 기반 결론

2절의 생각해 보기에서 제시한 질문을 중심으로 이 수업을 정리해 보도록 하자. 2022 개정 수학과 교육과정이 제시하는 "수학적으로 의미 있는 의사소통이 이루어지도록 적절한 과제"는 학생이 계산의 순서를 외우고 이를 적용하는 과제가 아니라 수학적으로 추측하고, 의심하고, 시도하고, 실패하고, 다른 이를 설득해야 하는 과제이다. 이러한 과제를 탐구형 과제 또는 논의형 과제라고 부르기도 한다. 박교사의 수업에서

"$y=2x+1$의 그래프를 그리고, 그 역함수를 구하여 그리시오"라는 교과서 문제는 탐구형 또는 논의형 과제가 될 수 있다. 첫 번째 문제는 무엇이 그러한 과제인가를 찾는 것이다.

▶ 고등학교 수업에서 역함수를 지도할 때 다루어야 할 중요한 수학적 특징으로 적절한 것을 모두 고르시오.

> ① 역함수를 구하는 방법을 익힌다.
> ② 주어진 함수와 역함수에 어떤 관계가 있는지(예: $y=x$에 대칭이다)를 추측한다.
> ③ 다양한 일차함수의 역함수를 구하는 연습을 한다.
> ④ 함수와 역함수의 관계에 대해 추측한 바를 정당화하거나 논의한다.

이 수업에서 학생들은 〈장면 3〉에서 관찰된 바와 같이 역함수와 주어진 함수의 관계를 추측('두 그래프가 $y=x$에 대칭이다'와 '두 그래프가 만난다')하고, 〈장면 4〉에서처럼 모둠별로 탐구의 과정을 거친 다음, 〈장면 5〉와 〈장면 6〉에서 학생들의 추측을 정당화하는 논의를 한다. 즉, 이 수업에서 다루는 중요한 수학 학습 요소는 역함수에 관한 추측하기와 정당화하기라고 할 수 있다. 따라서, 박교사의 역함수 수업에서 역함수의 개념에서 다루어야 할 중요한 수학적 특징은 ②와 ④이다. ①과 ③도 역함수의 학습에서 중요하지만, 이는 개념 지도보다 절차 습득에 집중한 것이다.

두 번째 문제는 2022개정 수학과 교육과정이 제시하는 "교사 및 동료와 협력적 관계 속에서 수학 학습에 대한 조언과 의견을 경청하고 수용할 수 있도록 허용적인 분위기를 조성"하기 위하여 교사가 어떤 발문이 적절한가를 묻는 것이다. 그런데, 이것을 교사가 친절한 설명을 제공하고, 학생이 경청한다고 해석하는 것은 적절하지 않다. 그러한 설명은 학생의 학습 기회, 즉 수학을 궁리하는 기회를 빼앗는 것으로 "학생들이 수학 학습에 주도적으로 참여하는 교수·학습 환경과 분위기를 조성"을 만드는 데 적절하지 않다. 그렇다면, 수업에서 교사가 해야 할 일은 학생이 무엇을 궁리해야 하는가에 대해 안내하고, 그 궁리에 사용할 수 있는 지식을 넌지시 안내하는 것이다.

▶ 위의 교수·학습 방법 (가)와 (나)가 잘 구현되기 위하여 교사가 역함수 수업에서 할 수 있는 발문으로 적절한 것을 모두 고르시오.

① 어떤 함수와 그 역함수는 $y=x$에 대칭일까? 예, 대칭입니다. 중요한 것은 그 이유이지요. 역함수를 구하는 방법을 생각하면서, 모둠에서 논의해 보세요.
② (두 그래프가 $y=x$에 대칭인 이유를 잘 찾지 못하는 모둠에게) 너희 x축에 대칭, y축에 대칭, 원점에 대해 대칭, $y=x$에 대한 대칭 배우지 않았어? 그것과 관련지어봐.
③ (두 그래프가 만나는 경우에 대해 논의하면서) $y=x+2$의 그래프를 그리고, 이 함수의 역함수를 식을 구하지 않고 그래프를 그려보세요.
④ (역함수를 잘 찾지 못하는 학생에게) $y=2x+1$의 역함수를 구하지 못하는 구나. 내가 설명해 줄테니, 잘 봐.

여러 장면 중에서 학생들에게 각자 그린 그래프들을 이용하여 역함수와 주어진 함수의 관계에 대하여 추측을 해보게 하는 〈장면 3〉의 박교사의 발문은 학생들이 주도적으로 학습에 참여하도록 만드는 역할을 한다. 한편, 수학적 탐구는 쉽지 않은 관행이므로, 교사의 적절한 도움이 필요한데, 〈장면 4〉와 〈장면 6〉에서 교사는 학생들이 탐구를 경험하도록 하는 적절한 생각거리를 제공하면서 각자의 탐구를 지속하도록 돕는 발문을 하는 것을 관찰할 수 있다. 따라서, 박교사의 역함수 수업에서 이용된 발문은 ①, ②, ③이다. ④는 학생의 주도성을 고려하지 않았다는 점에서 (가)와 (나)에 제시된 교수 · 학습 방법과 거리가 있다.

한편, 다음 문제는 Cohen (2023)이 제시하는 수업에서 직접적인 사회적 상호작용 유형과 그 영향에 대하여 박교사의 역함수 수업에 적용하여 생각해 보는 것이다.

▷ 박교사의 역함수 수업에서 위 네 가지 상호작용 유형 중에서 구현되었을 것이라고 예상되는 것은 무엇인지 기술하시오.

박교사의 역함수 수업에서는 사회적 상호작용으로 자습과 논의가 등장하였다. 상호작용이 자습인 경우 박교사는 개별 학생들의 아이디어를 조사하기를 게을리 하지 않았으며, 학생의 상황에 따라 직접적인 설명과 심화 과제를 제시하였다. 모둠 순회지도를 할 때 박교사는 학생들의 탐구를 침범하지 않는 선에서 조언을 하거나 논의의 방향을 제시하였으며, 전체 논의를 이끌 때 박교사는 학생들의 아이디어를 공유하고, 그들의 아이디어를 논의의 주제로 상정하고, 역함수의 성질을 명확히 파악하였다. 일차함수의 역함수를 구하는 인지적 요구 수준이 낮은 과제에서 그래프의 특징을 파악하고 그 이유를 탐구하는 인지적 요구 수준이 높은 과제로 전환할 때 학생들의 논의를 바탕으로 했다는 점도 이 수업의 상호작용의 특징 중 하나이다.

4.2 수학 수업에서 상호작용의 중요성

박교사의 역함수 수업은 네 가지 종류의 상호작용 중에서 학생들이 자신의 의견과 질문을 말하고, 서로 이야기를 주고받는 논의가 양과 질 모두에서 두드러졌다. 이러한 박교사 수업의 상호작용은 전형적인 고등학교 수학 수업과 다르다고 할 수 있는데, 논의를 상호작용 유형으로 수학 수업에서 일상적이면서 반복적으로 사용한 결과로서 학생들이 수학에 대하여 보인 정의적 태도를 살펴보고자 한다. 이광상 외(2016a)에 따라 국가수준 학업성취도 평가 수학과 정의적 영역 규준 및 지표 산출 방법으로 박교사 학생들의 수학과 정의적 영역을 측정하였다. 박교사 학생들의 47%가 높음, 47%가 보통, 5.9%가 낮음으로 나타났다. 이 결과를 이 고등학교와 같은 지역규모(읍면지역에 위치한 학교), 설립유형(국공립고등학교), 목적유형(일반고등학교)의 고등학교에 재학 중인 학생들과 비교해 보면 [그림 7-2]와 같다. 전반적으로 박교사 학생들의 수학과 정의적 영역이 매우 높다. 구체적으로 일반고등학교 학생들의 높음 비율이 약 18%임에 비해 박교사의 학생들은 거의 3.8배에 가까운 수치로 정의적 영역이 높지만, 일반고등학교 학생들의 낮음 비율이 25%임에 비하면 박교사 학생들의 낮음 비율은 이 비율에 1/4에도 미치지 못한다. 이는 지역규모로 읍면지역에 위치한 고등학교에 재학 중인 학생들과 비교하거나 설립유형이 국공립 고등학교에 재학 중인 학생들과 비교해도 비슷하다.

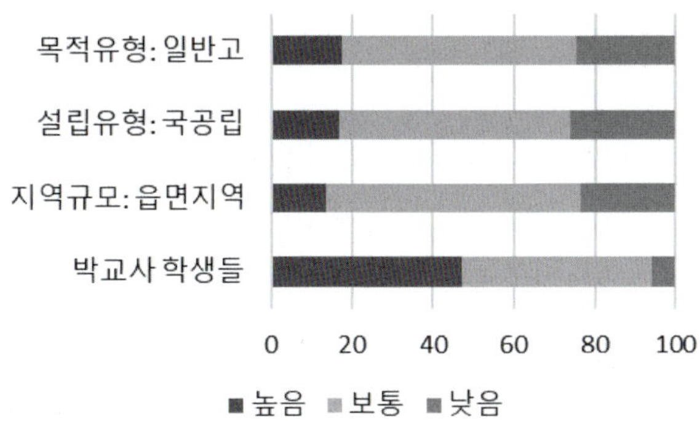

[그림 7-2] 박교사가 재학중인 학교와 같은 지역규모, 설립유형, 목적유형에 재학 중인 학생들의 수학과 정의적 영역 실태

2022 개정 교육과정은 '수학의 개념, 원리, 법칙을 이해하고 수학의 가치를 인식하며 바람직한 수학적 태도를 길러 수학적으로 추론하고 의사소통하며 다양한 현상과 연결하여 정보를 처리하고 문제를 창의적으로 해결하는 수학 교과 역량을 함양한다.'라고 목표에서 정의적 영역과 관련하여 언급하고 있다(교육부, 2022, p. 6). '교수 · 학습 방법' 에서도 정의적 영역을 보다 강조하고 있다. 그런데도 PISA, TIMSS에서 다른 나라에 비교해 우리나라의 수학과 정의적 영역은 낮게 나타나고 있는데, 대체로 OECD 평균보다 낮게 나타나고 있다. 학생들의 수학과 정의적 영역의 향상을 위해 국가 수준의 정의적 영역 관리 체계를 수립하고 교육소외지역에 방과 후 학교를 운영하는 등의 지역별 특성을 반영한 맞춤형 정의적 영역 함양 정책을 추진하는 것 제안되기도 하였다(이광상 외, 2016b). 또한, 학생들의 수학에 대한 정의적 영역 향상을 위해 상황적 흥미를 유발하고 도구와 교구를 수업에 적극적으로 활용하거나(최승현 & 황혜정, 2014), 수학 학습 과제를 잘게 나누어 작은 양의 학습 내용을 자주 평가하여 수학에 대한 자신감을 고취하는 방법을 주장한 연구도 있다(노현정, 2008; 박강원, 2009).

박교사의 수업은 수학에 대한 태도 개선을 위한 정책이나 수학에 대한 흥미 향상 전략이 아니더라도 적절한 사회적 상호작용을 기반으로 학생들의 수학 정의를 촉진할 수 있다는 것을 보여주었다. 수업 장면을 기록하고 분석한 부분에서 박교사가 어떻게 학생들로 하여금 적극적으로 자신의 의견과 질문을 공유하고 생산적으로 비평할 수 있도록 했는지 살펴보기 바란다. 아울러 박교사가 설계한 과제의 유형, 학생들의 참여를 이끌어내기 위해 했던 말과 행동, 수업에 임하면서 순간순간 드러낸 박교사 자신의 수학에 대한 태도가 학생들의 수학 정의 형성에 끼쳤을 영향을 생각해 보기 바란다.

참고문헌

교육부(2022). **수학과 교육과정**. 교육부 고시 제2022-33호 [별책 8].

노현정(2008). **평가유형과 피드백 유형이 초등학교 학업 성취와 학습 동기에 미치는 영향**. 서강대학교 교육대학원 석사학위논문.

박강원(2009). **수학학습의 누적 피드백이 초등학교 저학년의 수학 학습태도 및 수학 자기효능감에 미치는 영향**. 부경대학교 교육대학원 석사학위논문.

이광상, 임해미, 박인용, 서민희, 김부미(2016a). **국가수준 학업성취도 평가의 수학과 정의적 영역 설문 문항 개선 방안**. 서울: 한국교육과정평가원.

이광상, 임해미, 서민희, 김부미, 전경희(2016b). **국가수준 학업성취도 평가의 수학과 정의적 영역 규준 및 지표 산출 방안**. 서울: 한국교육과정평가원.

최승현, 황혜정. (2014). 수학 교과에서의 정의적 특성 요인의 의미 및 지도 방안 탐색. **수학교육 논문집,** 28(1), 19-44.

Arzarello, F. (1998). The role of natural language in prealgebraic and algebraic thinking. In H. Steinbring, M. Bussi, & A. Sierpinska (Eds.), *Language and communication in the mathematics classroom* (pp. 249-261). National Council of Teachers of Mathematics.

Chapman, A. (1993). Language and learning in school mathematics: A social semiotic perspective. *Issues in Educational Research, 3*(1), 35-46.

Cohen, D. K. (2023). **가르침의 어려움**. (김연 역), 서울: 경문사. (영어 원작은 2011년 출판).

National Council of Teachers of Mathematics (2000). *Principles and standards for school mathematics*.

Pimm, D. (1987). *Speaking mathematically: Communication in mathematics classrooms*. Routledge.

Sfard, A., & Kieran, C. (2001). Cognition as communication: Rethinking learning-by-talking through multi-faceted analysis of students' mathematical interactions. *Mind, Culture, and Activity, 8*(1), 42-76.

Sfard, A. (2008). *Thinking as communicating: Human development, the growth of discourses, and mathematizing*. Cambridge University Press.

Sfard, A., Nesher, P., Streefland, L., Cobb, P., & Mason, J. (1998). Learning mathematics through conversation: Is it as good as they say?. *For the learning of mathematics, 18*(1), 41-51.

제 8 장

고등학교 확률 수업

이 글은 고등학교 확률 수업에서 이루어진 확률의 덧셈정리와 곱셈정리를 다루는 수업의 사례를 톺아본다. 이 수업에서는 학생들이 조합적인 전략과 확률 연산을 이용해서 복합사건의 확률을 구하는 과정을 살펴본다. 또한, 2022 개정 수학과 교육과정의 성취기준이 수업에서 어떻게 구현되고 있는지 조명한다. 그리고 이 수업에서 교사는 학생들에게 표본공간 생성이 어려운 과제를 제시하여 표본공간의 등확률성에 대해 생각해 보게 하였는데, 이 과정에서 학생들이 겪은 어려움을 함께 확인해본다. 이러한 작업을 통해 이 글에서는 수학적 확률에 기반한 확률 탐구를 지원하기 위한 몇 가지 시사점을 제시한다.

1 수업 밑그림

고등학교의 확률 교수·학습에서는 수학적 확률의 정의와 연산을 다룬다. 고등학교에서 다루어지는 확률의 정의와 연산은 시행에 따른 가능한 결과의 수를 이용해서 확률을 구하고 확률을 서로 더하거나 곱하는 정도이므로, 수학의 다른 내용 영역, 가령 미분이나 적분 등과 관련해서 소개되는 다양한 수학적 대상들의 정의와 알고리즘에 비하면 간단한 편이다. 이처럼 확률의 정의와 연산은 비교적 쉬워보이는데도 불구하고 학생들은 확률을 구하고 연산하는 데 어려움을 겪는다는 점이 다양한 연구에서 보고되어 왔다. 이 글에서 다루어지는 수업은 다른 수학 내용 영역에 비해 비교적 쉽고 간단해 보이는 확률의 정의와 연산을 학생들이 어려워하는 이유는 무엇인지, 학생들의 어려움을 경감해줄 수 있는 방안에는 무엇이 있는지 알아보는 과정에서 만들어졌다.

이 수업에서 다루어지는 과제는 고등학교 1학년 학생들이 수학적 확률의 정의와 확률의 덧셈정리 및 곱셈정리에 대해 탐구하도록 하는 것을 목표로 설계하였다. 확률 교수 학습에서 학생들이 겪는 어려움을 소개한 다양한 선행 연구를 살펴본 결과, 저자는 학생들이 확률 정의에 포함된 가정을 정확히 파악하지 못하고 있을 것으로 예상했다. 또한, 확률을 더하고 곱하는 것은 아주 간단하지만, 학생들은 확률을 언제 더하고, 언제 곱해야 하는지 명확히 파악하지 못하고 있을 것으로 예상했다. 이를 고려하여 저자는 다음과 같은 네 가지 과제를 설계하여 수업에서 순차적으로 다루었다.

수업 정보

1. 확률 탐구 과제

[과제 1] 항아리 A에는 흰 공 3개, 검은 공 2개가 들어있고, 항아리 B에는 흰 공 1개, 검은 공 3개가 들어있다. 두 항아리에서 동시에 공을 하나씩 꺼낼 때, 항아리에서 꺼낸 두 공의 색이 같을 확률이 얼마인지 구하고, 풀이가 성립하는 이유를 설명하시오.

[과제 2] 항아리에 흰 공 3개, 검은 공 2개가 들어있다. 이 항아리에서 공을 하나씩 2번 꺼낼 때, 흰 공과 검은 공이 각각 1개씩 나올 확률이 얼마인지 구하고, 풀이가 성립하는 이유를 설명하시오. (단, 항아리에서 꺼낸 공은 항아리에 다시 넣는다.)

[과제 3] 항아리에 흰 공 3개, 검은 공 2개가 들어있다. 이 항아리에서 공을 하나씩 2번 꺼낼 때, 흰 공과 검은 공이 각각 1개씩 나올 확률이 얼마인지 구하고, 풀이가 성립하는 이유를 설명하시오. (단, 항아리에서 꺼낸 공은 항아리에 다시 넣지 않는다.)

[과제 4] 항아리 A에는 흰 공 3개, 검은 공 2개가 들어있고, 항아리 B에는 흰 공 1개, 검은 공 3개가 들어있다. 동전을 한 번 던져서 앞면이 나오면 항아리 A에서, 뒷면이 나오면 항아리 B에서 공을 하나 꺼낸다. 동전을 던졌을 때, 항아리에서 흰 공을 꺼내게 될 확률을 구하고, 풀이가 성립하는 이유를 설명하시오.

2. 참여 학생 및 모둠

참여 학생: 고등학교 1학년 8명

모둠: 4명으로 이루어진 2개 모둠

2 생각해 보기

#고등학교, #확률과 통계, #확률의 개념, #확률의 연산, #표본공간

2.1 국가교육과정

이 수업에서 다루어진 확률 정의와 연산에 관련된 내용을 2022 개정 수학과 교육과정에서 확인해 보면 다음과 같다.

핵심 아이디어

확률의 성질과 정리를 활용하고 조건이 주어졌을 때 사건이 일어날 확률을 이용하는 것은 합리적인 의사 결정의 중요한 도구이다.

성취기준

[12확통02-01] 확률의 개념을 이해하고 기본 성질을 설명할 수 있다.

[12확통02-02] 확률의 덧셈정리를 이해하고, 이를 활용하여 문제를 해결할 수 있다.

[12확통02-06] 확률의 곱셈정리를 이해하고, 이를 활용하여 문제를 해결할 수 있다.

교수·학습 방법

① 다음과 같은 교수 · 학습 방법을 통해 문제해결 역량을 함양하게 한다.

㉠ 확률과 통계의 개념, 원리, 법칙을 이용하여 해결 가능한 문제를 학생에게 제시한다. 이때 다양한 방법으로 해결 가능한 문제, 여러 가지 해답이 나올 수 있는 문제 등을 활용할 수 있다.

③ 다음과 같은 교수 · 학습 방법을 통해 의사소통 역량을 함양하게 한다.

㉡ 학생이 자신의 사고와 전략을 수학적 표현으로 나타내고 설명하면서 수학적 표현의 편리함을 인식하게 한다.

〈수업 밑그림〉에서 저자는 학생들이 수학적 확률의 정의에 포함된 '가정'을 파악하지 못하였을 것으로 예상하고 과제를 설계했음을 언급했다. 2022 개정 수학과 교육과정에서는 확률 정의 대신에 확률 '개념'이라는 용어를 사용하고 있으며, 성취기준 [12확통02-01]에는 확률의 개념을 '이해'하는 것이 제시되어 있다. 학교수학에서 다루어지는 확률 개념 속에 수학적 확률이 포함되어 있다고 할 때, 이어지는 수업 사례를 살펴보면서 생각해 볼 문제는 다음과 같다.

생각해 볼 문제

◆ 2022 개정 수학과 교육과정의 성취기준에서 언급하는 확률 개념의 '이해'를 위해 학생들이 수학적 확률의 정의에서 파악해야 할 '가정'은 무엇인지 수업 사례를 참고하여 쓰시오.

또한, 〈수업 밑그림〉에서 저자는 학생들이 확률의 덧셈정리와 곱셈정리를 각각 언제 사용할 수 있는지 명확히 파악하지 못하였을 것으로 예상하였음을 언급했다. 이와 관련하여 이어지는 수업 사례를 살펴보면서 생각해 볼 문제는 다음과 같다.

생각해 볼 문제

◆ 2022 개정 수학과 교육과정의 성취기준에서 확률의 덧셈정리와 곱셈정리를 '이해'하게 한다는 것은 결국 학생들이 무엇을 알게 하려는 것인지 수업 사례를 참고하여 쓰시오.

2.2 수업을 보는 눈

2.2.1. 현실적 수학교육

현실적 수학교육은 수학 교수·학습에 현실적 상황을 접목하고자 시도한 네덜란드의 수학교육 개선 방향이다. 이러한 현실적 수학교육의 선구자였던 프로이덴탈은 학생들에게 경험적인 현실에서 수학 교수·학습이 출발할 필요가 있다는 주장했다. 특히, 프로이덴탈은 현상을 수학자의 필요에 맞게 손질하여 본질로 조직화하는 수학화를 학생들이 경험하게 해야 한다는 점을 강조했으며, 이는 우리나라의 수학교육에도 상당한 영향을 주었다.

학생들이 떠올릴 수 있는 현실적 상황에서 출발하는 수학 교수·학습을 시도할 때 특히 고려해야 하는 부분은 학생들에게 친숙한 맥락과 형식적인 수학 사이의 간격을 연결하는 방안을 마련하는 것이다. 이러한 방안 가운데 하나로 논의된 것이 시각적 모델을 활용하는 것이다. 구체적으로, 이는 학생들이 현실적인 상황을 수학화하는 과정

어느 제약 회사에서 개발한 새로운 진통제의 임상 시험 참가자 중 60 %에게는 새로운 진통제를 주고, 40 %에게는 기존의 진통제를 주었다. 임상 시험 결과 새로운 진통제를 복용한 참가자의 80 %, 기존의 진통제를 복용한 참가자의 60 %가 진통 완화 효과를 보았다고 한다. 이 임상 시험에 대한 여러 가지 사건의 확률을 구해 보자.

목표 조건부확률에 대한 문제를 수형도와 표로 나타내 해결해 보자.

과정

임상 시험 참가자 중에서 임의로 한 명을 택할 때, 새로운 진통제를 복용한 참가자일 사건을 A, 진통 완화 효과를 본 참가자일 사건을 B라고 하자.

활동1 ❶ 주어진 문제의 관계를 이용하여 아래 그림의 ㈎~㈑에 알맞은 것을 써넣어 보자.

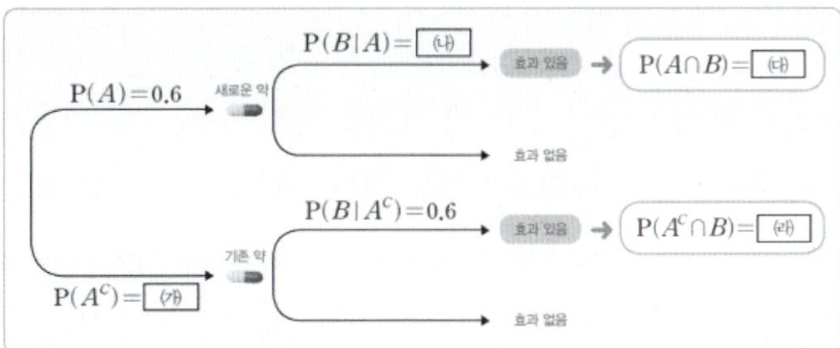

❷ 임상 시험 참가자 중에서 임의로 택한 한 명이 진통 완화 효과를 본 참가자일 확률을 구해 보자.

❸ 임상 시험 참가자 중에서 임의로 택한 한 명이 진통 완화 효과를 보았을 때, 그 참가자가 새로운 진통제를 복용한 참가자일 확률을 구해 보자.

[그림 8-1] 수형도 활용 사례(이준열 외, 2021, p. 71)

에서 시각적 모델을 보조적으로 제공하는 것이며, 이 과정에서 시각적 모델 역시 점진적으로 형식화된 형태로 제공하는 것이 가능하다.

[그림 8-1]은 고등학교 확률과 통계 교과서에서 조건부확률에 대한 문제를 수형도로 나타낸 것이다. 수형도는 확률 탐구를 보조할 수 있는 시각적 모델로 알려져 있다. 수형도는 주어진 상황에 대해 가능한 결과들을 체계적으로 나열하는 데 사용된다는 점에서 조합적 추론에도 폭 넓게 활용될 수 있다. 이 글에서 다룰 수업에서는 학생들이 수형도를 특정 시행에 대해 가능한 결과들을 구하는 데 어떻게 활용하는지, 그리고 이를 확률 연산에 대한 탐구에는 어떤 방식으로 활용하는지 살펴본다. 이와 관련하여 이어지는 수업 사례를 살펴보면서 생각해 볼 문제는 다음과 같다.

생각해 볼 문제

◆ 학생들이 과제 1을 해결할 때 수형도를 사용한 방식과 과제 4를 해결할 때 수형도를 사용한 방식을 수업 사례를 참고하여 서로 비교하시오.

2.2.2. 표본공간 생성의 어려움

확률 탐구에서 표본공간 생성의 어려움에 대해 많은 연구가 보고해왔다. 앞서 상술한 바와 같이 학생들은 특정한 시행에서 가능한 모든 결과들을 일어날 정도가 같게 구하는 데 어려움을 겪는다. 이는 특정한 시행에 따른 가능한 모든 결과를 범주화하는 방식이 단일하지 않다는 점과 관련된다. 가령 주사위를 하나 던지는 시행에서 가능한 결과를 $A=\{$짝수, 홀수$\}$와 같이 나눌 수도 있지만, $B=\{$소수, 소수가 아닌 수$\}$와 같이 나눌 수도 있다. A는 주사위를 던져서 홀수가 나올 가능성을 올바르게 구할 수 있는 표본공간이라 할 수 있으나, B는 각 근원사건이 일어날 정도가 같지 않으므로 표본공간이라고 보기 어렵다. 이처럼 표본공간을 이루는 각 근원사건이 일어날 정도가 같다는 점을 표본공간의 등확률성이라 한다.

이처럼 학생들이 가능한 모든 결과를 각 결과가 일어날 정도가 같도록 범주화하는 것의 의미와 방법을 탐구하도록 하는 한 방안으로 이 글에서 다룰 수업에서는 복합 사건의 확률 탐구를 소재로 한다. 단순사건은 주사위 하나를 던지거나 혹은 동전 하나를 던지는 등과 같이 시행에 따른 결과가 하나로 정해지는 것을 말한다. 복합 사건은 단순사건으로 분해 가능한 사건을 말하는데, 동전 두 개를 던지거나 혹은 동전과 주사위를 함께 던지는 것과 같은 사건을 말한다. 이 글에서 다루는 수업에서는 수학적 확률을 적용하기 위한 전제인 표본공간의 등확률성에 대한 문제를 다루려고 하였는데, 이를 해소하기 위한 방안 가운데 하나로 복합 사건의 확률을 소재로 설정한 것이다.

이 수업에서는 복합 사건 중에도 특히 등확률성을 만족하는 표본공간의 생성이 곤란한 시행을 소재로 했다. 우선 단순사건을 소재로 하지 않은 것은, 단순사건의 경우 등확률성을 만족하지 못한다는 것은 곧 시행에 따른 근원사건의 확률을 수학적 확률의 정의로는 구할 수 없다는 것이므로 애초에 수학적 확률을 활용할 수가 없기 때문이다. 이는 곧 표본공간의 등확률성에 대한 탐구가 곤란하다는 점을 의미한다.

다른 한편으로 복합 사건 중 등확률성을 만족하기 곤란한 시행을 소재로 한 것은 근본적으로 등확률성을 만족하는 표본공간 생성의 어려움에 직면하면서 학생들이 그 의미를 포착할 수 있는 계기가 될 수 있을 것으로 판단했기 때문이다. 그렇지만 동시에 표본 집합을 생성할 수 있으면서 복합 사건을 단순사건으로 분해했을 때, 단순사건의 확률은 구할 수 있는 시행을 소재로 하는 것이 복합 사건을 이루는 각 근원사건의 확률을 고전적 관점에 기초해 구할 수 있게 할 것으로 기대하였다.

3 다큐와 톺아보기

3.1 수업의 주요 장면

이 절에서는 앞서 〈수업 정보〉에 제시된 과제들 가운데 학생들이 과제 1과 과제 4를 탐구하는 장면에 대해 주로 살펴본다. 과제 1을 다룬 수업 장면에서는 확률의 덧셈정리와 곱셈정리에 대해 탐구하는 과정을 알아본다. 과제 4를 다룬 수업 장면에서는 수학적 확률의 정의에 포함된 가정에 대한 탐구 과정을 살펴본다.

3.1.1. 확률의 덧셈정리와 곱셈정리의 탐구 과정(과제 1)

학생들의 확률 탐구는 크게 다음과 같은 두 가지 방향으로 전개되었다. 첫 번째 유형의 학생들은 확률의 고전적 정의에 초점을 둔 탐구를 전개했다. 이 학생들은 시행에 따른 모든 결과를 나열하여 전체 결과의 수를 구하고, 이 가운데 문제에 제시된 사건이 일어날 결과의 수를 구하여 이들 간의 비율을 구하여 확률을 도출했다. 두 번째 유형의 학생들은 확률의 덧셈정리와 곱셈정리에 초점을 둔 탐구를 전개했다. 이 학생들은 주어진 복합사건을 두 가지 유형의 단순사건으로 범주화한 후, 확률의 덧셈정리와 곱셈정리를 활용하여 확률을 구했다. 이 글에서는 첫 번째 유형의 탐구 방식에서 학생들이 사용한 전략을 조합적 전략, 두 번째 유형의 탐구 방식에서 학생들이 사용한 전략을 확률 연산 전략으로 부른다.

이교사는 학생들이 각자의 탐구 과정을 시각적으로 표현하게 하였으며, 이에 조합적 전략을 활용한 학생들은 시행에 따른 결과를 나열하는 과정에서 자신의 탐구 과정을 수형도로 시각화하여 [그림 8-2]와 같이 문제를 해결했다. 조합적 전략을 활용한 학생들은 각자 시행에 따른 결과들을 모두 나열하는 과정을 수형도로 나타내었으며, 이러한 과정을 성공적으로 마무리하여 올바른 확률을 도출했다.

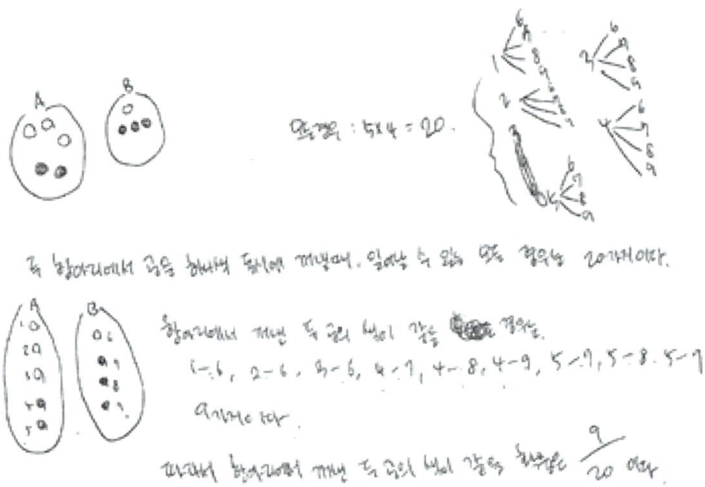

[그림 8-2] 학생 1의 풀이

확률 연산 전략을 활용한 학생들은 탐구 과정을 [그림 8-3]과 같이 시각화하였다. 이 학생들은 확률의 덧셈정리와 곱셈정리를 올바르게 적용하였으나, 주어진 복합사건 문제에서 단순사건의 확률을 더하는 과정의 타당성을 정당화하지는 못했다.

[그림 8-3]에서 확인되는 바와 같이, 학생들은 두 공의 색이 모두 흰 경우와 검은 경우의 확률을 각기 확률의 곱셈정리를 활용하여 올바르게 구했다. 그러나 이 확률들에 대하여 확률의 덧셈정리를 적용하는 과정이 타당한지에 대해서는 명료한 설명을 제시하지 못했다. 이러한 점에서, 위의 학생 4는 확률의 덧셈정리를 언제 적용 가능한지를 분명히 파악하지 못하고 있다고 판단된다. 이 학생뿐만 아니라, 확률 연산 전략을 활용한 학생들은 모두 확률의 덧셈정리를 적용하는 과정에서 어려움을 겪었다.

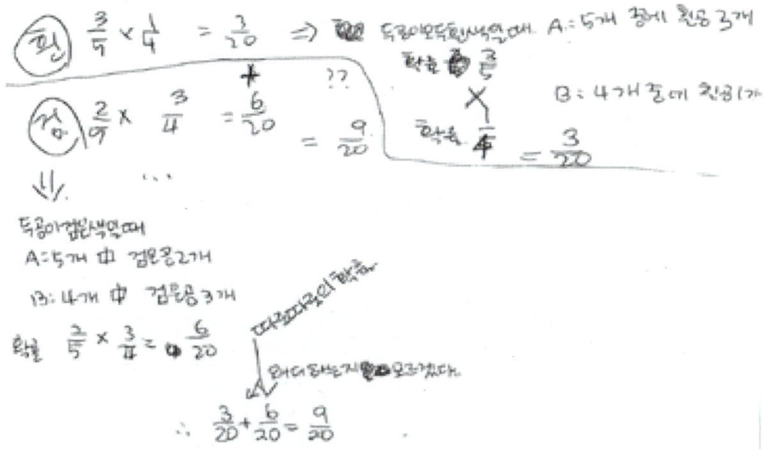

[그림 8-3] 학생 4의 풀이

주목할 부분은, 확률 연산 전략을 적용한 학생들은 확률의 덧셈정리가 언제 적용 가능한지를 명료하게 파악하지 못하였음에도 불구하고, 이를 이미 사용하고 있다는 점이다. 이는 학생들이 불분명하게 파악하고 있는 상위 수준의 전략을 거칠게 사용하는 과정에서 점진적으로 수학을 탐구할 수 있음을 보여준다. 이 학생들이 확률의 덧셈정리가 언제 적용 가능한지를 파악해나가는 과정은 이어지는 탐구 과정에서 확인된다.

교사는 학생들이 각자의 탐구 과정을 반성하고, 서로의 탐구 과정을 비교하도록 하기 위하여, 조합적 전략을 활용한 학생들과 확률 연산 전략을 활용한 학생들이 각자의 탐구 과정을 서로 공유하는 전체 토의를 진행했다. 이 과정에서 확률 연산 전략을 사용한 학생들이 조합적 전략과 확률 연산 전략 사이의 관련성을 파악하면서 확률의 덧셈정리가 적용 가능한 근거가 무엇인지에 대하여 추측하고 이를 비형식적으로 정당화하고자 시도했다.

교사는 조합적 전략을 활용한 학생들의 풀이 과정이 확률의 덧셈정리를 언제 적용할 수 있는지에 대한 탐구의 간접적인 배경을 마련해줄 수 있을 것으로 기대하고, 조합적 전략을 활용한 학생들부터 [그림 8-4]와 같이 풀이를 발표하도록 했다.

[그림 8-4]에서 학생 3은 자신의 조합적 전략을 수형도로 시각화하여 설명했다. 이 학생의 풀이에 대하여, 확률 연산 전략을 활용한 학생 4는 다음과 같이 자신의 확률 연산 전략을 활용한 풀이를 추가하면서, 덧셈정리를 적용한 과정의 근거를 설명하고자 시도했다.

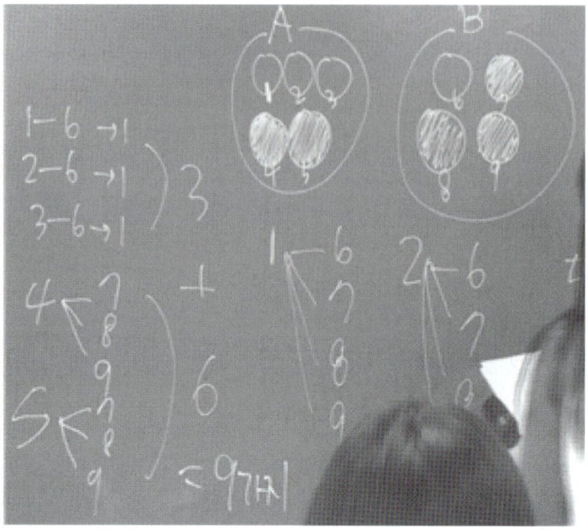

[그림 8-4] 학생 3의 풀이

[그림 8-5] 학생 4의 풀이

[그림 8-5]는 풀이를 설명하는 학생 4의 제스처를 시간 순으로 기록한 것이며, 아래의 전사는 이 과정에서 학생 4가 자신의 접근 과정을 설명한 것이다.

> 학생 4 : 그러니까 그게 헷갈려서 이렇게 생각해봤어요. 경우의 수로. 그런데 경우의 수 이거이거 따로 따지고 이거이거 따로 따졌을 때 이게 나와서, 그냥, 이걸 먼저 더하고([그림 8-5], (첫 번째 그림의 타원)) 이렇게 하나([그림 8-5], 두 번째 그림의 타원 전체 경우-20으로 나눔), 20분의 3해서 둘이 따로 구해서(3/20, 6/20) 더한 값이 똑같아서… ([그림 8-5], 마지막 그림의 타원) 여기서 경우의 수 구했을 때, 1에서 몇 가지 하고, 2에서 몇 가지 해서 더했잖아요. 근데 여기서 똑같이 하면 따로 구해보면 이게 똑같이 나와요 경우가 세 개 해서 6 더해서 그거처럼 따로 (확률을) 구해서 20분의 9를 하나, 확률을 구해서 똑같이 더해도 똑같아요.

이처럼 확률의 덧셈정리가 적용 가능하였던 근거에 대한 학생 4의 정당화는 시행에 따른 결과들이 일어날 정도가 같은 경우에는 타당하므로 의미가 있다.

3.1.2. 확률 정의의 탐구 과정(과제 4)

과제 4를 탐구하는 과정에서 학생들이 기존에 사용하던 수학적 확률을 상위 수준의 조작으로 다루게 되는 장면을 확인한다. 그리고 이 과정에서 학생들이 겪은 확률 탐구의 어려움과 그 해소 과정을 살펴본다.

과제 4의 가장 특징적인 부분 가운데 하나는 시행에 따른 결과들이 일어날 정도가 같지 않다는 점이다. 이는 과제 1에서 3에 이르는 탐구 과정에서 학생들이 활용하였던 조합적 전략을 더 이상 사용할 수 없다는 것을 의미한다. 이처럼 과제 4에서는 조합적 전략을 활용할 수 없었으므로, 학생들은 두 전략(조합적 전략과 확률 연산 전략) 가운데 어떠한 방식을 선택해야 할 것인가에 대하여 고민하게 되었다.

확률의 덧셈정리와 곱셈정리는 확률 자체에 대하여 연산을 시도하는 것이라는 점에서 조합적인 방식을 통한 확률 산출에 비하여 한 층 더 높은 수준의 수학적 구조에 해당한다. 확률을 구하는 절차적인 측면에서 보았을 때, 조합적인 전략은 시행에 따른 결과가 일어날 정도가 같을 때에만 적용 가능한데 반하여, 확률 연산 전략은 시행에 따른 결과가 일어날 정도가 다르더라도 적용 가능하다. 그러나 중학교 단계에서는 확률의 덧셈정리와 곱셈정리가 성립하는 근거를 조합적인 추론을 통하여 정당화하므로, 아직 이 학생들은 두 가지 접근 방식을 동일한 수준에서 사용한다.

과제 4의 문제상황에서 시행에 따른 결과들은 일어날 정도가 다르므로, 학생들이 조합적 모델을 적용한 결과와 확률적 모델을 적용한 결과는 서로 달랐다.

장면 1 **과제 4의 풀이 탐색**

학생 2 : 일단 5분의 3, 2분의 1, 아까 이거랑 똑같은데요? 그러면, 이것도 4분의 1이고, 이거 뒤 나오려면 2분의 1 있어야 하니까 곱했더니 이게 나왔어요, 더해야겠죠? 80분의 34, 똑같네.
학생 2 : 아닌 거 같아~
학생 2 : 40분의 17.
학생 2 : 뭔가 이상한데,
이교사 : 답이 똑같은 거에요?
학생 2 : 뭐지 이거?
이교사 : 뭐가 찜찜한 거에요?
학생 2 : 동전에 항아리까지 나왔는데 달랑 9개밖에 없잖아요, 그래서 그냥 이렇게 할 수밖에

없었어요.

학생 2 : 동전까지 나오니까 한 스물 몇 개는 더 있을 줄 알았죠,

…

학생 2 : [조합적 전략으로 풀어서] 확률이 9분의 4라고 하면 걍 얘네 둘이 같이 있는 경우 아니에요? 같은 공간, 항아리가 있으면 다 같이 있는게 9분의 4고, 얘는 갈라지니까…

학생 1 : 9분의 4는 한 항아리에 9개가 있을 때, 거기서 흰색 공이 4개가 있으니까.

위의 대화에서 주목할 부분은, 학생들이 조합적 전략으로부터 이러한 확률을 산출하게 되는 문제상황을 거꾸로 구성하였다는 점이다. 그리고 학생들은 이 문제상황으로부터 소박한 연역적 추론을 통하여, 자신들이 조합적 전략을 잘못 사용하고 있다는 점을 추론하였다.

즉, 학생들은 주어진 문제상황에 대하여 이전과 동일한 방식으로 조합적 전략을 적용하여 확률을 도출하는 것이 타당하다면, 동전을 던지는 시행이 문제상황에 포함되든지, 포함되지 않든지 동일한 확률을 도출했다. 이로 인하여, 학생들은 위 문제를 해결하기 위하여 초기에 실행한 조합적 전략을 유보하고, 확률 연산 전략을 실행하여 올바른 확률을 구할 수 있었다.

과제 4에 대한 확률적 연산 전략의 적용 과정에서 학생들은 자신들이 탐구 과정을 수형도로 나타내고 이를 활용하여 확률 연산 전략을 사용했다.

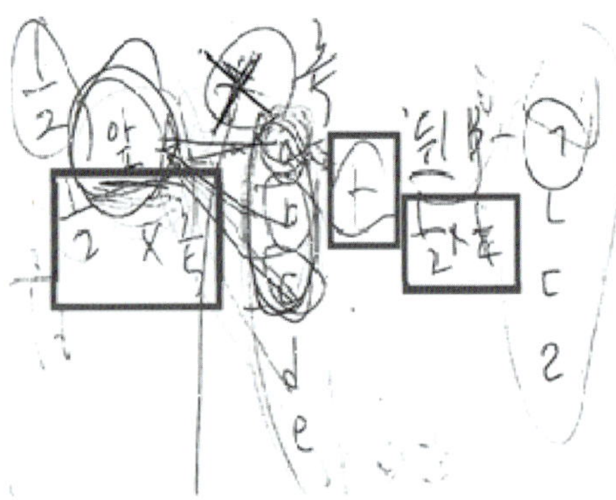

[그림 8-6] 학생 4의 풀이

[그림 8-6]은 학생 4가 조합적 전략을 사용하여 작성한 풀이과정을 확률 연산 전략을 통하여 재해석한 것이다. 구체적으로, 학생 4는 수형도를 통해 복합사건을 단순사

건들로 분해하여 나타낼 수 있었고, 각 단순사건의 확률을 구한 후 단순사건 사이를 곱으로, 복합사건 사이를 합으로 표현하여 확률 연산을 수행했다. 이처럼 학생들이 탐구 과정을 시각화한 수형도는 체계적으로 가능한 결과들을 구하는 조합적 추론의 과정과 각 결과가 일어날 확률을 동시에 나타내고 있었으므로, 학생들은 이를 통하여 확률 연산을 수행할 수 있었다.

지금까지는 탐구가 원만하게 진행된 것처럼 보인다. 학생들은 두 가지 접근 방식 가운데 조합적 전략이 과제 4에는 적합하지 않는다는 점을 파악하였고, 이에 확률 연산을 성공적으로 수행하면서 과제 4의 올바른 해답을 도출하였다. 그러나 본격적인 문제는 지금부터 시작된다.

장면 2 과제 4의 풀이 점검

학생 5 : 근데 이 40이 어떻게 나왔을까? 이게 모든 경우의 수잖아.

학생 4 : 두 가지랑 다섯 가지를 곱했네~

학생 5 : 앞에서 동전이 앞면이 나왔어, 그러면.

학생 4 : 두 가지랑 네 가지 곱하면.

…

학생 5 : 이게요 5하고 4하고 2 있죠, 각각 다 곱하면 40이 나와요.

학생 4 : 근데 그냥 그렇게 하면 되지 않아?

학생 5 : 모든 경우의 수를 다 곱하면 40이 나와.

학생 4 : 그러면 17은 왜 나와?

학생 5 : 난 지금 17에 매달리고 있어.

학생 4 : 17 이거 더했네, 1곱하기 3, 3, 1, 10이랑 5랑 더했네, 6곱하기 2고, 4곱하기, 5곱하기 … 아닌데?

학생 4 : 2곱하기 5? 2곱하기 4? 8, 18? 17?

학생 5 : a에서 흰 공을 뽑았을 때 경우의 수가 12가 되어야 해.

학생 4 : 6, 2 12, 3, 2는 6? 아닌데? 뭐지?

학생 5 : 앞에서 3, 그러니까 아닌데? 3더하기 3더하기 3더하기 3하면 12가 나오잖아, 앞면 나왔을 3가지 나오고 뒷면 3가지 나오지, 또 첫 번째 했을 때 뒷면이 나오잖아 동전이 첫 번째 던졌을 때 앞면이 나올 수도 있고 뒷면이 나올 수도 있잖아.

학생 5 : 그러니까 앞면을 먼저 계산하면 첫 번째 곱했을 때 앞면이 나왔을 때가 3가지야, 두 번째 했을 때 뒷면이 나왔으면 3가지지, 또 첫 번째 때 뒷면이 먼저 나오는거야. 그럼 3가지야.

학생 4 : 그럼 그걸 왜 해?

학생 5 : 모든 경우를 구해야 하잖아, a를 했을 때 12가 나와야 하니까.

위 대화에서 학생들은 과제 4에 포함된 숫자들을 적당히 조합해서 40이나 17과 같은 수를 만들려고 시도했다. 즉, 학생들은 확률 연산을 사용하여 도출된 확률인 17/40에서 분모인 40이 시행에 따른 모든 결과의 수, 17이 문제에서 구하도록 하는 사건이 일어날 경우의 수라고 고려하고, 이로부터 가능한 경우의 수를 어떠한 방식으로 구하면 이러한 확률을 구할 수 있는지를 모색했다.

이러한 문제적인 상황에서 이교사는 다음과 같은 거의 노골적인 문답을 통하여, 학생들이 자신들의 탐구에서 초점을 두어야 하는 패턴과 규칙을 명시적으로 가리킨다.

장면 3 과제 4의 풀이에 대한 교실 전체 논의

이교사 : 1번 문제에서 경우를 20개를 구했는데, 이 가운데 하나의 경우가 나올 확률은 얼마였지?

학생 2 : 20분의 1이요~

이교사 : 그럼 4번 문제에서 공 하나가 나올 확률은 얼마지?

학생 2 : 10분의 1하고 8분의 1이요, 음~~~!

이교사 : 그래서, 뭘 느꼈어?

학생 2 : 9분의 4랑 다르다고요.

이교사 : 뭐가 다르다는 거지?

학생 2 : 9분의 4, 9분의 1, 달라요, 그 뒤에 애랑(항아리 a) 앞에 애랑(항아리 b) 확률이 다르니까, 9분의 4라고 하면 확률이 다 똑같은 거잖아요, 9분의 1이, 얜 좀 다른데,

이교사 : 확률이 같고 다르다고 이야기 한 게, 9분의 4를 할 때는 어떻게 되어야 한다는 거야?

학생 2 : 다 똑같은 확률의 아홉 가지.

학생 2 : 똑같아야 한다는 거에요.

학생 4 : (9가지 경우의) 확률이 같아야 해요.

위의 대화에서 이교사는 학생들이 과제 1과 과제 4의 풀이 과정을 비교하고, 각 과제에서 시행에 따라 각 결과가 나올 정도가 같은지의 여부에 주목하도록 하였다. 그 결과, 학생들은 각 결과가 일어날 정도가 같은지의 여부가 조합적 전략의 적용 가능성

과 밀접하게 관련됨을 파악할 수 있었다.

이 수업에서 확인되는 교사의 발언들 가운데 "확률이 같고 다르다고 이야기 한 게, 9분의 4를 할 때는 어떻게 되어야 한다는 거야?"에서는 교사가 가장 적극적으로 학생들의 탐구에 개입하였다. 즉, 교사는 자신의 권위를 드러내어, 학생들이 문제로 파악하지 못하는 부분에 주목하도록 하였다. 그리고 학생들은 수학적 추론을 통해서라기보다는 교사의 적극적인 개입 의도를 간접적으로 파악하고, 타당해 보이는 결과를 도출한 것으로 판단된다.

3.2 수업 분석 결과 종합

이 수업에서는 학생들이 조합적인 전략을 통해 확률을 구할 수 있는 사건에서 출발하여(과제 1~과제 3), 등확률성을 만족하는 표본공간 생성이 곤란하여 조합적 전략으로는 확률을 구하는 것이 곤란한 사건(과제 4)을 탐구하게 했다.

과제 4에서 학생들은 각 단순사건의 확률을 구한 후 이들 사이의 연산을 통해 복합사건의 확률을 구할 수 있었다. 그리고 이 과정에서 조합적 전략과 확률 연산 전략을 비교하면서 조합적 전략을 통해 구한 확률이 적절하지 않음을 확인했다. 그러나 학생들은 과제 4에서 시행에 따른 각 결과들이 일어날 정도가 다르다는 점에서 조합적 전략을 적용하기 곤란하다고 판단하기보다는 자신들이 시행에 따른 결과들을 올바르게 구하지 못한 것으로 고려하고 확률 연산을 통해 구한 확률을 이용해서 역으로 표본공간을 생성하려고 시도했다. 이는 학생들이 지금까지 조합적 전략을 이용해서 확률을 구할 수 없는 사건을 탐구한 경험이 없었기 때문으로 보이는데, 이로 인해 학생들은 앞서 학습한 내용이 상황에 따라서는 더 이상 적용 가능하지 않으며 새로운 접근 방식을 택해야 한다는 판단을 내리기는 어려웠던 것으로 보인다.

학생들은 과제 1과 과제 4의 탐구에서 공통으로 수형도를 이용해서 복합사건의 확률을 구할 수 있었다. 수형도는 조합적 전략과 확률 연산 전략 모두에서 생산적으로 사용되었는데, 한편으로 복합사건을 단순사건으로 분해하고 각 단순사건에서 일어날 수 있는 결과들을 체계적으로 확인하는 데 도움이 되었다.

다른 한편으로, 학생들은 각 단순사건의 확률을 구한 후, 수형도에 드러난 각 단순사건과 복합사건 사이의 관계를 이용해서 확률 연산을 수행할 수 있었다. 이 과정에서 학생들은 조합적 전략에서 확률 연산 전략으로 확률을 구하는 전략을 발전시킬 수 있었는데, 앞서 살펴본 바와 같이 이는 상위 수준의 구조로 나아간 것이라는 점에서 의의를 갖는다.

특히, 학생들이 구축한 수형도는 가능한 결과를 나열하고 각 결과가 일어날 가능성을 나타내는 동시에, 복합 사건에서 두 단순사건 사이의 관계까지 압축된 형태로 나타내고 있었다. 이는 학생들이 조합적 전략 외에 각 단순사건의 확률을 구하고 이들 사이의 연산을 통해 복합 사건의 확률을 구하는 상위 수준 조작을 촉발할 수 있었다.

이처럼 이 수업에서는 확률의 덧셈정리와 곱셈정리를 이용한 확률 탐구 방식이 조합적인 방식으로 모든 결과를 나열하는 방식에 비해 좀 더 상위 수준에 자리한다는 관점을 취하고 있었다. 이에 조합적 전략을 적용할 수 있는 사건과 그렇지 않은 사건을 순차적으로 다루게 하여 조합적 전략의 한계에 직면하고 동시에 확률 연산의 의미와 필요성을 확인하게 하였다. 그리고 조합적 전략의 한계는 곧 표본공간의 등확률성에 대한 탐구와 관련될 수밖에 없었으며 이는 학생들이 기존에 가지고 있던 암묵적인 신념 내지는 규칙에 해당하는 조합적 전략이 확률을 구하는 데 일반적으로 사용할 수 있다는 생각과 전면적으로 배치되면서 혼란을 야기하였다.

4 결론

4.1 생각해 볼 문제에 대한 사례 기반 결론

2절의 생각해 보기에서 이 수업의 과제와 교수 내용 및 방법과 관련된 사항들을 2022 개정 수학과 교육과정에서 살펴보고, 문제를 제시하였다.

- 2022 개정 수학과 교육과정의 성취기준에서 언급하는 확률 개념의 '이해'를 위해 학생들이 수학적 확률의 정의에서 파악해야 할 '가정'은 무엇인지 수업 사례를 참고하여 쓰시오.
- 2022 개정 수학과 교육과정의 성취기준에서 확률의 덧셈정리와 곱셈정리를 '이해'하게 한다는 것은 결국 학생들이 무엇을 알게 하려는 것인지 수업 사례를 참고하여 쓰시오.

먼저 수학적 확률의 정의에서 파악해야 할 '가정'은 과제 4에 대한 학생들의 탐구 과정에서 주요하게 드러난 표본공간의 등확률성이다. 학생들은 각 결과가 일어날 정도가 같도록 시행에 따른 모든 결과를 구할 수 없는 시행을 다루어 본 경험이 없었다. 이로 인하여, 학생들은 각 결과가 일어날 정도가 같은지의 여부를 살펴보지 않고, 자신들이 구한 모든 결과들을 이용하여 확률을 구하려고 시도했다.

확률의 덧셈정리와 곱셈정리를 이해하는 것과 관련된 수업 실행 결과는 과제 1에 대한 학생들의 탐구 과정에서 확인되었다. 과제 1에 대한 탐구 초기에 학생들은 확률의 덧셈정리와 곱셈정리가 무엇인지 알고, 확률을 더하고 곱할 수 있었다. 그러나 학생들은 확률의 덧셈정리와 곱셈정리를 언제 사용하는 것이 적절한지에 대해서는 명확히 파악하지 못하고 있었고, 과제 1의 확률을 구하는 두 가지 접근 방식을 서로 비교하면서 이를 점차 알 수 있었다. 이를 고려하면, 확률의 덧셈정리와 곱셈정리를 이해한다는 것은 기본적으로 이 두 가지 연산을 '언제,' '어떻게' 실행하는지 파악하는 것으로 판단된다.

학생들의 확률 탐구를 보조할 수 있는 시각적 모델인 수형도의 사용과 관련하여 이 글에서는 다음 문제를 제시하였다.

▶ **학생들이 과제 1을 해결할 때 수형도를 사용한 방식과 과제 4를 해결할 때 수형도를 사용한 방식을 수업 사례를 참고하여 서로 비교하시오.**

과제 1을 해결하는 과정에서 학생들은 주로 시행에 따른 결과들을 체계적으로 나타내는 데 수형도를 사용하였다. 이와는 달리, 과제 4를 해결하는 과정에서는 학생들이 확률을 더하고 곱하는 과정을 나타내는 데 수형도를 사용하였다. 즉, 과제 1을 해결할 때에는 수형도를 주로 조합적인 전략의 과정과 결과를 나타내는 데 사용한 반면, 과제 4를 해결할 때에는 수형도를 주로 확률 연산을 보조하는 데 사용하였다. 이러한 점에서 수형도는 조합적 전략과 확률 연산을 이용한 확률 탐구를 함께 지원할 수 있으며, 이러한 두 가지 상이한 확률 탐구 방식을 연결해줄 수 있다는 점에서 시각적 모델로 기능한다.

4.2 확률 정의에 포함된 등확률 조건에 대한 수업 설계 및 실행의 중요성

학교수학의 확률 관련 내용은 크게 두 가지 확률 관점에 기초하고 있다. 하나는 확률적 상황에 대한 이론적 모델 생성과 라플라스의 고전적 확률 정의에 기반한 고전적 관점이다. 고전적 확률 관점에 기초한 확률 추정을 위해서는 기본적으로 특정 시행에 대해 가능한 결과들을 구할 수 있어야 하며, 이 결과들이 일어날 정도가 대략적으로 추산될 수 있어야 한다.

표본공간을 생성할 수 있으면, 수학적 확률의 정의를 이용하여 확률을 비교적 손쉽게 구할 수 있다. 그러나 표본공간을 생성하려면 특정 시행에 대해 가능한 모든 결과들을 각 결과가 일어날 정도가 같게 범주화해야 하는데 이를 구하는 것이 쉽지 않을 수 있다. 이러한 경우 같은 조건 하에 시행을 반복할 수 있다면, 충분히 많이 시행한 결과에 대한 상대 빈도로 특정 사건이 일어날 확률을 추정할 수 있다. 이처럼 동일한 조건 하에 반복 가능한 시행에 대하여 경험적으로 확보한 상대 빈도에 기반하여 추정한 확률을 통계적 확률이라 한다. 이 글에서는 확률에 대한 이상의 두 가지 관점 가운데 특히 수학적 확률을 이용한 확률 탐구에서 학생들이 겪는 표본공간 생성의 어려움에 초점을 둔 수업을 살펴보았다.

표본공간을 체계적으로 생성하는 것은 확률적 사고의 가장 기본이 된다는 점이 알려져 있다. 그러나 수학적 확률 정의 자체가 가진 순환적인 문제로 인하여 표본공간을 올바르게 생성하기 위해서는 사실상 근원사건의 확률을 이미 알고 있어야 하는 부분이 학생들에게 어려움이 된다. 예를 들어, 주사위 하나를 던져서 1이 나올 확률을 구하기 위해서는 표본공간 $S=\{1, 2, 3, 4, 5, 6\}$을 생성해야 하는데, S가 타당한 표본공간인지 확인하려면 주사위를 던져서 나올 수 있는 모든 결과가 S에 포함되어 있는지, 그리고 각 결과가 일어날 가능성이 같은지 알고 있어야 한다. 따라서 1이 나올 확률을 구하기 앞서 표본공간 S를 생성하는 국면에서 이미 1이 나올 확률이 1/6임을 알고 있어야 하는 순환적인 문제가 발생한다. 이는 학생들로 하여금 각자 생성한 표본공간을 올바르게 생성하였는지 확인하는 것을 어렵게 하기도 한다.

수학교육 연구 공동체에서는 이러한 학생들의 표본공간 생성의 어려움을 경감하기 위한 방안을 모색해 왔는데, 대체로 많은 연구에서는 통계적 확률을 접목하는 방법을 활용했다. 즉, 주사위를 충분히 많이 던져보면 1이 나오는 비율이 1/6에 대략 수렴한다는 점을 학생들이 생성한 표본공간의 적절성이나 근원사건의 확률을 뒷받침하는 데 활용하는 것이다.

그러나 이러한 방안 역시 추가적인 어려움을 야기하는 것으로 알려졌다. 특히, 학생들은 확률에 대한 두 관점을 함께 활용하는 데 어려움을 겪는 것으로 보고되었는데, 상대적인 빈도를 강조하다보면 수학적 확률은 올바른 값을 산출하기 어려우며 상대적 빈도로만 확률을 구해야 한다고 여길 수 있다(Konold et al., 2011). 또는 이와 정반대로, 주사위를 던지는 시행의 수를 늘려감에 따라 1이 나오는 상대적인 빈도는 1/6

에 가까워지는 것으로 보이지만 1/6과 정확히 일치하기는 어렵기 때문에 상대 빈도를 신뢰하지 않을 수도 있다(Makar & Rubin, 2009).

이에 표본공간까지는 도달하지 못하더라도 가능한 결과들을 체계적으로 나열한 집합인 표본 집합을 이용해서 학생들의 수학적 확률 탐구를 지원해야 한다는 점이 지적되었다(Chernoff & Zazkis, 2011). 일단은 특정 시행에 대해 가능한 결과들을 모두 구한 표본 집합이라는 것을 생성하게 한 후에 각 결과가 일어날 정도가 같은지 등은 추가적인 탐구로 확인하게 하자는 것이다. 이 글에서 살펴본 수업에서도 학생들이 일단은 가능한 결과들을 찾아본 후 이를 바탕으로 표본공간의 등확률성을 탐구하도록 하는 기회를 마련하는 데 초점을 두었다. 그리고 이 과정에서 학생들이 사용하게 되는 시각적 모델인 수형도가 어떠한 기능을 하는지 살펴보았다. 수형도는 순열과 조합 등과 같이 가능한 결과들을 탐색하는 교수·학습에는 널리 사용된 반면 확률 교수·학습에는 적극적으로 접목되지 않은 경향이 있다. 이러한 점에서 확률 교수·학습에서 수형도가 접목될 수 있는 생산적인 방안을 좀 더 탐색해볼 필요가 있다.

참고문헌

이준열 외(2021). **확률과 통계**. 서울: 천재교육.

Chernoff, E. J., & Zazkis, R. (2011). From personal to conventional probabilities: from sample set to sample space. *Educational Studies in Mathematics, 77*, 15-33.

Konold , C., Madden, S., Pollatsek, A., Pfannkuch, M., Wild, C., Ziedins, I., Finzer, W., Horton, N. J., & Kazak, S. (2011). Conceptual Challenges in Coordinating Theoretical and Data-centered Estimates of Probability. *Mathematical Thinking and Learning, 13*(1-2), 68-86.

Makar, K., & Rubin, A. (2009). A framework for thinking about informal statistical inference. *Statistics Education Research Journal, 8*(1), 82-105.

제 9 장

조건부확률 수업

확률은 학생들이 실험과 관찰을 통해 쉽게 접할 수 있는 상황에서 시작하여, 가능성을 수치화한 개념으로 이해되며, 실세계 현상의 다양한 문제의 불확실성을 이해하고 합리적인 의사 결정에 중요하게 활용되기를 기대하는 개념이다. 9장에서는 조건부확률 개념이 확률 실험을 통해 어떻게 도입될 수 있는지, 그리고 간단한 수형도와 시뮬레이션을 활용하여 어떤 수학적 과제를 설계할 수 있는지를 소개한다. 학생들의 수업 장면을 상세하게 소개하는 과정에서, 교사는 학생들이 사건이 일어날 가능성을 상대도수로 나타내고, 조건부확률 개념의 주요 요소들을 어떻게 이해하도록 도울 수 있는지에 대해 생각해 볼 시간을 갖는다.

이 장에서 소개하는 과제의 자세한 개발 과정은 "최인용(2021). 빈도적 관점에서의 조건부확률 도입 사례 연구: 빈도 수형도와 시뮬레이션의 활용을 중심으로. 수학교육학연구, 31(2), 179-210."에 기술되어 있다. 이 장에서는 한 모둠의 사례를 자세히 살펴보고자 한다.

1 수업 밑그림

확률은 중학교 2학년에 동전 던지기, 주사위 던지기와 같은 간단한 실험에서 구한 상대도수가 시행 횟수가 많아질수록 일정한 값에 가까워진다는 것을 통해 도입되는 개념이다. 고등학교 〈확률과 통계〉 과목에서 수학적 확률과 통계적 확률을 연결하여 다루지만 조건부확률을 도입할 때에는 경우의 수의 비율로부터 개념을 소개하고 절차적으로 조건부확률을 구하는 것에만 몰입하는 경향이 있다. 수학 교사 입장에서 볼 때, 이런 수업은 실생활의 다양하고 복잡한 상황들을 반영하지 못하고 각 근원사건이 일어날 가능성이 동일한 유한 표본공간에서만 조건부확률을 다룬다는 한계가 있다. 중학교에서 확률 개념을 처음 도입할 때 간단한 실험을 통해 그 개념을 접한 학생들이 조건부확률 역시 실험을 통해 직관적으로 개념을 이해하고, 경우의 수의 비율과의 관련성을 다루도록 수업을 구성하고 실행한다면 어떨까?

이 수업은 고등학교 1학년 학생들이 수형도와 시뮬레이션을 활용하여 조건이 주어진 상황에서의 가능성을 수치화하는 과정을 통해 조건부확률 개념을 이해하는 것을 목표로 한다. 이를 위해 세 개의 과제가 순차적으로 다뤄졌고, 빨간 공 2개와 파란 공 3개가 들어있는 주머니에서 A와 B가 공을 차례로 1개씩 복원추출하는 무작위실험을 반복시행하는 시뮬레이션과 그 결과를 나타내는 빈도 수형도(빈도를 나타낸 수형도)를 활용하였다. 수업에 참여한 학생들은 각 과제를 해결하기 위해 시뮬레이션을 실행해야 하고, 그 결과를 수형도에 나타내야 한다. 이어서 각 과제마다 제시된 하위 과제들을 스스로 해결한 후에 교사의 안내에 따라 모둠원과 과제를 해결하는 과정을 논의하는 시간을 가졌다. 여기서 소개하는 수업은 이중 일부 과제를 해결하는 수업 장면들이 갖는 잠재력에 관한 것이다.

수업 정보

1. 과제 요약

과제 개발 과정: 수학교육 연구자가 과제와 시뮬레이션이 구동되는 환경을 개발하였고, 실제 수업을 하는 곽교사와 지속적인 회의를 통해 과제 및 수업 계획을 수정

[과제 1] A가 빨간(파란) 공을 뽑았을 때, B가 파란 공을 뽑은 상대도수를 구하고, 시행 횟수가

충분히 클 때 통계적 확률을 수학적 확률로 연결하는 활동이다. 먼저 시뮬레이션을 500회 시행한 결과를 빈도 수형도에 쓴다. 하위 과제에서는 B가 파란 공을 뽑은 상대도수, A가 빨간(파란) 공을 뽑은 상황에서 B가 파란 공을 뽑은 상대도수를 구하고, 각 상대도수의 값들이 서로 같은지 다른지를 확인하며 그 이유를 쓴다. (개별 활동 및 모둠 활동)

[과제 2] B가 파란 공을 뽑았을 때, A가 파란 공을 뽑은 상대도수를 구하고, 시행 횟수가 충분히 클 때 통계적 확률을 수학적 확률로 연결하는 활동이다. 먼저 시뮬레이션을 500회 시행한 결과를 빈도 수형도에 쓴다. 하위 과제에서는 B가 파란 공을 뽑았을 때 A가 파란 공을 뽑은 상대도수를 구하고, 그 상대도수의 분모와 분자를 시행 횟수로 나눈 형태를 참고하여 시뮬레이션을 하지 않고도 확률을 구하는 방법을 찾도록 한다. (개별 활동 및 모둠 활동)

[과제 3] [과제 2]에서 구한 방법을 일반화하여 조건부확률 개념을 형식화하는 활동이다. 시행 횟수가 충분히 클 때, 상대도수가 확률에 가까워진다는 것을 활용하여 조건부확률을 정의한다.

2. 참여 학생 및 교실 배치

이 수업은 수도권 소재 인문계 고등학교의 교내 수학 동아리의 1학년 부원 14명을 대상으로 100분 동안 진행되었다. 수업에 참여한 학생들의 수학 성취도는 중상위권이었다. 또한 이 학생들은 중학교 2학년 때 확률을 배웠고, 조건부확률에 대한 선행학습을 하지 않았다. 학생들이 조건부확률의 개념을 탐구하고 잘못된 추론을 할 때에는 논의하며 반성할 수 있도록 모둠을 편성하여 수업을 진행하였다. 각 모둠마다 4개의 책상을 붙여 앉도록 하였으며 한 책상에는 모둠별로 시뮬레이션을 실행하기 위한 노트북을 1개씩 제공하였고, 활동지는 개인별로 배부하였다.

<table>
<tr><td colspan="2">5모둠</td><td colspan="2">4모둠</td><td colspan="2">3모둠</td></tr>
<tr><td colspan="3">2모둠</td><td colspan="3">1모둠</td></tr>
<tr><td></td><td colspan="4">교탁</td><td></td></tr>
</table>

2 생각해 보기

#고등학교, #확률과 통계, #조건부확률, #시뮬레이션, #수형도

1절에서 이 수업의 설계 의도와 목표, 수업에서 활용한 시뮬레이션, 주요 과제와 교실 환경에 대한 정보를 제시하였다. 이러한 정보들과 관련하여 두 가지 추측을 할 수 있을 것 같다. 우선, 이 수업에서 일반적으로 교과서에서 다루는 조건부확률의 도입 과제와는 다른 과제를 활용하였는데, 이 과제로 학생들이 조건부확률의 개념을 이해할 수 있었냐는 점이다. 또한 이 수업에서 시뮬레이션을 활용하였는데 학생들이 공학 도구를 충분히 활용하여 조건부확률의 개념을 이해할 수 있었냐는 점이다. 3절에서 상세히 보고하겠지만, 학생들은 이 수업에서 설계한 시뮬레이션에 익숙해지고, 이를 기초로 조건부확률 개념을 점진적으로 이해하였으며 모둠 활동에서는 적극적으로 자신의 풀이를 설명하고 토론하였다. 조건부확률의 일반적인 도입 방식은 아니지만 어떤 측면이 학생들이 그 개념을 이해하도록 지원하였을까? 이를 국가교육과정, 빈도적 관점, 시뮬레이션과 빈도 수형도와 관련지어 살펴보고자 한다.

2.1 국가교육과정

이 수업과 관련된 사항들을 2022 개정 수학과 교육과정에서 확인해 보면 다음과 같다. 이와 관련하여 다음 두 문제에 대해 생각해 보자.

핵심 아이디어

확률의 성질과 정리를 활용하고 조건이 주어졌을 때 사건이 일어날 확률을 이용하는 것은 합리적인 의사 결정의 중요한 도구이다.

성취기준

[12확통02-04] 조건부확률을 이해하고, 이를 실생활과 연결하여 문제를 해결할 수 있다.

성취기준 적용 시 고려 사항

조건부확률은 조건이 주어진 상황에서의 가능성을 수치화한 확률로 이해하게 하고, 사건의 시간적 순서나 인과관계로 해석하지 않도록 한다.

교수·학습 방법

② 다음과 같은 교수·학습 방법을 통해 추론 역량을 함양하게 한다.

㉠ 확률과 통계의 개념, 원리, 법칙에 흥미와 관심을 갖고 다양한 방법으로 탐구하고 이해하게 한다.

㉡ 귀납, 유추 등의 개연적 추론을 통해 수학적 추측을 제기하고 일반화하며 증명하면서,

수학적 증거와 논리적 근거를 바탕으로 비판적으로 사고하는 태도를 갖게 한다.
㉢ 확률과 통계의 개념, 원리, 법칙을 도출하는 과정과 수학적 절차를 논리적이고 체계적으로 수행하고 반성하게 한다.

이 수업에서는 빈도적 관점에서 학생들이 수형도와 시뮬레이션을 활용하여 조건이 주어진 상황에서의 가능성을 수치로 표현하는 과정을 통해 점진적으로 조건부확률을 형식화한다. 빈도적 관점이란 확률 개념을 도입하기 위해 무작위실험의 반복시행에서 상대도수의 극한을 이용하는 접근을 의미한다. 이러한 점에서 이 수업은 고등학교 일반 선택 과목인 〈확률과 통계〉의 내용을 다루고 있으며, 구체적으로 조건부확률과 관련된 성취기준인 [12확통02-04]와 관련된다. 또한 이 수업은 학생들이 시뮬레이션 결과로부터 사건의 가능성을 나타내는 상대도수가 어떻게 될지를 예측하고, 추측의 결과를 모둠 내에서 자유롭게 논의하고 반성하게 한다. 이러한 2022 개정 수학과 교육과정에 비추어 이어지는 수업 사례를 살펴보면서 생각해 볼 문제는 다음과 같다.

생각해 볼 문제

◆ 이 수업의 과제가 교육과정의 성취기준을 어느 정도 반영하고 있다고 생각하는지 답하시오.

① 반영하고 있지 않다.
② 조금 반영하고 있다.
③ 보통이다.
④ 적절히 반영하고 있다.
⑤ 아주 잘 반영하고 있다.

◆ 2022 개정 수학과 교육과정의 교수학습 방법에 따르면 추론 역량 함양을 위한 교수학습 방법으로 다음의 세 가지를 제시하고 있다. 이 수업에서 다뤄진 과제와 관련이 있다고 생각되는 표현에 밑줄을 그어 표시하시오.

㉠ 확률과 통계의 개념, 원리, 법칙에 흥미와 관심을 갖고 다양한 방법으로 탐구하고 이해하게 한다.
㉡ 귀납, 유추 등의 개연적 추론을 통해 수학적 추측을 제기하고 일반화하며 증명하면서, 수학적 증거와 논리적 근거를 바탕으로 비판적으로 사고하는 태도를 갖게 한다.

ⓒ 확률과 통계의 개념, 원리, 법칙을 도출하는 과정과 수학적 절차를 논리적이고 체계적으로 수행하고 반성하게 한다.

수업 밑그림에 제시된 내용을 바탕으로 두 질문에 답해보고, 실제 수업 전개 양상을 예상해본 후 다큐와 톺아보기(3절)을 살펴볼 것을 추천한다.

2.2 수업을 보는 눈

이 수업에 사용된 과제의 설계 의도와 수업 장면을 이해하기 위해서는 수업의 기반이 된 빈도적 관점, 시뮬레이션과 빈도 수형도를 간략히 이해할 필요가 있다. 곽교사가 이러한 수업을 진행하게 된 데에는 평소 확률 수업에 갖고 있던 흥미와 관심, 정형화된 알고리즘에 치중한 수업에 대한 아쉬움과 함께 수학교육 연구자와의 교류가 영향을 미쳤다. 곽교사는 수학교육 연구자가 빈도적 관점에 기반해 설계한 과제를 접하고 공학 도구를 활용한 조건부확률의 도입에 관심을 갖게 되었으며 자신이 지도하는 학생들과 교수실험에 참여하였다. 이때 연구자와 과제 및 수업 설계에 대한 의견을 적극적으로 주고 받았다. 빈도적 관점, 시뮬레이션과 빈도 수형도에 대해 간단히 알아보고, 이 수업의 과제 및 수업 장면과 어떻게 연결되는지 살펴보고자 한다.

2.2.1. 빈도적 관점

조건부확률은 복잡한 상황에서의 합리적인 의사 결정을 위해 핵심적인 역할을 하는 개념이다. 조건부확률 개념을 이해하기 위해서는 $\mathrm{P}(B|A)$를 표본공간 전체의 집합이 A로 국한되는 확률 즉, 조건사건 A가 표본공간이 되는 시행에서의 확률임을 이해해야 한다. 그러나 조건부확률은 가능성을 판단해야 하는 상황이 사건의 순서, 인과와 같은 복합적인 맥락과 얽혀 있기 때문에 학생들이 이해하기 어려운 개념으로 알려져 있다.

확률 개념은 다양한 관점에서 설명될 수 있다. 먼저 고전적 관점은 집합을 사용하여 조건부확률 $\mathrm{P}(B|A)=\dfrac{\frac{n(A\cap B)}{n(S)}}{\frac{n(A)}{n(S)}}=\dfrac{\mathrm{P}(A\cap B)}{\mathrm{P}(A)}$로 정의하는 방식이다. 이 정의는 앞서 배웠던 수학적 확률의 개념과 자연스럽게 연결되지만 각 근원사건이 일어날 가능

성이 모두 동등한 유한 표본공간에 대해서만 적용된다는 한계가 있다. 2015 개정 〈확률과 통계〉 교과서 9종 중 8종이 조건부확률을 고전적 관점에서 도입한다(구나영 외, 2019).

빈도적 관점에서 확률은 상대도수의 극한으로 정의한다. 우리나라의 경우 중학교에서 확률을 처음 도입할 때 동전 던지기와 같은 간단한 실험으로부터 상대도수와 경우의 수의 비율로 확률 개념을 정의한다. 고등학교 〈확률과 통계〉에서도 통계적 확률과 수학적 확률의 개념을 다루나(교육부, 2022) 통계적 확률의 개념은 다소 약하게 다루어지고, 조건부확률부터 통계적 확률은 거의 등장하지 않는다.

빈도적 관점은 사건의 가능성을 상대도수로 확인하고, 그 상대도수를 이용하여 시행 횟수가 커졌을 때 수학적 확률을 도출하며 조건이 주어진 상황에서의 가능성을 수치화한 확률로 조건부확률의 개념을 이해하는 데 주안점이 있다. 경우의 수의 비율로만 확률을 이해하던 학생들에게 빈도적 관점에서 상대도수에서 출발하여 확률의 비로 정의된 새로운 확률을 소개하는 것이 혼란을 일으킬 수도 있다. 그러나 대부분의 기존 교과서에서 조합론을 바탕으로 확률 개념을 정의하는 것은 동등한 가능성을 갖는 표본공간을 구성할 수 없거나 표본공간의 원소가 무한인 경우 확률을 구하지 못한다는 한계가 있다(Batanero & Sanchez, 2005). 또한 빈도적 관점에서 확률을 다루고 고전적 관점과의 관련성을 다루어야 사고 과정이 자연스럽다는 점이 알려져 있다(우정호, 2017).

2.2.2. 시뮬레이션과 빈도 수형도

실생활의 소재를 활용하여 조건부확률의 필요성과 유용성을 인식하도록 다양한 학습 경험을 제공할 필요성이 강조된다(교육부, 2022). 특히 실제 자료를 마주할 때, 확률적 사고를 바탕으로 미래를 위한 합리적인 의사 결정을 해야 할 필요성이 강조되고 실생활과의 밀접한 연결이 강조된다는 점에서 시뮬레이션은 물리적으로 제한된 상황의 한계를 극복할 수 있는 기회를 제공한다. 시뮬레이션은 교실에서는 수행하기 힘든 '동일한 조건에서 수없이 반복된 실험'을 가능하게 한다(Eichler & Vogel, 2014).

시뮬레이션은 주로 큰 수의 법칙을 지도하는 연구에서 활용되었다(예: 신보미, 이경화, 2006). 시뮬레이션은 어떤 사건이 일어날 가능성을 수치화한 수학적 확률을 점검하고 그 적절성을 판단하기 위한 도구로 활용될 수 있다(Chaput et al., 2011). 물론 교사는 학생들이 시행 횟수를 지나치게 작게 하고, 그 결과를 절대적으로 믿거나 시행 횟수가 한없이 커지면 상대도수가 수학적 확률과 정확히 일치한다고 생각하지 않도록 지도할 필요가 있다. 또한 교사는 공학 도구를 사용할 때 학생의 입장에서 고안된 도구를 제대로 활용할 수 있도록 기본적인 작동 방법을 소개하고 익숙해질 수 있는 기회를 제공해야 하며 학생들이 다소 현실적이지 않다고 생각될 수 있는 시뮬레이션의 결과를 충분히 해석하고, 실생활에서의 확률 상황과 연결될 수 있다는 점을 인식하도록 해야 할 필요가 있다.

조건부확률을 지도할 때 활용 가능한 시각적 표상에는 빈도 그리드, 단위 정사각형, 이원배치표, 수형도 등이 있다(Binder et al., 2015). 교과서에서는 주로 이원배치표와 수형도가 활용되었다. 구체적으로, 대부분의 2015 개정 수학과 교육과정의 교과서에서는 실생활의 예시를 이원배치표로 나타낸 후 조건부확률을 도입한다. 일부 교과서에서는 수형도를 다루기도 하나 주로 예제와 문제를 다룬 이후 문제상황을 수형도로 나타내고 확률의 곱셈정리를 이용하여 조건부확률을 구하는 데 활용한다.

문제상황에 대한 수치적 정보를 시각적 표상에 나타낼 때 빈도와 확률로 나타낼 수 있다. [그림 9-1]의 빈도 수형도와 확률 수형도는 다음의 각 상황을 수형도로 나타낸 것이다:

- **[빈도 수형도]** 정기 검진에 참여하는 10,000명의 여성 중 100명이 유방암에 걸렸다. 정기 검진에 참여하며 유방암에 걸린 100명의 여성 중 80명이 양성 반응을 보인다. 유방암에 걸리지 않고 정기 검진에 참여하는 9,900명의 여성 중에서도 950명이 양성 반응을 받게 된다.
- **[확률 수형도]** 정기 검진에 참여하는 여성의 유방암 발병 확률은 1%이다. 정기 검진에 참여하는 여성이 유방암에 걸린 경우, 그녀가 양성 반응을 보일 확률은 80%이다. 정기 검진에 참여하고 유방암에 걸리지 않은 여성의 경우, 양성 반응을 보일 확률은 9.6%이다(Binder et al., 2015, pp. 1-2).

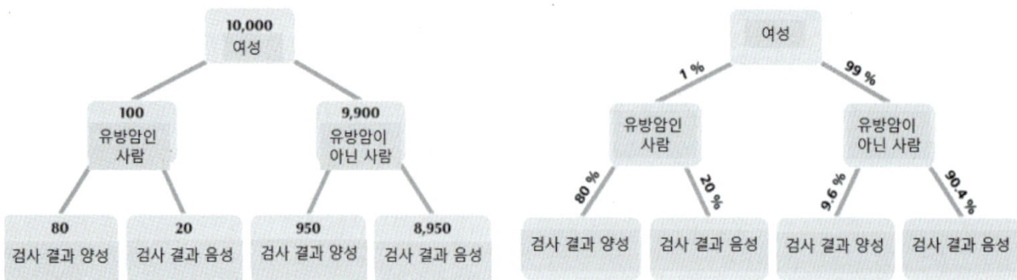

[그림 9-1] 빈도 수형도(왼쪽)와 확률 수형도(오른쪽)(Binder et al., 2015, p.4)

문제의 정보를 확률 수형도로 나타내는 경우보다 빈도 수형도로 나타낼 때 학생들이 조건부확률을 더 쉽게 이해한다는 점이 알려져 있다(Binder et al., 2015). 특히 수형도는 중학교에서 경우의 수를 구할 때부터 활용되며 표본공간을 직관적이고 시각적으로 나타낼 수 있다는 장점이 있고, 한 사건으로부터 파생되는 사건의 구조를 확인할 수 있다는 점에서 조건사건과 목적사건을 이해하는 데 도움이 될 수 있다(Tomlinson & Quinn, 1997). 이에 연구자들은 베이즈 정리에 관한 문제를 해결할 때 빈도 수형도의 효과를 확인하였다. 구체적으로, 문제상황의 빈도를 문장제로 나타낼 때보다 수형도로 나타낼 때 정답률이 높았으며(Binder et al., 2015) 확률 수형도와 비교하여 빈도 수형도는 장기적인 학습 효과 역시 높은 것으로 나타났다(Sedlmeier & Gigerenzer, 2001).

빈도적 관점, 시뮬레이션과 빈도 수형도에 비추어 이어지는 수업 사례를 살펴보면서 생각해 볼 문제는 다음과 같다.

생각해 볼 문제

◆ [과제 1]과 [과제 2]에서 시뮬레이션과 빈도 수형도를 사용하여 탐구할 기회를 제공한 것은 조건부확률의 개념을 이해하는 데 어느 정도로 기여하였다고 생각하는지 답하시오.

① 기여하지 않았다.
② 조금 기여하고 있다.
③ 보통이다.
④ 적절히 기여하고 있다.
⑤ 아주 잘 기여하고 있다.

수업 밑그림에 제시된 내용을 바탕으로 위 질문에 답해보고, 실제 수업 전개 양상을 예상해본 후 다큐와 톺아보기(3절)를 살펴볼 것을 추천한다.

3 다큐와 톺아보기

이 절에서는 이 수업의 흐름과 수학교육 연구자가 이 수업을 위해 개발한 시뮬레이션을 소개하고, [과제 1]과 [과제 2]를 해결하는 4모둠의 사례 중 일부를 구체적으로 살펴본다. 특히 개별활동에서 학생들이 시뮬레이션 결과로부터 주어진 사건의 상대도수를 구하고, 모둠활동에서 자신이 구한 상대도수를 논의하는 장면을 상세히 살펴볼 것이다. 앞서 〈수업 정보〉에서 안내한 바와 같이 수업은 100분 동안 진행되었으며 〈표 9-1〉과 같은 순서로 진행되었다.

〈표 9-1〉 수업의 흐름

활동	[복습] 중학교 2학년 확률	[도입 1] 과제 상황 및 시뮬레이션 소개	[도입 2] 시뮬레이션 결과 해석	[과제 1] 조건사건이 먼저 일어난 조건부확률	[과제 2] 조건사건이 나중에 일어난 조건부확률	[과제 3] 조건부확률 개념의 형식화
시간(분)	5	5	10	40	30	10

이 수업에서는 빨간 공 2개와 파란 공 3개가 들어있는 주머니에서 A와 B가 공을 차례로 1개씩 복원추출하는 무작위실험을 반복시행하기 위해 시뮬레이션을 활용하였고, 그 결과를 [그림 9-2]와 같은 빈도 수형도로 나타내었다. 학생들은 '1번', '100번' 버튼으로 시행 횟수를 조절할 수 있고, '자동' 버튼으로 시행이 계속 반복되도록 하며 '중지' 버튼으로 시행을 멈추고, '초기화' 버튼을 활용할 수 있다. 또한 '분모', '분자' 체크박스를 클릭하면 상대도수가 분수와 소수꼴로 표현된다.

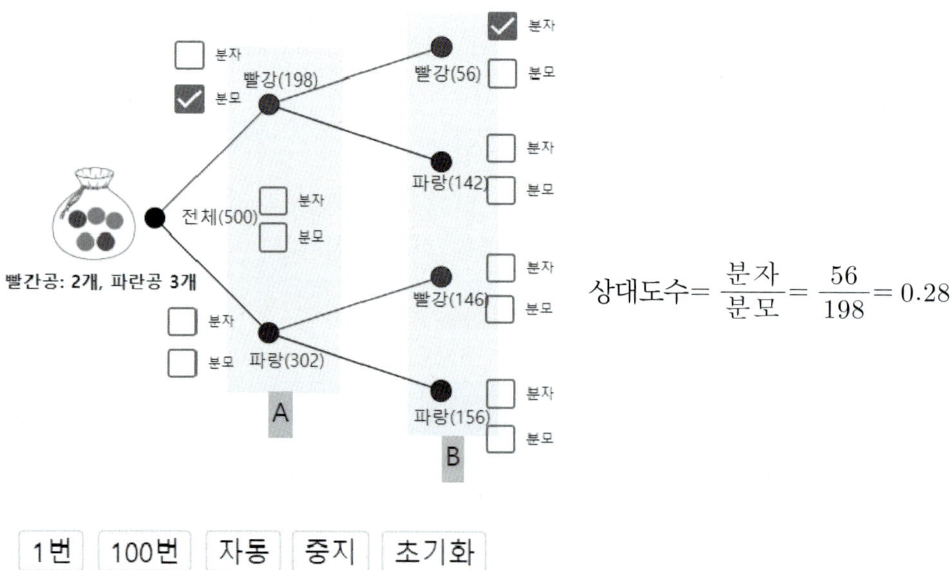

[그림 9-2] 수업에서 활용된 빈도 수형도

[도입 1]은 시뮬레이션을 처음 접하는 학생들이 시뮬레이션에 익숙해지도록 설계하였다. 시뮬레이션은 비교적 간단한 무작위실험을 반복하기 때문에 학생들이 5분이라는 길지 않은 시간이었지만 상황을 이해하고 버튼을 조작하여 시뮬레이션 결과를 확인할 수 있었다. 또한 학생들은 수형도의 각 숫자 옆에 있는 체크박스를 선택 및 해제하면서 시행 횟수가 누적될수록 상대도수가 변화한다는 것을 확인하였다. [도입 2]는 시뮬레이션 결과를 나타낸 빈도 수형도를 해석할 수 있도록 설계하였다. 10분 동안 학생들은 시뮬레이션을 1회, 500회 시행한 결과를 빈도 수형도에 나타내고, 'A가 빨간 공을 뽑는 사건'과 같이 각 사건의 빈도를 수형도로부터 확인하는 연습을 하였다. 학생들이 하나의 노드만 확인하여 사건의 빈도를 적을 때에는 실수가 거의 없었다. 그러나 'A는 빨간 공, B는 파란 공을 뽑는 사건', 'B가 빨간 공을 뽑는 사건'와 같이 두 노드를 연결하여 사건의 빈도를 적을 때에는 실수를 하는 학생도 있었다. 이때, 곽교사는 모둠별 토론을 멈추도록 하고, 시뮬레이션 결과를 해석하는 방법을 천천히 설명하면서 빈도 수형도에 익숙해지도록 도움을 제공하였다.

3.1 [과제 1]의 탐구 과정(조건이 주어진 상황에서의 상대도수 구성을 중심으로)

[과제 1]은 500회 시뮬레이션을 시행하고, [그림 9-2]의 빈도 수형도에 그 결과를 기록하는 것에서 출발한다. 하위 과제에서는 빈도를 상대도수로 표현하도록 하며 시행 횟수가 충분히 클 때의 상대도수(통계적 확률)를 기존에 배웠던 수학적 확률과 연결하도록 한다. 과제는 조건부확률 도입부에 활용할 의도로 설계되었고, 시뮬레이션한 결과를 통계적 확률과 수학적 확률의 연결에 활용한다는 특징이 있다.

과제 1 500회 시뮬레이션* 결과를 적어놓고 다음 물음에 답해보자. [상대도수는 약분하지 말고 써주세요!]

1. A가 파란 공을 뽑은 상대도수를 구해보자.
2. B가 파란 공을 뽑은 상대도수를 구해보자.
3. A가 먼저 빨간 공을 뽑은 상황에서, B가 파란 공을 뽑을 가능성을 나타낼 수 있는 상대도

* 실제 학생들에게 제공된 과제에서 굵은 글씨, 밑줄친 글씨로 표현한 부분은 본 고에서도 그대로 표시하였으며 [과제 1]과 [과제 2]에 제시된 빈도 수형도는 지면 관계상 삭제하였다.

수를 구해보자.

4. A가 먼저 파란 공을 뽑은 상황에서, B가 파란 공을 뽑을 가능성을 나타낼 수 있는 상대도수를 구해보자.
5. 위에서 구한 2, 3, 4는 모두 B가 파란 공을 뽑은 상대도수이다. 각 상대도수의 값들이 서로 같은지 다른지 확인하고, 그 이유에 대해 적어보자.
   ① 2와 3은 (같다, 다르다) 이유:
   ② 3과 4은 (같다, 다르다) 이유:
6. 시행 횟수를 500회, 1000회, 2000회, 늘려나가면 3, 4에서 구한 상대도수는 각각 'A가 빨간 공을 뽑은 상황에서, B가 파란 공을 뽑을 확률'과 'A가 파란 공을 뽑은 상황에서, B가 파란 공을 뽑을 확률'로 가까이 갈 것이다.
   (1) 시뮬레이션을 이용하여 시행 횟수가 충분히 클 때의 상대도수의 값을 확인하여 아래 빈 칸을 채워보자.
   (※ 체크박스 기능을 이용하여 화면에 필요한 상대도수가 표시되도록 하자.)

A가 빨간 공을 뽑았을 때, B가 파란 공을 뽑은 상대도수	→ (시행 횟수가 한없이 커지면)	(빈 칸) ㉠ A가 빨간 공을 뽑았을 때, B가 파란 공을 뽑을 확률
A가 파란 공을 뽑았을 때, B가 파란 공을 뽑은 상대도수	→ (시행 횟수가 한없이 커지면)	(빈 칸) ㉡ A가 파란 공을 뽑았을 때, B가 파란 공을 뽑을 확률

   (2) 각 사건의 확률 ㉠, ㉡을 여러 번의 시뮬레이션이나 실험을 하지 않고도, 주머니 속 공의 개수를 이용하여 직접 구하는 방법에 대해 적어보자.

4모둠의 사례를 구체적으로 살펴보자. 먼저 학생들이 개별적으로 과제를 해결할 때 4모둠의 모든 학생이 1번과 2번을 제대로 구하였다. 그러나 3, 4번에 대해서는 학생들마다 답이 달랐다. 학생 1은 [그림 9-3]과 같이 3번과 4번의 분모를 500으로, 학생 2는 3번의 분모는 200, 4번의 분모는 300으로 한 상황이었다. 곽교사는 각 모둠별 진행 상황을 확인하고, 학생 1이 A가 먼저 빨간(파란) 공을 뽑은 상황에서 B가 파란 공을 뽑을 가능성을 나타내는 상대도수를 구할 때 조건사건의 빈도를 분모로 설정하지 못한다는 것을 확인하였다. 이에 모둠 내에서 자신의 해결 과정을 공유하도록 하였다.

학생 1이 2번과 3번에서 구하는 상대도수가 다르다는 것을 설명하면서 논의를 시작하였는데 논의 내용의 일부를 발췌하면 다음과 같다.

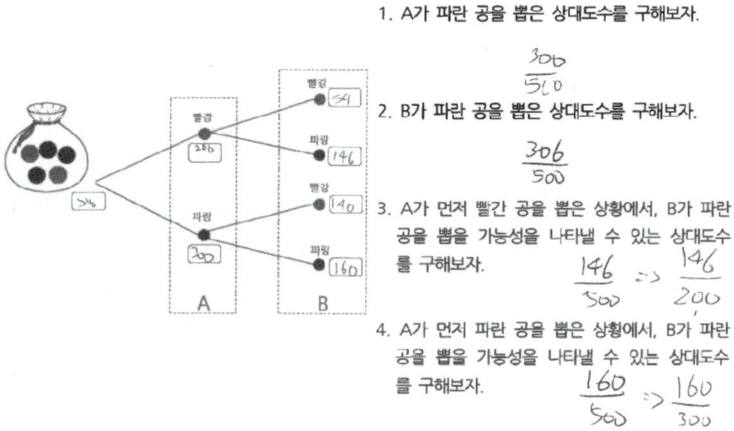

[그림 9-3] 학생 1의 활동지

장면 1 상대도수의 분모 확인하기, 오류 교정하기

학생 1 : 여기(2번)는 A가 파란 공을 뽑았을 경우도 포함되어 있기 때문에 2, 3번은 서로 다른거고 3, 4번은 A가 무엇을 뽑았느냐에 따른 건데 어떻게 써야 하는지 모르겠어.

학생 2 : (학생 1이 3, 4번의 분모를 500으로 한 것을 보고) 여기 200분에 아니야? A가 먼저 빨간 거를 뽑고 하는거니까.

학생 1 : 어, 그거를 나도 잘 모르겠어, 헷갈려. 여기서(3, 4번) 어떻게 했어?

학생 2 : 500분인가?

학생 1 : 전체 경우가 500이니까, 그렇지 않아?

학생 2 : A가 먼저 빨간색을 뽑았으니까.

학생 1 : 상황에서니까, 200이 맞을 수도 있겠다. A가 먼저 빨간 공을 뽑은 상황. (확신에 찬 목소리로) 200분에가 맞는 거 같아. 200이 맞는 거 같아.

학생 3 : A에 빨간색 나온 거를 잘라야겠네.

학생 1은 3번과 4번에서 A가 뽑은 공의 색깔이 다른 상황이라는 점을 인식하고 있었으나 상대도수의 분모와 분자를 어떻게 정해야 할지 확신하지 못하였다. 학생 2가 학생 1이 3, 4번의 분모를 500으로 한 것을 보고 3번의 경우 분모가 200이 아니냐며 학생 1에게 질문을 하였고, 학생 1은 빈도 수형도를 보며 전체 시행 횟수가 500번이니 분모가 500이 아니냐고 질문하였다. 이에 학생 2는 'A가 먼저 빨간색을 뽑았으니까'라고 말하며 빈도 수형도의 200부분을 가리켰다. 학생 1은 학생 2의 활동지를 보고 잠시 고민하다가 A가 먼저 빨간 공을 뽑은 상황이니 분모가 200이 맞다고 수정하였고, 활동지에도 상대도수를 $\frac{146}{500}$에서 $\frac{146}{200}$으로 수정하였다([그림 9-3] 참조). 학생 2는 모둠원과의 논의에서 지속적으로 [그림 9-4]와 같이 과제에 제시된 텍스트 정보와 옆에 제시된 빈도 수형도를 번갈아가면서 확인하였고, 아직 형식화하지는 않았지만 문제에 제시된 조건사건과 목적사건을 구분하여 [그림 9-4]와 같이 목적사건에는 동그라미를 표시하고, 빈도 수형도에서도 그 부분을 짚었다. 학생 1과 학생 2의 논의를 듣고 있던 학생 3 역시 빈도 수형도를 바라보며 A가 빨간색이 나온 부분을 잘라서 봐야겠다고 언급하였다. 이는 조건이 주어진 상황에서의 가능성을 나타내기 위해 빈도 수형도의 일부 분기 구조에만 초점을 맞추고 주어진 빈도를 이용하면 상대도수를 구할 수 있다는 점을 학생들이 이해하였다는 것으로 볼 수 있다.

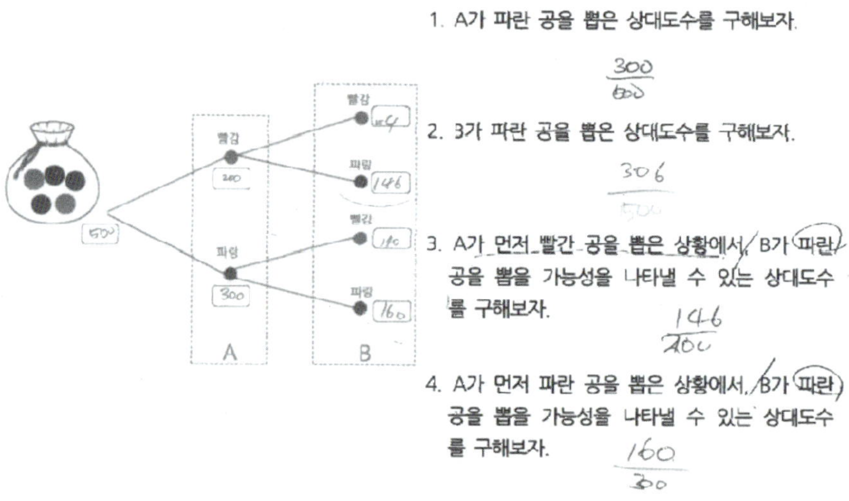

[그림 9-4] 학생 2의 활동지

이후 학생들은 2, 3, 4번에서 모두 B가 파란 공을 뽑은 상대도수를 구하였는데 그 값들이 서로 같은지 또는 다른지를 확인하고 이유를 적도록 하는 5번 과제를 적절히 해결하였다. 예를 들어, 학생 1은 2번과 3번이 다르고, 다른 이유를 '2번에는 A가 파란 공을 뽑았을 경우도 포함하기 때문에', 학생 2는 3번과 4번이 다른 이유를 '조건이 있지만 서로 다른 조건이기 때문에'라고 서술하였다. 이로부터 학생들이 시뮬레이션 결과를 나타낸 빈도 수형도를 활용하여 조건이 주어진 상황에서의 상대도수를 구할 수 있었다는 점을 확인할 수 있다. 특히 일부 학생이 처음에는 전체 시행 횟수에 비해 분모가 작아진 경우 정확한 수치를 찾는 데 어려움을 겪기도 하였으나 논의를 하면서 친구의 의견과 수형도를 계속 확인하고, 조건이 바뀐 경우 수형도에서 일부만을 확인해야 한다는 점을 파악하여 상대도수를 수정하였다는 것을 확인할 수 있었다.

3.2 [과제 2]의 탐구 과정(조건사건이 나중에 일어난 상황에서의 상대도수와 조건부확률 구성을 중심으로)

[과제 2]는 500회 시뮬레이션을 시행하고, 빈도 수형도에 그 결과를 기록하는 것에서 출발한다. 하위 과제에서는 먼저 B가 파란 공을 뽑았을 때, A도 파란 공을 뽑았을 가능성을 나타낼 수 있는 상대도수를 구하도록 한다. 이후 시뮬레이션으로 상대도수를 확인하지 않고도, B가 파란 공을 뽑았을 때, A도 파란 공을 뽑을 확률을 어떻게 구할 수 있을지 생각하도록 한다. 이 과제는 조건사건이 나중에 일어난 상황에서 오개념을 갖지 않고 조건부확률을 구하게 하려는 의도로 설계되었다.

과제 2 500회 시뮬레이션 결과를 다시 적어놓고 다음 물음에 답해보자.

1. B가 뽑은 공이 파란 공일 때, B보다 먼저 공을 뽑은 A는 빨간 공을 뽑았을 수도 있고, 파란 공을 뽑았을 수도 있다. 시뮬레이션 결과에서 'B가 파란 공을 뽑았을 때, A도 파란 공을 뽑았을 가능성'을 나타낼 수 있는 상대도수를 구하시오. [상대도수는 약분하지 말고 써주세요!]
2. 1.에서 상대도수를 구한 방법을 다음과 같이 분모, 분자를 시행 횟수로 나눈 형태로 표현할 때 ㉠, ㉡에 들어갈 알맞은 사건을 적어보시오.

B가 파란 공을 뽑았을 때, A가 파란 공을 뽑은 상대도수 $= \dfrac{(\quad ㉠ \quad)\text{횟수}}{(\quad ㉡ \quad)\text{횟수}} = \dfrac{\dfrac{(\quad ㉠ \quad)\text{횟수}}{\text{시행횟수}}}{\dfrac{(\quad ㉡ \quad)\text{횟수}}{\text{시행횟수}}}$

3. 2의 분수 표현을 참조하여 시뮬레이션으로 상대도수를 확인하지 않고도 'B가 파란 공을 뽑았을 때, A도 파란 공을 뽑았을 확률'을 구하는 방법을 찾아보자.

[과제 2]를 시작하며 학생들은 시뮬레이션을 500회 실행한 결과를 빈도 수형도에 다시 적고, 1번을 각자 해결하였다. 곽교사는 [과제 1]에서의 경험을 바탕으로 학생들

이 나중에 일어난 사건이 조건일 때의 상대도수를 구할 것이라 예상하였지만 처음부터 1번을 바르게 해결한 모둠은 없었다. 4모둠의 경우 B가 A보다 나중에 공을 뽑기 때문에 B가 나중에 파란 공을 뽑는 사건이 A가 파란 공을 뽑는 사건에 영향을 미칠 수 없다고 생각하였다. 4모둠의 논의 내용 일부를 발췌하면 다음과 같다.

장면 2 상대도수의 분모와 분자 확인하기 & 오개념 교정하기

학생 1 : A가 먼저 뽑으니까 B는 A가 알 바가 아니잖아.

학생 2 : 응.

학생 1 : A는 파란 공을 뽑은게 300개니까 (자기가 쓴 답 가리키며) $\frac{300}{500}$. 앞에 A가 뭘 뽑든간에 얘(빈도 수형도에서 A 빨강, A 파랑을 가리키며)는 어차피 이 확률이 되는 거잖아. (수형도의 B 부분을 모두 손으로 가리며) A가 먼저 뽑으니까....

곽교사 : 자. 시뮬레이션은 했고, A가 파란 공을 뽑았을 때.

학생 1 : 이렇게 했어요. $\frac{300}{500}$.

곽교사 : (과제를 가리키며)B가 파란 공을 뽑았을 때, 분모는 뭐가 되어야 해?

학생 2 : 300?

학생 1 : 306이어야 해요.

학생 3 : 아니지 않아?

곽교사 : B가 파란 공을 뽑았을 때야. 그러니까 146에 160을 더해야지, 306 맞아.

학생 1 : 네.

곽교사 : A도 파란 공을 뽑았대.

학생 2 : 아.. 160?

곽교사 : B가 파란 공을 뽑았을 때, A도 파란 공을 뽑았다. 그렇지…

학생 1은 [과제 1]에서 처음에는 전체 시행 횟수에 비해 분모가 작아진 경우 정확한 수치를 찾는데 어려움을 겪었다. 그러나 모둠원과의 논의를 통해 조건이 바뀐 경우 빈도 수형도에서 일부만을 확인해야 한다는 점을 파악하여 상대도수를 수정하였다. 학생 1이 [과제 2]의 B가 파란 공을 뽑았을 때, A도 파란 공을 뽑을 가능성을 상대도수로 나타내고자 할 때에는 B가 A보다 시간 순서로 나중에 공을 뽑기 때문에 A가 파란 공을 뽑는 사건의 가능성에 영향을 줄 수 없다고 생각하였다. 이에 학생 1은 [그림 9-5]와 같이 $\frac{300}{500}$, 즉, A가 파란 공을 뽑을 상대도수를 구하였다. 학생 1은 조건사건과 목적

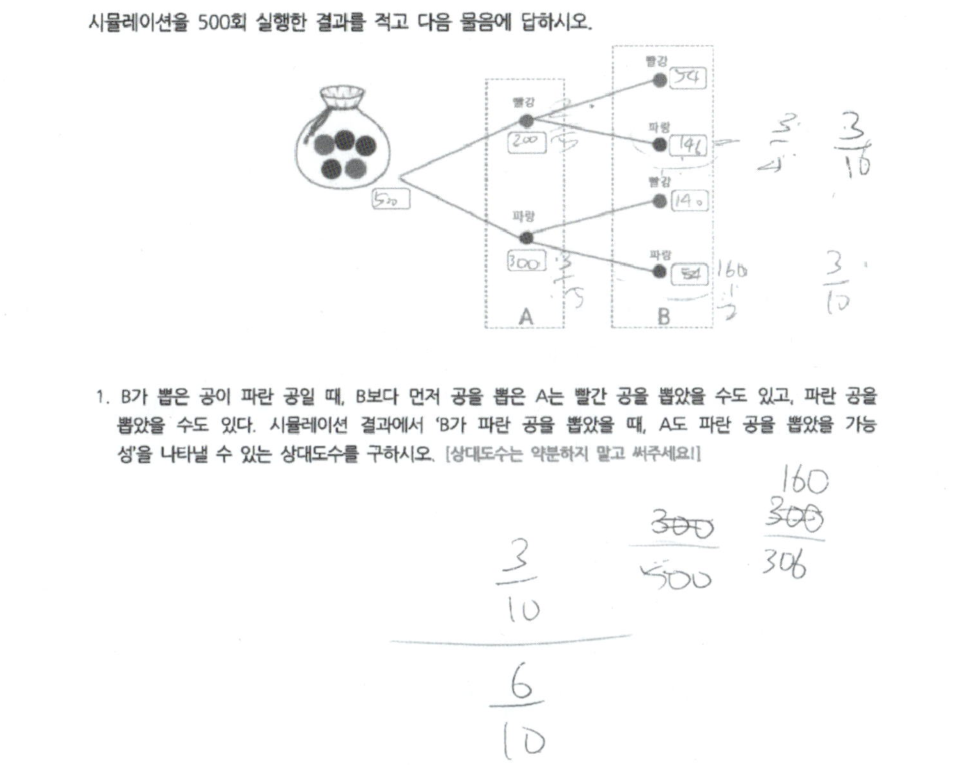

[그림 9-5] 시간적 오개념을 갖고 있는 학생 1이 곽교사와의 상호작용으로 빈도 수형도를 보며 오개념을 바로 잡아 서술한 활동지

사건의 관계를 시간적 순서와 연결한 시간적 오개념을 갖고 있다고 볼 수 있다.

학생 1이 학생 2와 $\frac{300}{500}$을 확인한 이후 곽교사는 4모둠에 와서 학생들이 제대로 1번 과제를 진행하고 있는지 확인하였다. 곽교사가 활동지에 텍스트로 제시된 문제를 가리키며 B가 파란 공을 뽑았을 때, 분모가 무엇인지를 질문하자 학생 2는 300, 즉, A가 파란 공을 뽑은 횟수를 말하였고, 학생 1은 B가 파란 공을 뽑은 횟수인 146과 160을 더해 306이라고 대답하였다. 학생 1은 분모를 500으로 생각하였으나 곽교사가 질문을 하자 306으로 수정하였다. 곽교사의 질문이 단순히 과제를 다시 한번 언급한 것으로 보일 수도 있다. 그러나 곽교사는 과제의 조건사건과 목적사건을 명확히 나누어 'B가 파란 공을 뽑았을 때 상대도수 중 분모가 무엇인지'를 질문하였고, 활동지에 손을 갖다 대며 문제의 정보와 빈도 수형도에 집중하도록 하였다. 이후 학생 1은 빈도 수형도에서 146과 160을 확인하고 분모를 500에서 306으로 정정하였고, 학생 2는 곽교사와의 상호작용을 통해 분자가 160이라고 이해하였다. 함께 논의에 참여한 학생

1도 1번의 답을 $\frac{160}{306}$으로 정정하였고, 이후 분모와 분자를 시행 횟수인 500으로 나누어 시뮬레이션을 하지 않아도 'B가 파란 공을 뽑았을 때 A도 파란 공을 뽑았을 확률'을 $\dfrac{\dfrac{A\text{와 }B\text{가 모두 파란 공을 뽑은 횟수}}{\text{시행 횟수}}}{\dfrac{B\text{가 파란 공을 뽑은 횟수}}{\text{시행 횟수}}}$로부터 구할 수 있다고 하였다. 이때 시뮬레이션과 빈도 수형도는 학생들이 수학적 확률을 예측하고, 통계적 확률과 비교하면서 수학적 확률을 제대로 구했다는 확신을 갖도록 하였다. 과제를 시작할 때 학생 1이 갖고 있던 오개념이 빈도 수형도와 곽교사와의 상호작용을 통해 교정되어 학생 1은 B가 A보다 시간적으로 나중에 공을 뽑지만 분모가 바뀔 수 있다는 점을 인식하고 이후 과제에서도 시간 순서에 영향을 받지 않고, 조건사건과 목적사건을 명확히 구분하는 모습을 보였다.

4 결론

4.1 생각해 볼 문제에 대한 사례 기반 결론

2절의 생각해 보기에서 이 수업의 과제와 교수 내용 및 방법과 관련된 사항들을 2022 개정 수학과 교육과정(교육부, 2022)에서 살펴보고, 두 가지 문제를 제시하였다.

생각해 볼 문제

◆ 이 수업의 과제가 교육과정의 성취기준을 어느 정도 반영하고 있다고 생각하는지 답하시오.

① 반영하고 있지 않다.
② 조금 반영하고 있다.
③ 보통이다.
④ 적절히 반영하고 있다.
⑤ 아주 잘 반영하고 있다.

◆ 2022 개정 수학과 교육과정의 교수학습 방법에 따르면 추론 역량 함양을 위한 교수학습 방법으로 다음의 세 가지를 제시하고 있다. 이 수업에서 다뤄진 과제와 관련이 있다고 생각되는 표현에 밑줄을 그어 표시하시오.

> ㉠ 확률과 통계의 개념, 원리, 법칙에 흥미와 관심을 갖고 다양한 방법으로 탐구하고 이해하게 한다.
> ㉡ 귀납, 유추 등의 개연적 추론을 통해 수학적 추측을 제기하고 일반화하며 증명하면서, 수학적 증거와 논리적 근거를 바탕으로 비판적으로 사고하는 태도를 갖게 한다.
> ㉢ 확률과 통계의 개념, 원리, 법칙을 도출하는 과정과 수학적 절차를 논리적이고 체계적으로 수행하고 반성하게 한다.

위 두 문제는 모두 개방형이므로 정답은 독자의 판단에 따라 다르겠지만, 아래 제시된 설명이 참고가 될 수 있을 것이다.

이 수업에서는 빈도적 관점에서 조건부확률의 개념을 이해하도록 하였다. 이를 위해 시뮬레이션의 결과를 빈도 수형도로 나타냈다. 빈도 수형도는 시각적으로 조건사건과 목적사건을 확인하도록 하고, 순서가 명확히 드러난 상태에서 시간적 순서와 무관하다는 것을 인식하게 한다. 따라서 교사는 성취기준 적용 시 고려 사항(조건부확률은 조건이 주어진 상황에서의 가능성을 수치화한 확률로 이해하게 하고, 사건의 시간적 순서나 인과관계로 해석하지 않도록 한다)를 반영하여 수업을 진행할 수 있다. 따라서 이 수업의 과제는 교육과정의 성취기준을 적절히 반영하고 있다고 볼 수 있다.

이 수업은 학생들이 공학 도구와 시뮬레이션의 결과를 시각화한 빈도 수형도를 이용한 탐구 활동을 통해 조건부확률의 개념의 이해를 도모한다는 점에서 일반적으로 〈확률과 통계〉 교과서에서 조건부확률을 도입하는 접근과는 다른 접근을 취하고 있다. 그러나 〈장면 1〉과 〈장면 2〉에서 학생들이 시뮬레이션 결과를 해석하여 통계적 확률을 구하고 수학적 확률과 비교하면서 빈도적 관점에서 점진적으로 조건부확률의 개념을 형식화하는 모습을 통해 조건부확률 개념을 다양한 방법으로 탐구하고 이해할 수 있었다(㉠)고 볼 수 있다. 또한 곽교사는 학생들이 과제를 해결하는 과정을 모둠 내에서 자유롭게 의사소통하도록 하였고, 교사 및 모둠원과의 의견 교환을 통해 자신의 확률적 사고 과정을 반성하도록 하였다. 이에 빈도적 관점에서 조건부확률의 개념을 도출하는 과정에서 자신의 사고를 반성하게 한다는 점에서 ㉢과 연관된다고 볼 수 있다.

2절의 생각해 보기에서 이 수업의 기초가 된 빈도적 관점, 시뮬레이션 및 빈도 수형도를 살펴보고, 아래 문제를 제시하였다.

▶ [과제 1]과 [과제 2]에서 시뮬레이션과 빈도 수형도를 사용하여 탐구할 기회를 제공한 것은 조건부확률의 개념을 이해하는 데 어느 정도로 기여하였다고 생각하는지 답하시오.

① 기여하지 않았다.
② 조금 기여하고 있다.
③ 보통이다.
④ 적절히 기여하고 있다.
⑤ 아주 잘 기여하고 있다.

이 수업에서 적용한 과제와 곽교사의 수업은 조건부확률을 처음 배우는 학생들이 빈도적 관점에 따라 조건부확률의 개념을 이해하는 데 유의미한 기회를 제공하였다고 볼 수 있다. [과제 1]과 [과제 2]에서 시뮬레이션과 빈도 수형도를 사용하여 탐구할 기회를 제공한 것은 조건부확률의 개념을 이해하는 데 어떻게 기여하였는지 확인하면 다음과 같다.

[과제 1]에서 빈도 수형도로부터 상대도수와 확률을 탐구하도록 한 것은 학생들이 이전에 배웠던 확률 개념과 달리 주어진 조건에서의 확률은 표본공간이 축소된다는 점을 직관적으로 이해하도록 한다. 〈장면 1〉에서 학생 2가 활동지에 제시된 과제의 정보와 옆에 제시된 빈도 수형도를 번갈아가면서 확인하여 대응하는 사건의 빈도가 얼마인지를 확인하는 것은 학생들이 표본공간을 축소하여 분모를 수정해야 한다는 점을 직관적으로 파악하게 하였다. 또한 학생 3은 빈도 수형도에 제시된 모든 정보에 주목하지 않고, 주어진 조건사건에 해당하는 분기만 파악하였다. 이에 [과제 1]은 학생들이 조건부확률의 핵심인 표본공간의 변화를 이해하는 데 기여하였다고 볼 수 있다.

[과제 2]는 [과제 1]과 달리 빈도 수형도에서 조건사건이 나중에 일어난 조건부확률을 탐구하도록 함으로써 학생들이 시간 순서에 관련 없이 조건사건과 목적사건을 구분하고 조건부확률을 자연스럽게 연결하도록 한다. 〈장면 2〉에서 시간적 오개념을 갖고 있던 학생 1은 곽교사가 활동지에서 텍스트로 제시된 문제의 조건사건과 빈도 수형도에 대응하는 부분을 확인하도록 하자 자신의 풀이를 수정하였다. 따라서 [과제 2]는 나중에 일어난 사건이 조건사건이 될 때에도 학생들이 적절한 상대도수를 구하고, 이를 수학적 확률과 연결하는 데 기여하였다고 볼 수 있다.

4.2 시뮬레이션 및 빈도 수형도 기반 수업 설계와 실행의 중요성

이 수업에서 적용한 과제와 곽교사의 수업은 조건부확률을 처음 배우는 학생들에게 빈도적 관점에 따른 조건부확률 수업의 유의미한 시도로 볼 수 있다. 그러나 새로운 시도는 수업 설계와 실행에서 세심한 부분들을 고려해야 성공할 수 있고, 다양한 변수가 작용하는 교실 상황에서는 교사가 더욱 주의를 기울여야 조그마한 성과를 올릴 수 있다.

시뮬레이션과 빈도 수형도로만으로는 학생들이 통계적 확률과 수학적 확률을 연결하도록 하고, 조건부확률 개념을 탐구하도록 할 수 없다. 이 수업에서 모든 모둠이 조건부확률을 형식화하는 데 성공한 것은 아니다. 저자가 언급한 바와 같이, [과제 1]에서는 자연스럽게 조건이 주어진 상황에서의 확률을 이해하였지만 [과제 2]에서는 오개념으로 인해 어려움을 겪기도 하였다. 일부 학생들은 [과제 1]의 'A가 먼저 빨간 공을 뽑은 상황에서, B가 파란 공을 뽑는 사건'을 'A가 빨간 공을 뽑고, B가 파란 공을 뽑는 사건', 즉 곱사건으로 이해하였다. 이에 학생이 스스로 빈도 수형도를 해석하고 자신이 추측한 결과를 모둠 내에서 자유롭게 공유하면서 추측이 적절한지 반성하게 할 필요가 있다. 특히 곽교사가 학생들이 활동지에 쓴 답안이나 모둠 내에서의 논의를 관찰하면서 조건부확률과 관련해 학생들이 가질 수 있는 오개념을 포착하고 적절한 시기에 오개념을 극복할 수 있는 발문을 던지는 것이 중요하다고 볼 수 있다.

저자가 보기에 이러한 시도는 학생들이 실제 실험 결과를 관찰해 통계적 확률과 수학적 확률을 연결한다는 점에서 의의가 있다. 특히 학생들이 직접 공학 도구로 시뮬레이션을 실행할 수 있다는 점에서 흥미를 유도할 수 있을 것이라 예상된다. 곽교사는 학생들이 공학 도구의 활용에 익숙하지 않을 경우를 대비하여 도입 과제를 투입하였다. 곽교사는 학생들이 충분히 시뮬레이션을 조작하도록 하였으며 이 수업에서 처음 도입하는 빈도 수형도에 익숙해지도록 빈도 수형도를 해석하는 과제를 제공하였다. 곽교사는 모둠별 논의를 관찰하면서 실수를 하는 학생을 발견하였고, 모둠별 토론을 멈추도록 하고 학생들이 공통적으로 어려워하는 부분을 파악하여 시뮬레이션 결과를 해석하는 방법을 설명하였다. 이 수업과 유사하게 빈도적 관점에서 확률 수업을 할 경우 학생의 선행 지식 수준과 공학 도구의 활용 가능성 등을 종합적으로 검토하여 과제를 추가할 수도 있다.

이 수업은 일반적인 〈확률과 통계〉 교과서와는 다른 접근을 시도했다는 점에서 여러 우려가 있을 수 있고, 더 나은 수업을 위해 고려해야 할 측면이 있다. 먼저, 중학교 때부터 경우의 수의 비로 확률을 구하는 것에 익숙한 학생들에게 빈도적 관점은 오히려 혼란스러울 수 있기 때문에 통계적 확률과 수학적 확률을 연결할 때 학생들이 경우의 수의 비와 자연스럽게 연결하도록 세밀한 조치를 취할 필요가 있다. 또한 공학 도구의 준비가 필요하고 학생들이 시뮬레이션한 결과를 충분히 해석할 수 있는 시간을 제공할 필요가 있어 교사가 밀도 높은 수업을 설계하여 학생들이 물리적인 방해 요인으로 인해 어려움을 겪지 않도록 준비할 필요가 있다. 덧붙여, 이러한 접근으로 과제를 개발하여 교과서에 반영하는 것도 어려울 수 있다. 그러나 "수학적 확률의 계산에만 매몰되어 확률 수업을 한다면, 학생들은 확률의 개념을 탐구할 수 있을까? 실생활과 연결하여 다양한 상황에서의 확률을 구하고, 문제를 해결할 수 있을까? 학생들이 다양한 실험, 실생활 사례로부터 확률의 유용성을 경험할 수 있다면 어떨까?"라는 질문으로 이 글을 마친다.

참고문헌

교육부(2022). **수학과 교육과정**. 교육부 고시 제2022-33호 [별책 8]. 세종: 교육부.

구나영, 탁병주, 최인용, 강현영(2019). 예비 수학교사들의 교육과정 자료 해석: 조건부확률을 중심으로. **수학교육, 58**(3), 347-365.

신보미, 이경화(2006). 컴퓨터 시뮬레이션을 통한 통계적 확률 지도에 대한 연구. **수학교육학연구, 16**(2), 139-156.

우정호(2017). **학교수학의 교육적 기초 (하)**. 서울: 서울대학교출판문화원.

Batanero, C., & Sanchez, E. (2005). What is the Nature of High School Students' Conceptions and Misconceptions About Probability?. In G. A. Jones (Ed.), *Exploring probability in school* (pp. 241-266). Springer.

Binder, K., Krauss, S., & Bruckmaier, G. (2015). Effects of visualizing statistical information-an empirical study on tree diagrams and 2×2 tables. *Frontiers in psychology, 6*, 1186.

Chaput, B., Girard, J. C., & Henry, M. (2011). Frequentist approach: Modelling and simulation in statistics and probability teaching. In C. Batanero, G. Burrill, & C. Reading (Eds.), *Teaching Statistics in school mathematics-Challenges for teaching and teacher education* (pp. 85-95). Springer.

Eichler, A., & Vogel, M. (2014). *Three approaches for modelling situations with randomness.* In E. Chernoff, & B. Sriraman (Eds.), *Probabilistic thinking* (pp. 75-99). Springer.

Sedlmeier, P., & Gigerenzer, G. (2001). Teaching Bayesian reasoning in less than two hours. *Journal of experimental psychology: general, 130*(3), 380.

Tomlinson, S., & Quinn, R. (1997). Understanding conditional probability. *Teaching Statistics, 19*, 2-7.

제 10 장

함수의 증가와 감소, 극대와 극소 수업

수학 수업 중 여러 수학적 개념이 연결된 이론을 안내할 때, 우리는 학생들이 특정 개념에 주목하거나 여러 개념 간의 연결성을 파악하지 못하는 상황을 종종 경험한다. 이러한 상황을 해결하기 위해 교사는 학생의 오개념과 학습의 어려움을 미리 예측하고 대응 방안을 모색하게 된다. 10장에서는 고등학교 2학년 학생이 함수의 그래프, 함수의 극대와 극소, 증가와 감소를 배우는 과정에서 가질 수 있는 학습의 어려움과 오개념을 교사가 미리 예측하고, 이를 방지하거나 개선하기 위해 개발한 과제를 적용한 수업을 소개한다. 학생이 스스로 과제의 답을 구성하고 공유하는 과정에서 오개념이 어떻게 드러나고 개선되는지, 그리고 교사가 예측한 학생의 오개념과 학습의 어려움 및 그에 대한 대응 방안은 적절했는지 함께 살펴본다.

1 수업 밑그림

학생이 갖는 오개념과 학습의 어려움은 수학 학습에 어떠한 영향을 줄까? 잘못된 개념은 잘못된 개념 이미지와 연결되어 문제해결에 어려움을 주지 않을까? 특정 주제에 대해 갖고 있는 학습의 어려움이 그 주제에 대한 학습을 회피하게 하지는 않을까? 채 교사의 수업은 이러한 고민 속에서 설계되었다. 이러한 고민을 해결하기 위해 채 교사가 어떠한 수업을 설계하고 진행해 나갔는지 다음의 사례를 함께 살펴보자.

채 교사는 함수의 증가와 감소, 극대와 극소에 대해 학생이 갖는 오개념을 개선하기 위해, 학생 스스로 그래프를 해석하고 다양한 함수를 구성하는 과정에서 함수의 증가와 감소, 극대와 극소의 의미를 미분계수와 연결지어 판단하는 수업을 계획하였다. 또한 함수 해석과 표현 간 변환의 어려움을 개선하기 위해 함수를 대수적, 기하적으로 해석하고 변환할 수 있는 수업을 계획하였다. 수업은 3차시에 거쳐 진행되었으며, 각 수업에서는 연결된 세 개의 과제*를 다루었다. 1차시 수업은 주어진 그래프를 해석하고 설명하는 [과제 1]을 중심으로 진행되었다. 게임 활동으로 진행되었는데, 채교사가 한 학생에게 함수의 그래프를 제시하면 그 학생은 주어진 그래프의 개형을 해석하여 학급 전체에 설명하였다. 설명을 들은 학생들은 모둠별로 그래프의 개형을 추측하여 모눈종이 위에 그렸으며, 그 뒤 각 모둠에서 그린 그래프와 설명의 대상이 된 그래프를 비교하여 가장 비슷한 개형의 그래프를 그린 모둠을 선발하였다. 게임 종료 후에는 모둠별로 그래프의 개형이 서로 다르게 나타난 이유와 정확한 개형 설명을 위해 필요한 내용 요소에 대해 논의하였다.

2차시와 3차시 수업은 각각 학생 스스로 '$f'(0)=0$의 값을 갖는 함수의 예를 구성'하는 [과제 2]와 '$x=0$에서 극댓값을 갖는 함수의 예를 구성'하는 [과제 3]을 해결하는 활동을 중심으로 진행되었다. 학생들은 모둠 활동을 통해 그래프와 대수식을 이용하여 다양한 함수의 예를 구성하였고, 채교사는 순회지도를 통해 학생이 구성한 함수 중 과제의 요구사항에 적절한 예와 부적절한 예를 다양하게 수집하여 전체 학급에 공유하였다. 특히, 채교사는 다양한 예를 종합적으로 검토함으로써 함수의 미분계수와 함수의 증가, 감소, 극대, 극소의 관계를 이끌어내고자 하였으며, 이 과정에서 해당 관계와 관련한 학생의 오개념에 주목, 개선하고자 하였다.

* 이 장에서 소개하는 과제의 자세한 개발 과정은 이경화, 송창근, 정혜윤(2019)에 기술되어 있다. 여기에서는 개발된 과제가 실제 수업에 활용되는 과정을 안내하고자 한다.

수업 정보

1. 과제 요약

[과제 1] 친구들이 설명하는 그래프를 아래 모눈종이에 그려보세요.

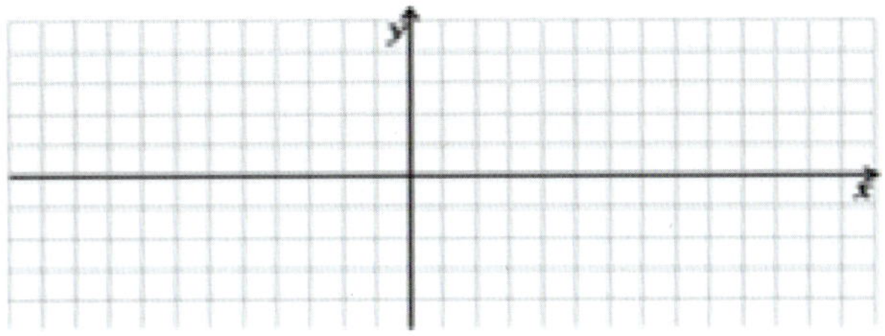

[과제 2] $f'(0)=0$인 함수를 가능한 많이 찾아보자.

[과제 3] $x=0$에서 극댓값을 갖는 함수를 가능한 많이 찾아보자.

2. 참여 학생 및 교실 환경

참여 학생 : 고등학교 2학년 23명

참여 방식 : 5~6인 1모둠, 학급 내 총 4모둠 구성

수업 분위기 : 활발한 의사소통이 가능한 개방적이고 포용적인 분위기

공학 도구 : 카메라 기능과 사진 공유를 위한 스크린 미러링 기능이 탑재된 태블릿

2 생각해 보기

#고등학교 #미분계수 #극대, 극소 #증가, 감소 #오개념, 오류 #예 구성 #그래프 해석

1절에서 이 수업의 개요와 간략한 정보를 제공했다. 이제 이 수업으로 들어가기 위한 두 가지 관문을 제시하고자 한다. 첫 번째 관문은 주어진 수업에 대한 정보만으로 2022 개정 수학과 교육과정의 핵심 아이디어와 성취기준 및 교수학습 방법과 관련시켜 생각해 보는 것이다. 두 번째 관문은 이 수업에 사용된 과제의 설계 의도 및 수업의 전개 양상을 이해하기 위한 한 가지 이론적 관점을 생각해 보는 것이다.

2.1 국가교육과정

이 수업과 관련된 사항들을 2022 개정 수학과 교육과정에서 확인해 보면 다음과 같다. 이와 관련하여 학생들이 학습하게 될 내용을 함께 떠올리면서 다음의 두 문제에 대해 생각해 보자.

핵심 아이디어

미분은 함수의 순간적인 변화를 나타내는 도구이며 함수의 그래프와 이동하는 물체의 움직임에 대한 탐구에 활용된다.

성취기준

[12미적 I -02-07] 함수의 증가와 감소, 극대와 극소를 판정하고 설명할 수 있다.

교수·학습 방법

② 다음과 같은 교수 · 학습 방법을 통해 추론 역량을 함양하게 한다.

㉠ 미적분의 개념, 원리, 법칙에 흥미와 관심을 갖고 다양한 방법으로 탐구하고 이해하게 한다.

생각해 볼 문제

◆ 2차시와 3차시 수업을 통해 '미분계수를 이용한 함수의 증가와 감소, 극대와 극소의 판정 정리'를 안내하고자 합니다. 해당 정리를 기술해 봅시다.

◆ 채교사가 설계한 과제는 학생 스스로 미분계수의 개념, 원리, 법칙에 흥미와 관심을 갖고 탐구하며 이해할 것을 의도하고 있습니다. 이는 2022 개정 수학과 교육과정에서 안내하는 추론 역량의 함양을 반영한 것으로 볼 수 있는데, 추론 역량의 함양을 위한 다음의 다양한 방법 중, 위에서 소개된 2차시와 3차시 수업과 관련이 있다고 생각되는 방법에 밑줄을 그어 표시해 봅시다.

연역적 추론/ 귀납적 추론/ 시각적 추론/ 유추/ 가추

수업 밑그림에 제시된 내용을 바탕으로 두 질문에 답해보고, 실제 수업 전개 양상을 예상해본 후 다큐와 톺아보기(3절)를 살펴볼 것을 추천한다.

2.2 미분계수와 관련한 학생의 오개념과 학습의 어려움

교사는 학생에 대한 진단을 토대로 학생의 인지적 수준에 맞추어 과제를 제시하는 것이 필요하며, 이때 교사가 고려해야 할 학생의 인지적 수준에는 학생이 학습 시 갖는 어려움이나 학습 개념에 대한 오개념 등이 포함된다. 이 장에서 살펴보는 수업의 장면에는 도함수의 활용 중 미분계수를 이용한 함수의 증가, 감소, 극대, 극소의 판정을 학습할 때 학생이 갖는 어려움, 특히 그래프 해석의 어려움과 이들 개념에 대한 오개념, 오류 등을 개선 혹은 방지하기 위한 과정이 담겨있다. 이에 대한 이해를 위해, 여기에서는 함수의 증가와 감소, 극대와 극소와 관련하여 학생이 갖는 학습의 어려움과 오개념 등을 다각도로 살펴보고자 한다.

도함수의 활용 영역과 관련하여 학생이 갖는 학습의 어려움은 그래프의 해석과 같은 기하적 접근의 어려움(Asiala et al., 1997; Orhun, 2012)과 미분계수와 관련한 정리를 인지하고 적용하는 데 갖는 어려움(계승찬, 하길찬, 2010; 심상길, 최재길, 2009; 전태환, 신준국, 2016)으로 나누어 볼 수 있다. 특히 후자의 경우, 학생들이 정리에 제시된 조건을 정확하게 고려하지 않은 채 적용하려고 하는 오류(Movshovitz-Hadar, Inbar, & Zaslavsky, 1986)와도 연결된다. 예컨대, 학생들은 도함수를 이용한 함수의 극값 판정에 대한 정리인 '함수 $f(x)$가 $x=a$에서 미분가능하고 $x=a$에서 극값을 가지면 $f'(a)=0$'을 적용할 때, '함수 $f(x)$가 $x=a$에서 미분가능'이라는 조건을 고려하지 않거나 정리의 역을 적용하여 '$f'(a)=0$을 만족하는 $x=a$에서 함수가 극값을 갖는다'고 인지하는 오류가 발생하는 것이다.

학생들이 위와 같은 어려움을 갖는 원인에는 다양한 요소가 있지만, 대수식 중심의 절차적 학습도 그 원인의 하나로 언급된다. 미분계수를 적용하는 대부분의 과제가 대수식 중심으로 제공됨에 따라, 학생으로 하여금 미분계수의 기하적인 의미와 표현을 간과하게 하여 그래프 접근법을 통한 개념 학습을 제한하게 되는 것이다(최영주, 홍진곤, 2014). 나아가 이와 같은 대수식 중심의 제한된 활동은 학생의 개념 이미지 형성에도 영향을 미치는데(Lauten, Graham, & Ferrini-Mundy, 1994), 대수식 중심의 학습으로 인해 도함수의 개념 이미지 역시 식으로 제한되는 것이다. 학생이 개념 정의보다 개념 이미지에 의존하는 경향이 크다는 사실은 이미 여러 연구에서 밝혀진 바(김남희 외, 2007), 이와 같은 대수식 중심의 개념 이미지는 학생으로 하여금 함수의 증가와 감소, 극대와 극소의 개념 및 관련 정리에 대한 정확한 이해를 결여한 채 대수식을 구하고 계산하는 데 집중하게 한다.

위와 같은 도함수 관련 학생의 어려움과 그 원인을 개선하기 위한 방안을 과제의 측면에서 살펴보면, 그래프 해석하기와 예 구성하기 과제를 생각해 볼 수 있다. 먼저, 그래프 해석하기 과제는 함수 학습의 초점을 대수 중심의 양적, 절차적인 논의로부터 그래프에 제시된 상황 파악과 표현 중심의 질적, 개념적인 논의로 이동시킨다(김남희 외, 2007). 이를 통해, 학생들은 그래프의 형태에 주목하고, 그래프에 나타나는 증가와 감소 구간, 극단적인 증가와 감소 구간 등을 확인함으로써(Leinhardt, Zaslavsky, & Stein, 1990) 함수에 대한 대수 중심의 개념 이미지에서 벗어나게 된다. 이와 같은 이유로 Orhun(2012)은 함수 학습, 특히 도함수 학습에서 그래프 해석에 대한 학습이 필요함을 강조하였으며, 특히 미적분 개념을 처음 접하는 학습에서 비형식적, 그래프적 탐구를 포함해야 함을 강조하였다.

예 구성하기 과제는 오개념과 잘못된 개념 이미지를 개선하는 데에 기여할 수 있다(Aydin, 2014; Meehan, 2007). 개념에 대한 정확한 이해 없이 진행되는 알고리즘의 수행에서 벗어나, 직접 예를 구성하는 과정에서 구성한 예에 반영된 개념의 성질과 그 의미에 주목할 수 있게 되는 것이다(Hazzan & Zazkis, 1999). 즉, 예 구성을 통해 알고리즘의 단순 획득보다 높은 수준의 수학적 사고를 하게 되며(Meehan, 2007), 개념에 대한 잘못되고 불완전한 이해로부터 벗어날 수 있게 되는 것이다. 또한 예 구성 활동은 정리의 성립을 위한 필요 조건이 있음을 깨닫게 한다(Watson & Mason, 2005). Watson과 Mason(2005)은 학생이 정리에 제시된 조건을 제대로 이해하지 못하거나 간과하는 오류를 개선하기 위해 예 구성 활동을 통한 수학적 문장의 조건의 중요성을 깨닫는 기회를 제공할 것을 제안하였으며, 전태환, 신준국(2016) 역시 같은 관점에서 다양한 함수의 예를 접하고 해석해보는 기회가 필요함을 언급하였다.

생각해 볼 문제

◆ 채교사가 각 수업에서 적용한 과제는 '미분계수를 이용한 함수의 증가, 감소, 극대, 극소의 판정'에 대해 학생이 갖는 학습의 어려움 및 오개념 등을 개선하기 위함입니다. 각 과제에 대한 학생의 반응을 예상해보고, 각 과제와 해당 과제를 통해 개선 가능한 학습의 어려움 혹은 오개념을 짝지어 봅시다.

> [과제 1] 주어진 그래프 해석하고 설명하기
> [과제 2] $f'(0)=0$의 값을 갖는 함수의 예 구성하기
> [과제 3] $x=0$에서 극댓값을 갖는 함수의 예 구성하기

[학습의 어려움 혹은 오개념 1] $f'(a)=0$을 만족하는 함수 $y=f(x)$는 $x=a$에서 극값을 갖는다.
[학습의 어려움 혹은 오개념 2] 함수 $y=f(x)$가 $x=a$에서 극값을 가지면 $f'(a)=0$이 성립한다.
[학습의 어려움 혹은 오개념 3] 그래프 해석과 표현의 어려움
[학습의 어려움 혹은 오개념 4] 열린구간 (a, b)에서 미분가능한 함수 $f(x)$가 그 구간에서 증가하면, 그 구간의 x값에 대해 $f'(x)>0$이다.

3 다큐와 톺아보기

모든 과제가 학생 활동 중심으로 구성된 만큼, 채교사는 선행적, 적극적인 안내보다 학생이 도움을 요청하거나 어려움에 처했다고 판단되는 경우 활동의 방향을 안내하는 조력자의 역할을 수행하였다. 또한, 학생이 구성한 예를 학급 내에 즉각적으로 공유하기 위하여, 미러링 기능이 탑재된 태블릿을 이용하여 학생의 활동 결과물을 사진으로 찍은 뒤 영상 장치를 통해 학급 내에 공유하였다.

3.1 그래프 해석하고 설명하기 수업

그래프 해석하고 설명하기 수업에서는 [과제 1]을 활용하였다. [과제 1]은 학급에 공통으로 주어진 그래프를 해석하여 다양하게 표현해 보는 첫 번째 활동과 모둠별로 각기 다르게 제공된 그래프에 대하여 해당 모둠이 안내하는 설명을 듣고 다른 모둠이 그래프 개형을 그려내는 게임 형식의 두 번째 활동으로 구성되었다. 첫 번째 활동은 학생들이 그래프를 해석하고 설명하는 활동에 어려움을 갖지 않도록 하기 위함으로, 두 번째 활동의 게임 시작 전 학생들과 함께 함수의 그래프를 다양하게 표현해 보면서 그래프 개형의 설명에 적절한 표현과 부적절한 표현 등을 확인해보는 시간으로 진행되었다. 채교사는 학생 스스로 그래프를 해석할 수 있는 시간을 충분히 제공하였으며, 두 번째 활동의 게임에서는 발표 모둠이 해석하고 설명한 그래프와 그래프를 그려낸

모둠이 제시한 그래프를 비교함으로써 어떤 부분이 동일하고 다른 지 확인하고, 그래프 개형을 설명하는 데 있어서 어떤 부분에 주목하고 어떻게 표현하는 것이 필요한지 살펴보았다.

과제 1 선생님이 보여준 그래프를 친구들에게 설명하려고 합니다. 그래프를 보지 못 한 친구들도 이 그래프를 그릴 수 있도록 그래프에 대한 설명을 우선순위를 정하여 아래에 적어보세요. 친구들이 가장 적은 힌트를 가지고 그래프를 완성할 수 있도록 설명한다면 더욱 좋습니다. 10개 이하로 설명할 수 있으면 10개를 모두 적지 않아도 됩니다. 10개 이하로 설명하기 힘들면 10개 이상을 적어도 됩니다. 단, 아직 배우지 않은 용어를 사용하면 안 됩니다. 아래 내용은 중학교 교과서에 있는 내용들입니다.

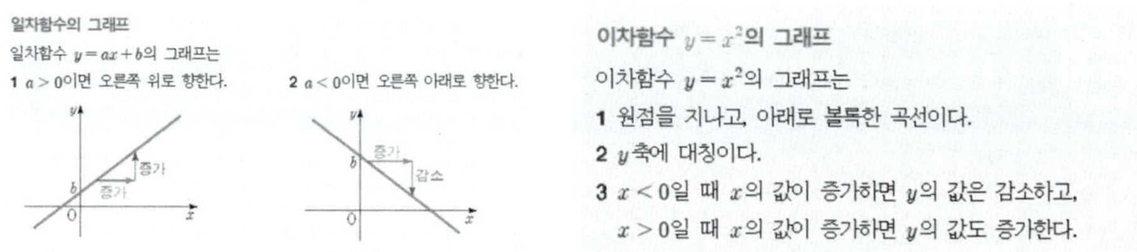

일차함수의 그래프

일차함수 $y=ax+b$의 그래프는

1 $a>0$이면 오른쪽 위로 향한다.

2 $a<0$이면 오른쪽 아래로 향한다.

이차함수 $y=x^2$의 그래프

이차함수 $y=x^2$의 그래프는

1 원점을 지나고, 아래로 볼록한 곡선이다.

2 y축에 대칭이다.

3 $x<0$일 때 x의 값이 증가하면 y의 값은 감소하고,
$x>0$일 때 x의 값이 증가하면 y의 값도 증가한다.

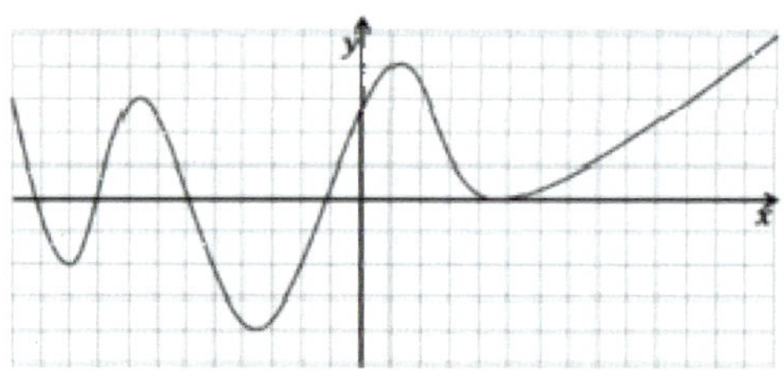

[그림 10-1] 그래프 해석하기 공통 과제

친구들이 설명하는 그래프를 아래 모눈종이에 그려보세요.

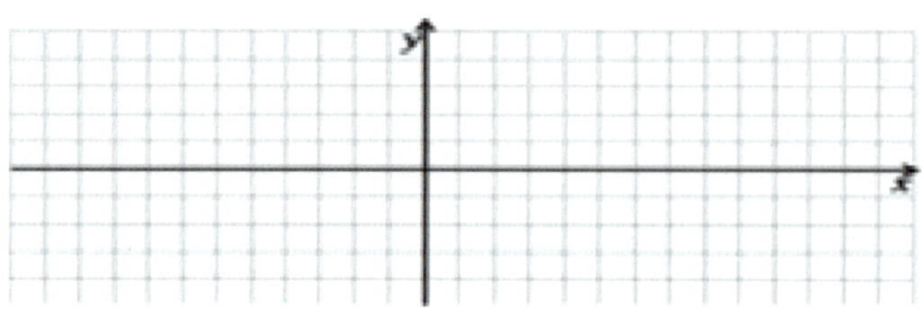

친구들의 설명 중 그래프를 그리는 데 중요하게 사용된 단어나 문장을 적으세요.

[그림 10-1]을 이용한 첫 번째 활동에서 학생의 그래프 해석과 설명은 그래프의 전체적인 모양에 집중하여 일상적인 언어로 표현하는 경우와 그래프의 식과 좌표 등으로 표현하는 경우로 나누어졌으며, 모든 모둠에서 이 두 가지 방식을 모두 이용하여 그래프를 설명하였다. 이 중에서, 그래프의 모양에 집중하여 일상적인 언어로 표현하는 경우는 주로 '아래로 내려가다가 위로 올라간다,' '아래로 볼록, 위로 볼록하다' 등의 표현이 사용되었다. 다음은 이에 대한 2조 학생들의 대화의 일부이다.

장면 1 다양한 표현을 이용한 그래프 해석과 설명

학생 1 : 양쪽 끝이 위로 올라간다.

학생 2 : 볼록한 점 있잖아, 그 점을 적어줘.

학생 1 : 그럼 먼저 위로 볼록한 점 두 개 하고 밑으로 볼록한 점 세 개..

채교사 : 근데 만약에 이 볼록이라는 것을 모르는 친구는 어떻게 할까요? 조금 더 자세하게 풀어줄 필요는 있겠는데요? 네가 생각하는 아래로 볼록하다. 위로 볼록하다. 이게 뭔지, 그걸 좀 더 자세하게 풀어주면 좀 더 자세한 설명이 되겠죠?

학생 1 : 뭐라고 해야 하지.. 아래로 내려갔다가 올라가는 점? 그게 맞겠지? 위로 올라갔다가 아래로 내려가기 시작하는 점..아래로 볼록, 위로 볼록하잖아.

학생 2 : 그렇게 적어도 되겠다. 우선순위 대로 적어야지. 첫 번째가..

〈장면 1〉에서 학생들은 그래프 개형을 설명하기 위해 일상적인 언어인 '볼록하다'라는 표현을 사용하였다. 이에 대해 채교사는 '볼록'의 의미를 좀 더 구체적으로 설명하는 것이 필요함을 안내하였으며, 학생들은 채교사의 안내에 따라 '아래로 내려갔다,' '위로 올라갔다' 등 증가와 감소가 반영된 표현을 이용하여 스스로 '위로 볼록'과 '아래로 볼록'에 대해 설명하였다. 2모둠 학생들의 이와 같은 언어 표현은 이후 진행된 두 번째 활동에서도 관찰되었는데, [그림 10-2]의 그래프에 대해 '아래로 내려갔다가 올라

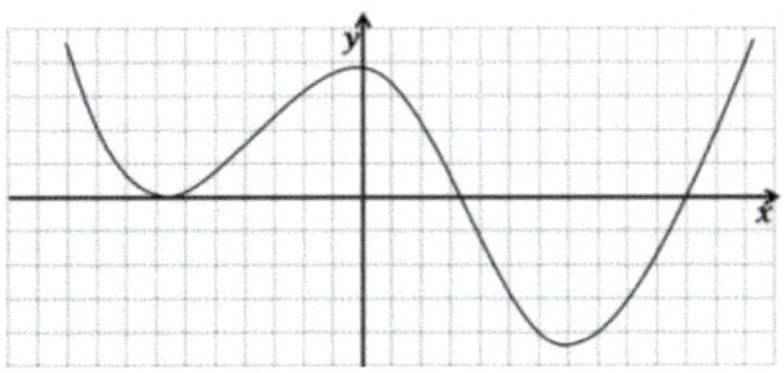

[그림 10-2] 게임에서 2모둠이 설명한 그래프

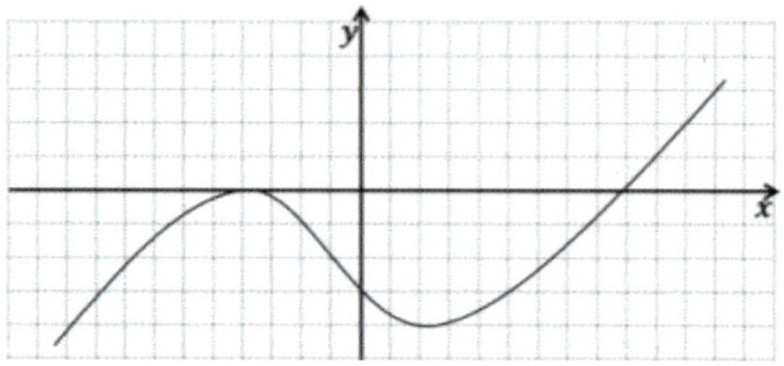

[그림 10-3] 게임에서 3모둠이 설명한 그래프

가는 점이 2개이고, 위로 올라갔다가 내려가는 점이 1개다.'고 표현하였다.

아래의 설명문은 두 번째 활동에서 3모둠이 [그림 10-3]의 그래프를 해석하고 표현한 설명문이다.

1. y절편은 음수이다.
2. 1칸이 1이라고 했을 때, -4와 9의 근을 갖는다.
3. 원점을 지나지 않는다.
4. y축을 기준으로 왼쪽에는 위로 볼록한 이차함수 그래프
5. 오른쪽에는 아래로 볼록한 이차함수 그래프이다.
6. (12.2, 3.2)에서 시작

위에 제시된 3모둠의 설명에 대해 다른 모둠이 제시한 그래프 개형은 [그림 10-4], [그림 10-5]의 그래프와 같다. 두 모둠 모두 전체적인 개형을 동일하게 제시하였는데, 이와 관련하여 학생들은 3모둠의 4번과 5번 설명이 그래프의 전체적인 개형을 추측하는데 도움이 됐다고 말하였다. 채교사 역시 해당 설명이 대략적인 그래프 개형을 그리는데 도움을 주었음을 언급하였다. 한편, 4모둠은 3모둠의 설명을 종합하여 -4와 9의 근 외에 다른 근이 추가로 존재하는 상황을 가정하였음을 알 수 있는데, 이와 같은

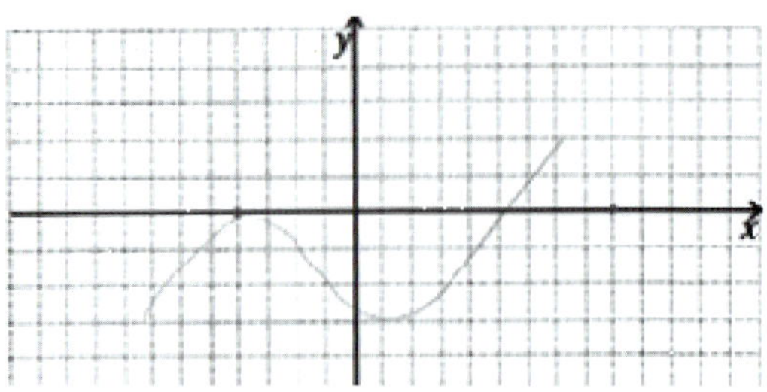

[그림 10-4] 3모둠 설명에 대해 2모둠이 그린 그래프

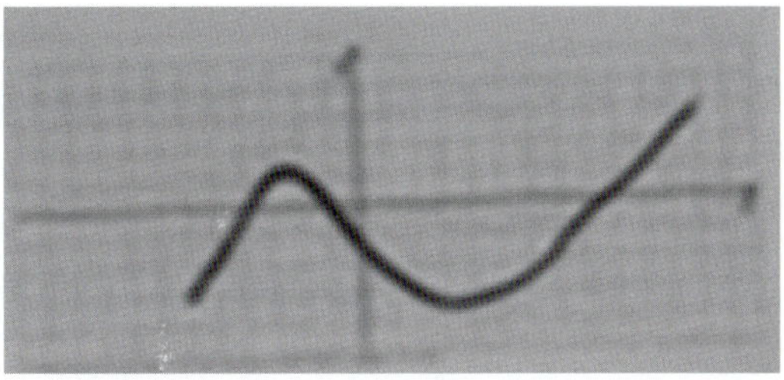

[그림 10-5] 3모둠 설명에 대해 4모둠이 그린 그래프

결과는 모눈종이 위에 그래프를 나타내야 하는 경우 구체적인 값이 적절하게 표현되고 해석될 때 주어진 그래프와 일치하는 그래프가 그려질 수 있음을 보여준다. 또한, 구체적인 좌표가 아닌 전체적인 그래프 개형을 파악하는 것이 목적인 경우에는 모눈종이를 제공하지 않는 방안도 고려해 볼 것을 보여준다.

[과제 1]을 이용한 그래프 해석하고 설명하기 수업은 그래프를 해석하는 데 어려움을 갖는 학생을 지원한다는 그 자체의 목적을 가짐과 동시에, 이후 학습하게 될 함수의 증가와 감소, 극대와 극소의 개념을 학습하는 토대가 되었다. 앞서 확인한 '아래로 내려갔다,' '위로 올라갔다' 등을 비롯하여 [과제 1]의 그래프를 해석하고 설명하는 활동 중 학생이 제시한 다양한 표현은 다음 절에서 제시하는 함수의 증가와 감소, 극대와 극소 수업에서 지속적으로 활용되면서 해당 개념과 성질을 이해하는 데 기여하였다.

3.2 예 구성을 통한 미분계수와 함수의 증가, 감소 관계 탐구 수업

[과제 1]을 활용한 수업에 참여한 학생들은 이후 도함수를 이용한 함수의 증가와 감소 판정에 관한 정리를 배웠으며, 해당 정리를 활용하여 아래의 대수식으로 주어진 함수의 증가, 감소 범위를 구하는 과제를 해결하였다.

$$f(x) = 2x^2 - 4x$$

이 과정에서 몇몇 학생은 $x = \frac{7}{4}$인 경우, 즉, $f'(x) = 0$을 만족하는 x의 값에서 함수의 증가, 감소에 대한 안내가 없다는 점에 의문을 제기하였다. 실제로, 수업 당시 학생들이 사용하고 있었던 교과서에는 도함수를 이용한 함수의 증가와 감소 판정에 관한 정리가 [그림 10-6]과 같이 제시되어 있었다. [그림 10-6]에는 $f'(x) = 0$인 경우 함수의 증가 혹은 감소를 밝히지 않고 있다.

함수의 증가와 감소

함수 $f(x)$가 열린 구간 (a, b)에서 미분가능하고 이 구간에 속하는 임의의 x에 대하여

① $f'(x)>0$이면 $f(x)$는 그 구간에서 증가한다.

② $f'(x)<0$이면 $f(x)$는 그 구간에서 감소한다.

[그림 10-6] 도함수를 이용한 함수의 증가와 감소 판정(이강섭 외, 2017, p. 118)

채교사 역시 이에 대한 의문을 해결하는 것이 필요함을 안내하면서 다음의 [과제 2]를 이용한 수업을 진행하였다.

과제 2 $f'(0)=0$인 함수를 가능한 많이 찾아보자.

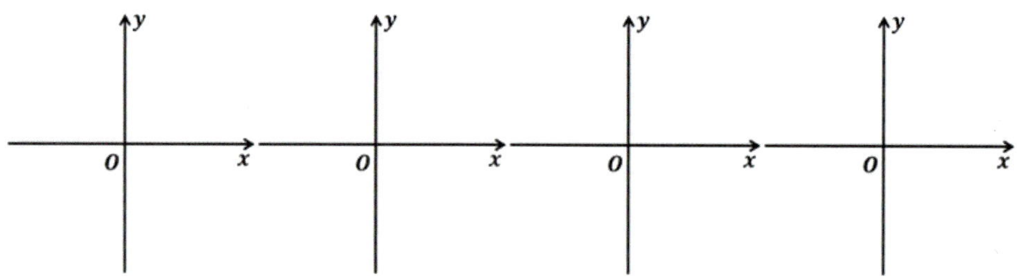

식 : 식 : 식 :

식 : 식 : 식 :

학생들은 모둠 내 동료와의 논의를 이어가면서 $f'(0)=0$이 되는 여러 함수를 그래프 혹은 식으로 제시하였는데, 이 과정에서 학생 간 서로의 예를 비교해보고 $f'(0)=0$이 되는 여러 함수의 특징 등을 스스로 탐구할 수 있는 기회를 가졌다. 다음은 학생들이 구성한 예 중에서 가장 많은 학생들이 제시한 그래프와 식의 일부이다.

그래프 1: 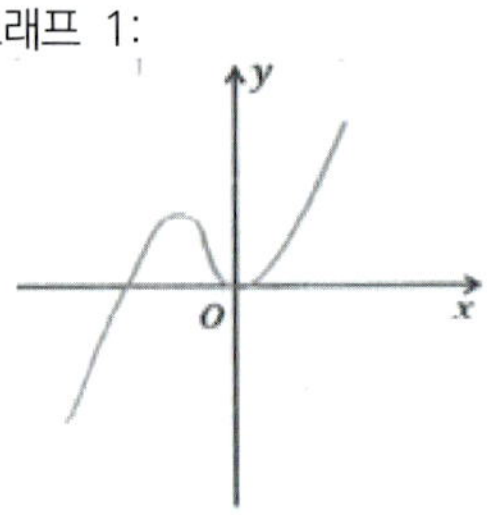	그래프 2: 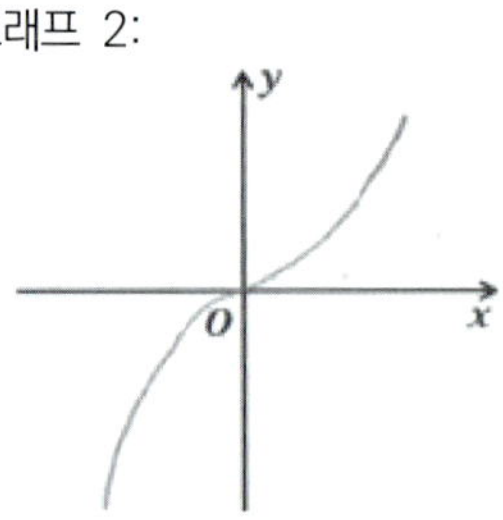	그래프 3: 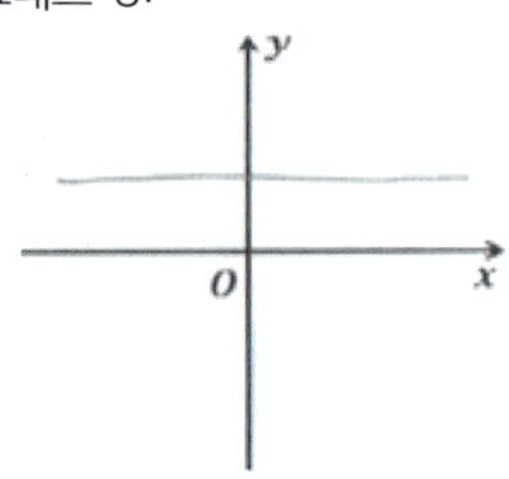
식 1: $y=x^3+x^2$	식 2: $y=-x^3$	식 3: $y=3$

학생들이 구성한 예를 살펴보면, 그래프 1은 $x=0$에서 중근을 갖는 삼차함수, 그래프 2는 $x=0$에서 변곡점을 갖는 삼차함수, 그래프 3은 $y=a$ 형태의 상수함수이며, 그 외에도 그래프 1과 유사한 형태의 여러 그래프가 제시되었다. 함수식은 식 1, 식 2와 같이 3차항을 포함하는 다항식의 형태로 제시되거나 식 3의 $y=3$과 같이 상수함수의 형태로 제시되었다. 이중 그래프 2와 식 2의 함수는 모두 $x=0$에서 $f'(0)=0$을 만족하지만, 그래프 2는 실수 전체 범위에서 증가하는 함수, 식 2는 실수 전체 범위에서 감소하는 함수로, 미분계수의 값이 0인 경우 증가, 감소를 특정할 수 없음을 보여준다. 또한, 상수함수인 그래프 3과 식 3 역시 $x=0$에서 $f'(0)=0$이지만 증가 혹은 감소 상태라고 할 수 없다. 이와 같은 상황을 인지시키기 위해, 〈장면 2〉에서 채 교사는 위에 제시된 예를 비롯하여 학생이 구성한 다양한 예를 전체 학급에 공유하면서 $x=0$일 때 함수의 증가 혹은 감소를 확신할 수 없음을 함께 확인하고, 미분계수의 값이 0인 경우에는 그래프를 그려서 확인할 필요가 있음을 강조하였다.

장면 2 함수의 증가와 감소 판정에 관한 정리에 대한 학생의 오개념 예방하기

채교사 : (공유한 여러 그래프를 보면서) 그래프 중에서 특징이 좀 다른 걸 찾아보세요.

학생 3 : 그래프 3이요.

채교사 : 그래프 3. 이건 어떻게 되나요? 직선이죠? 그러니까 $x=0$ 왼쪽에서도 기울기가 0인데, 오른쪽에서도 계속 0이죠. 얘는 그냥 쭉 접선의 기울기가 0인 그래프죠? 또?

학생 4 : 그래프 2요.

채교사 : 그래프 2는 어떤 특징이 있죠? 다른 그래프들은?

학생 4 : (다른 그래프들은) 감소했다 증가해요.

채교사 : 박수! (학생들 박수 침) 봅시다. (그래프 1을 가리키며) 여기 $x=0$을 기준으로 함수가 뭐하다가? 감소하다가 증가. 0보다 작은 데서 감소하다가 여기서 증가하죠? 근데 그래프 2를 보니까, $x=0$을 기준으로 왼쪽에서 뭐합니까? 증가하죠? 오른쪽에서는? 증가하죠? 그러니까 그래프 2는 $x=0$ 보다 작은 쪽에서도 증가하고 큰 쪽에서도 증가한다. 그러니까, 미분계수가 0이 되는 이곳에서 우리가 증가한다, 감소한다를 알아차릴 수 있을까요? (중략) 증가 감소가 아니죠? 그니까 미분계수가 0이 되는 곳에서는 그래프를 보면서 확인해볼 필요가 있다는 거죠.

한편, [과제 2]의 예 구성하기 과제를 해결하는 과정에서 예 구성을 위해 필요한 사전 지식인 미분계수 혹은 함수 개념에 대한 학생의 부족한 이해가 드러났다. $f'(0)=0$

의 기하적 의미를 모르는 몇몇 학생이 예를 구성하지 못하거나 아래의 그래프 4, 그래프 5, 그래프 6을 구성하는 등의 어려움을 보인 것이다. 이에 대응하여, 채교사는 $f'(0)=0$의 기하적 의미가 $x=0$에서의 접선의 기울기가 0이 되는 함수라는 사실과 접선의 기울기가 0인 그래프를 그리거나 식을 구하는 방법을 안내하였다. 이처럼 [과제 2]는 학생 스스로 예를 구성하는 과정에서 미분계수의 의미를 이해하고 부족한 선행지식을 보완할 수 있는 기회를 제공하기도 하였다.

그래프 4:

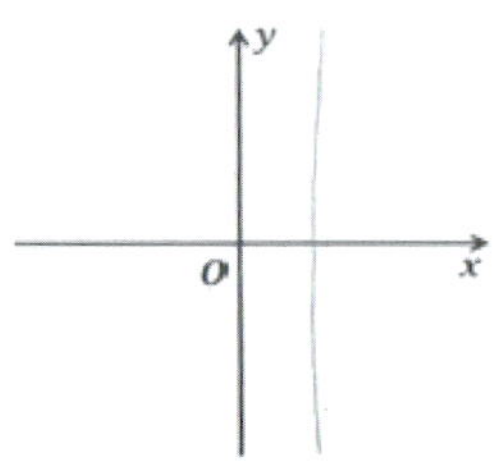

그래프 5:

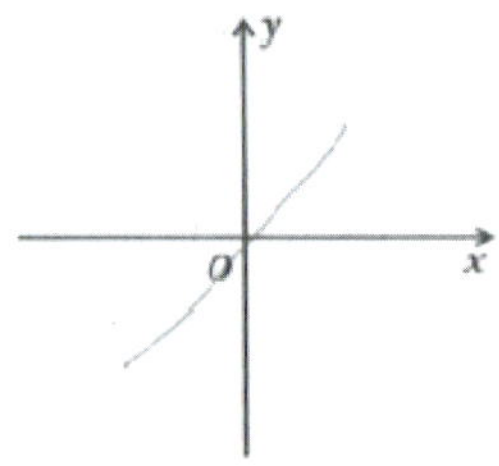

그래프 6:

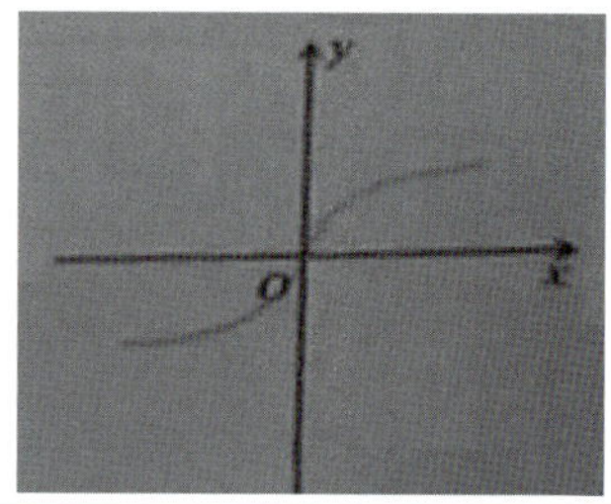

[과제 2]의 해결 사례는 예 구성하기 활동이 학생으로 하여금 수학적 문장에 담긴 의미를 이해하고 오개념을 개선하며 부족한 지식을 보충하는 데 기여할 수 있음을 보여준다. 또한 함수와 관련하여 대수식을 기하적 관점에서 해석할 수 있는 기회를 제공할 수 있음을 보여준다. 다만, 학생의 사전 지식 결여는 잘못된 예의 구성 및 추론으로 이어질 수도 있으므로, 다양한 예 구성을 통한 탐구 활동을 설계할 때에는 해당 활동을 위해 요구되는 사전 지식에 대한 체계적인 점검이 이루어져야 함과 동시에 잘못 구성한 예를 통해 드러난 학생의 부족한 지식을 개선할 수 있는 방안이 마련되어야 한다.

3.3 예 구성을 통한 미분계수와 함수의 극대, 극소 관계 탐구 수업

함수의 증가, 감소를 학습한 학생들은 함수의 극대, 극소의 개념을 학습하였다. 이때 채교사는 다음과 같이 [과제 1]의 그래프 해석하기 공통 과제를 설명한 학생의 표현을 활용하여 극대, 극소의 개념을 자연스럽게 도입하였다. 이러한 도입은 채교사가 학생들의 그래프 해석과 설명에 대한 학습의 어려움을 지속적으로 개선하고자 노력한 것으로도 볼 수 있다.

- 아래로 내려갔다 올라가기 시작하는 점은 $(-10,\ -2)$, $(-4.5,\ -4)$, $(4.5,\ 0)$이다.
- 위로 올라갔다 내려가기 시작하는 점은 $(-7.5,\ 3)$, $(1.3,\ 4)$이다.
- 아래로 3번 볼록하고 위로 2번 볼록하다.

이후 도함수를 이용한 함수의 극값 판정을 학습하기 전에 학생들에게 다음의 [과제 3]이 제공되었다.

과제 3 $x=0$에서 극댓값을 갖는 함수를 가능한 많이 찾아봅시다.

학생들은 동료와의 논의 속에서 $x=0$에서 극댓값을 갖는 다양한 함수를 그래프 혹은 식으로 제시하였으며, 이 과정에서 본인이 구성한 함수의 $x=0$에서의 값이 극댓값의 개념에 부합하는지 확인함과 동시에 극댓값을 갖는 그래프의 개형을 확인하는 기회를 가졌다. 학생들은 주로 그래프를 이용하여 극댓값을 표현하였는데, 다음은 학생들이 구성한 예 중에서 채교사가 전체 학급에 공유한 그래프의 일부이다. 학생들은 주로 그래프 7, 그래프 8과 같은 구불구불한 형태의 그래프를 다양하게 제시하였으며, 일부 학생이 그래프 9를 제시하였다. 그래프 9는 그래프 7, 그래프 8과 달리 $x=0$에서 미분불가능한 함수로, $x=0$에서 미분계수를 갖지 않는다.

그래프 7:

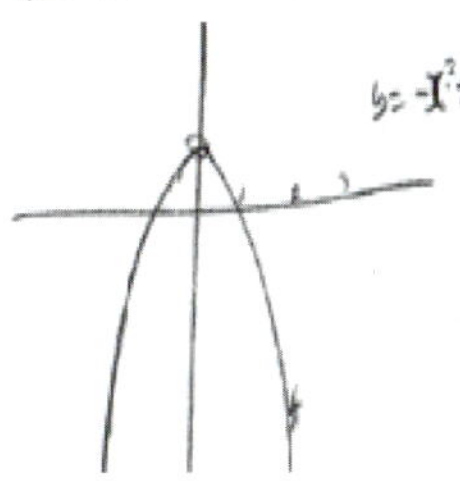

그래프 8:

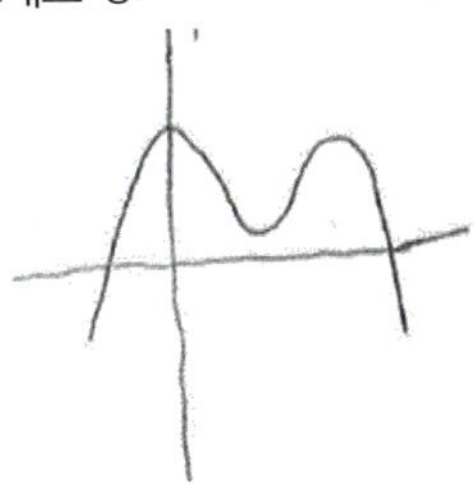

그래프 9:

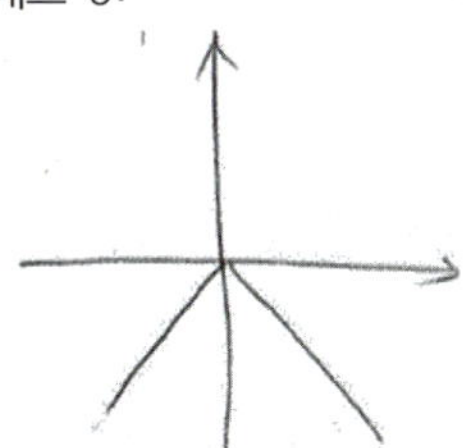

<장면 3>은 위의 그래프가 학급 내에 공유된 후 진행된 수업의 일부를 보여준다.

장면 3 극값의 판정에 대한 학생의 오개념 예방하기 1

채교사 : $x=0$에서 극댓값을 갖는 함수는 $x=0$에서 미분가능한가요?

학생 5 : 네.

채교사 : 다들 학생 5 의견에 동의하나요? (다양한 의견이 오고 감) 우리 친구들이 그린 그래프를 같이 보면서 얘기해 봅시다. (공유한 여러 그래프를 보면서) 그래프가 비슷한 것 같으면서 달라요. 뭐가 비슷하고 뭐가 다르죠?

학생 5 : 그래프 9가 달라요.

채교사 : 그래프 9가 다를 것 같다는 의견이 나왔어요. 어떻게 다르죠?

학생 1 : 뾰족해요. 다른 건 뾰족하지 않고 부드럽게 볼록해요.

채교사 : 맞죠. 그런데 뾰족하고 부드럽게 볼록한 걸 우리가 배운 내용으로 표현을 바꿔보면 어떨까요? (잠시 시간이 흐른 후) 세 함수 모두 $x=0$에서 미분가능한가요?

학생 4 : 그래프 7이랑 그래프 8은 가능하고 그래프 9는 불가능해요.

채교사 : 좋아요. 그럼 조금 전에 했던 질문 다시 할게요. $x=0$에서 극댓값을 갖는 함수는 $x=0$에서 미분가능하다고 할 수 있을까요?

〈장면 3〉에서 채교사는 학생 스스로 그래프 9가 [과제 3]에 부합하는 그래프인지 판단하고, 그래프 7, 그래프 8과 그래프 9 사이에 서로 다른 점을 발견할 수 있는 기회를 주었다. 채교사는 이들 그래프의 공통점과 차이점에 주목하면서, 이들 그래프가 모두 $x=0$에서 극댓값을 갖는다는 공통점을 갖지만, 그래프 7, 그래프 8과 달리 그래프 9가 미분불가능한 함수임을 강조하였다. 나아가 그래프 9와 같이 미분불가능한 함수도 극값을 가질 수 있으나, 이 경우 $x=0$에서의 미분계수가 존재하지 않으므로 $f'(0)=0$이 성립하지 않음을 설명하였다. 즉, 함수가 $x=0$에서 극댓값을 가진다고 해당 함수의 $x=0$에서의 미분계수가 반드시 0인 것은 아니며, 나아가 미분계수를 반드시 가진다고 할 수 없음을 안내한 것이다. 이후, 채교사는 교과서에 [그림 10-7]과 같이 제시된 정리가 미분가능한 함수를 대상으로 한다는 점을 강조하고, 정리를 적용하기 위해서는 정리에 제시된 조건을 정확히 고려해야 한다는 점을 언급하였다.

극값의 판정

함수 $f(x)$가 $x=a$에서 미분가능하고 $x=a$에서 극값을 가지면

$$f'(a)=0$$

[그림 10-7] 도함수를 이용한 극값의 판정(이강섭 외, 2017, p. 121)

[과제 3]을 해결하는 과정에서 극값에 대한 학생의 개념 이미지가 드러나기도 하였다. 실제로 위의 그래프 7, 그래프 8과 같은 구불구불한 형태의 연속인 그래프가 주로 구성되었다는 결과는 학생의 극댓값에 대한 개념 이미지를 보여준다. 이들 그래프는 미분가능한 함수로, 학생들은 극댓값, 나아가 극값을 갖는 함수의 개념 이미지로 미분가능한 함수를 떠올리는 것이다. 이와 같은 측면을 종합적으로 고려하면, 학생은 극값을 갖는 함수는 미분가능한 함수이며 그렇기 때문에 [그림 10-7]의 극값의 판정 정리에서 미분가능하다는 조건을 고려할 필요없이, '함수가 $x=a$에서 극값을 가지면 $f'(a)=0$이 성립한다'는 오개념을 갖게 되는 것이다. 이와 관련하여, 채교사는 극값을 갖는 함수가 구불구불한 형태의 그래프로 표현되는 연속함수라는 학생의 개념 이미지를 개선하기 위하여 그래프 9를 활용함은 물론, $y=3$과 같은 그래프를 제시하기도 하였다.

한편, 채교사는 도함수를 이용한 극값의 판정을 지도하는 과정에서 이전 수업에서 수행한 [과제 2]에 대한 학생 활동의 결과를 다시 확인하기도 하였다.

장면 4 극값의 판정에 대한 학생의 오개념 예방하기 2

채교사 : 선생님이 퀴즈 하나 낼게요. 함수 $f'(x)$가 미분가능할 때, $f'(0)=0$이면 $x=0$에서 극값을 갖는다. 맞을까요, 틀릴까요?

학생들 : (조용)

채교사 : 다시. 방금 우리 뭐 배웠어요? '함수 $f(x)$가 $x=a$에서 미분가능하고 극값을 가지면 $f'(a)=0$이다.' 이거 배웠죠? 반대로 생각해봐요. 함수 $f(x)$가 $x=a$에서, $x=0$에서 미분가능하고 $f'(0)=0$인거예요. 그러면 이 함수는 $x=a$에서, $x=0$에서 극댓값을, 아니면 극솟값도 가질까요?

학생들 : (여러 의견 나옴)

채교사 : 우리 지난 시간에 했던, 여러분이 그렸던 그래프 2를 볼게요. 어때요? (학생들 저마다 채교사의 퀴즈에 대한 답을 제시함) 미분가능해요?

학생들 : 네.

채교사 : 그죠. 천천히 생각해봅시다. 함수 $f(x)$가 (그래프 2의 $x=0$ 지점을 가리키면서) $x=a$에서 미분가능하고 (그래프 2 함수의 $x=0$에서의 접선을 표시하면서) $f'(a)=0$인거예요. 그러면 이 함수는 $x=a$에서, $x=0$에서 극값을, 극댓값을 가질까요?

학생들 : 아니요.

채교사 : 좋아요. 도함수를 이용한 극값의 판정에서, $f'(a)=0$이라고 무조건 극값을 갖는다고 할 수는?

학생들 : 없다.

〈장면 4〉에서 채교사는 학생 스스로 그래프 2가 도함수를 이용한 극값의 판정에 부합하는 그래프인지 판단하고, 정리와 정리의 역을 구별할 수 있는 기회를 주었다. 채교사는 그래프 2가 $x=0$에서 미분가능하고 그 때의 미분계수가 0이라는 점에 주목하면서, 미분가능한 함수에서의 미분계수와 극값의 관계를 안내하고자 하였다. 이후 채교사는 학생들에게 도함수를 이용한 극값의 판정을 학습하는 과정에서 필요한 조건을 파악하는 것도 중요하며, 동시에 정리와 정리의 역을 구분하는 것 역시 중요함을 강조하였다.

[과제 3]을 이용한 수업에서는 학생들의 사전 지식 부족이 드러나기도 하였다. 이는 [과제 3]에 대한 학생의 오답을 통해 확인되었는데, 일부 학생이 [과제 3]의 답으로 아래의 그래프 10과 그래프 11을 제시한 것이다. 이들은 $x=0$에서 극댓값을 갖지 않는 그래프라는 점에서 오답으로 볼 수 있는데, 해당 그래프를 제시한 학생들은 오답을 제시한 이유로 "다른 친구들 모두 구불구불한 그래프를 그리길래 이것도 맞는 줄 알았다"라고 답하였다. 이들 학생은 극댓값의 의미를 모르는 학생으로, 채교사는 이들이 모방한 그래프에서 구불구불한 형태가 아닌 $x=0$에서의 함숫값에 주목할 것을 안내하였다.

그래프 10:

그래프 11:

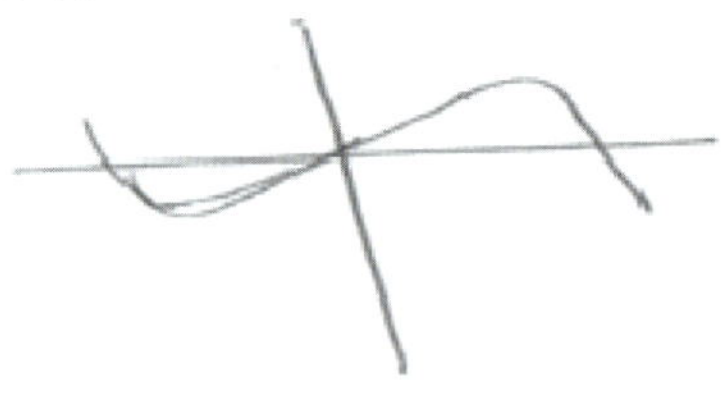

[과제 3]의 해결 사례는 예 구성하기 활동이 학생으로 하여금 정리를 구성하는 조건에 주목하고, 정리에 대한 정확한 이해와 적용을 할 수 있도록 기여함을 보여준다. 더불어, 한정된 예에서 비롯된 편향적인 개념 이미지와 오개념을 개선하고, 올바른 개념 이미지와 개념 정의를 연결 짓는 데에도 기여할 수 있음을 보여준다. 다만, 학생이 예

를 구성하는 경우 교사가 의도한 예가 모두 제시되지 않을 수 있으므로, 이러한 경우 교사가 직접 예를 안내할 수 있도록 준비가 필요하다. 또한, [과제 2]의 예 구성하기 수업과 마찬가지로, 학생의 사전 지식 결여는 잘못된 예의 구성 및 추론으로 이어질 수도 있으므로 예 구성을 통한 탐구 활동을 설계할 때에는 해당 활동을 위해 요구되는 사전 지식에 대한 점검과 잘못 구성한 예를 통해 드러난 학생의 부족한 지식을 개선할 수 있는 방안이 수업 전에 마련되어야 할 것이다.

3.4 과제와 수업 설계에 반영된 교사의 문제 의식

2022 개정 수학과 교육과정에서는 도함수를 활용하여 함수의 극대와 극소, 증가와 감소를 판정하고 설명할 수 있어야 함을 요구한다. 그리고 이와 같은 요구는 대부분의 교과서에 도함수를 이용한 함수의 증가와 감소 판정과 도함수를 이용한 극값의 판정으로 제시된 뒤, 대수식에 해당 정리를 반복적으로 적용하는 과제로 이어진다. 이와 같은 교과서의 내용 및 과제 구성에 대하여, 채교사는 식에 정리를 대입하여 답을 구하는 대수식 중심의 과제가 학생으로 하여금 도함수를 이용한 함수의 증가와 감소 및 극값의 판정을 정확하게 이해하지 못한 채 과제를 기계적으로 해결하게 하며, 궁극적으로 미분계수와 함수의 증가, 감소, 극대, 극소의 관계에 대한 이해 및 그래프 해석을 통한 함수 학습을 방해한다고 보았다. 나아가 채교사는 이들 정리와 관련한 학생의 오개념을 파악하고, 학생이 왜 오개념을 갖는지, 함수를 대수적, 기하적 측면에서 종합적으로 이해하는 것이 왜 필요한지, 대수적 절차가 아닌 개념적 이해를 증진하는 데 요구되는 활동이 무엇인지에 대해 종합적으로 고민하였다.

위와 같은 문제의식을 가진 채교사는 그래프 해석하기와 예 구성하기 활동이 이들 문제점을 개선하고 교육과정에서 추구하는 추론 역량 강화를 위한 수업에 부합하다고 판단하였다. 또한 다음의 측면에 대한 문제 의식을 지속적으로 가지면서 과제 개발과 수업 설계를 이어나갔다.

첫째, 학생이 가지는 편향된 개념 이미지 및 오개념 등을 개선하기 위하여 과제 제시와 수업 순서를 고려하였다. 채교사는 그래프를 해석하고 설명하는 과제를 먼저 제시한 뒤, 다양한 함수의 예를 구성하는 과제를 제시하는 등 '그래프 해석하기와 설명하기-예 구성하기'의 흐름으로 수업을 구성하였다. 이와 같은 순서는 학생으로 하여금 대수적 계산이 아닌 기하적 해석과 표현 및 기하와 대수 영역 간의 변환을 우선적으로 경험하게 하기 위함이었다. 이를 통해 대수식 중심의 개념 이미지에서 벗어나는 효과를 높이고, 학생이 직접 제시한 기하적 해석과 표현을 이용하여 미분계수와 함수의 증가, 감소, 극대, 극소의 관계를 안내함으로써 과제를 이용한 학습 효과를 극대화하고자 한 것이다. 이와 관련하여, 채교사는 수업 설계 초기에 그래프 해석하기 수업을 도함수의 활용 수업을 마친 뒤에 제시하려고 하였다. 하지만, 해당 수업이 뒤에 진행될 경우 이미 알고 있는 개념을 확인하는 효과를 가져올 뿐 그래프에 대한 비형식적, 개념적, 질적 접근이라는 그래프 해석하기의 효과를 제한할 수 있음을 고려하여 수업의 진행 순서를 수정하였다.

둘째, 학생 스스로 다양한 예를 구성할 수 있도록 과제의 수준을 학생의 인지적 수준에 맞추어 제시하고 예상 답안을 구성하여 학생의 학습을 지원하고자 하였다. 예 구성하기는 긍정적인 교육적 효과를 제공할 수 있지만 높은 수학적 사고를 요구하기도 하므로, 지나치게 개방적인 과제는 오히려 학생의 과제 수행을 제한할 수 있다. 실제로, [과제 2]의 초기 형태는 열린 구간 $(-1,\ 2)$에서 증가하면서 $f'(a)=0$인 값이 존재하는 함수를 찾는 과제였으나, 이후 $f'(0)=0$인 경우로 특정되었다. 또한 [과제 3]의 경우 초기에는 $x=0$에서 극값을 갖는 함수를 찾는 과제였으나, 이후 극댓값을 갖는 함수로 범위를 축소하였다. 적절한 개방성과 구체성을 통해 학생들이 구성한 다양한 예의 공통점과 차이점을 파악하고 정리에 대한 올바른 이해를 높일 수 있도록 한 것이다. 이와 더불어, 활동이 원활하게 전개될 수 있도록 채교사는 과제 별로 학생의 예상 답안을 작성하고, 이들을 이용한 교수 활동을 사고실험하기도 하였다. 예상한 답이 나오지 않거나 오개념 개선 등을 위해 필요한 경우 교사가 직접 함수의 예를 제시하기 위한 준비를 한 것이다.

셋째, 학생 스스로 관련 개념을 탐구하는 것이 필요하다고 판단하여, 교사의 직접적인 설명보다 또래 중심의 의사소통을 통해 과제를 이해하고 해결할 수 있는 수업 환경을 조성하고자 하였다. 이를 위해 채교사는 '또래 학습–전체 학습–교사 정리'의 큰 틀을 유지하면서 모둠 활동을 장려하는 수업을 설계하였는데, 이는 동료와의 수학적 의사소통을 통해 학생 스스로 관련 개념을 추론할 수 있는 기회를 제공하기 위함이었다.

4 결론

4.1 생각해 볼 문제에 대한 사례 기반 결론

2절의 생각해 보기에서 제시한 질문을 중심으로 이 수업을 정리해 보도록 하자. 2절에서 제시한 첫 번째 질문은 가르칠 지식에 관한 것이며, 두 번째 질문은 학생의 지식 습득을 위한 교수학습방법에 관한 것이다. 교사가 학생에게 가르칠 지식이 무엇인지 정확하게 모른다면, 학생이 갖는 지식이 정확한지 여부를 알기 어렵다. 교사가 가르칠 지식을 정확히 알고 있을 때 그 지식과 관련한 학습의 어려움과 여러 오개념을 예측할 수 있으며 오개념을 개선하고 바른 지식을 습득하기 위한 방법을 모색할 수 있을 것이다. 또한 다양한 교수학습방법과 그 교육적 효과를 파악하고 있을 때, 수업의 과정에서 필요한 교수학습방법을 적절하게 반영할 수 있을 것이다.

첫 번째 질문은 다음과 같다. '미분계수를 이용한 함수의 증가와 감소, 극대와 극소의 판정 정리'와 관련하여 학생이 학습하게 되는 내용에는 이미 본문에 제시하였으며, 여기에서는 이를 한번 더 정리해본다.

> ▷ 2차시와 3차시 수업을 통해 '미분계수를 이용한 함수의 증가와 감소, 극대와 극소의 판정 정리'를 안내하고자 합니다. 해당 정리를 기술해 봅시다.

2차시 수업의 〈장면 2〉에서 관찰된 바와 같이 2차시 수업에서 채교사는 $f'(x)=0$인 경우 함수의 증가와 감소가 특정될 수 없음을 탐구하였는데, 이는 함수의 미분계수를 이용한 함수의 증가와 감소 판정을 보여주는 것이다. 따라서, 2차시 수업에서 채교사가 안내하고자 했던 정리는 '함수 $f(x)$가 열린 구간 (a, b)에서 미분가능하고 이 구간에 속하는 임의의 x에 대하여 $f'(x)>0$이면 $f(x)$는 그 구간에서 증가하고 $f'(x)<0$이면 $f(x)$는 그 구간에서 감소한다'이다. 3차시 수업의 〈장면 3〉에서는 학생들이 스스로 구성한 그래프 7, 그래프 8, 그래프 9를 살펴보면서 함수의 극값의 존재가 함수의 미분계수로 항상 판별될 수 없음을 인지하는 모습을 보여준다. 이를 통해 3차시 수업에서 채교사가 안내하고자 했던 정리는 '함수 $f(x)$가 $x=a$에서 미분가능하고 $x=a$에서 극값을 가지면 $f'(a)=0$이다'이다.

두 번째 질문은 다음과 같다. 채교사의 수업이 학생 스스로 예를 구성하는 활동으로 진행되었다는 사실과 다양한 표현을 사용할 수 있었다는 사실로부터 답을 찾을 수 있다.

▶ 채교사가 설계한 과제는 학생 스스로 미분계수의 개념, 원리, 법칙에 흥미와 관심을 갖고 탐구하며 이해할 것을 의도한다. 이는 2022 개정 수학과 교육과정에서 안내하는 추론 역량의 함양을 반영한 것으로 볼 수 있는데, 추론 역량의 함양을 위한 다음의 다양한 방법 중, 위에서 소개된 2차시와 3차시 수업과 관련이 있다고 생각되는 방법에 밑줄을 그어 표시해 봅시다.

연역적 추론/ 귀납적 추론/ 시각적 추론/ 유추/ 가추

2차시 수업과 3차시 수업에서는 학생 스스로 그래프 1부터 그래프 3, 그래프 7부터 그래프 9, 식 1부터 식 3까지의 다양한 예를 구성하였으며, 구성한 예를 통해 함수의 미분계수와 증가, 감소, 극대, 극소의 관계를 탐구하고자 하였다. 이는 구체적인 사례를 이용하여 일반화된 정리를 이끌어내고자 했다는 점에서 귀납적 추론으로 볼 수 있다. 또한 그래프와 같은 시각적인 예가 구성되고, 그래프에서 보여지는 공통점과 차이점에 주목했다는 점에서 시각적 추론으로도 볼 수 있다.

세 번째 질문은 첫 번째 질문과 연결된다. 학생이 학습하게 되는 정리는 여러 가지 가정과 결론으로 구성되는 명제이기 때문에, 한 개의 가정이라도 만족하지 않으면 해당 정리는 성립하지 않는다. 가정과 결론이 바뀌는 경우도 마찬가지이다. 하지만 가정과 결론을 구분하는 것과 여러 가지 가정을 모두 기억하는 것은 어렵기 때문에 학생들은 혼란에 빠진다. 이러한 점을 생각한다면, 학생에게 '정리'를 지도할 때 어떤 오개념을 고려해야 하는지 조금 더 명확해 질 것이다.

▶ 채교사가 각 수업에서 진행한 활동은 '미분계수를 이용한 함수의 증가, 감소, 극대, 극소의 판정'에 대해 학생이 갖는 학습의 어려움 및 오개념 등을 개선하기 위함입니다. 각 활동에 대한 학생의 반응을 예상해보고, 각 활동과 해당 활동을 통해 개선 가능한 학습의 어려움 혹은 오개념을 짝지어 봅시다.

[과제 1] 주어진 그래프 해석하고 설명하기
[과제 2] $f'(0)=0$의 값을 갖는 함수의 예 구성하기
[과제 3] $x=0$에서 극댓값을 갖는 함수의 예 구성하기

[학습의 어려움 혹은 오개념 1] $f'(a)=0$을 만족하는 함수 $y=f(x)$는 $x=a$에서 극값을 갖는다.
[학습의 어려움 혹은 오개념 2] 함수 $y=f(x)$가 $x=a$에서 극값을 가지면 $f'(a)=0$이 성립한다.
[학습의 어려움 혹은 오개념 3] 그래프 해석과 표현의 어려움
[학습의 어려움 혹은 오개념 4] 열린구간 (a, b)에서 미분가능한 함수 $f(x)$가 그 구간에서 증가하면, 그 구간의 x값에 대해 $f'(x)>0$이다.

〈장면 1〉에서 채교사는 학생들이 자신들의 언어로 그래프를 표현하기를 안내함과 동시에 학생들이 "볼록이라는 걸 모르는 친구들은 어떻게 할까요? (중략) 네가 생각하는 아래로 볼록하다. 위로 볼록하다. 이게 뭔지, 그걸 좀 더 자세하게 풀어주면 좀 더 자세한 설명이 되겠죠?"라는 발문을 통해 학생들이 공통적으로 이해할 수 있는 방식으로 그래프를 표현할 것을 안내한다. 그리고, 이후 모둠별 그래프 해석과 설명하기 활동 시, 어떠한 설명이 주어진 그래프의 개형을 추측하는 데 도움을 주었는지 안내한다. 이와 같은 채교사의 안내는 그래프 해석과 표현의 어려움의 개선하기 위함으로, [과제 1]은 [학습의 어려움 혹은 오개념 3]과 짝지을 수 있다.

〈장면 2〉에서 채교사는 "미분계수가 0이 되는 곳에서 우리가 증가한다, 감소한다를 알아차릴 수 있을까요? (중략) 0이 되는 곳에서는 그래프를 보면서 확인해볼 필요가 있다는 거죠."라는 발문을 덧붙이면서, 열린 구간 (a, b)에서 미분가능한 함수 $f(x)$가 그 구간에서 증가하면, 그 구간의 x값에 대해 $f'(x)\geq 0$일 수 있음을 안내하고 있다. 다시 말해, [과제 2]를 통해 개선하고자 하였던 오개념은 [학습의 어려움 혹은 오개념 4] 이다.

〈장면 3〉에서 채교사는 그래프 9의 사례를 확인한 뒤 "$x=0$에서 극댓값을 갖는 함수는 $x=0$에서 미분가능하다고 할 수 있을까요?"라는 발문을 통해, 함수 $y=f(x)$가 $x=a$에서 극값을 가지더라도 $f'(a)=0$이 성립하지 않을 수 있음을 안내하고자 하였다. 말하자면, [과제 3]을 통해 [학습의 어려움 혹은 오개념 2]를 개선하고자 하였다.

〈장면 4〉에서 채교사는 "함수 $f(x)$가 미분가능할 때, $f'(0)=0$이면 $x=0$에서 극

값을 갖는다. 맞을까요, 틀릴까요?"라는 질문을 한 뒤, [과제 2]의 그래프 2를 다시 이용하여 질문에 대한 답이 틀렸음을 유도하였다. 채교사는 "$f'(a)=0$을 만족하는 함수 $y=f(x)$가 $x=a$에서 극값을 갖는다"라는 인식이 잘못된 생각임을 안내하려는 것으로, [과제 2]는 [학습의 어려움 혹은 오개념 1]과 짝지을 수 있다.

4.2 학생의 학습에 대한 어려움과 오개념을 반영한 수업 설계와 실행의 중요성

교사가 학생들의 어려움과 오개념을 파악하고 끌어내어 교정하는 능력은 좋은 수학 수업을 실행하는 데 필요한 수학 교사의 역량 중 하나로 제시된다(강현영 외, 2011; 강현영, 이동환, 고은성, 2012; Cai et al., 2009). 특히 교사 경력이 높을수록 학생들의 오개념을 파악하는 능력을 중요한 역량으로 생각하며 학생의 입장에서 수학 학습의 어려움을 극복할 수 있는 방안에 대한 연수의 필요성을 제기하였다는 연구 결과(강현영 외, 2011, 2012)와 고등학생이 선호하는 수업으로 자신들의 오개념을 파악하여 교정해주는 수업을 언급하였다는 연구 결과(김창일, 유기종, 2015)는 학생의 수학 학습의 어려움과 오개념 파악 및 개선을 위한 수업의 중요성과 함께 그러한 수업의 어려움을 보여주는 것이기도 하다. 그리고 이와 같은 수업의 어려움에 대응하여 채교사가 진행한 그래프 해석하기와 예 구성하기 수업은 적절한 과제와 수업의 설계가 학생의 학습을 지원하고 오개념을 개선하는 데 기여할 수 있음을 보여준다.

[과제 1]은 학생 스스로 그래프를 해석하고 설명하며 표현하는 기회를 갖게 되었을 때, 그래프에 제시된 상황을 질적, 개념적으로 파악하고 함수의 기하적 의미를 대수적 표현으로 변환할 수 있게 됨을 보여준다. 그리고 [과제 1]을 적용한 수업의 설계는 학생의 학습에 대한 어려움을 개선하는 데 과제 제시 순서 역시 중요함을 보여준다. 채교사는 학생이 그래프의 해석과 같은 함수에 대한 기하적 접근의 어려움(Asiala et al., 1997; Orhun, 2012)을 갖고 있음을 인지하고 있었으며, 이미 여러 연구(최영주, 홍진곤, 2014; Lauten et al., 1994)에서 지적하고 있는 바와 같이, 그 원인이 대수식 중심의 지식 전달과 과제 해결에 있다고 보았다. 채교사는 대수식 중심의 도함수 지도를 개선해보고자 미분계수를 활용한 여러 정리의 대수식을 학습하기 전에 그래프를 해석하고 설명하는 활동을 제안하게 되었다. 〈장면 1〉에서 확인할 수 있듯이 실제 수업에서 학생들은 그래프 해석에 핵심이 되는 표현을 확인하였으며, 수행 과정에서 제시된 여러 표현은 이후 함수의 증가와 감소, 극대와 극소를 도입하는 데 활용되어 학

생의 이해를 높이는 데 기여하였다.

[과제 2]와 [과제 3]을 적용한 수업은, 교사가 학생의 오개념과 그 원인을 인지했을 때, 그리고 인지한 사실을 개선하기 위한 노력이 과제와 수업의 설계에 반영되었을 때, 학생에게 개념에 대한 정확한 이해를 제공할 수 있는 유의미한 수업을 실행할 수 있음을 보여준다. 학생들이 정리에 제시된 조건을 정확하게 고려하지 않은 채 과제 해결에 적용하고자 하는 오류(Movshovitz-Hadar et al., 1986)와 미분계수와 관련한 정리에서 주어진 명제와 명제의 역을 혼동하는 것과 같은 어려움(계승찬, 하길찬, 2010; 전태환, 신준국, 2016)을 갖고 있음은 널리 알려져 있는데, 채교사 역시 그간의 경험과 학습으로 이를 인지하고 있었다. 그리고 이에 대한 원인은 다양하겠지만, 주로 언급되는 원인으로 전형적인 형태의 대수식 중심의 과제 해결과 이로 인한 '구불구불한 함수에서 찾을 수 있는 극댓값, 극솟값'이라는 잘못된 개념 이미지가 언급된다. 채교사 역시 대부분의 과제에서 $f'(a)=0$을 만족하면서 $x=a$에서 극값을 갖는 함수가 제공됨에 따라 도함수를 이용한 극값의 정리가 성립하기 위한 조건인 '미분가능한 함수'를 고려하지 않거나 정리의 역을 적용하는 오류를 범하게 된다고 보았다. 채교사는 자신이 인지한 학생의 오개념과 그 원인을 개선하기 위한 활동으로 학생 스스로 다양한 예를 구성하는 활동을 설계하였다. 학생들이 구성한 예에 공통적으로 반영된 수학적 특성과 예외적인 수학적 특성에 주목함으로써 잘못된 개념 이미지를 개선하고 오개념을 극복할 것을 의도하였는데, 실제로 이 수업의 학생들은 다양한 예를 구성하고 시각적 추론과 귀납적 추론 등을 수행함으로써 자신들의 오개념과 마주하는 모습을 보였다. 수업 후, 채교사는 대수식 중심의 과제 해결에서 벗어난 과제가 주는 교육적 효과에 놀라움을 보였는데, 특히 학생에게 생각할 기회, 탐구할 기회를 주었을 때 실제 수업에서 학생이 고민하고 탐구하는 모습을 보이는 것이 놀라웠다고 하였다.

채교사의 수업에서 추가로 주목해야 할 점은 앞서 언급한 채교사의 과제와 수업 설계에 반영된 문제의식이다. [과제 1]이 [과제 2]와 [과제 3] 뒤에 제시되었다면, [과제 1]의 그래프 해석하기는 학생의 언어로 표현되기 어려웠을 것이다. [과제 2]와 [과제 3]의 인지적 수준이 높았다면, 학생이 탐구활동을 이어가기에 어려움이 있었을 것이다. 각 수업의 장면을 다시 살펴보면서 채교사가 가진 문제의식과 이를 개선하기 위해 설계한 과제와 수업이 실제로 학생의 학습에 어떠한 영향을 미쳤는지 확인한다면, 오개념을 개선하기 위한 수업 설계와 실행의 여정이 오개념 개선 외에 학생의 수업 참여, 탐구 활동, 지식 습득에도 긍정적인 영향을 주었음을 확인할 수 있을 것이다. 이 수업 당시 채교사는 경력 5년 미만의 초임교사였다. 교사가 학생과 교육과정, 여러 수학교육이론에 관심을 갖고 자신의 수업을 설계한다면, 경력과 무관하게 수업을 설계하는 고민과 통찰 속에서 학생의 학습을 지원할 수 있는 더욱 효과적인 수업을 실행할 수 있을 것이다.

참고문헌

강현영, 고은성, 김태순, 조완영, 이경화, 이동환(2011). 좋은 수학수업을 위해 수학교사에게 필요한 역량과 교사교육에 대한 현직교사의 인식조사. **학교수학,** 13(4), 633-649.

강현영, 이동환, 고은성(2012). 좋은 수학수업과 교사 전문성 개발에 대한 현직수학교사 인식 조사: 학교급 및 교육경력에 따른 차이 조사. **수학교육,** 51(2), 173-189.

계승혁, 하길찬(2010). 우리나라 고등학교 수학 교과서에서 함수의 증감과 극대·극소를 설명하는 방식에 대한 비판적 논의. **수학교육,** 49(2), 247-257.

교육부(2022). **수학과 교육과정**. 교육부 고시 제2022-33호 [별책 8]. 세종: 교육부.

김남희, 나귀수, 박경미, 이경화, 정영옥, 홍진곤(2007). **예비교사와 현직교사를 위한 수학교육과정과 교재연구**. 서울: 경문사.

김창일, 유기종(2015). 좋은 수학 수업에 대한 고등학생의 집단 간 인식 비교. **한국학교수학회논문집,** 18(1), 83-102.

심상길, 최재길(2009). 함수의 극값에서 이공계열 학생들의 오류에 대한 분석. **수학교육 논문집,** 23(3), 583-597.

이강섭, 황석근, 김부윤, 심성아, 왕규채, 송교식, 김진석, 김경돈, 주창수, 양인웅, 차주연, 정재훈, 김원일, 조보관, 김원중(2017). **고등학교 미적분Ⅰ**. 서울: 미래엔.

이경화, 송창근, 정혜윤(2019). 교사연구공동체에서 과제설계를 통한 교사 지식의 변화: 도함수 활용 영역에서 학생에 대한 지식을 중심으로. **수학교육,** 58(2), 299-317.

전태환, 신준국(2016). 고등학교 3학년 자연계열 학생들의 도함수의 활용 단원에서 발생하는 오개념과 오류분석. **교육연구논총,** 37(4), 125-147.

최영주, 홍진곤(2014). 도함수의 성질에 관련한 학생들의 사고에 대하여. **수학교육,** 53(1), 25-40.

Asiala, M., Cottrill, J., Dubinsky, E., & Schwingendorf, K. E. (1997). The development of students' graphical understanding of the derivative. *The Journal of Mathematical Behavior, 16*(4), 399-431.

Aydin, S. (2014). Using example generation to explore students' understanding of the concepts of linear dependence/independence in linear algebra. *International Journal of Mathematical Education in Science and Technology, 45*(6), 813-826.

Cai, J., Perry, B., Wong, N.-Y., & Wang, T. (2009). What is effective teaching? In J. Cai, G. Kaiser, B. Perry, & N.-Y. Wong (Eds.), *Effective mathematics teaching from teachers' perspectives* (pp. 1-31). Sense Publishers.

Hazzan, O., & Zazkis, R. (1999). A perspective on "give an example" tasks as opportunities to construct links among mathematical concepts. *Focus on Learning Problems in Mathematics, 21*(4), 1-14.

Lauten, A. D., Graham, K., & Ferrini-Mundy, J. (1994). Student understanding of basic calculus concepts: Interaction with the graphics calculator. *The Journal of Mathematical Behavior, 13*(2), 225-237.

Leinhardt, G., Zaslavsky, O., & Stein, M. K. (1990). Functions, graphs, and graphing: Tasks, learning, and teaching. *Review of Educational Research, 60*(1), 1-64.

Meehan, M. (2007). Student generated examples and the transition to advanced mathematical thinking. In M. Bosch (Ed.), *Proceedings of the 5th Congress of the European Society for Research in Mathematics Education*. (pp. 2349-2358).

Movshovitz-Hadar, N., Inbar, S., & Zaslavsky, O. (1986). Students' distortions of theorems. *Focus on Learning Problems in Mathematics, 8*(1), 49-57.

Orhun, N. (2012). Graphical understanding in mathematics education: Derivative functions and students' difficulties. *Procedia-Social and Behavioral Science, 55*, 679-684.

Watson, A., & Mason, J. (2005). *Mathematics as a constructive activity*. Lawrence Erlbaum Associates.

제 11 장

모평균 추정 수업

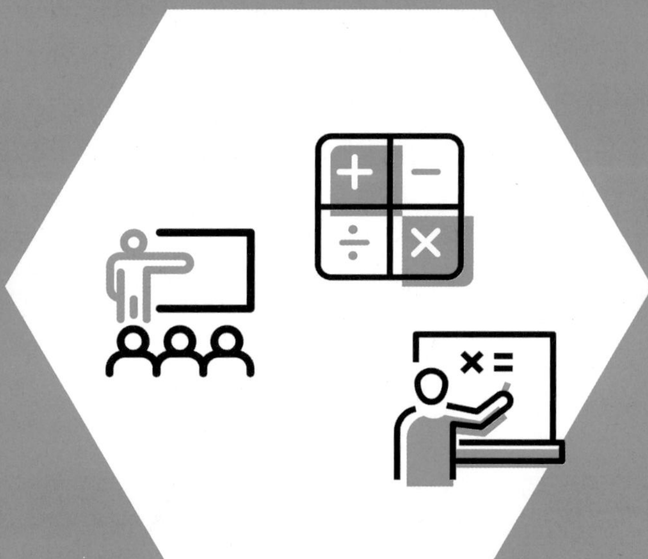

이 글은 고등학교 확률과 통계 수업에서 이루어진 한 모평균 추정 수업의 사례를 톺아보고 있다. 이 수업에서 교사는 학생들에게 공학 도구를 활용하여 전교생의 중간고사 성적 데이터로부터 표본을 추출하고 모평균을 추정하는 과제를 제시한다. 본 글은 이 수업을 '권위의 분배'와 '책무성'이라는 개념을 통해 분석하며, 교사가 어떻게 학생들의 탐구 활동과 전체 학급 논의를 효과적으로 조직하는지 살펴본다. 또한 2022 개정 수학과 교육과정의 핵심 아이디어와 성취기준이 수업에서 어떻게 구현되고 있는지 조명한다. 이러한 작업을 통해 이 글은 탐구 수업과 효과적인 수학적 논의를 위한 교사의 수업 조직에 대한 몇 가지 시사점을 제시하고 있다.

본고는 "문성재, 김연 (2021). ICT 환경에서 수학 교사의 수업 조직과 권위 분배에 대한 연구. 수학교육학연구, 32(4), 515-538."의 일부 내용을 확대한 것임.

1 수업 밑그림

이 수업의 목표는 학생들이 공학 도구를 활용하여 주어진 표본으로부터 모평균을 추정하는 것이다. 학생들에게는 전교생의 실제 중간고사 성적 자료가 주어졌으며, 이로부터 크기 30인 표본을 추출하고 해석하여 전교생의 성적 분포를 추정하는 활동이 진행되었다. 이후 수업은 크게 두 가지 장면으로 구별된다. 하나는 통계 소프트웨어 통그라미를 사용하는 방법에 대한 안내였으며, 다른 하나는 통그라미를 활용하여 실제 모평균을 추정하는 과정이었다. 권교사는 수업을 진행하면서 학생들이 소프트웨어 사용법이나 태블릿 컴퓨터의 기능에 대해 질문을 할 경우, 곧바로 그에 대한 해결책을 제시하거나 대신 문제를 해결해주었다. 또한, 과제를 해결하는 데 요구되는 수학적인 단서가 필요한 경우에는 다소 직접적인 방식으로 학생에게 필요한 정보를 제공하였다. 반면 학생의 활동이 탐구할 만한 가치가 있다고 판단한 경우에는, 개별 학생이 탐구한 아이디어나 질문을 모둠 혹은 학급 전체에 공유하여 간단한 수학적 논의를 이끌기도 하였다. 이러한 탐구 활동에서 권교사는 학생에게 직접적인 단서를 주기보다는, 개방적인 질문을 던지며 학생들이 수학 개념의 의미를 반성하고 그것을 주어진 맥락에 비추어 해석하도록 하였다. 마지막으로 권교사는 학생들과 함께 탐구 결과를 신뢰구간의 공식에 비추어 해석하며 학생들이 수업의 목표에 도달할 수 있도록 지도하며 수업을 마무리하였다.

수업 정보

1. 과제 요약

[활동과제]

통그라미를 이용하여 비슬고 2학년 확률과 통계 중간고사 점수의 평균을 추정해보자.

1. 크기가 30인 표본에 대한 표본평균과 표본표준편차($n-1$)를 구하시오.
2. 1의 결과를 이용하여 확률과 통계 중간고사 점수의 평균 m에 대한 신뢰도 95%의 신뢰구간을 구하시오. (소수 둘째 자리까지 구하시오.)
3. 각 조에서 구한 신뢰구간 중에서 모평균을 포함하고 있는 신뢰구간의 비율을 구하시오.

[생각해 보기]

1. 표본표준편차를 구할 때, 왜 $n-1$을 선택할까?
2. 신뢰구간 $0 \leq m \leq 100$은 신뢰도 100%이지만 신뢰구간이 유용하지 못하다. 신뢰구간이 유용하려면 어떻게 해야할까?

[그림 11-1] 권교사가 사용한 모평균 추정 과제

2. 참여 학생 및 교실 배치

참여 학생 : 고등학교 2학년 학생 24명

모둠 배치 : 6개 모둠

6모둠	5모둠	4모둠
3모둠	2모둠	1모둠
	교탁	

2 생각해 보기

#고등학교 # 확률과 통계 #모평균 추정 #신뢰구간 #탐구학습 #공학 도구

1절에서 이 수업에 대한 간략한 정보를 제공하였다. 이제 이 수업으로 들어가기 위한 두 가지 관문을 제시하고자 한다. 첫 번째 관문은 주어진 수업에 대한 정보만으로 2022 개정 수학과 교육과정의 핵심 아이디어 및 성취기준과 관련시켜 생각해 보는 것이다. 두 번째 관문은 이 수업에 사용된 과제 설계 의도 및 수업 전개 양상을 이해하기 위한 이론적 관점을 생각해 보는 것이다.

2.1 국가교육과정

이 수업과 관련된 사항들을 2022 개정 수학과 교육과정에서 확인해 보면 다음과 같다.

핵심 아이디어

예측하고자 하는 집단의 속성을 표본으로부터 추정하는 방법은 사회의 불확실성을 이해하고 미래를 예측하는 중요한 도구이다.

성취기준

[12확통03-05] 모집단과 표본의 뜻을 알고, 표본추출의 방법을 설명할 수 있다.
[12확통03-06] 표본평균과 모평균, 표본비율과 모비율의 관계를 이해하고 설명할 수 있다.
[12확통03-07] 공학 도구를 이용하여 모평균 및 모비율을 추정하고 그 결과를 해석할 수 있다.

이와 같은 2022 수학과 교육과정의 관련 요소를 고려하며 본 수업을 살펴볼 때 생각해 볼 수 있는 문제에는 다음과 같은 것들이 있다.

생각해 볼 문제

◆ 다음은 2022 수학과 교육과정을 읽은 예비 교사가 위 과제에 대해 평가한 내용이다. 읽고 빈 칸에 알맞은 내용을 채우시오.

> 형석 : 권교사의 과제는 크기가 30인 표본을 분석하여 전교생의 성적 분포를 추정하는 상황을 제시하고 있어. 이러한 점에서 핵심 아이디어의 (   )를 구현하고 있다고 볼 수 있어.
>
> 수지 : 위 과제는 '통그라미'라는 통계 소프트웨어를 활용하여, 학생이 단순 계산에만 집중하는 것에서 벗어나 추정 결과를 해석하고 관련 공식 및 지식을 반성하는 것에 집중하도록 해. 이러한 점에서 성취기준의 (   )를 반영하고 있어.

2.2 수업을 보는 눈

학생들이 주도적으로 공학 도구를 활용하며 통계적 추정을 실행하는 탐구 학습을 촉진하기 위해서는 질 높은 교사의 수업 조직이 요구된다. 다음 절에서는 권위와 책무성이라는 개념을 통해 적절한 교사의 수업 조직이 어떠해야 하는지를 살펴보고자 한다.

2.2.1. 권위의 분배와 책무의 균형

오늘날, 수학 수업은 교사 주도적인 방식으로만 이루어지기보다, 학생이 능동적으로 활동하며 수학적 아이디어를 구성해야 한다는 주장이 힘을 얻고 있다. 많은 연구자는 이와 관련하여 권위(authority)라는 개념을 강조하고 있다. 많은 이는 권위라는 말에 부정적인 뉘앙스를 느끼나, 실상 어떤 사회 집단이든 권위는 작동할 수밖에 없다. 일반적으로 교실에서 학생에게 무언가를 요구하는 건 보통 교사이다. 이 경우 교사에게 사회적 권위가 있다고 할 수 있다. 반면, 학생끼리의 모둠 논의가 이루어질 때, 성취 수준이 높은 학생의 의견이 성취 수준이 낮은 학생의 의견보다 더 인정받는 경우가 많다. 이런 경우는 조 내에서 특정 학생에게 지적 권위가 있다고 할 수 있다.

이렇듯 권위는 집단 구성원 사이의 관계에 따라 다른 양상으로 분배된다. 연령에 따라 분배될 수도 있고, 소유한 지식의 양에 따라 분배되는 경우도 있다. 이러한 점을 고려하며 몇몇 연구자는 권위를 "타인을 이끄는 합법성을 부여받은 몇몇 이와 그것을 따르는 타인 사이의 사회적 관계"로 정의한다(Pace & Hamming, 2007, p. 6). 결국, 권위는 그 자체로 의미가 있는 것이 아니라, 그것이 집단 내 관계를 맺는 구성원에게 어떻게 분배되어 있는지, 그 결과 어떠한 효과를 발생시키는지가 중요한 개념이라 할 수 있다.

만약 수학 교실에 엄격한 위계 구조가 자리 잡고 있다면 어떤 모습이 나타나는가? 교사가 미리 설정한 경로를 따라서만 수업이 진행되고, 학생은 교사의 구조화된 질문에 단답형으로만 반응하는 등 매우 정적인 수업이 이루어질 가능성이 높다. 학생이 스스로 수학적 아이디어를 구성하지 못하고, 교사나 교과서가 제시한 지식을 일방적으로 수용하기만 할 수도 있다. 반대로 자율적이고 상호의존적인 교사와 학생들 사이에서 교실 내 권위의 흐름이 계속하여 변화하는 경우에는 어떠한가? 특정 시점에서는 학생이 자신이 탐구한 아이디어를 자신있게 발표하고, 또 다른 시점에서는 교사의 요청에 따라 학생들 사이의 의사소통이 이루어지며 여러 아이디어가 연결되고, 수업의 마무리 시점에서는 교사가 학생에게 어느 정도 구조화된 질문을 던지며 학생들의 아이디어를 관습적인 수학적 표현으로 번역하고 압축할 수도 있을 것이다. 이 경우 수업 초, 중반에는 많은 학생에게도 권위가 분배되었고, 수업의 마무리 단계에서는 교사에게 권위가 집중되어 있다고 볼 수 있다.

정리하자면, 수학 수업이 이루어지는 교실 내에서 권위의 분배 양상은 상황에 따라 달라질 수 있으며, 특정 시점에서는 학생 역시도 수업의 방향을 어느 정도 결정하는 행위성(agency)을 발휘할 수 있다는 것이다. 여기서 행위성이란 사람이 의지를 가지고 특정한 행위를 자유롭게 할 수 있는 성질을 의미한다. 행위성을 발휘하는 사람은 타인의 명령이나 기대에 어느 정도 저항할 수 있다는 점에서, 행위성 개념은 권위 개념과 서로 상반되는 의미를 갖는다고 할 수 있다. 결국, 수학 교실에서 학생이 행위성을 발휘할 수 있다는 말은 곧 교실의 권위가 교사에게만 집중되지 않고 학생에게도 분배되어 있다는 것을 의미하는 것이다.

이러한 권위와 행위성 개념에 기반을 두고 여러 연구자는 수학 교실에서 교사가 권위를 학생에게도 분배하기 위한 조치를 취해야 한다고 주장한다. 예를 들어, 교사가 학생에게 수학적 아이디어를 스스로 탐구하도록 하고 자신의 아이디어를 정당화하도록 요구하거나 여러 수학적 아이디어를 자유롭게 표현하고 연결하도록 요구하는 등의 조치를 취하며 학생에게 권위를 공유할 수 있다. 혹은 학생이 제시한 아이디어를 다른 학생에게 평가해보도록 하거나 학생의 아이디어와 밀접한 연관이 있는 새로운 문제를 제시하여 깊이 있는 탐구 과정을 다시금 거치도록 할 수도 있다. 이 경우 교실에서 탐구된 수학적 지식의 원천은 어디까지나 학생에게 있으므로, 학생이 지식의 주인이 되었다고 판단할 수 있다. 그리고 이렇게 탐구한 아이디어가 수업의 후반부까지 언급되며 활용된다면, 학생의 아이디어가 수업의 방향을 어느 정도 결정한 것이기도 하다. 이런 수업이 바로 교사만이 권위를 독점한 것이 아니라 학생에게도 권위가 분배된 수업이라 할 수 있는 것이다.

물론 학생에게 수업의 모든 과정을 주도하도록 다 맡겨둘 수는 없다. 결국 학생의 수학 지식을 정리하고 정교화하거나 관습적인 표현으로 전환하는 것은 주로 교사의 몫이기 때문이다. 몇몇 연구자는 이와 관련하여 설명의 책무성(accountability)이라는 개념을 언급한다(Engle & Conant, 2002). 여기서 책무성은 학생과 교사 모두에게 부과되는 것이라 할 수 있다. 학생은 단순히 자신의 생각을 언급하는 데서 그치지 말고, 자신이 제안한 아이디어를 남들이 이해할 수 있는 언어로 설명해야 할 책무가 있다. 교사는 학생이 제안한 다소 거친 아이디어를 교과의 세련된 언어와 논리로 이끌어야 할 책무가 있다. 결국 교사와 학생 사이에서 이루어지는 수학적 논의는, 단순한 학생의 아이디어 제시에서 그치는 것이 아니라, 그 아이디어를 수학 고유의 논리와 언어로 표현하고 정교화하는 방향으로도 나아가야만 한다.

문제는 책무성을 추구하는 과정에서 학생의 역할이 매우 축소될 수 있다는 점이다. 책무성을 너무 강조하다보면, 수업에서 교과의 논리와 관습적인 표현을 강조하고자 하는 교사의 의도가 너무 강하게 드러나게 된다. 학생은 이를 눈치채고 자신의 아이디어를 활용하거나 추론하는 일을 중단할 수도 있다. 또한, 교사가 학생의 탐구 시간을 충분히 할애한다고 하더라도, 막상 수학적 아이디어를 정교화하는 과정에서는 학생의 탐구 결과를 전혀 활용하지 않은 채 미리 설정한 경로를 따라 수업의 결론으로 나아가는 일도 발생할 수 있다. 혹은 논의 과정에서 학생의 아이디어를 지나치게 단순화하여 중요한 세부 사항을 탈락시키거나 교사가 원하는 학생의 반응에만 주목하는 일도 벌어질 수 있다. 결국, 수학적 논의를 진행할 때 교사는 학생에게 권위를 분배하는 동시에 책무성도 추구하여, 권위와 책무의 균형을 추구하는 것이 필요한 것이다.

지금까지의 내용을 정리하자면, 생산적인 수학 수업을 위해서는 학생이 행위성을 행사하여 스스로 수학적 탐구를 진행하고, 그 결과가 전체 학급 단위의 수학적 논의에도 연속적으로 이어져야 한다는 점 그리고 그것을 위한 교사의 적절한 수업 조직이 요구된다는 것이다. 이러한 통찰은 전통적인 교실만이 아닌, ICT 환경에도 적용된다. 학생이 휴대용 컴퓨터나 아이패드 등을 활용하여 수학적 아이디어를 탐구하면, 그 탐구 결과들이 전체 학급 단위의 논의로 단절되지 않고 옮겨져 수학 고유의 언어와 논리로 표현되어야만 한다. 이 과정에서 요구되는 교사의 수업 조직은 학생의 공학 도구를 활용한 탐구 학습을 목표로 하는 동시에 권위와 책무의 균형을 추구하는 목표 역시 따라야만 할 것이다.

이제 이 수업을 이해하기 위해 제시된 이론을 바탕으로 다음의 문제를 생각해 보자.

생각해 볼 문제

◆ 다음 짧은 수업 장면을 보고, 권위의 분배와 책무성이 어느 정도 추구되고 있는지 답하시오.

김교사 : 보검아, 어떤 방법으로 어느 도형이 더 큰지 어떻게 알 수 있어?
보　검 : 두 도형의 둘레를 구해서 길이를 비교해봐요.
김교사 : 또 다른 사람?
은　우 : 두 도형을 덧붙인 다음 튀어나온 부분을 잘라보면 알 수 있어요.
김교사 : 아 그렇게 비교하는 방법도 있겠다 그치? 수지는?
수　지 : 어떤 작은 물체를 기준으로 해가지고, 각 도형에 그 물건이 몇 개 들어가는지 확인해봐요.
김교사 : 잘했어. 너희 지금 생각한 것들이 다 수학자들이 생각한 거야. 수학자들이 이 과정을 다 거쳤어. 이게 만약에 논이라고 생각했을 때 논을 떼와 가지고 2개를 막 자르고 이렇게 할 수는 없잖아 그치? 그래서 뭔가 다른 걸로 실험을 해봐야겠다고 생각을 하고 이 수학자들은 어떤 도구를 썼냐면, 어떤 블록을 만들었어. 근데 그 블록이

모양이 어떻게 생겼냐면 ... (정사각형 모양의 스티커를 보여주며) 이런 모양의 블록을 사용했단 말이야.

위 수업에서 권위의 분배는				
① 전혀 이루어지지 않고 있다	② 조금 이루어지고 있다	③ 보통 정도로 이루어지고 있다	④ 잘 이루어지고 있다	⑤ 아주 잘 이루어지고 있다

위 수업에서 책무성의 추구는				
① 전혀 이루어지지 않고 있다	② 조금 이루어지고 있다	③ 보통 정도로 이루어지고 있다	④ 잘 이루어지고 있다	⑤ 아주 잘 이루어지고 있다

3 다큐와 톺아보기

이 절에서는 교사가 학생의 탐구 활동과 전체 학급 단위의 수학적 논의를 어떻게 조직하고 있는지, 학생에게 권위를 어떻게 분배하고 있는지를 중심으로 실제 수업 에피소드를 살펴보고자 한다. 그 다음, 수학과 교육과정의 요소가 수업에서 어떠한 양상으로 드러나고 있는지를 확인할 것이다.

3.1 권위의 분배와 책무의 추구

3.1.1. 교사 주도적인 조정

앞서 정리한 이론적 틀을 통해 수업의 주요 장면을 분석해보자. 권교사는 맨 처음 학생들에게 통그라미 프로그램을 이용하는 방식을 상세히 설명하였다. 이 과정에서 교사는 교실에 설치된 큰 스크린 화면을 활용하였다.

장면 1 소프트웨어 사용법에 대한 교사 주도적 설명

우선은 탭에서 자료창 V1이라고 적혀 있는 바로 밑에 V1 바로 밑에 두 번 클릭해 보세요. 요런 변수 설정 창이 뜰 거에요. 그럼 변수명에 번호라고 씁시다, 번호. 바로 다른 것 건드리

지 말고 저장~. 자 그다음에 V2, V2에는 똑같이 변수명 점수로 할게요, 점수. 자 그럼 이렇게 변수가 설정이 됐어요. 자 그럼 일단 번호, 표본 추출 먼저 할게. 자 저번 시간에 이지통계에서 해봤는데, 여기서도 가능하, 가능하더라고. 자 왼쪽에 파일, 파일에 랜덤 자료 생성 켜주세요, 랜덤 자료 생성. 요 화면이 떠야 됩니다. 자 여기 무작위 난수라고 되어있는데, 요말은 임의추출이라는 말이랑 동일합니다. 임의로 번호를 추출해준다는 뜻이고, 자 우리는 번호 V1, V1 열을 선택해서 횡범위 할게요. 횡범위는 몇 개를 뽑을 건지 쓰면 돼요. 1부터 얼마까지? 30까지. 자 내가 갖고 있는 데이터는 1부터 전교생 248. 확인 눌러보세요. 오 변수명 입력 안 했다. 확인. 자 번호가 이렇게 뜰 거에요. ... 자 추출됐으면 어떻게 하는지 감 오죠? 번호 168이 적혀 있어요, 선생님은. 그럼 여기서 168번의 성적을 옆에 여러분들이 입력해주면 돼요. 그래서 한 명은 점수를 찾고 한 명은 입력을 하면 되겠죠.

〈장면 1〉에서 교사는 V1이나 V2의 의미, 프로그램에 있는 여러 기능의 작동 방법 등을 최대한 상세히 설명하고 있다. 이와 같은 교사의 수업 조직은 소프트웨어를 사용하는 방식에 대한 안내이며, 교사 주도적인 성격을 갖는다. 통그라미 프로그램을 다루는 과정에서 학생들이 프로그램의 조작 방법에 익숙하지 않으면 학생들의 개별 탐구 자체가 상당히 제한될 위험이 있다. 따라서 공학 도구를 활용하는 환경에서 이루어지는 수학 수업의 초반부에는 이렇듯 도구 작동 방식을 실연하는 교사의 역할이 매우 중요하다고 할 수 있으며, 이러한 과정에서 교사가 권위를 독점하는 일은 크게 문제가 되지 않는 것으로 여겨진다.

이후 교사는 학생들이 어떻게 소프트웨어를 활용하는지를 확인하고 학생들이 어떠한 수학적 탐구를 수행하고 있는지를 확인하기 위해 교실을 순회하기 시작한다. 이 과정에서 교사는 학생들의 탐구 상황 및 그들이 직면한 수학적이고 기술적인 문제를 점검하고 있다. 이렇게 점검을 수행하는 도중 교사는 학생들이 소프트웨어 사용법이나 태블릿 컴퓨터의 기능과 같은 기술적 도움을 요청하는 경우에는 곧바로 교사 주도적 방식을 통해 답하였다. 학생에게 간단한 수학적 정보만이 필요하다고 판단한 경우에는, 학생에게 직접적인 정보를 제공하기도 한다.

장면 2 모둠 토의 과정에서 나타난 교사 주도적 상호작용

학생 1 : 이거 선택해요? (태블릿 컴퓨터 화면에 있는 내용에 대한 질문)

권교사 : 어. 뭘 선택해야 될까요?

학생 1 : 평균
권교사 : 뭐의 평균을 내죠?
학생 1 : 변수?
권교사 : 그렇죠.

〈장면 2〉의 공학 도구에 대한 기술적 정보나 간단한 수학적 정보를 제공하는 교사의 조치는 교사 주도적인 성격을 가지고 있다. 권교사는 교실을 순회하면서 교사 주도적인 방식이 효과적이라고 판단하는 경우에는 과감히 학생의 의견을 물어보지 않은 채 수업을 진행하고 있다. 수업의 모든 상황에서 학생의 행위성을 보장하는 것은 매우 어려우며 심지어 불필요할 때도 있다는 점을 고려해보면, 이와 같은 교사의 수업 조직 방식은 매우 긍정적으로 판단될 수 있다.

3.1.2. 권위의 분배와 수업 조정

앞선 사례와 달리, 교사가 판단하기에 학생들이 논의를 거쳐 수학 개념을 반성하고 그것을 바탕으로 과제를 해석해야 하는 경우도 있을 것이다. 이때 교사는 수학적 논의에 적합한 학생의 반응이나 질문을 선택하며 수업을 진행하는 모습을 보였으며, 학생이 자신의 아이디어를 표현할 수 있도록 지속적으로 격려하였다.

장면 3 권위의 분배를 촉진하는 교사의 수업 조직

권교사 : 이 평균이 모평균일까요? 표본평균일까요?
학생 2 : 모평균
권교사 : 모평균? 그럼 표본평균은 어떻게 구할까요?
학생 3 : 아! 똑같잖아!
학생 4 : 선생님 이거 V2번하는 거 맞죠?
권교사 : V2? V2가 뭐였죠?
학생 2 : 점수
학생 3 : V2가 점수
권교사 : 뭐의 평균을 내고 있죠?
학생들 : (웃으며) 점수

권교사 : (같이 웃으며) 그럼 점수겠죠?

학생 2 : (큰 목소리로) 네 맞아요. 왜냐하면, 표본평균이랑 이 모평균이랑 같잖아요.

권교사 : 아~ 표본평균이랑 모평균이 같기 때문에? 이게 모평균인데 얘랑 똑같다?

학생 5 : 네. 아닌가요?

권교사 : 아닙니까? 꼭 표본, 표본 뽑은 평균하고 전체의 평균하고 똑같나요? 너희가 표본을 뽑은 30개 평균하고, 모평균이 똑같나요? ... 자 여기에 적힌 평균이라는 말이 뭐를 뜻하는지 찾고 있잖아.

학생 5 : 네.

학생 2 : 뽑은 애들의 평균

학생 5 : 30개 뽑았으니까 뽑은 애들의 평균

권교사 : 그럼 걔는 표본평균일까요, 모평균일까요?

학생 3 : 표본평균

권교사 : 왜요?

학생 2 : 뽑았잖아요. 30명 뽑은 애들의 평균이니까 이게 표본평균이에요.

〈장면 3〉에서 학생들은 휴대용 컴퓨터 화면에 표시되어 있는 평균이 무엇인지에 대해 질문하고 있다. 교사가 보기에 학생들은 표본평균과 모평균의 차이를 잘 구별하지 못하고 있었는데, 표본을 분석하여 모평균을 추정하는 상황에서 이 둘의 차이를 아는 건 매우 중요하다. 이에 교사는 적절한 발문들을 던지며 학생들이 수학적 개념의 의미를 반성할 수 있도록 촉진한다.

이 논의를 통해 이루어진 수업 일부를 앞선 수업 에피소드와 비교해보면, 교사가 확실히 더 개방적인 발문을 활용하며 학생에게 정당화 및 설명, 추론, 반성을 요구한다는 점을 알 수 있다. 그리고 학생이 망설이는 상황에서도 충분한 탐구 시간을 할애하며 문제의 복잡성을 유지하고 있기도 하다. 즉, 이 부분에서 교사는 일련의 발문을 통해 권위를 학생에게도 분배하고 있으며, 이를 통해 학생이 능동적으로 지식의 주인이 될 수 있도록 촉진하고 있는 것이다. 따라서 앞선 사례와 달리, 교사주도적인 방식보다는 권위의 분배가 더 효과적인 수업을 이끌었다고 판단할 수 있다.

3.1.3. 권위의 분배와 책무의 균형

이제 이후 이루어진 전체 학급 단위의 수학적 논의를 살펴보자.

장면 4 책무성을 추구하는 교사의 수업 조직

권교사 : 자. 여기서 연이어서 해볼게요. 얘들아 자 이제 집중. 1번 보세요. 얘들아 금방 우리가 표본을 추출했어요. 근데 어떤 모둠에서 번호 같은 게 여러 번 뽑힌 모둠이 있었어요. 손 한번 들어 볼까요?

학생들 : (해당하는 조의 학생들이 거수)

권교사 : 번호 똑같은 거 뽑힌 조? 어 이게 가능할까요?

학생들 : 네.

권교사 : 왜요?

학생 6 : 랜덤추출이니까.

학생 7 : 복원추출이니까.

권교사 : 와~ 진짜 소름이다. (칠판에 적으며) 자 박수 쳐 줘요.

…

권교사 : 자 30개를 무작위로 뽑는데 임의추출은 기본적으로 복원추출을 기본으로 하고 있어요. 그 말은 뭐냐면, 첫 번째 번호 뽑아서 100번이 나왔다. 다시 그 번호 넣고 그 다음 번호를 또 뽑는 거예요. 그럼 똑같은 번호가 다시 나올 수 있겠죠? 맞죠? 그래서 그런 모둠이 몇 모둠이 있었어요. 이상한게 아니고 복원추출이라서 그런거예요.

〈장면 4〉에서 교사는 학생들과 함께 수학적 논의를 진행하고 있다. 학생들이 통그라미를 통해 탐구한 결과를 칠판에서의 전체 학급 논의로 이어가고 있는 것이다. 또한, 교사가 진행하는 수학적 논의가 어디까지나 학생들의 실제 탐구에 기반을 두고 이루어지고 있다는 점이 중요하다. 이 과정에서 교사가 학생들의 탐구 결과를 수학적 지식이나 용어와 연결하려는 모습도 확인할 수 있다. 즉, 학생에게 권위를 분배하는 동시에, 설명의 책무까지 추구하는 것이다.

물론 교사가 전체 학급 단위의 활동을 수행할 때 언제나 학생이 주가 되는 수학적 논의만 했던 것은 아니었다.

장면 5 교사 주도적 전체 논의

권교사 : 자 우리가 지금 구하고 싶은 게 신뢰구간이죠? 신뢰구간 공식 2번에 좀 써봅시다. (칠판에 적으며) 2번에 신뢰구간 공식 95프로로 오늘 추정합니다. x 바 마이너스 1.96 곱하기 루트 n분의 시그마. 플러스 1.96 곱하기 루트 n분의 시그마. 자 여기에

있는 시그마는 무슨 표준편차에요?

학생들 : 모표준편차

권교사 : 모표준편차. 근데 우리가 통계를 낼 때에는 모표준편차를 쉽게 알 수 없어서 대신 표본표준편차를 쓸 건데, 그냥 n으로 나눠서 계산된 표본표준편차를 쓰면 시그마 값과 차이가 너무 많이 나서 n-1로 나눠서 그 표준편차를 조금 키운다고 했어요. 그래서 그 값을 요 자리에 대입한다고 했죠, 맞아요?

학생들 : 네.

권교사 : 자 그러면 지금부터 여러분들이 각각 구한 평균 요 자리 대입하고, n은 30을 대입하고 해서 직접 계산을 할 거예요.

〈장면 5〉에서 교사는 이후 학생들의 탐구가 원활하게 이루어지도록 신뢰구간의 공식과 그 의미를 명확히 설명하고 있다. 수업의 목표는 표본평균 및 표본표준편차를 이용해 모평균을 실제로 탐구하는 것에 있었으므로, 교사는 여기서 굳이 신뢰구간에 대한 논의를 길게 진행할 필요가 없다고 판단한 것이다. 그보다는 학생들이 오류 없이 신뢰구간 공식을 적용하는 것이 더 중요하다고 여긴 것으로 보인다. 즉, 교사는 모든 수업에서 권위를 학생에게 분배하는 것이 아니라, 필요에 따라 권위의 분배 여부를 선택하고 있는 것이다.

다음 장면에서 교사는 학생들에게 마지막 작업을 수행하도록 요구한다. 여기서도 교사는 교실을 순회하며 학생들의 답을 점검한다. 학생에게 직접적인 단서를 일러주거나, 간단한 수학적 논의를 진행하기도 한다. 여러 학생의 탐구 상황을 확인한 교사는 모든 학생의 답을 칠판에서 한 번에 연결시키고자 하였다.

장면 6 권위의 분배와 책무성의 균형적 추구

권교사 : 자 선생님이 이렇게 예시로 요렇게 구간 표시를 했어요. 각 조에서 너네가 구한 거 이 숫자에 맞춰서 구간 표시해 주면 됩니다.

학생들 : (학생들이 칠판으로 나와서 각자 한 것을 적는다.)

학생 8 : 소수점도 적어요?

권교사 : 네, 소수점도 적어주세요.

교사는 마지막 탐구 활동을 교실의 큰 모니터를 활용하여 진행하지 않고, 칠판에서 진행하고 있다. 사실, 학생의 개별 탐구가 공학 도구를 통해 이루어졌다고 하여, 마지막 전체 학급 논의가 동일한 방식으로 이루어질 필요는 없다. 이러한 교사의 조치는 학생들이 직접 신뢰구간을 칠판에 표시하고 시각적으로 그것들을 서로 비교하는 일이, 큰 모니터를 활용하는 활동보다 더 낫다고 판단한 결과로 여겨질 수 있다.

권교사 : 자 우리 해석 한번 해볼게요. 앞에 친구들이 구한 신뢰도를 쫙 보세요. 완벽히 똑같은 게 있나요?

학생들 : 아니요, 전혀요.

권교사 : 없지? 우리가 표본을 무작위로 랜덤으로 추출했기 때문에 구간도 다 다르게 나오는데 그럼 이 구간이 겹치는 부분에 뭔가 모평균이 있을 거 같아. 몇 점 정도 예상이 가능할까? 몇 점 대?

학생들 : 40점

권교사 : 일단 40 몇 점일 것 같긴 하지? 자, 모평균 공개할게. (칠판에 모평균의 위치를 그린다.)

학생들 : (학생들이 놀라며) 헉/오/오와/대박이다. (박수를 치고 웅성웅성하면서 감탄한다.)

권교사 : 자 42 자 우리 신뢰구간 몇 개 구했는지 생각해 보자. 하나 둘 셋 넷 다 여 일곱 여덟 아홉 열. 열 개 구했네요. 열 개 중에 42를 포함하는 거?

학생들 : 여덟 개요. 여덟 개. (학생들이 함께 세며) 하나 둘 셋 넷 다섯 여섯

권교사 : 이건 안들어가죠? (일곱 여덟) 이것도 안 들어가죠?

학생들 : 여덟 개.

권교사 : 그럼 비율 십분의?

학생들 : 팔.

권교사 : 그럼 확률을 퍼센트로 하면?

학생들 : 80퍼센트.

권교사 : 자 우리 지금 신뢰도 몇 프로로 추정했어요?

학생들 : 95프로요.

권교사 : 근데 왜 여기 80프로가 나왔을까요?

학생들 : 오차범위?

…

권교사 : 그럼 진짜 100개를 해보면 95개 정도 다 포함되겠죠? 근데 우리 반에서 두 개나 포함 안 되는 게 나왔네요, 맞죠? 그래서 신뢰도 95프로라는 건 100개를 뽑았을 때 95개 정도기 때문에 10개만 뽑았을 때는 10개 다 포함될 수도 있고 8개만 포함될 수도 있어요. 오케이? 와 나 너무 행복해.

〈장면 6〉에서 확인할 수 있듯이, 수업의 마지막 전체 학급 논의는 여러 학생의 탐구 결과를 바탕으로 이루어졌다. 그리고 학생에게 일련의 질문을 던지며 아이디어를 함께 다듬는 모습도 확인할 수 있다. 즉, 교사가 어디까지나 학생의 탐구 결과를 기반으로 하여, 학생들과 함께 수업 내용을 정리하고 정교하게 다듬고 있는 것이다. 이러한 교사의 수업 조직은 책무성을 추구하면서도 학생의 역할을 존중한다는 점에서 매우 질 높은 수업 조직 방식으로 여겨진다. 이러한 교사의 수업 조직으로 인해, 학생들은 자신의 추측과 실제 모평균이 유사하다는 점에 매우 놀라는 모습을 보이고 있다. 만약 학생의 외부에서 교사나 교과서를 통해 지식이 일방적으로 제시된 상황이었다면 학생들은 감탄하지 않았을 것이다. 그들은 스스로 수학적 탐구를 수행하였고, 그렇기에 자신의 추측에 대한 주인의식을 가지고 있었으며, 이것이 바로 그들의 진심 어린 놀라움을 이끌었던 것이다. 여기서 교사가 권위를 분배하는 동시에 책무성을 추구해야만 하는 이유를 확인해볼 수 있다.

3.2 교육과정 요소 확인

한편, 앞서 살펴본 〈장면 6〉에서 학생들은 전교생의 전체 성적 자료로부터 통그라미를 이용해 크기가 30인 표본을 추출하고, 그것으로부터 모집단의 평균을 추정하는 활동을 수행하고 있다. 그리고 각 조에서 이끌어낸 신뢰구간이 서로 완전히 일치하지는 않는다는 점, 그리고 각 구간이 겹치는 영역 안에 모평균이 존재할 확률이 높다는 점을 인식하고 있다. 이로부터 학생들이 본 수업을 통해 예측하고자 하는 집단의 속성을 표본으로부터 추정하고 있다는 점, 공학 도구를 활용하여 모평균을 추정하고 그 결과까지 적절히 해석하고 있다는 점을 확인할 수 있다.

장면 7 **통계적 추정에 대한 반성**

권교사 : 자 그 다음에 2번은 우리 저번에 한번 선생님이랑 같이 했는데 만약에 내가 확통점수에 모평균을 0점에서 100점 사이에 있을 거야라고 예상하면 100프로 신뢰할 수는 있지만 쓸모가 있다 없다?

학생들 : 없어요.

권교사 : 없어요. 당연히 0점부터 100점 사이에 있겠지. 자 그럼 우리가 신뢰도 자체는 95프로로 유지하고 유지하면서 이 신뢰구간이 긴 것보다는 짧은게 더 유용하겠죠? 예상

하기가. 신뢰구간 자체의 길이를 줄이려면 어떻게 해야 할까?
학생들 : 표준편차.
권교사 : 표준편차. 요 표준편차 어떻게 하면 좋을까요?
학생들 : 작게.

…

권교사 : 원래 우리가 점수를 그냥 확통을 다 쳤어. 걔네들의 표준편차를 우리가 건드릴 수 있을까요?
학생들 : 없어요.
권교사 : 없어요. 그럼 얘(표준편차) 못 건드리겠죠?
학생들 : n을 줄여요.
권교사 : n을 변화시킬 수 있겠네. 우리 신뢰구간 미리 저번 시간에 배웠죠? 공식 기억나요?
학생들 : 2k 곱하기 (95프로) 1.96 시그마
권교사 : 얘는 변화시키기 어려울 것 같고 그러면 n을 어떻게 해야 될까?
학생들 : 키워요.
권교사 : 키워야지 이 전체 길이가 줄어들어서 모평균을 더 가까이 추정할 수 있겠죠? 자 그럼 우리가 30개 뽑았는데 30개보다 더 정확하게 신뢰구간을 쓸려면 더 많이 뽑으면 더 좋겠죠 그쵸?

〈장면 7〉에서 확인할 수 있듯이, 학생들은 교사의 안내에 따라 추정 과정 및 결과를 바탕으로 신뢰구간 공식 및 관련 지식에 대해 반성하는 작업을 수행하고 있다. 이를 통해 학생들은 신뢰구간을 무작정 확장하는 것이 큰 의미가 없다는 점, 신뢰구간의 길이를 조절하기 위해 표본의 크기를 키우는 것이 중요하다는 점에 주목하게 되었다. 즉, 이 수업에서 학생들은 단순히 신뢰구간 공식을 활용한 계산에만 집중하지 않고, 공식을 적용하는 과정 전반에 대한 반성을 통해 통계적 역량을 향상시키고 있는 것이다. 이러한 점에서 본 수업은 교육과정의 핵심아이디어 및 성취기준을 성공적으로 구현하는 수업으로 평가될 수 있다.

3.3 분석결과 종합

이제 이론의 렌즈를 통해 분석한 결과를 간단히 정리하며 이 절의 내용을 마무리하려 한다.

교사는 수업 목표를 달성하기 위해 교사주도적인 방식을 이용하여 수업의 방향을 안내하고, 학생들에게 필요한 수학적 정보를 제시하며, 소프트웨어를 사용하는 방식을 설명하였다. 이후 학생들의 탐구 활동이 이루어지는 동안 교사는 모둠별로 이루어지는 탐구 활동을 상세히 살펴보았고, 그 과정에서 학생들이 제기하는 질문에 어떤 경우는 직접적인 단서를 제공하였고 논의가 필요하다고 판단한 경우에는 학생에게도 권위를 분배하며 충분한 논의를 진행하였다. 이후 교사는 학생에게 개별 기기를 이용하여 구한 신뢰구간 결과를 칠판에 전부 막대그래프 형태로 표현하도록 하였고, 이에 대한 전체 학급 논의를 진행하며 수업의 목표였던 통계적 추리와 관련한 내용을 정리하며 수업을 마무리하였다.

이것으로부터, 권교사의 수업에서 나타난 일련의 특징을 다음과 같이 정리할 수 있다.

첫째, 권교사의 수업은 교사 중심적 수업 조직과 학생 중심적 조직이 양적으로 균형을 이루고 있었다. 총 36분의 수업 중 교사 중심적 수업 조직이 대략 11분 정도, 학생 중심적인 조직이 대략 17분 정도 관찰되었다. 또한 학생의 개별 및 모둠 탐구 시간이 19분 가량 이루어졌다는 점에서, 학생들이 통계적 추리를 할 수 있는 기회가 충분히 제공되었음을 확인할 수 있다.

둘째, 권교사는 학생들의 탐구 내용과 아이디어를 전체 학급 단위의 수학적 논의에서 적극적으로 이용하고 있다. 특히, 교사는 학생들의 탐구 내용을 큰 칠판에 전부 적도록 하며 모든 학생들이 참여할 수 있는 수학적 논의를 위한 장을 열었다. 권교사는 학생들이 통계적 추리를 통해 도출한 여러 신뢰구간과 관련 정보들을 서로 연결하면서, 학생들과 함께 탐구 결과를 해석하는 방식을 통계적으로 정교화하였다.

오늘날 많은 이가 교사가 주도하는 수업에 문제를 제기하며, 학생에게 권위를 분배해야 한다는 점을 단순히 강조하고 있으나, 이 수업에서 관찰할 수 있듯이 수업 상황에 따라 권위의 분배 양상은 달라질 수 있으며, 오히려 달라져야만 한다. 가령, 공학도구를 활용하는 수업 초반에는 기기 사용방식과 수업 과제에 대한 교사 주도적인 진행이 오히려 도움이 될 수 있다. 또한, 학생들의 탐구 결과를 종합하는 수업의 후반부에서는 교사가 학생에게 권위를 분배하는 동시에 학생의 아이디어에 기반을 두고 정교화 작업을 수행하는 것이 바람직할 수 있다. 지금까지 살펴본 권교사의 수업은 교사가 그러한 수업을 어떠한 조정을 통해 효과적으로 진행할 수 있는지 잘 보여주고 있다.

4 결론

4.1 생각해 볼 문제에 대한 사례 기반 결론

2절의 생각해 보기에서 제시한 질문을 중심으로 이 수업을 정리해 보도록 하자.

▶ 다음은 2022 수학과 교육과정을 읽은 예비 교사가 위 과제에 대해 평가한 내용이다. 읽고 빈 칸에 알맞은 내용을 채우시오.

> • 형석 : 권교사의 과제는 크기가 30인 표본을 분석하여 전교생의 성적 분포를 추정하는 상황을 제시하고 있어. 이러한 점에서 핵심아이디어의 (   )를 구현하고 있다고 볼 수 있어.
>
> • 수지 : 위 과제는 통그라미라는 통계 소프트웨어를 활용하여, 학생이 단순 계산에만 집중하는 것에서 벗어나 추정 결과를 해석하고 관련 공식 및 지식을 반성하는 것에 집중하도록 해. 이러한 점에서 성취기준의 (   )를 반영하고 있어.

통계적 추정은 제한된 정보를 바탕으로 불확실한 상황을 예측하고 합리적 결정을 내리는 근간이 된다. 이러한 중요성 때문에 통계적 추정은 학교 수학 과정에서 반드시 습득해야 할 핵심 개념이며, 데이터 기반 사회에서 필수적인 통계적 역량을 키우는 데 필요한 기본 요소라 할 수 있다. 통계적 추정이 가지는 이러한 중요성은 현재 2022 수학과 교육과정에도 십분 반영되어 있으며, 수업에서 교사가 반드시 구현해야만 하는 요소이기도 하다. 이러한 점에서 위 생각해 보기의 질문에 답하며 수업 장면을 살펴보는 것은 큰 의미가 있다고 할 수 있다.

본 과제는 학생의 현실과 맞닿아 있는 중간고사 점수라는 맥락으로부터 전교생의 성적 분포를 추정하는 상황을 제시하고 있으며, 이는 예측하고자 하는 집단의 속성을 크기가 작은 표본으로부터 추정하는 통계 영역의 핵심아이디어와 잘 연결된다. 또한, 본 과제는 통그라미라는 통계 소프트웨어를 활용하여, 학생이 단순 계산에만 집중하는 것에서 벗어나 추정 결과를 해석하고 관련 신뢰구간 공식을 반성하는 것에 집중하도록 한다. 이러한 점에서 본 과제는 적절한 공학 도구를 선택하여 추정한 결과를 해석

한다는 교육과정의 성취기준과도 잘 연계되어 있다고 판단된다.

이와 관련하여, 2022 수학과 교육과정의 교수·학습 방법에서는 "확률과 통계의 개념, 원리, 법칙을 도출하는 과정과 수학적 절차를 논리적이고 체계적으로 수행하고 반성하게 한다"는 내용이 담겨 있다(교육부, 2022, p. 132). 이는 학생들이 통계적 추정을 수행한 뒤, 그 과정에서 사용한 지식이나 절차에 대한 반성을 통해 더 깊이 있는 이해를 추구하도록 해야 한다는 뜻이다.

앞서 살펴본 수업에서 학생들은 95%의 신뢰도로 신뢰구간의 길이를 구하고 이를 통해 실제 모평균을 추정하는 활동을 수행하였다. 그런데 전교생의 중간고사 성적은 언제나 0에서 100 사이의 값이므로, 모평균을 포함하는 신뢰구간으로 설정하는 것은 그 신뢰도가 100%이기는 하나 유용하지는 않다. 이러한 상황에서 신뢰구간의 유용성을 보장하기 위해 어떠한 변수를 조정해야 하는지 확인하기 위해, 위 과제는 기존의 신뢰구간 공식을 살펴보도록 하고 있는 것이다.

이 과제를 활용한 실제 수업에서 학생들은 탐구 결과 및 공식에 대한 반성을 통해 신뢰구간 공식에서 표준편차가 아닌 표본의 크기, 즉 학생들의 점수 데이터를 더 많이 추출해야 한다는 점을 깨달을 수 있었으며, 동시에 표본의 크기가 지나치게 커지는 것은 전교생의 성적 데이터를 전부 확보해야 한다는 것을 의미한다는 점에서 바람직하지 않다는 점까지 확인할 수 있었다. 이러한 점을 고려할 때, 모평균을 추정하는 수학 수업에서 교육과정의 관련 핵심아이디어 및 성취기준을 수업에 반영하는 것은 생산적인 통계 교육으로 이어질 수 있다는 점을 생각해 볼 수 있다.

다음 짧은 수업 장면을 보고, 권위의 분배와 책무성이 어느 정도 추구되고 있는지 답하시오.

김교사 : 보검아, 어떤 방법으로 어느 도형이 더 큰지 어떻게 알 수 있어?
보 검 : 두 도형의 둘레를 구해서 길이를 비교해봐요.
김교사 : 또 다른 사람?
은 우 : 두 도형을 덧붙인 다음 튀어나온 부분을 잘라보면 알 수 있어요.
김교사 : 아 그렇게 비교하는 방법도 있겠다 그치? 수지는?
수 지 : 어떤 작은 물체를 기준으로 해가지고, 각 도형에 그 물건이 몇 개 들어가는지 확인해봐요.
김교사 : 잘했어. 너희 지금 생각한 것들이 다 수학자들이 생각한 거야. 수학자들이 이 과정을 다 거쳤어. 이게 만약에 논이라고 생각했을 때 논을 떼와 가지고 2개를

> 막 자르고 이렇게 할 수는 없잖아 그치? 그래서 뭔가 다른 걸로 실험을 해봐야겠다고 생각을 하고 이 수학자들은 어떤 도구를 썼냐면, 어떤 블록을 만들었어. 근데 그 블록이 모양이 어떻게 생겼냐면 ... (정사각형 모양의 스티커를 보여주며) 이런 모양의 블록을 사용했단 말이야.

앞선 2.2절에서 살펴보았듯이, 수학 수업에서 학생의 참여 및 기여를 높이고 학생이 지식을 구성하는 주체가 되기 위해서는, 교사에게만 권위가 집중되어서는 안 되며 학생에게도 권위가 분배되어야 한다. 또한, 교사와 학생은 수학적 아이디어를 수학 고유의 논리와 관습적인 기호를 통해 정리하고 발전시켜야만 하는 책무 역시 가지고 있다. 이러한 점들이 실제 수업에서 잘 구현되기 위해서는 교사가 수업 장면을 보고 권위의 분배와 책무의 추구가 어느 정도로 이루어지고 있는지를 판단할 수 있어야만 한다. 이를 위해 위와 같은 질문에 대해 고민해보는 과정이 요구되는 것이다.

위 에피소드에서 김교사는 여러 학생에게 두 도형 중 어떤 도형이 더 큰지 판단하는 기준을 제안하도록 요구하고 있다. 언뜻 보기에 이러한 교사의 발문은 학생에게도 권위를 분배하는 교수학적 조치로 보인다. 하지만 김교사는 학생들이 제시한 아이디어를 전체 논의에서 적극적으로 활용하지 않는 모습을 보인다.

예를 들어, 수지의 발화에는 도형의 넓이를 측정하기 위해 모종의 단위 넓이가 필요하다는 매우 중요한 수학적 아이디어가 담겨 있고, 교사는 이를 이용하여 단위 정사각형이라는 관습적인 아이디어를 이끌어낼 수 있다. 그러나 김교사는 이러한 학생의 아이디어를 단순히 확인하는 데서 그치며, 자신이 미리 설정한 수업 경로를 따라 수학적으로 정확한 아이디어를 다소 급하게 제시하고 있다. 여기서 교사가 책무성을 강하게 추구하는 동시에 권위의 분배에는 다소 소홀한 모습을 보이고 있음을 확인할 수 있다. 이러한 점을 고려하여, 위 수업에서 권위의 분배는 조금 이루어지고 있다고 할 수 있으며, 책무성의 추구는 잘 이루어지고 있다고 판단해볼 수 있다.

4.2 권위와 책무성의 균형을 위한 수업 설계 및 실행의 중요성

권위의 분배와 책무성이라는 렌즈를 통해 본 수업을 살펴보는 작업의 의의를 다음과 같이 정리해보고자 한다.

먼저, 교실에서 학생에게 권위를 분배하기 위해서는 교사가 개별 혹은 모둠에서 이루어지는 학생의 탐구 상황을 면밀히 확인하며 적절한 발문을 던질 필요가 있다. 앞서 살펴본 수업에서도 권교사는 학생의 탐구가 이루어지는 동안 교실을 순회하며 그들의 활동을 점검하였고, 그 과정에서 직접적인 정보 전달이 필요한지 혹은 정당화 및 설명을 요청하며 수학적 논의를 진행할지 실시간으로 판단하였다.

학생이 탐구에 필요한 간단한 지식이나 정보를 요청하는 경우 또는 소프트웨어 작동 방식에 대해 질문하는 경우, 교사는 학생에게 직접적으로 도움을 주거나 관련 정보를 곧바로 제공하는 등 교사 주도적인 방식으로 대응하였다. 반면, 학생의 질문이 수업의 주된 목표와 관련된 핵심 개념에 대한 것일 때는, 정당화 및 설명을 요구하는 등의 교수학적 조치를 통해 학생에게도 권위를 분배하여 논의를 진행하였다. 즉, 학생이 처한 상황에 따라 적절한 접근 방식을 선택한 것이다.

이로부터 교사는 학생의 탐구 과정을 실시간으로 확인하며 교사 주도적인 방식의 발문이 적절한지 혹은 학생에게 설명을 요청하는 개방적인 발문이 적절한지 판단할 수 있어야만 한다는 시사점을 이끌어낼 수 있다. 교사는 교실을 순회하며 학생들의 말을 세심히 듣고 활동을 관찰하고, 학생들이 어떠한 접근 방법을 사용하는지 파악해야 하며, 학생들의 접근 방식에 어떻게 응답할지 판단할 수 있어야만 한다.

특히, 학생의 탐구를 촉진해야 하는 상황에서는 교사가 학생 대신 핵심 정보 및 풀이 전략을 제공하거나, 학생이 과제나 교사의 질문을 어려워한다는 이유로 낮은 수준의 사고를 요구하는 수업 방향으로 전환하는 등의 조치를 취하면 안 된다는 점도 확인할 수 있다. 대신 문제의 복잡성을 유지하고, 학생한테 지속적으로 정당화 및 설명을 요구해야 하며, 충분한 탐구 시간을 제공해야 한다.

다음으로, 권위의 분배와 책무성 사이의 균형을 추구하기 위해, 교사는 학생의 탐구 결과에 기반을 두고 전체 학급 논의를 진행하여 아이디어를 정리하고 정교화해야만 한다. 학생의 아이디어에 대한 정교화와 관련하여, 학생이 공학 도구를 활용하여 통계 아이디어를 탐구할 기회를 부여받는다고 하여도 학생이 탐구한 아이디어가 교사에 의해 수학적 논의의 장에서 정교화되어 발전되지 않는다면 학습이 일정 수준 이상으로 나아가기는 힘들 것이다. 따라서 교사는 전체 학급 논의에서 학생들의 여러 탐구 결과를 핵심 수학적 아이디어와 연결하고, 학생들의 아이디어를 서로 연결하여 유의미한 결론을 이끌어내고, 이를 위한 적절한 발문을 던질 수 있어야만 한다. 또한, 학생의 아이디어를 전체 학급에 공유하여 자신이나 동료의 아이디어를 평가하고 반성하도록 하는 등의 조치도 요구된다.

이와 관련하여 풍부한 정보통신 환경이 그 자체로 학생의 탐구 기반 학습을 보장하지 않으며, 오히려 학생의 탐구가 배제된 교사 중심적인 수업이 이루어질 위험성을 품고 있다는 점을 상기할 필요가 있다(Ruthven & Hennessy, 2002; Tanner et al., 2005; Zevenbergen & Lerman, 2008). 특히, 정보통신기술이 정착된 수업 환경에서 교사는 공학 도구를 이용한 학생의 탐구 결과를 무시한 채 사전에 설정한 결론을 일방적으로 언급하는 경우가 빈번하다. 학생이 공학 도구를 활용했다는 사실에만 만족하며, 전체 학급 논의에서 학생의 참여를 배제하는 경우도 많다. 이러한 경우 전체 학급 논의 과정에서 권위가 교사에게만 집중되어 오직 교사만이 모든 논의를 독점할 수 있으며, 학생의 활동과 수학적 논의가 서로 연계되지 않은 채 수업이 진행되기도 한다. 이러한 위험을 극복하기 위해 교사는 개별적으로 이루어진 학생의 탐구 결과가 전체 학급 논의에서도 다뤄질 수 있도록 하여, 학생의 탐구가 지속적으로 수업이 나아가는 방향에 기여할 수 있도록 주의해야 한다.

참고문헌

교육부(2022). **수학과 교육과정**. 교육부 고시 제2022-33호 [별책 8]. 세종: 교육부.

Engle, R., & Conant, F. (2002) Guiding principles for fostering productive disciplinary engagement: Explaining emerging argument in a community of learners classroom. *Cognition and Instruction, 20*(4), 399-483.

Pace, J. L., & Hemmings, A. (2007). Understanding authority in classrooms: A review of theory, ideology, and research. *Review of Educational Research, 77*(1), 4-27.

Ruthven, K., & Hennessy, S. (2002). A practitioner model of the use of computer-based tools and resources to support mathematics teaching and learning. *Educational Studies in Mathematics, 49*(1), 47-88.

Tanner, H., Jones, S., Kennewell, S., & Beauchamp, G. (2005). Interactive whiteboards and pedagogies of whole class teaching. In P. Clarkson, A. Downton, D. Gronn, M. Horne, A. McDonough & R. Pierce, et al. (Eds.), *Building connections: Theory, research and practice. Proceedings of the 28th annual conference of the Mathematics Education Research Group of Australasia, Melbourne.* (pp. 547-554). MERGA.

Zevenbergen, R., & Lerman, S. (2008). Learning environments using interactive whiteboards: new learning spaces or reproduction of old technologies. *Mathematics Education Research Journal, 20,* 108-126.

제 12 장

<장면들>에 나타난 수학 수업의 특징

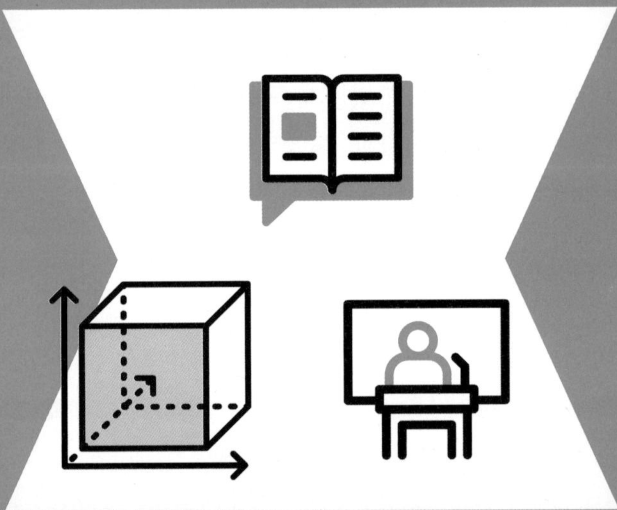

앞에서 살펴본 열 개의 중등 수학 수업 사례는 우리나라의 수학교육 환경에서 저마다의 이유와 배경으로 최선의 방향을 찾아 실행한 중등 수학 수업의 설계, 다큐, 톺아보기의 과정과 결과를 담고 있다. 12장에서는 저자들이 해당 수업의 설계, 다큐, 톺아보기를 통하여 드러낸 수학 수업의 특징을 살펴본다. 각 수업이 모두 완벽하거나 성공적이었다고는 할 수 없으나, 설계, 다큐, 톺아보기의 과정과 결과를 종합하면 어느 정도 일관되게 드러난 수학 수업의 특징이 있다. 12장에서는 그중 여섯 가지를 선정하여 제시하고, 독자들이 열 개의 수업을 관통하는 다른 특징을 발견하는 일에 도전하기를 바라는 저자들의 기대도 언급한다. 추상적인 개념일수록 개념 정의보다 개념의 예를 들어 의미를 파악하면 좋은데, 수학 수업도 마찬가지일 것으로 생각한다. 우리가 제시한 열 개의 중등 수학 수업 사례를 토대로 중등 수학 수업에 대한 개념적 이해의 폭과 깊이가 확대되길 기대한다.

1 교육과정 자료의 사용 관련 특징

수학 수업을 준비하고 실행할 때 국가교육과정 문서와 교과서, 교사용지도서 등의 교육과정 자료를 사용하게 된다. 국내외에서 이루어진 교사의 수학 수업을 위한 교육과정 자료 사용 관련 연구 동향을 분석한 결과에 따르면, 초등학교와 달리 중등 수학 수업을 위한 교육과정 자료 사용 연구는 극히 드물게 이루어졌다(구나영, 이경화, 2020). 이는 교육과정 자료가 수학 수업에서 차지하는 비중을 고려하면 심각하게 우려할 수밖에 없고, 특히 실행 기반의 교육과정 자료 사용 연구가 부족한 채로 사회의 요구에 따라 교육과정 자료를 개정하는 데 많은 시간과 노력을 쏟는 현실을 생각할 때 시급히 개선해야 할 사태이다. 우리가 톺아본 수학 수업에서 기존의 교육과정 자료를 얼마나 수용하였는지에 따라 수업의 상대적 위치를 구분하면 [그림 12-1]과 같다.* 교과서의 과제를 그대로 사용한 경우가 있는가 하면 완전히 새로운 과제를 개발한 경우가 있었다. 부분적으로 교과서에 제시된 과제의 내용과 형식을 수용하고 새로운 내용과 형식의 과제를 개발하여 덧붙인 경우 또한 있었다.

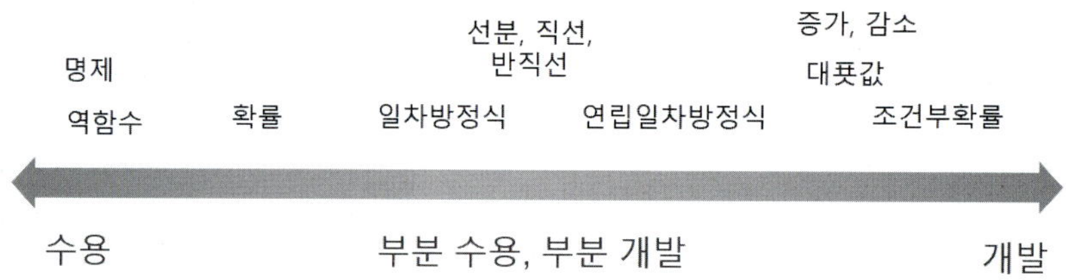

[그림 12-1] 열 개 수업에서의 교육과정 자료 사용 양상

〈명제의 대우 수업〉을 진행한 김교사는 교과서의 명제 과제를 변형 없이 그대로 사용하였다. 이것만 보면 김교사가 수동적으로 교육과정 자료를 따라 수업한다고 생각할 수 있다. 그러나 김교사의 수업을 톺아본 후 우리는 김교사가 다음과 같은 생각을 바탕으로 교과서의 명제 과제를 그대로 사용했음을 추론할 수 있었다. 이와 같은 판단을 토대로 주어진 교육과정 자료를 수용한 것이라는 점에서 김교사는 자율적으로 교육과정 자료를 사용하였다.

* 교육과정 자료 사용 양상을 엄격한 기준에 의하여 구분하는 과정은 이 책의 논의 범위를 넘어서므로 상세 기술을 생략한다. 여기서는 우리가 주어진 교육과정 자료를 수용하는 정도가 상당히 다른 여러 수업 사례를 확인하였다는 점을 언급하는 데 의의를 둔다.

[주의 기울이기]

- 교사는 명제의 논리적 구조, 가정과 결론의 부정, 교육과정에서 다루는 내용 등을 파악하였다.
- 교사는 학생들이 명제에서 가정과 결론을 각각 부정하는 것을 어려워한다는 것을 파악하였다.

[분석하기]

- 교사는 학생들이 대우 명제를 어려워하는 것은 명제의 가정과 결론을 부정하는 과정에서 명제에 포함된 조사나 부사의 의미를 알아야 하기 때문이라고 분석하였다.
- 교사는 학생들에게 제공된 명제의 의미를 설명하는 기회를 제공해야 한다고 생각하였다.

[결정하기]

- 교사는 과제를 교과서에서 선정하였다.

〈조건부확률 수업〉에서 곽교사는 교육과정 자료를 벗어나 새롭게 설계한 과제를 사용하였다. 이 경우 과제는 수학교육 연구자가 설계하였지만, 수업을 진행한 곽교사가 과제에 담긴 수학적 의미와 교수·학습 유의점을 충분히 이해하고 적용하였다. 이 점에서 곽교사가 교육과정 자료를 자율적으로 사용하였다고 볼 수 있다. 곽교사는 새롭게 설계한 과제로 국가교육과정에서 제시하는 핵심 목표인 조건부확률 개념을 학습하도록 이끌었다. 이 수업의 〈장면들〉은 새롭게 도입한 과제를 해결하면서 학생들이 공학 도구를 충분히 활용하여 조건부확률 개념을 점진적으로 이해하는 양상을 보여주었다. 그러므로 국가교육과정에서 제시한 목표를 효과적으로 달성하기에 적합한 형태로 과제를 개발할 필요성이 있다는 판단이 서면 교사는 교과서를 벗어날 수 있으며 이것이 우리가 생각하는 교사의 자율적인 교육과정 자료 사용이다. 함수의 증가와 감소 수업과 대푯값 수업에서도 비슷하게 교사가 교과서의 과제와 상당히 다른 형태의 과제를 도입하여 국가교육과정에서 제시한 수학교육의 목표, 내용, 방법을 구현하고자 시도하였다는 점에서 자율적인 교육과정 자료 사용의 예를 보여주었다.

교육과정 자료를 자율적으로 사용하는 것은 교사가 전문가로서 자부심과 책임감을 가지고 수학을 가르치는 일에 임하는 한 가지 기준이다. 교육과정 자료를 그대로 사용하는지, 변형하는지가 아니라 왜 그대로 사용하는지, 왜 변형하는지가 더 중요하며 이를 교사가 판단하고 결정할 수 있어야 한다. 그러나 교사의 자율적 판단에 따른 교육과정 자료 사용은 지극히 당연해서 간과되는 면이 있다. 이 자율성을 전제로 해야 수학 수업을 준비할 때 주어진 교육과정 자료를 충분히 이해할 수 있다. 이에 열 개 수업에 나타난 첫 번째 특징으로 교사의 교육과정 자료 사용의 자율성을 짚고자 한다.

2 국가교육과정과의 연계 관련 특징

교육과정 자료를 자율적으로 사용하는 것보다 중요한 것은 적절하게 사용하는 것이다. 교육과정 자료 사용의 적절성을 판단할 때 국가교육과정이 기준 중 하나이다. 가령, 교사가 교과서에서 벗어나 자유롭게 과제를 구성할 수 있지만, 교육과정 범위를 넘어서는 연습용 문제로만 교과서 과제를 대체한다면 적절한 교육과정 자료 사용으로 볼 수 없다. 국가교육과정에서 제시하는 바와 전혀 연결되지 않을뿐더러 고질적인 수학교육의 문제인 기계적인 연습 중심의 학습을 심화시킬 우려가 있기 때문이다. 우리가 제시한 열 개의 중등 수학 수업에서 국가교육과정인 2022 개정 수학과 교육과정에 연계되는 측면을 명시한 것은 각 수업에서 이루어지는 교육과정 자료 사용의 적절성을 얼마간 확보하기 위해서였다.

예를 들어, 송교사가 진행한 〈연립일차방정식 수업〉은 교과서에 제시된 과제와는 사뭇 다른 과제를 중심으로 이루어졌다. 그렇지만 여전히 해당 수업에서 국가교육과정과 연계된 측면을 찾을 수 있다. 저자는 2022 개정 수학과 교육과정에서 제시한 연립일차방정식 관련 내용 중 '과정 · 기능', '가치 · 태도', '수학적 역량 교육', '교수 · 학습 방법'에 연계하여 송교사의 연립일차방정식 수업의 설계와 실행을 설명하였다. 국가교육과정에서 제시하는 연립일차방정식 관련 과정 · 기능과 가치 · 태도를 살펴보면, "방정식과 부등식 풀기, 방정식, 부등식, 함수와 관련된 문제해결하기, 상황이나 관계를 표, 식, 그래프로 나타내기, 주어진 그래프 해석하기, 순서쌍과 좌표, 그래프 등 수학적 표현의 유용성과 편리함 인식, 방정식, 부등식, 함수의 필요성 인식, 체계적으로 사고하여 합리적으로 의사 결정하는 태도, 타당한 근거에 따라 논리적으로 설명하는 태도" (교육부, 2022, p.8) 등이 있다. 송교사의 수업에서는 대수식의 형태로 방정식을 제시하고 풀도록 하는 대신, 단독주택과 공동주택의 수를 결정한다는 실생활 문제상황을 표, 식, 그래프로 나타내도록 하여 일부 과정 · 기능 요소를 다루었다. 아울러 학생들이 표, 식, 그래프의 유용성과 편리성을 파악하도록 하고, 그래프를 적절히 해석함으로써 합리적인 방안을 도출하도록 하였다는 의미에서 가치·태도 역시 고려하였다. 저자는 송교사의 수업에서 2022 개정 수학과 교육과정의 목표 중 하나인 문제해결 역량 함양이 이루어졌다면서 다음과 같이 그렇게 볼 수 있는 이유를 제시하였다.

> 일반적으로 역량은 삶에서 맞닥뜨리게 되는 여러 문제상황을 여러 학문의 지식을 활용하여 해결할 수 있는 능력을 의미한다. (송교사의) 수업에서 사용된 과제는 우리가 삶을 살아가면서 마주칠 수 있는 현실 맥락을 활용하고 있으며, 문제를 해결하기 위해 방정식 개념을 다각도로 활용할 것을 요구하고 있다. 또한, 학생들은 문제에 주어진 조건과 정보를 여러 표상을 통해 분석하고, 두 방정식을 동시에 만족하는 순서쌍을 찾아나가는 과정이 곧 합리적인 문제해결 절차임을 인식하게 된다. 이러한 점에서 수업의 과제는 문제해결 역량을 신장시키는 데 효과적임을 확인할 수 있다.

주어진 교육과정 자료를 그대로 사용한다고 해서 국가교육과정과의 연계가 저절로 이루어지지는 않는다. 국가교육과정에서는 수학교육의 목표, 내용, 방법에 대한 방향성과 세부사항을 제시하는데, 주어진 교육과정 자료를 사용하면서도 국가교육과정의 방향성과 세부 사항에 비추어 바람직하지 않은 방식으로 수업할 수 있기 때문이다. 그러므로 국가교육과정에 명시된 방향성과 세부 사항에 부합되는 방향으로 수업이 이루어졌는지 파악하여 국가교육과정과의 연계를 판단해야 한다. 이와 관련하여 〈고등학교 확률 수업〉 사례를 언급할 수 있다. 이 수업에서는 주어진 교육과정 자료를 큰 변형 없이 사용하면서 국가교육과정의 세부 사항을 고려하였다. 여기서 세부 사항은 국가교육과정에서 제시한 확률 성취기준 중 확률 개념 및 확률의 덧셈정리와 곱셈정리의 '이해'이다. 교사가 확률 개념 및 확률의 덧셈정리와 곱셈정리를 말로 설명한다고 해서 모든 학생이 이를 이해할 수 없으므로, 여러 수준의 학생이 지닌 선수지식과 사고 능력을 고려하여 이해를 촉진하는 수업을 진행해야 한다. 수업에 사용한 과제는 전형적인 맥락에 기반한 것으로 전혀 새롭게 보이지 않지만, 확률 개념의 이해에 필수적인 '표본공간의 등확률성'을 파악하는 기회는 충분히 제공하고자 하였다. 수업을 진행한 이교사는 학생들이 서서히 과제를 해결해 나가면서 표본공간의 등확률성에 주의를 기울이도록 발문하였고 신중하게 피드백하였다. 확률의 덧셈정리와 곱셈정리를 언제 왜 사용해야 하는지 알고 사용하도록 하였고, 시각적 모델인 수형도를 확률 연산의 보조 도구로 활용하게 하여 학생들이 확률 연산의 원리를 이해하면서 적용하도록 하였다. 저자의 다음 설명에서 국가교육과정의 해당 부분과 적절히 연계하면서 수업이 설계되고 실행된 배경을 확인할 수 있다.

고등학교에서 다루어지는 확률의 정의와 연산은 시행에 따른 가능한 결과의 수를 이용해서 확률을 구하고 확률을 서로 더하거나 곱하는 정도이므로, 수학의 다른 내용 영역, 가령 미분이나 적분 등과 관련해서 소개되는 다양한 수학적 대상들의 정의와 알고리즘에 비하면 간단한 편이다. 이처럼 확률의 정의와 연산은 비교적 쉬워 보이는데도 불구하고 학생들은 확률을 구하고 연산하는 데 어려움을 겪는다는 점이 다양한 연구에서 보고되었다. 이 글에서 다루어지는 수업은 다른 수학 내용 영역에 비해 비교적 쉽고 간단해 보이는 확률의 정의와 연산을 학생들이 어려워하는 이유는 무엇인지, 학생들의 어려움을 감축하는 방안은 무엇인지 알아보는 과정에서 만들어졌다.

위에 언급한 내용을 포함하여 열 개의 수업과 2022 개정 수학과 교육과정의 구체적인 연계 사항을 정리하면 다음 〈표 12-1〉과 같다. 결론적으로, 열 개의 수학 수업에서 이루어진 교육과정 자료 사용은 국가교육과정에서 제시한 교수·학습 방법을 고려했다는 점에서 주로 적절성을 확보한 것으로 볼 수 있다. 국가교육과정의 성취기준과 내용 체계를 반영하고 핵심 아이디어와도 연계되는 수업이 많았다.

〈표 12-1〉 각 수업과 국가교육과정의 연계

수업 주제	2022 개정 수학과 교육과정과의 연계 사항
선분, 직선, 반직선	• 성취기준 반영 • 추론 역량 함양을 위한 교수·학습 방법 고려
연립방정식	• 핵심 아이디어, 성취기준 반영 • 과정·기능, 가치·태도 고려 • 수학적 문제해결 역량 함양을 위한 교수·학습 방법 고려
미지수가 2개인 일차방정식	• 성취기준 반영 • 수학적 모델링 역량 함양을 위한 교수·학습 방법 고려
대푯값	• 핵심 아이디어, 성취기준 반영 • 수학적 연결 역량 함양을 위한 교수·학습 방법 고려
명제의 대우	• 성취기준 반영 • 수학적 의사소통 역량 함양을 위한 교수·학습 방법 고려
역함수	• 성취기준 반영 • 수학적 의사소통 역량 함양을 위한 교수·학습 방법 고려
확률	• 핵심 아이디어, 성취기준, 성취기준 적용 시 고려 사항 반영 • 수학적 문제해결 및 의사소통 역량 함양을 위한 교수·학습 방법 고려
조건부확률	• 핵심 아이디어, 성취기준, 성취기준 적용 시 고려 사항 반영 • 수학적 추론 역량 함양을 위한 교수·학습 방법 고려

수업 주제	2022 개정 수학과 교육과정과의 연계 사항
함수의 증가와 감소, 극대와 극소	• 성취기준 반영 • 수학적 추론 역량 함양을 위한 교수 · 학습 방법 고려
모평균 추정	• 핵심 아이디어, 성취기준 반영

3 상호작용의 특징

이 책에서 톺아본 열 개의 수업에서는 교사와 학생, 학생과 학생 사이에 다양한 상호작용이 이루어졌다. 중 · 고등학교 수학 수업에서 의미 있는 상호작용보다 교사의 일방적인 설명이나 단순한 구조의 부적절한 상호작용(박진환, 신보미, 2022; 이윤경, 조정수, 2015)이 나타나는 경향과 다르다. 우리가 제시한 수업 사례에서는 수업을 설계하는 단계에서부터 상호작용 또는 학생 참여를 활성화하는 방안을 모색하여 전략적으로 접근하였다. 예를 들어, 〈함수의 증가와 감소, 극대와 극소 수업〉에서는 게임을 접목하는 방식으로 상호작용 중심의 학습 활동을 도입하였다. 수업을 진행한 채교사가 한 학생에게 함수의 그래프를 제시하고, 그 학생이 그래프의 개형을 해석하여 학급 전체에 설명하였으며, 모둠별로 이 설명을 바탕으로 그래프의 개형을 추측하여 모눈종이 위에 그리는 것이 핵심 활동에 포함되었다. 각 모둠에서 그래프 개형을 추측하기 위해서도 상호작용이 필요했으며, 최종적으로 주어진 그래프에 가장 가깝게 그래프의 개형을 그린 모둠을 선발하는 과정에서도 상호작용이 이루어졌다. 게임을 마친 후에도 모둠별로 다양하게 그래프 개형을 그린 이유와 그래프 개형을 그리는 데 필수적인 요소에 대해 논의하도록 하였다. 이 수업에서는 상호작용이 교수 전략이자 학습 기회였다. 1차시 수업보다는 덜하지만 2차시와 3차시 수업에서도 상호작용을 활성화하여 함수의 미분계수와 함수의 증가, 감소, 극대, 극소의 관계 학습을 촉진하고자 하였다. 이 수업에서 학생들이 교사의 일방적인 설명에 의존하지 않고 서로 수학적 아이디어를 공유하고 발전시키면서 수학을 배우는 모습이 다음 대화에 담겨 있다.

> 학생 1: 양쪽 끝이 위로 올라간다.
> 학생 2: 볼록한 점 있잖아, 그 점을 적어줘.
> 학생 1: 그럼 먼저 위로 볼록한 점 두 개 하고 밑으로 볼록한 점 세 개.

학생 참여 기회를 제공하는 수학 수업을 설계하려면 학생 참여의 구체적인 의미, 시기와 방법 등을 고려해야 한다. 채교사의 수업에서는, 주어진 그래프 개형을 확인하는 학생과 그 학생의 설명을 듣고 그래프 개형을 그리는 학생들의 역할, 언제 어떤 방법으로 학생들을 참여시킬 것인지가 사전에 정교하게 설정되어 있었기에 활발한 상호작용이 가능하였다. 〈미지수가 2개인 일차방정식 수업〉에서는 학생들이 모둠을 이루어 최적의 수학여행지를 결정할 때 고려해야 할 요소, 미지수의 기호 표현, 방정식 세우기 등을 중심으로 상호작용이 이루어졌다. 수업의 해당 장면을 보면, 먼저 학생 1이 체험 시간을 요소로 제안하였고, 학생 2가 북촌한옥마을 체험 시간과 창덕궁 체험 시간을 각각 x, y로 나타내고 이동하는 시간인 61분까지 반영하여 방정식을 세웠다. 학생들은 체험 시간의 단위와 이동하는 시간의 단위를 통일해야 한다고 생각하면서도, 이동할 때 뛰면 된다거나 여러 명이 이동하면 더 늦어지는 가능성을 고려하였다. 최종적으로는 1분 정도의 시간을 수용할 수 있는 오차로 판단하여 61분을 1시간으로 바꾸는 유연한 사고를 통하여 시간으로 단위를 통일하였다. 단위 통일이라는 수학적 판단에 더불어, 뛰면 시간을 줄일 수 있다거나 1분은 수용할 수 있는 오차라고 판단하는 일상적 사고를 조합한 것은 수준과 정교성이 매우 높은 상호작용이라고 할 수 있다.

그러나 〈미지수가 2개인 일차방정식 수업〉에서 이루어진 모든 상호작용이 학생들의 수학 학습을 촉진하였다고 보기는 어렵다. 상호작용에 참여하는 학생들의 다양한 아이디어 유입이 미지수가 2개인 일차방정식을 적절하게 이해하는 것을 방해한 면이 있었다. 학생들은 북촌한옥마을 체험과 식사 시간을 x로, 창덕궁 체험 시간을 y로, 이동 시간을 1로 나타내어 방정식을 세웠으나, 그 방정식의 해를 구하는 것과 최적의 수학여행지를 찾는 것 사이의 관계에 대해서는 깊이 고민하지 않았다. 상호작용을 기반으로 하는 수업에서는 늘 시간이 부족하여 중요한 과정을 다루지 못할 수 있는데, 이 수업에서도 학생들이 미지수가 2개인 일차방정식을 언제 그리고 왜 세우는지 모르고 세웠다는 점에서 핵심적인 과정이 생략되었다는 아쉬움이 남는다. 저자는 수집된 자료가 복잡해서 또는 수학적 모델인 방정식을 세우는 과정에서 본래의 맥락을 잃어버리는 것이 원인일 수 있다는 추측을 제시하였다. 이 사례에서 알 수 있듯이 상호작용의 활성화는 양날의 검과도 같으며, 적정한 선을 지키지 못한다면 학생 참여라는 과실을 얻는 대신 다루어야 할 수학적 의미 중 일부를 잃을 수도 있다.

우리가 살펴본 수업에서의 상호작용이 모두 긍정적이지는 않았다. 어떤 학생에게는 단단한 지지대나 무한한 잠재력이 되었고, 어떤 학생에게는 크고 작은 혼란의 원인이 되었다. 그렇기에 긍정적인 면만 보고 무작정 상호작용 중심으로 수학 수업을 설계하여 실행하기보다 언제 어떤 상호작용을 준비하거나 예상할 것인지 사전에 고민해야 하며, 수업 중에도 반드시 계획한 대로가 아니라 유연하게 대처하는 태도가 필요하다. 교사는 아슬아슬한 줄타기를 통하여 혼란을 정돈하고 잠재력을 극대화하는 역할을 해야 하며, 이런 점에서 교사의 책임 있는 역할과 노력을 '의미 있는 상호작용 추구'로 표현할 수 있다. 우리가 함께 살펴본 열 개의 수업에서는 교사와 학생(T-S), 학생과 학생(S-S) 사이의 상호작용에서 다양한 의미를 추구하였다. 상호작용의 초점을 파악하여 그 의미를 확인하고 논의한다면 예비교사와 현직교사의 수학 수업 역량 함양에 도움이 될 것이다. 〈표 12-2〉는 우리가 살펴본 수업에서 이루어진 상호작용의 초점을 정돈한 것이다.

〈표 12-2〉 각 수업에서 관찰된 상호작용의 초점

수업 주제	상호작용의 초점(상호작용 형태)
선분, 직선, 반직선	• 다양한 도형에서 선분, 직선, 반직선 개수 구하기(S-S) • 선분, 직선, 반직선 개수 관련 수학적 주장의 참과 거짓 판별하기(S-S)(T-S) • 예와 반례의 타당성 확인하기/ 수학적 설명과 수학적 반박(T-S) • 거짓인 주장을 참인 주장으로 재구성하기(S-S)(T-S)
연립방정식	• 문제상황을 언어와 기호로 나타내기(T-S) • 문제해결 전략을 찾기 위해 조건을 표와 그래프 표현으로 나타내기(S-S) • 문제상황과 문제해결 과정 성찰하기(T-S)
미지수가 2개인 일차방정식	• 미지수 정하고 방정식 세우기(S-S) • 방정식의 특정 해 찾기, 이미 세운 방정식 변형하기(S-S)(T-S) • 변수와 상수의 차이 확인, 변수와 상수를 활용하여 방정식 세우기(T-S)
대푯값	• 메타-인지 이동 현상 해소하기(T-S) • 수렴적 사고와 발산적 사고 기회 제공하기(T-S)
명제	• 모둠별 과제 해결 후 교사가 학생의 어려움 파악하여 지원하기(S-S)(T-S) • 오류 확인하고 교정하기(T-S) • 과제의 초점 확인하기(T-S)
역함수	• 일차함수의 그래프 그리기(T-S) • 일차함수의 그래프와 그 역함수의 그래프 그리기(T-S) • 귀납적으로 찾은 가정을 정당화 또는 증명하기(T-S) • 일차함수의 그래프와 그 역함수의 그래프가 $y = x$에 대칭인 이유 설명하기(T-S) • 일차함수의 그래프와 그 역함수의 그래프가 만날 수도, 만나지 않을 수도 있는 이유 설명하기(T-S)
확률	• 조합적 전략과 확률 연산 전략을 각각 활용하여 확률 구하고 과정 공유하기 (S-S)(T-S)

수업 주제	상호작용의 초점(상호작용 형태)
	• 일어날 가능성이 같은 경우와 같지 않은 경우를 구분하기(T-S) • 일어날 가능성이 같을 때 조합적 전략 활용할 수 있음을 파악하기(T-S)
조건부확률	• 빈도수형도를 활용하여 상대도수 구하기(S-S) • 조건 사건이 나중에 일어난 경우의 조건부확률 구하기(S-S)(T-S) • 조건 사건과 목적 사건 구분하여 조건부확률 오개념 교정하기(T-S)
함수의 증가와 감소, 극대와 극소	• 그래프 개형을 일상언어로 표현하기(S-S) • 일상언어로 표현된 내용을 듣고 그래프 개형 그리기(S-S)(T-S) • 다양한 함수의 증가, 감소 확인하기(S-S)(T-S) • 극값 판정 기준 관련 오개념 예방하기(S-S)(T-S)
모평균 추정	• 디지털 기기에 표시된 모평균과 표본평균 확인하기(T-S) • 임의추출, 복원추출의 의미 확인하기(T-S) • 신뢰구간을 구하는 공식 확인하기(T-S) • 권위 분배와 책무성 균형적 추구(T-S)

※ (S-S)는 학생들 사이의 상호작용, (T-S)는 교사와 학생 사이의 상호작용을 뜻함

4 수학적 의미 탐구 촉진 과정의 특징

'수학적 의미'의 의미는 무엇일까? 한 마디로 설명하기는 쉽지 않다. 설명을 생략하더라도, 수학 수업에서 정의를 제시하고 암기하는 대신 수학적 의미를 파악하도록 해야 하고, 특정 계산을 하더라도 그 이면에 담긴 수학적 의미를 알고 계산하도록 해야 한다는 말에는 대다수가 동의할 것이다. 그러나 많은 수학 수업에서 수학적 의미 탐구를 생략하거나 간과하고 기계적으로 정의와 절차를 암기하거나 연습하는 방식으로 수학을 가르치고 배운다는 비판이 끊임없이 제기되어 왔다. 수학적 의미를 다루더라도 단편적인 사실적 지식에 가까운 경우와 넓은 적용 범위를 가지는 경우는 다른데, 적지 않은 중등 수학 교사가 전자에 해당하는 수학적 의미에 치중한다는 점도 지적되었다(Thompson, 2016). 우리가 살펴본 열 개의 수업에서 교사 또는 학생이 수학적 의미를 탐구하려는 마음가짐과 전략을 나누는 모습을 확인할 수 있었다. 다루어지는 수학적 의미의 수준에 있어서는 다소간 차이가 있었다.

〈대푯값 수업〉에서 최교사는 "평균값, 중앙값, 최빈값이 다음과 같을 때, 선수들의 골 득점 수로 가장 합리적인 값을 선택해서 표를 채워보세요"와 같은 과제로 수업하였

다. 통상적으로는 자료를 제시하고 평균값, 중앙값, 최빈값을 구하도록 한다. 방향을 바꾸어 평균값, 중앙값, 최빈값을 제시하고 그에 맞는 자료를 생각하도록 하면, 각 대푯값의 의미를 따지고 세 가지 대푯값을 아우르는 의미도 고려해야 한다. 어떤 순서로 각 대푯값을 고려해야 하는지도 고민해야 한다. 정답이 아니라 '가장 합리적인 값'을 구하라는 과제의 발문은 대푯값의 수학적 의미를 형성하려는 의도를 담고 있다. 이처럼 정답이나 정해진 정의 또는 계산 법칙이나 절차 자체를 강조하는 대신 이면에 들어 있는 아이디어, 과정, 측면에 주목하면서 수학적 대상에 내포된 수학적 의미를 탐구하도록 이끄는 장면이 우리가 제시한 수학 수업 사례에 상당수 포함되어 있다.

학생들이 적용 범위가 넓은 수학적 의미를 탐구하도록 하려는 시도도 여러 수업 사례에서 확인할 수 있다. 학생들이 모종의 성질을 발견했을 때 그것이 특수한 사례에 대해서만 성립하는지 아니면 더 넓은 범위의 경우에 대해서도 확장적으로 적용할 수 있는지 생각해 보도록 함으로써 일반성에 관련된 사고를 촉진하는 장면이 그 예이다. 또한 새로운 맥락에서 발견한 원리와 법칙을 이전에 알고 있던 지식 체계에 비추어 의미를 생성하는 장면도 질 높은 수학적 의미 구성의 예가 된다. 선수학습으로 얻어낸 통찰을 다시 떠올리고 뒤이어 학습할 내용에 연결될 여지가 있는 통찰을 식별함으로써 여러 지식 요소를 관통하는 수학적 의미를 구성할 수 있다. 예를 들어, 다음과 같이 〈역함수 수업〉을 진행한 박교사는 학생들의 학습에서 드러난 수학적 대상이나 원리와 관련하여 일반성에 관한 사고를 촉진하려 노력하였다.

박교사 : (학생 2의 학습지를 관찰한 후, 학생 2에게) 그러면 학생 2야, 다 했잖아. 학생 2가 지금 제일 먼저 다 한 거 같네. 어떤 관계가 있는지 한번 말하지 말고 그냥 보기만 하고.

박교사 : 생각나는 건 있어?

학생 2 : 네

박교사 : 말하지 말고. 생각나는 건 있어? 오케이 근데 그 생각나는 게 있으면, 그냥 이제 몇 개 사례만 가지고 생각난 거잖아.

학생 2 : 네.

박교사 : 근데 몇 개가 된다고 다 된다고 얘기할 수는 없잖아. 그럼 이 다 된다고 얘기하려면 우리가 어떤 말을 하면 될까? 이미 배웠어. 쌤이 딱 얘기하진 않았지만 그것도 알겠어?

학생 2 : 아니요

박교사 : 생각만 해봐.

학생 2 : 생각해 볼게요.
박교사 : 아직 친구들한테 얘기하지 말고.

박교사는 학생이 찾아낸 수학적 의미가 몇 개 사례에 대해서만 성립하는지, 몇 개가 아니라 모든 경우에 성립하려면 어떤 조건이 필요한지를 생각해 보도록 함으로써 맥락에 결부된 의미를 일반화하도록 하여 역함수의 수학적 의미를 고도화하는 기회를 제공하였다. 다음 대화에서 박교사는 학생들이 중학교 수학 시간에 배운 수학과 연결하여 그래프의 대칭과 역함수 사이의 관련성을 생각해 보도록 하고 있다. 그는 학생들이 그래프의 대칭을 중심으로 하는 일관된 의미를 형성하도록 돕고 있다.

학생 5 : 정리하는 거.
박교사 : 정리하는 거?
학생 6 : 바꾸는 거 아니에요?
박교사 : 바꾸는 거? 어. 바꾸는 거. 왜? x, y 바꾸는거야. 근데, 왜? 너희 중학교 때 x에... y축에 대칭, y축에 대칭 배웠지?
학생 6 : 배웠는데.
박교사 : 원점에 대해 대칭 배웠지? $y=x$에 대해 대칭 배우지 않았어?
학생 6 : 네.
박교사 : 맞지.
학생 6 : x랑 y좌표를 바꾸는 거.
박교사 : 그래. 근데, 왜 그럴까?

박교사가 그래프의 대칭 개념의 일반성과 일관성을 짚지 않았다면 학생들 스스로 수학적 의미를 탐구하거나 더 높은 의미 수준으로 비약할 생각도 하기 어려웠을 것이다. 학생들이 어떤 수학 교사를 만나는지에 따라 다른 수학을 배울 수도 있다는 말을 수학적 의미 탐구의 기회 측면에서 설명할 수 있다. 박교사의 수업에 참여한 학생들은 박교사로부터 문제 하나 더 푸는 것보다 훨씬 중요한 수학적 의미 탐구의 중요성과 방법을 배웠다. 우리가 제시한 다른 수업의 장면들에서도 교사가 학생들에게 수학적 의미를 탐구하도록 설계하여 실행한 전략이나 특정한 언어 표현이 있다. 우리는 독자들이 이러한 전략이나 표현을 추가로 찾아 즐겁게 공유하길 소망한다.

5 수학적 표현 활용의 특징

수학적 의미 탐구의 기회를 제공하는 전략 중 하나가 다양한 수학적 표현을 사용하도록 하고 나름의 표현을 도구로 수학적 활동을 하도록 하는 것이다. 적절한 표현 방식을 사용하여 수학적 대상이나 상황을 나타내면 수학적 추론이나 수학적 의사소통의 기회가 증가한다(마민영, 신재홍, 2017; Pierce et al., 2011). 시각적 이미지 또는 제스처 등 비형식적인 표현을 효과적으로 활용하면 수학적 의미 탐구와 문제해결 과정에 다양한 수준의 학습자를 끌어들일 수도 있다(노예솔 외, 2020). 수학적 표현의 다양화와 도구화는 수준과 성향이 다른 학생들이 수학적 의미를 탐구하고, 수학적으로 추론하고 의사소통하며, 효과적으로 수학을 학습하는 데 도움이 된다. 우리가 톺아본 열 개의 수학 수업에서 수학적 표현을 활용할 때의 특징은 다양화와 도구화를 촉진하려 시도한다는 것이다.

〈선분, 반직선, 직선 수업〉을 설계할 때 교사들은 [그림 12-2]와 같이 그림으로, 기호로, 좌표평면으로 표현을 바꾸면서 선분, 반직선, 직선의 의미를 생각하도록 하는 방안을 모색하였다. 이렇게 하면 학생들은 사각형, 오각형 등 다양한 도형을 그리면서 도형과 연결하여 선분, 반직선, 직선의 의미를 생각할 수 있을 것으로 생각하였다. 이 과정에서 교과서의 제한된 표현으로는 절대로 파악하거나 논의조차 하기 어려운 선분, 반직선, 직선의 개수 사이의 관계를 탐구하고 명제로 표현하여 참과 거짓을 따져보는 활동까지 가능하다. 이 활동은 교육과정의 해당 부분을 과도하게 확장한 것으로 생각하는 독자도 있을 수 있다. 이와 관련해서는 열린 마음으로 심층적인 논의를 해보는 것을 권한다. 현재의 교육과정이 절대적으로 옳다고 할 수 없으므로, 다양한 관점에서 최선의 안을 찾아 학생들의 수학적 역량을 함양해야 한다. 현장에 발을 디디고 있는 수학 교사가 이 일에 적극적으로 관여해야 국가교육과정도 건전하고 적합해질 것으로 생각한다. 학생의 수학적 추론 및 의사소통 역량을 기르려면 합당한 기회를 제공해야 하는데, 현재의 교육과정 자료로는 그 기회를 제공할 수 없다면 대안을 모색해야 한다. 〈선분, 반직선, 직선 수업〉을 위한 설계 모임에서는 교사들이 어떻게 대안을 모색하면서 과감하게 도전할 수 있는지 보여주었다.

〈조건부확률 수업〉에서는 빈도 수형도라는 새로운 표현을 도입하여 직관적이고 효과적인 조건부확률 개념과 계산 원리의 이해를 꾀하였다. 무작위실험을 반복적으로 시행하는 시뮬레이션과 그 결과를 나타내는 빈도 수형도는 조건부확률의 학습에서 나타

선분, 반직선, 직선의 차이점은 무엇일까요? 다음 표를 채워보세요.

	그림으로 나타내기	기호로 나타내기	길이는?
선분 AB			구할 수 (있다, 없다)
직선 AB			구할 수 (있다, 없다)
반직선 AB			구할 수 (있다, 없다)

다음 그림과 같이 좌표평면 위에 네 점 O, A, B, C가 있을 때, 두 점을 지나는 직선의 개수를 각각 구하시오.

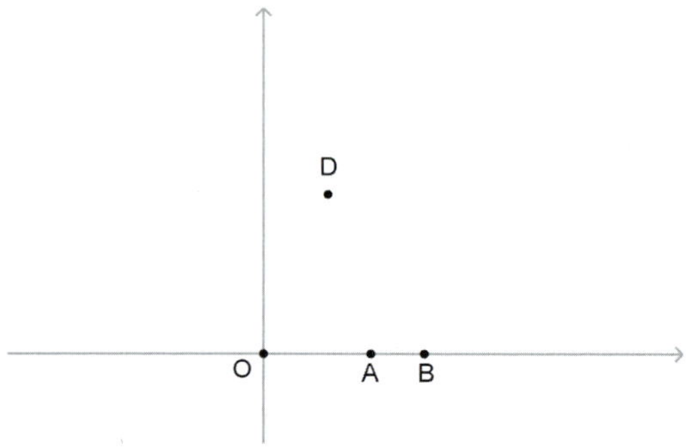

[그림 12-2] 〈선분, 직선, 반직선 수업〉에서 사용된 표와 좌표평면 표현

나는 오개념을 극복하는 데 효과적이었다. 그러나 새로운 표현을 도입하면 표현 자체를 익히는 데에 시간과 노력이 필요하고, 이전에 배운 표현과의 관련성도 파악하도록 이끌어야 하므로 그 적절성과 효과를 신중하게 고려하여 도입 여부를 결정해야 할 것이다. 새로운 수학적 표현의 도구화, 다시 말해, 새로운 표현을 수학 학습을 위해 활용할 수 있는 도구로 만드는 것은, 사전에 표현의 형식과 용도를 정교하게 설계하여 도입하고 수업 중에 학생들이 수학적인 용도로 사용하도록 시의적절하게 개입해야 가능하다.

시각적 이미지와 같은 비형식적 표현에 수학적 의미를 담아 소통할 때는 엄밀하게 통제되지 않은 표현과 의미, 용법이 공존하여 학습과 소통에 문제를 일으킬 수 있음을 유의해야 한다. 예를 들어, 〈선분, 직선, 반직선 수업〉에서 학생들은 [그림 12-3]처럼 다양한 형태로 직선과 반직선을 표현하였다. 도형에서 선분, 직선, 반직선의 개수 사이의 관계는 고차적인 사고로 파악할 수 있는 내용이다. 그런데 학생들이 여러 예에 대해 이 관계를 확인하여 귀납적으로 추론하는 과정에서 선분의 유한성과 직선, 반직선의 무한성을 연장선 또는 화살표로 나타내지 않은 표현을 사용하였다. 아직 선분, 직선, 반직선의 의미를 충분히 파악하지 못한 학생에게는 이러한 표현들이 오개념을 일으킬 수 있고, 수업에서 진행되는 핵심 내용을 파악하지 못하도록 할 수 있는 것이다.

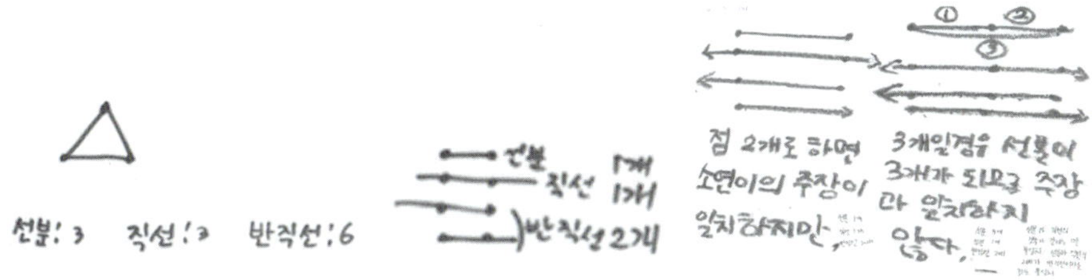

[그림 12-3] 〈선분, 직선, 반직선 수업〉에서 나타난 표현과 정당화

〈함수의 증가와 감소, 극대와 극소 수업〉에서는 채교사가 학생이 사용한 표현이 원활한 소통의 도구가 되도록 개입하는 장면을 확인할 수 있다. 아래 대화에서 학생은 '볼록한 점'이라는 표현을 사용하였고 그 말을 들은 학생이 그 의미를 파악하여 사용하는 데 문제가 없는 듯하였다. 그러나 채교사는 볼록이라는 표현을 이해하지 못하는 학생도 있을 수 있다는 점을 들어 다른 방식으로 표현하도록 하였다. 학생은 '아래로 내려갔다가 올라가는 점' 또는 '위로 올라갔다가 내려가는 점'으로 표현을 바꾸었다. 이 장면에서 채교사의 개입은 시의적절하였다고 할 수 있을까? 극댓값, 극솟값을 확인하여 그래프 개형을 정확히 그릴 때는 볼록인 점으로 표현하는 것이 편리할 것이다. 그래프 개형을 그리는 '과정'을 설명할 때는 그래프가 내려가다가 올라가는지, 올라가다가 내려가는지로 표현하는 것이 직관적이어서 쉽다. 이 수업을 이끈 채교사는 후자를 선택하였다. 실력이 우수한 듯한 두 학생이 단번에 그래프 개형을 정확히 그려내도록 하기보다는, 수학 학습에 어려움을 겪는 학생이 두 학생의 대화를 들으며 그래프 개형을 상상할 수 있도록 하였다. 만약 원래 대화의 흐름대로 볼록인 점의 정확한 위치를 반영하여 그래프 개형을 잘 그렸다면 어떤 일이 발생하였을까? 수업에서 교사는 끊임없이 선택의 기회를 맞이한다. 학생들에게 다양한 표현을 사용하게 하는 수업에서는 그 기회에 교사가 어떻게 선택하는지에 따라 수업의 전개가 상당히 달라질 수 있다.

학생 1 : 양쪽 끝이 위로 올라간다.
학생 2 : 볼록한 점 있잖아, 그 점을 적어줘.
학생 1 : 그럼 먼저 위로 볼록한 점 두 개 하고 밑으로 볼록한 점 세 개.
채교사 : 근데 만약에 이 볼록이라는 것을 모르는 친구는 어떻게 할까? 조금 더 자세하게 풀어줄 필요는 있겠는데? 너가 생각하는 아래로 볼록하다. 위로 볼록하다. 이게 뭔지, 그걸 좀 더 자세하게 풀어주면 좀 더 자세한 설명이 되겠지?
학생 1 : 뭐라고 해야 하지. 아래로 내려갔다가 올라가는 점? 그게 맞겠지? 위로 올라갔다가

아래로 내려가기 시작하는 점. 아래로 볼록, 위로 볼록하잖아.
학생 2 : 그렇게 적어도 되겠다. 우선순위대로 적어야지. 첫 번째가.

6 수업 실행에서 교사가 수행한 역할의 특징

본래 수학 수업은 복잡하고 다차원적이며 여러 사건의 연쇄로 미묘한 전환이 끊임없이 이루어지는 현상이다. 열 개의 수학 수업도 그러했으나 제한된 지면을 고려하여 핵심적인 사태 중심으로 기술하고 분석하여 상당 부분이 다루어지지 못하였고, 많은 순간을 감당한 교사의 다중역할도 감추어졌다. 이 책에 제시한 수학 수업 사례에 적어도 교사의 세 가지 역할이 두드러졌는데, [그림 12-4]에 제시한 바와 같이 '설계자', '정보제공자', '모니터링 및 학습 지원자'가 그것이다.

수업 전에는 교사가 과제와 수업, 평가 '설계자'의 역할을 한다. 우리가 살펴본 수업을 진행한 교사들도 마찬가지로 설계자 역할을 했으나, 평소와 달리 동료 교사들 또는 연구자들과 협업하며 수학 수업을 설계하였다는 점에서 차이가 있다. 예를 들어, 〈조건부확률 수업〉에서 활용한 시뮬레이션은 공학 도구 활용 역량과 해당 단원의 수학적 의미를 심층적으로 이해하고 교수학적으로 변환하는 역량을 토대로 설계할 수 있는

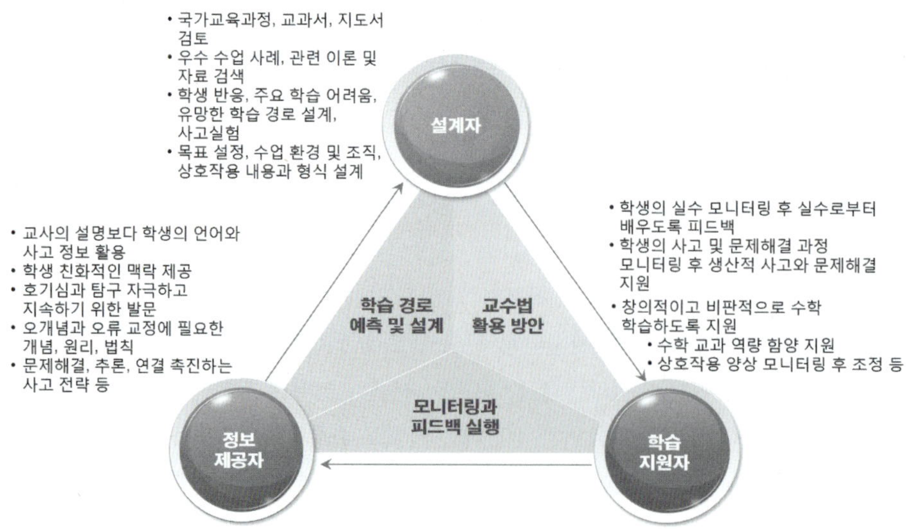

[그림 12-4] 열 개의 수학 수업 사례에 나타난 교사의 핵심 역할

것이었다. 빈도 수형도라는 효과적인 표현 도구도 보통의 수업을 준비하는 수학 교사가 고안하기는 쉽지 않다. 선분, 직선, 반직선 수업에서는 학생 참여와 수학적 추론 기회를 확대할 수 있는 진단적 교수 이론이나 예 구성 활동 이론에 기초하여 과제를 설계할 수 있었고, 이때 동료 교사들과의 협력 활동은 중요한 역할을 하였다. 교과서의 과제를 그대로 사용한 〈명제의 대우 수업〉에서 예상되는 학습 어려움을 사전에 예측하여 적절히 대처하는 방안을 마련한 것도 수업 설계 활동이라는 점에서 교사의 설계자 역할 수행을 확인할 수 있다. 우리가 살펴본 열 개의 수학 수업을 진행한 교사들은 연구자들과 협력하면서 설계자 역할을 하였다.

각 수업을 진행한 교사는 다양하고 중요한 정보를 제공하는 역할도 담당하였다. 과제와 수학적 표현, 수업 환경 및 도구, 수업 진행 규범과 상호작용 조건, 산출물과 수학적 추론 및 문제해결 등 수업에서 섬세하게 추구해야 할 지향에 적절한 수준과 유형의 정보를 제공하고자 하였다. 과도하거나 성급한 설명 대신 학생의 수학적 아이디어와 사고를 촉진하는 데 필요한 만큼의 정보를 제공하는 모습이 수업 〈장면들〉에 드러났다. 오개념을 예방하거나 교정하기 위하여 교육과정이나 교과서에는 없는 정보를 제공하면서 모둠 활동에 개입하거나 전체 논의를 이끌었다. 예를 들어, 〈고등학교 확률 수업〉에서는 표본공간의 등확률성을 미처 인식하지 못하여 발생하는 오개념을 학생들이 직면하여 자각하도록 하였다.

개별 학생 및 모둠의 학습 과정 또는 문제해결 과정을 모니터링하고 지원하는 교사의 역할도 모든 수업에서 확인할 수 있다. 예를 들어, 〈대푯값 수업〉에서 최교사는 중학교 남학생에게 유럽 축구 선수의 골 득점 자료가 얼마나 많은 곁가지 이야기를 불러일으키는지 한탄하면서도, 학생들이 축구 선수의 포지션에 대한 이해를 활용하여 자료를 적절히 해석하여 적극적으로 문제를 해결하는 모습을 관찰하고 대응하기도 하였다. 학습 과정 또는 문제해결 과정에서 부딪히는 어려움을 민감하게 파악하여 해소하도록 돕는 것은 열 개의 수업을 진행한 교사가 아니더라도 기본적인 책임감과 전문성을 갖춘 모든 수학 교사가 감당하는 역할일 것이다. 그 역할을 안내, 격려, 칭찬으로 하는가 아니면 반복 설명, 강요, 질책으로 하는가는 차이가 있을 수 있다. 열 개의 수업을 이끈 교사들이 주로 긍정적인 방안을 택하여 학습과 문제해결을 지원하였다는 점을 수업 사례 기술에서 확인할 수 있다. 실수를 활용하여 배우도록 안내한 장면, 학생이 말한 내용을 미처 몰랐다는 듯이 감탄하면서 학생이 계속 사고하도록 격려한 장면, 학생의 작은 성취를 알아보고 칭찬한 장면, 학습을 촉진하거나 보조하기 위해 비계를 설정한 사례, 발문을 통해 창의적으로 수학을 학습하게 한 사례, 학생의 활동과 수학 사이의 간격을 좁히기 위해 노력한 사례, 비판적 사고를 장려한 사례, 토론, 협상, 조정, 합의를 시도한 사례, 사고의 확장 및 추측을 심화시킨 사례, 정리와 성찰을 지원한 사례가 모두 학습 및 문제해결 모니터링과 지원을 통해 이루어졌다.

위에 언급한 내용 외에도 열 개의 수학 수업 사례에 드러난 수학 수업의 다양한 양상을 확인하고 분석하여 시사점을 도출하면, 미처 주목하지 않았던 수학 수업의 여러 측면 또는 차원에 대하여 풍부하게 이해하는 관점을 얻을 수 있다. 우리는 교사들이 더 많은 수학 수업 사례를 기반으로 수학 수업에 대한 풍부한 관점 또는 안목을 형성하여 수학 수업 이야기를 즐겨 주고받는 환경과 문화를 조성할 필요가 있다고 생각한다.

참고문헌

교육부(2022). **수학과 교육과정**. 교육부 고시 제2022-33호 [별책 8]. 세종: 교육부.

구나영, 이경화(2020). 국내외 수학 교사의 교육과정 자료 사용 연구 동향 분석. **학습자중심교과교육연구, 20**(9), 377-400.

노예솔, 문성재, 노정원, 이경화(2020). 수학적 창의성 발현 과정에 나타난 수학적 의사소통 패턴 연구: 한 경력교사의 문제해결 수업 사례를 중심으로. **학교수학, 22**(4), 833-852.

마민영, 신재홍(2017). 그래프 표현과 해석에서 드러나는 두 중학생의 비례 추론 능력에 대한 사례 연구. **학교수학, 19**(2), 345-367.

박진환, 신보미(2022). 중학교 수학 교사의 수업 성찰 실행 연구: 학생의 참여를 촉진하는 교사의 담론 역량을 중심으로. **수학교육, 61**(1), 63-82.

이윤경, 조정수(2015). 고등학교 통계 수업 시간에 나타난 교사-학생 간 수업담화 분석. **학교수학, 17**(2), 203-222.

Pierce, R., Stacey, K., Wander, R., & Ball, L. (2011). The design of lessons using mathematics analysis software to support multiple representations in secondary school mathematics. *Technology, Pedagogy and Education, 20*(1), 95-112.

Thompson, P. W. (2016). Researching mathematical meanings for teaching. In English, L., & Kirshner, D. (Eds.), *Handbook of International Research in Mathematics Education* (pp. 435-461). London: Taylor and Francis.

제 13 장

중등 수학 수업의 설계, 다큐, 톺아보기 실습

중등 수학 수업 설계, 다큐, 톺아보기는 상당한 시간과 노력이 드는 일이다. 설계와 다큐를 생략하고 톺아보기로 넘어간다면 수학 수업을 자세히 살펴볼 수 없고 결국 수학 수업을 풍부하게 이해할 기회가 줄어든다. 수학 수업 설계와 다큐에 힘을 쏟았더라도 수업을 톺아보는 방법이 정교하지 않으면 역시 수학 수업의 풍부한 의미를 파악하기 어렵다. 수학 수업의 설계, 다큐, 톺아보기를 균형 있고 조화롭게 진행해야 한다. 13장에서는 예비교사 또는 현직교사가 중등 수학 수업의 설계, 다큐, 톺아보기를 진행한다고 가정하고 실습 절차를 소개한다. 실습 절차를 참고하여 예비교사 또는 현직교사 학습 공동체 활동을 계획하거나, 이미 운영하는 학습 공동체 활동 양상을 수정 및 보완하는 기회로 활용할 수 있다. 물론 개별적으로 수학 수업을 설계, 다큐, 톺아보기를 시도할 때도 13장의 내용을 참고할 수 있다.

1 중등 수학 수업의 설계 실습

1.1 중등 수학 수업 설계의 이해

좋은 수학 수업은 '학습 기회(Opportunity To Learn)'가 풍부한 수업이다. 학습 기회는 성적이 우수하거나 미성취 수준에 머물러 있는 학생을 포함하여 수업에 참여하는 학생 모두에게 제공되어야 한다. 수학 수업에서 다수 학생의 학습 기회를 늘리기 위해 가르칠 수학, 학생의 인지 수준과 정의적 태도, 과제 설계 전략, 환경 조성과 도구 활용 모델, 시간 배분과 학생 구조화 및 상호작용 방법, 과정 중심 평가 및 피드백 방안 등에 대한 심층적인 안목을 기를 필요가 있다(Carroll, 1963; Stevens, 1993; Wang, 1998; Tate, 2005; Wijaya et al., 2015). 우리가 톺아본 수학 수업에서도 사전에 다수 학생의 학습 기회를 충분히 고려하여 과제와 수업을 설계했을 때 실제로 의미 있는 학습이 이루어지는 장면을 포착할 수 있었다. 이중 수업 설계에 대한 정보를 비교적 상세하게 제공했던 〈선분, 직선, 반직선 수업〉 사례를 활용하여 중등 수학 수업 설계의 중요성과 방법을 제안하고자 한다.

〈선분, 직선, 반직선 수업〉은 한 지역의 서로 다른 학교에 근무하는 중등 수학 교사들이 전문적 학습 공동체를 이루어 함께 설계한 것이었다.* 교사들은 선분, 직선, 반직선이 초등학교에서 평면도형의 구성 요소로 이미 학습한 내용임을 알고 있었다. 이에 중학교에서 초등학교의 내용을 반복하여 다루는 대신 고차적 사고 또는 수학적 추론을 경험하도록 내용을 재구성하고자 노력하였다. 공동체 활동에 참여한 교사들은 관련 수학(기본 도형)에 대한 이해, 교육과정 자료, 지도 경험, 교수·학습 이론(DCT 모형, 예 구성 활동), 학생에 대한 이해와 지식, 수학교육 연구자의 조언 등 풍부한 자원을 활용하여 수업을 설계하였다. 관점이 다를 때는 치열하게 토론하여 최선의 안을 찾고자 노력하였다. 이 공동체 활동에 참여하지는 않았지만, 저자가 소개한 정보를 바탕으로 〈선분, 직선, 반직선 수업〉의 설계 과정을 상상하고 논의해 보자.

수업 설계의 첫 단계는 '교육과정 추론'이며, 흔히 '교재 연구' 또는 '교육과정 자료

* 이 사례는 공동체를 이루어 수업을 설계, 실행, 성찰하는 활동을 구체적으로 보여준다. 상당수 교사는 공동체 참여 기회를 얻기 어려우므로 이하의 활동에 제시된 역할을 자율적으로 선택하여 나름대로 수업을 설계, 실행, 성찰할 수 있다. 다양한 역할과 국면을 혼자 감당하는 일은 도전적일 수 있으나 수업의 풍부한 차원 또는 측면을 이해하고 준비하는 기회가 될 것이다.

사용'으로 표현하는 활동으로 이루어진다. 이때 교육과정, 교과서, 교사용지도서의 해당 부분을 세밀하게 살펴보고, 수업에 적용하는 효과적인 방안을 모색하게 된다. 2022 개정 수학과 교육과정에서 관련 자료를 찾아보면 다음과 같이 개략적인 방향성이 제시되어 있다.

- [4수03-01] 직선, 선분, 반직선을 이해하고 구별할 수 있다.
- [9수03-01] 점, 선, 면, 각을 이해하고, 실생활 상황과 연결하여 점, 직선, 평면의 위치 관계를 설명할 수 있다.
- [9수03-01] 점, 선, 면, 각과 관련된 용어는 다양한 상황에서 직관적으로 이해하게 한다. (성취기준 해설)
- 도형의 성질을 이해하고 정당화하는 방법은 관찰이나 실험을 통한 확인, 사례나 근거 제시를 통한 설명, 유사성에 근거한 추론, 증명 등이 있으며, 이를 학생 수준에 맞게 활용할 수 있다. (성취기준 적용 시 고려 사항)

교육과정 추론 결과를 바탕으로 교수·학습과정안 또는 수업 지도안을 작성할 수 있다. 그 형식은 다양한데, [그림 13-1]과 같이 기본 정보부터 학생과의 상호작용을 예측

1. 교재 및 단원명

가. 교과서명:
나. 저자 및 출판사:
다. 대단원:
라. 소단원:

2. 단원 설정의 배경

3. 단원 학습의 목표

4. 교수·학습 계획

대단원	중단원	소단원	차시	주요 학습 내용	학습 자료

5. 학습 전개 계획

가. 주제:
나. 본시의 학습 목표
다. 지도상의 유의점
라. 교수·학습 과정

과정	학습 내용	교수·학습 활동	학습형태 및 자료	시간 (분)
도입	(예) 선수 학습 확인 동기 유발	(교사) (학생) (교사) (학생)	(예) PPT 슬라이드 1	
전개	(예) 개념 제시 증명 예제 풀이	(교사) (학생) (교사) (학생)		
정리	(예) 평가 및 차시 예고	(교사) (학생) (교사) (학생)		

[그림 13-1] 교수 · 학습과정안 또는 수업 지도안 예시

하여 기록하는 형태가 널리 사용되고 있다.

'단원 설정의 배경'에서는 기본 도형과 작도 관련 내용을 가르치고 배우는 이유와 중요성을 언급할 수 있다. 2022 개정 수학과 교육과정의 관련 핵심 아이디어인 "평면도형과 입체도형은 여러 가지 모양을 범주화한 것이며, 각각의 평면도형과 입체도형은 고유한 성질을 갖는다.", "도형의 성질과 관계를 탐구하고 정당화하는 것은 논리적이고 비판적으로 사고하는 데 기반이 된다."(교육부, 2022, p. 9)를 언급하고, 그 의미를 짚어보는 것도 좋다. 초등학교에서 선분, 직선, 반직선을 다룰 때는 평면도형의 구성 요소라는 의미에 주목하는데 선분, 직선, 반직선 자체가 기본 도형이라는 점을 다루어야 한다(김상미, 2023)는 점도 언급한다. 단순 개념적 지식이 아니라 추측과 정당화 활동의 대상으로 변환하여 다루는 방안도 모색한다. 마지막으로 도형에서 만들 수 있는 선분, 직선, 반직선의 수 사이의 관계라는 새로운 아이디어를 탐구하는 과제를 설계하게 된 배경을 제시할 수 있다. '단원 학습의 목표'는 교육과정에 제시된 성취기준과 성취기준 해설을 제시하고, 학습 전개 계획의 '지도상의 유의점'에는 성취기준 적용 시 고려 사항을 제시한다. 〈선분, 직선, 반직선 수업〉을 설계한 교사들은 여기서 한 발 더 나가 다음과 같은 세부 목표를 설정하였다.

- [목표 1] 선분, 직선, 반직선이 어떤 두 점을 지나는지, 그리고 뻗어나가는 방향성이 있는지, 있다면 양방향인지 단방향인지에 주목하여 구별하기
- [목표 2] 점의 배열에 따라 만들어지는 선분, 직선, 반직선의 개수가 다르다는 것에 주목하여 한 평면 위의 직선과 점의 위치 관계를 고려하기
- [목표 3] 점의 개수를 늘려가면서 나타나는 선분, 직선, 반직선의 개수와 규칙성을 찾고 설명하기
- [목표 4] [직선, 반직선, 선분], [점과 직선의 위치관계]의 두 차시에 걸친 용어 정의 수준에서 다루어지는 교과서의 흐름을 바꾸어 문제를 통해 상위 수준과 하위 수준, 그리고 영역 간(도형, 규칙성, 수열)을 연결하여 기본 도형으로서의 점과 선을 깊이 있게 이해하고, 추론과 의사소통의 기회를 제공하기

세부 목표를 바탕으로 세부 과제를 설계한다. 우리가 소개한 수업 사례에서 첫 번째 과제는 선분, 직선, 반직선의 차이를 파악하는 것, 두 번째 과제는 한 직선 위의 세 점으로 만들 수 있는 선분과 직선 및 일치 여부를 판정하는 것, 세 번째 과제는 좌표평면 위의 네 점으로 만들 수 있는 직선의 수를 구하는 것, 네 번째 과제는 한 평면 위의 네 점으로 만들 수 있는 직선 수의 최댓값과 최솟값을 구하는 것이었다. 여기서 앞의

두 과제는 교과서 수준의 개념 이해를, 뒤의 두 과제는 수직적 수학화 또는 수직적 연결, 수학적 추론, 수학적 의사소통 기회를 촉진하기 위한 것이었다. 세부 과제를 기반으로 교사들이 세운 수업 실행 방안은 다음과 같다.

- [방향 1] 선분-직선-반직선 순서로 과제를 제시하여 두 점과 방향성이라는 핵심 아이디어에 주목하게 하기
- [방향 2] 과제의 문장에 직접적 힌트가 될 수 있는 방향, 배열 등의 어휘 포함하지 않기
- [방향 3] 학생들이 한 직선 위의 여러 점을 고려하는 경우가 생기도록 [점 종이]를 제공하여 과제 접근성 높이기
- [방향 4] 교사가 설명하기보다 학생의 질문을 통해 문제를 제기하고, 제기된 문제를 논의하여 과제 해결 방법을 찾아가도록 하기
- [방향 5] 개별 활동-모둠 논의-전체 논의의 큰 틀을 유지하고 초기 추측을 통한 사전 지식 확인과 과제를 해결하는 과정, 학습한 결과로서의 지식을 평가하기

이처럼 정교하고 세밀하게 교육과정 추론을 거쳐 수업을 설계함으로써 복잡하고 미묘한 수학 수업의 여러 측면을 사전에 예측하고 효과적으로 대처하는 방안을 마련할 수 있었다. 단편적인 사실적 지식을 가르치는 것은 바람직하지 않을뿐더러 가르칠 수도 없다. 더욱이 초등학교에서 선분, 직선, 반직선을 이해하고 구별하는 방법을 배웠는데 중학교에서 또 같은 내용으로만 다룬다면 학생들이 성장하길 기대하기 어렵다. 중등 수학 수업은 초등학교에서 이미 배운 수학을 확장하거나 심화하여 다룬다는 점을

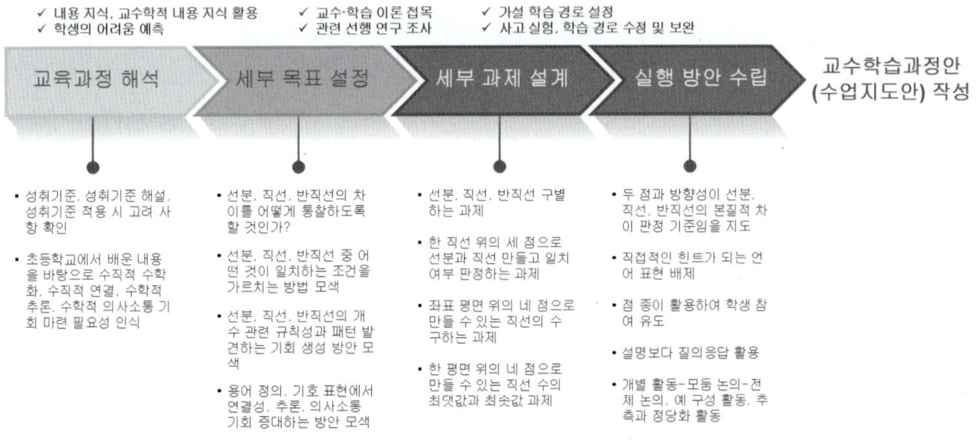

[그림 13-2] 중등 수학 수업 설계 절차

고려하여 수학적으로 깊이 사고하는 기회를 마련하는 방식으로 수학 수업을 설계할 필요가 있다. 이런 필요성을 간과하고 해당 학습 주제 자체를 기계적으로 다루는 방식으로 수업을 설계하는 대신, [그림 13-2]와 같이 교육과정 해석, 세부 목표와 세부 과제 설정, 효과적인 실행 방안 수립을 거친 후 교수·학습과정안 또는 수업 지도안을 약식으로 또는 상세하게 작성할 것을 제안한다.

1.2 중등 수학 수업 설계의 실제

모둠을 이루어 또는 개별적으로 주제를 선택하여 수업을 설계하는 상황을 상상해 보자. 우리가 톺아본 열 개의 수업에서 다루었던 학습 주제를 다른 교수·학습 관점으로 수업을 설계해도 좋다. 예를 들어, 예비교사들 또는 현직교사들 4명이 공동체를 이루어 〈역함수 수업〉을 설계한다고 가정하자. 위에서 언급한 교육과정 추론, 세부 목표 설정, 세부 과제 설계, 실행 방안 수립, 교수·학습과정안 작성을 시도할 때, 효과적인 역할 분담을 위하여 다음 질문을 고려할 필요가 있다.

- 구성원의 수학 수업 설계 관련 경험과 관심사는 무엇인가?
- 구성원의 경험과 관심사를 고려할 때, 교육과정 추론을 누가 이끄는 것이 좋겠는가?
- 구성원의 경험과 관심사를 고려할 때, 누가 실행 방안을 수립하는 것이 좋겠는가?
- 어떤 교수·학습과정안의 형식을 따를 것인가?

〈표 13-1〉 가상의 교원학습 공동체 구성과 역할 분담 예시

구분 구성원	수학 수업 관련 경험	관심사	역할 분담
감교사	교직 경력 1년, 역함수 수업 경험 없음, 공동체를 이루어 수학 수업 설계한 경험 없음	수학적 의사소통 역량 함양	교수 · 학습 과정안 작성
안교사	교직 경력 4년, 역함수 수업 경험 없으나, 수업 참관한 적 있음, 공동체를 이루어 수학 수업 설계한 경험 5회 이상	정확성과 논리적 사고를 기르는 수업	교육과정 추론
반교사	교직 경력 7년, 역함수 수업 경험 다수 있음, 공동체를 이루어 수학 수업 설계한 경험 많음	수학적 창의성을 함양하는 과제 설계	실행 방안 수립
차교사	교직 경력 14년, 역함수 수업 경험 다수 있음, 공동체를 이루어 수학 수업 설계한 경험 없음	수학에 대한 흥미와 긍정적인 태도를 기르는 방안	세부 목표, 세부 과제 설정

가상의 구성원을 감교사, 안교사, 반교사, 차교사로 하고, 이들의 수학 수업 관련 경험과 관심사와 이를 고려하여 역할을 분담한 결과도 가상으로 상정하여 나타내면 〈표 13-1〉과 같다. 예비교사들이 공동체를 이루어 모의수업을 설계할 때도 유사하게 구성원의 배경을 확인하고 역할을 나누어 수업을 설계하면 그 과정에서 수학 수업에 대한 이해를 높이는 데 도움이 된다.

1.2.1 교육과정 해석

모둠에서 선정한 학습 주제가 교육과정에서 어떤 목표, 내용, 방법으로 다루어지고 있는지 관련 정보를 확인한다. 확인한 정보 중 핵심적으로 수업 설계와 실행에 반영할 내용을 〈표 13-2〉에 정리한다.

〈표 13-2〉 교육과정 해석 요약

	2022 개정 수학과 교육과정의 내용
핵심 아이디어	
성취기준	
교수 · 학습방법	

가상의 교원학습 공동체에서 위의 표를 작성한 후 수업을 설계하는 과정을 상상해 보면 다음과 같다. 역할 분담 결과에 따라 안교사가 교육과정 문서, 교과서, 지도서, 우수 수학 수업 사례, 국내외 역함수 수업 참고자료 등을 수집한 후 공유 드라이브에 정리하고 순서를 정하여 함께 논의한다. 이 과정에서 아래 질문들을 제기하고 고려하며 수업을 설계한다.

- 핵심 아이디어와 성취기준을 어떻게 연결할 수 있을까? 핵심 아이디어에서 대상 간의 관계를 논리적으로 해석하는 것을 언급했는데, 이것을 역함수 개념 설명과 연결할 수 있지 않을까?
- 교과서 예제 또는 문제를 재구성하여 역함수 개념을 설명하는 과제로 재구성하는 방안은 무엇인가?
- 함수와 역함수 그래프를 한 좌표평면에 나타낼 때 예상되는 학습의 어려움은 무엇이며, 이를 고려한 세부 목표, 세부 과제를 어떻게 설정할 것인가?
- 교육과정에서 수학적 의사소통, 정확성, 논리적 사고, 수학적 창의성, 수학에 대한

흥미와 긍정적인 태도에 관련된 권고가 있는가? 교육과정의 권고 중 역함수 수업에 중점적으로 접목할 수 있는 것은 무엇인가?

〈표 13-3〉 두 가지 교육과정 해석 비교

	저자의 교육과정 해석	가상의 교원학습 공동체의 교육과정 해석
핵심 아이디어	두 집합 사이의 대응으로 일반화된 함수는 대상 간의 관계를 논리적으로 해석하는 데 활용된다.	
성취기준	[10공수2-03-03] 역함수의 개념을 설명하고, 역함수를 구할 수 있다.	
교수·학습 방법	(가) ③ ㉢ 학생 간 상호작용과 질문이 활발한 교실 문화를 조성하고 수학적으로 의미 있는 의사소통이 이루어지도록 적절한 과제를 제시하고 안내한다. (나) 학생들이 수학 학습에 주도적으로 참여하는 교수·학습 환경과 분위기를 조성한다. ④ 교사 및 동료와 협력적 관계 속에서 수학 학습에 대한 조언과 의견을 경청하고 수용할 수 있도록 허용적인 분위기를 조성한다.	(가) ③ ㉠ 수학 용어, 기호, 표, 그래프 등의 수학적 표현을 정확하게 사용하고 표현끼리 변환하게 한다. ④ ㉠ 영역 간에 관련된 수학의 개념, 원리, 법칙 등을 유기적으로 연계하여 새로운 지식을 생성하면서 창의성을 기르게 한다. (다) ① 설명식 교수는 교사가 설명과 시연을 통해 수업을 주도하는 교수·학습 방안으로, 수업 내용을 구조화하여 체계적으로 지도하는 데 효과적이다. 이때, 교사는 학생의 적극적인 수업 참여를 유도하고, 사고를 촉진하는 발문을 적절히 활용한다.

교사의 신념과 지향, 관심사, 의사결정 배경에 따라 위의 질문에 다르게 답할 수 있고, 그 결과 수학 수업의 모습이 달라진다. 이 책의 저자와 위에서 언급한 가상의 교원학습 공동체가 역함수 수업을 설계하면서 진행했거나 할 법한 교육과정 추론의 차이를 〈표 13-3〉과 같이 정돈할 수 있다. 두 팀에서 같은 핵심 아이디어와 성취기준을 따르면서도, 교수·학습 방법을 다르게 결정하였음을 알 수 있다. 가상의 교원학습 공동체 구성원이 어떤 수학 수업 경험과 관심사를 표명했는지 살펴보면 이렇게 결정한 배경을 알 수 있다. 이를테면, 역함수 수업을 참관한 적이 있고 공동체 참여 경험도 있는 안교사는 정확성과 논리적 사고를 기르는 데 관심이 있었는데, 이것이 교육과정에 제시된 교수·학습 방법 중 수학적 표현을 정확하게 사용하는 '(가) ③ ㉠'을 선택한 배경이 될 수 있다. 반교사의 경우, 역함수 수업과 공동체를 이루어 수학 수업을 설계한 경험이 많았고, 수학적 창의성을 함양하는 데 관심이 있어서 수학적 개념, 원리, 법칙을 유기적으로 관련시키는 교수·학습 방법을 제안할 수 있다.

이제 교과서와 지도서를 확인해 보자. [그림 13-3]과 같이 역함수의 개념 이해를 돕

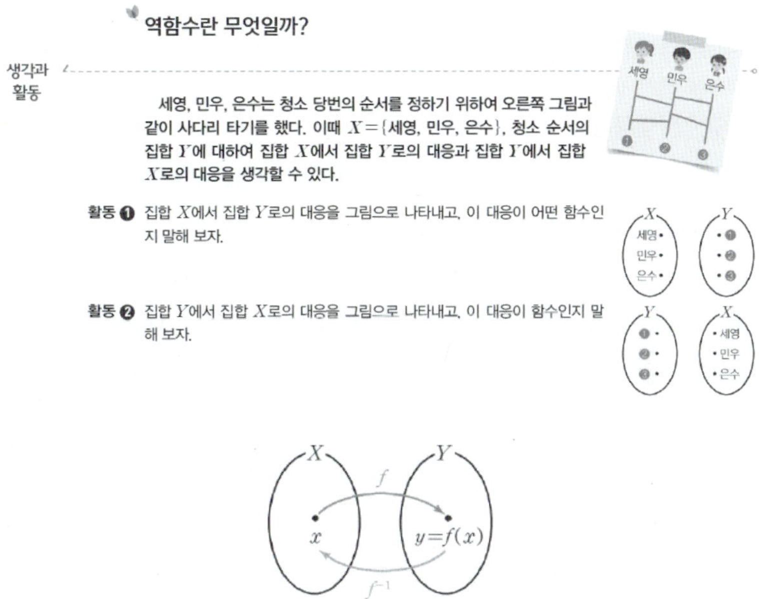
역함수란 무엇일까?

생각과 활동

세영, 민우, 은수는 청소 당번의 순서를 정하기 위하여 오른쪽 그림과 같이 사다리 타기를 했다. 이때 $X=\{$세영, 민우, 은수$\}$, 청소 순서의 집합 Y에 대하여 집합 X에서 집합 Y로의 대응과 집합 Y에서 집합 X로의 대응을 생각할 수 있다.

활동 ❶ 집합 X에서 집합 Y로의 대응을 그림으로 나타내고, 이 대응이 어떤 함수인지 말해 보자.

활동 ❷ 집합 Y에서 집합 X로의 대응을 그림으로 나타내고, 이 대응이 함수인지 말해 보자.

[그림 13-3] 교과서의 역함수 개념 이해 활동 과제와 표현(홍성복 외, 2017, pp. 228-229)

기 위하여 교과서에서는 대부분 사다리 타기 맥락을 활용하는 과제를 제시한다. 사다리 타기는 두 변수 사이의 '일대일대응' 구조를 직관적으로 표현하여 역함수의 존재 조건을 이해하는 데 도움이 된다. 그런데 '일대일대응'과 '일대일함수'는 용어가 비슷하면서 뜻이 달라서 혼동을 준다. 개념을 설명하는 순서를 보면, 먼저 '대응' 개념에서 시작하여 특정 조건을 만족하는 대응을 '함수'로 정의한다. 함수 중 특정 조건을 만족하면 일대일함수라고 정의하고, 일대일함수 중 특정 조건을 만족하면 일대일대응이라고 정의한다. 대응에서 함수로, 함수에서 대응으로 정의가 이루어지면서 그 의미를 정확히 파악하면서 용어를 정확하게 사용하는 일이 상당히 어려워진다. 역함수 기호 표현의 경우, 'X에서 Y로'를 'Y에서 X로' 바꾸고, 이를 '$f: X \to Y$'와 '$f^{-1}: Y \to X$' 또 '$y=f(x)$'와 '$x=f^{-1}(y)$'로 나타낼 때는 '방향 전환'에 의존하여 의미를 설명한다. 그런데 함수와 역함수 그래프를 하나의 좌표평면에 나타낼 때는, $y=f(x)$의 역함수를 '$x=f^{-1}(y)$'로 나타내고, 이를 다시 '$y=f^{-1}(x)$'로 표현하여 그래프를 그리게 되어 혼동을 일으킨다. 두 번째 단계에서 왜 좌변의 x를 y로 바꾸는지 반복하여 설명해도 학습을 돕기는 어렵다. 결국 함수 $y=f(x)$의 그래프와 그 역함수 $y=f^{-1}(x)$의 그래프가 직선 $y=x$에 대하여 대칭이라는 것을 설명하기도 배우기도 힘든 상황이다. 역함수 교수·학습의 어려움에 대한 국내외 참고자료 중 일부는 다음과 같다. 교육과정 해석을 마무리하면서 이러한 참고자료를 검색하여 같이 공부하면 세부 목표, 세부 과제 설정 방향을 도출하는 데 도움이 된다.

- 허남구(2021). 역함수의 존재성에 관한 수학 교과서 분석. 학습자중심교과교육연구, 21(16), 419-433.
- 신보미(2020). 예비교사들의 HCK 분석: 역함수 기호에 대한 이해를 중심으로. 한국학교수학회논문집, 23(1), 67-88.
- Wilson, F. C., Adamson, S., Cox, T., & O'Bryan, A. (2011). Inverse Functions: What our Teachers Didn't Tell Us. The Mathematics Teacher, 104(7), 500-507.

위의 예시 내용을 바탕으로 선정한 학습 주제의 교육과정 해석을 시도하고 그 결과를 다음 표에 기록해 보자. 교과서와 지도서, 관련 연구나 기타 참고자료를 조사하여 공유하고 수업에서 중점적으로 고려할 사항을 도출해 보자.

〈표 13-4〉 교육과정 해석 실습

	교육과정 해석
핵심 아이디어	
성취기준	
교수 · 학습방법	

1.2.2 세부 목표와 세부 과제의 설정

위에서 가상의 교원학습 공동체 구성원을 제시하면서 교직 경력이 상대적으로 높은 차교사가 역함수 수업 경험이 다수 있으나 공동체를 이루어 수학 수업을 설계한 경험은 없다고 가정하였다. 이는 실제로 우리가 만난 경력교사 중 상당수가 이런 상황에 놓여 있음을 확인하고 가정한 것이었다. 수학 수업 역량 중 일부는 경험을 체계적으로 성찰할 때 기를 수 있긴 하다. 학생의 반응을 예측하는 능력의 경우가 그러한 예이다. 이에 차교사가 앞서 이루어진 교육과정 해석 결과를 정돈하고 학생 반응을 세밀하게 고려하여 세부 목표와 세부 과제를 설정하는 역할을 맡은 것은 적절한 분업으로 볼 수 있다.

〈선분, 직선, 반직선 수업〉의 사례를 참고하면, 세부 목표는 성취기준과 교과서의 과제 구성, 교육과정 추론 과정에서 도출한 교수·학습 방법과 선행연구를 포함한 참고 자료를 종합하여 설정할 수 있다. 공동체를 이루어 수학 수업을 설계하는 경험이 부족한 예비교사 또는 현직교사를 위하여 가상의 교원들이 세울 법한 세부 목표의 일부를 제시하면 다음과 같다.

- [목표 1] 사다리 타기 맥락에서 일대일대응 관계를 식별하고, 이를 함수로 나타내는 여러 표현 방법 찾기
- [목표 2] 일대일함수와 일대일대응의 경우 각각 역함수가 존재하는지 추측하고, 역함수 존재 조건이 일대일함수가 아니라 일대일대응인 이유를 설명하기
- [목표 3] 일대일대응인 함수의 역함수를 기호로 표현하는 여러 방법에 대한 설명을 듣고, 여러 표현 방법이 쓰이는 맥락 생성하기

세부 목표가 앞서 시행한 교육과정 해석 결과와 밀접하게 연계되어 있음을 확인할 수 있다. 특히, 공동체 참여 교사들이 관심을 두었던 측면들이 각 목표에 구현되어 있다. 구체적으로, 수학적 표현 사이의 번역 활동, 창의적으로 예를 구성하는 활동, 논리적으로 근거를 찾아서 이유를 설명하는 활동, 교사의 역함수 기호 표현에 대한 설명을 듣고 여러 표현의 사용 맥락 생성하기 등 수학적 의사소통을 위한 다양한 표현과 창의적이면서도 논리적인 사고를 촉진하는 방안을 고려하여 수학 수업 설계가 이루어지고 있다.

위에 제시한 세부 목표를 바탕으로 세부 과제를 설계하는 과정을 상상해 보자. 학생들이 다양한 표현 방식과 예를 구성하도록 하려면 과제의 발문 제시에 유의해야 한다. 이를테면, 과제를 해결하는 과정, 표현, 결과가 모두 여러 개일 수 있음을 인식하도록

[과제 1]

1. 같은 반, 같은 모둠에 있는 A, B, C가 활동을 마친 후 주변을 청소하는 당번의 순서를 사다리 타기로 정한다고 하자.
   (1) 사다리 타기 앱을 2회 실행한 결과를 바탕으로 청소 당번 순서를 말해 봅시다. 사다리 타기로 청소 당번 순서를 정할 수 있는 이유를 설명해 보자.
   (2) 사다리 타기로 정해지는 A, B, C와 1, 2, 3 사이의 대응을 여러 표현(벤 다이어그램, 기호, 말 등) 방법으로 나타내어 보자.

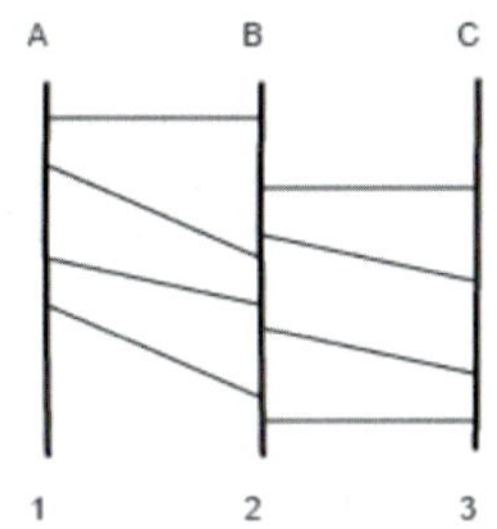

[그림 13-4] 가상의 공동체에서 설계한 과제 예시

다음과 같이 연속형의 발문을 작성할 수 있다. “그림으로 나타내는 방법이 있는가? 식이나 기호, 그래프 등 다른 방법으로 설명할 수도 있는가?” 벤 다이어그램으로 함수를 개략적으로 표현한 그림처럼 힌트를 적절히 배치하여 아이디어 도출 시간을 조절할 수도 있다. 교과서 과제에서는 세영, 민우, 은수를 정의역으로, 청소 순서를 공역으로 정해주었지만, 학생이 다양한 형태로 표현하도록 기회를 주는 방식으로 과제를 재구성하면 첫 번째 세부 목표를 달성하는 데 도움이 된다. 예를 들어, (과제 1)을 다양한 함수 관련 표현 방법으로 나타내도록 설계할 수 있다.

위와 같이 세부 목표를 구현하기 위한 세부 과제를 작성하는 과정에서 가르칠 지식에 대한 이해를 심화할 수 있고, 학습 기회를 구체화하여 제공하는 방법도 익히게 된다. 구성 또는 재구성한 세부 과제를 교원학습 공동체 구성원 모두가 해결하면서 예상되는 학생 반응(〈부록 1〉 참고)을 정교하게 작성하거나 예비 적용을 하고 그 결과를 바탕으로 초안을 수정하고 보완한다.

가상의 공동체에서 선정한 세부 목표와 세부 과제 예시 내용, 선정한 학습 주제의 교육과정 해석 결과를 바탕으로 세부 목표, 세부 과제를 설계하여 다음 〈표 13-5〉에 기록해 보자.

〈표 13-5〉 세부 목표 설정과 세부 과제 설계 실습

	내용
세부 목표	
세부 과제	(과제 1) (과제 2) (과제 3)

1.2.3 실행 방안의 수립

설계한 수학 수업을 효과적으로 실행하기 위해 수업의 물리·사회적 환경과 활동지, 교사의 역할 설정 및 유의 사항 도출 등 구체적인 계획을 수립할 필요가 있다. 역함수 수업의 경우, 수학 학습에 어려움을 느끼는 학생 비율이 상대적으로 높은 학교에서 수업한다고 가정할 때 다음과 같은 계획을 세울 수 있다.

- 성취도가 상대적으로 높은 학생과 낮은 학생으로 2명씩 모둠을 편성하기
- 세부 과제를 함께 해결하되, 산출물 중 일대일대응 관계의 다양한 표현, 일대일함수와 일대일대응의 예를 구성하는 역할과 적절성, 타당성을 논리적으로 설명하는 역할로 학생이 담당할 지적 책임을 구분하여 협력하도록 하기
- 중간 산출물을 확인하여 일대일대응의 의미, 표현의 다양성과 정확성, 논리적인 설명이 순차적으로 이루어지도록 하면서 교사가 수시로 두 가지 학생 역할 보완 및 지원하기
- 세부 과제에 각각 10분, 15분, 15분을 배정하고, 나머지 10분은 필요에 따라 교사가 설명하고 발문을 통하여 여러 표현에 담겨 있는 역함수의 의미 음미하도록 안내하기
- 활동지(〈부록 1〉 참고)와 교사 발문 준비하기
- 자기평가지 준비하기

활동지 형식은 〈부록〉에 제시한 사례를 참고할 수 있다. '수학 일기(〈부록 2〉 참고)'나 '수학 저널'을 쓰도록 하면 학생이 자연스럽게 자기평가를 하게 되는데, 자유 서술의 경우 어느 정도의 시간을 제공해야 해서 진도 관리에 부담이 있는 고등학교 수학 수업에 도입하기 어려운 면이 있다. 이에 간단히 수업에 참여한 정도와 내용별로 학습 성취 정도를 표시하도록 하는 것도 고려할 수 있다.

선정한 학습 주제를 수업하기 위한 세부 목표, 세부 과제를 효과적으로 실행하는 방안을 〈표 13-6〉에 기록해 보자. 관련 연구나 기타 참고자료에서 제안한 바를 수업에 적용할 때 유의 사항도 도출해 보자.

〈표 13-6〉 실행 방안의 수립 실습

	내용
실행 방안	
유의 사항	

1.2.4 교수 · 학습과정안 작성

교육과정 해석을 거쳐 세부 목표와 세부 과제를 설정하고 예상되는 학생의 반응과 학습 경로를 고려하여 구체적인 실행 방안을 수립했다면, 〈표 13-7〉과 같이 교수 · 학습과정안에 필요한 정보를 채워 수학 수업 설계를 마무리할 수 있다. 교수 · 학습과정안 형식은 정해져 있지 않으며 상황에 따라 자유롭게 변형하여 사용할 수 있다. 이 단계에서는 교사와 학생, 학생과 학생의 상호작용을 대화와 지문 형태로 언어화하여 구체적으로 수업을 준비하는 것이 핵심적이다.

〈표 13-7〉 가상의 공동체에서 작성한 교수 · 학습과정안 일부

단원	V. 함수와 그래프, 1. 함수, 03. 역함수
성취 기준	• [10공수2-03-03] 역함수의 개념을 설명하고, 역함수를 구할 수 있다.
학습 목표	• (목표 1) 사다리 타기 맥락에서 일대일대응 관계를 식별하고, 이를 함수로 나타내는 여러 표현 방법 찾기 • (목표 2) 일차함수에 대하여 배운 것을 회상하며 일대일대응 관계창의적으로 활용하여 다양한 예를 구성하면서, 일대일함수와 일대일대응의 경우 각각 역함수가 존재하는지 추측하고, 역함수 존재 조건이 일대일함수가 아니라 일대일대응인 이유를 설명하기 • (목표 3) 일대일대응인 함수의 역함수를 기호로 표현하는 여러 방법에 대한 설명을 듣고, 여러 표현 방법이 쓰이는 맥락 생성하기
교수 학습	• (가) ③ ㉠ 수학 용어, 기호, 표, 그래프 등의 수학적 표현을 정확하게 사용하고 표현끼리 변환하게 한다.

방법	④ ㉠ 영역 간에 관련된 수학의 개념, 원리, 법칙 등을 유기적으로 연계하여 새로운 지식을 생성하면서 창의성을 기르게 한다. (다) ① 설명식 교수는 교사가 설명과 시연을 통해 수업을 주도하는 교수 · 학습 방안으로, 수업 내용을 구조화하여 체계적으로 지도하는 데 효과적이다. 이때, 교사는 학생의 적극적인 수업 참여를 유도하고, 사고를 촉진하는 발문을 적절히 활용한다.			
과정	수업 흐름	주요 교수 · 학습 활동	구조/ 자료	목표/방법
도입	동기 유발 (과제 1)	(교사) 지난 시간까지 함수와 합성함수를 배웠지요. 오늘은 사다리 타기의 원리를 함수와 연결하여 생각해 볼 예정입니다. 함수 중에서도 역함수라고 불리는 함수로 설명하려고 해요. 그럼, 짝과 함께 사다리 타기 앱을 켜고 (과제 1)을 해결해 봅시다. (학생 1) 앱을 한번 실행하니 순서 1, 3, 2다. (학생 2) 새로 해보자. 이번에는 3, 2, 1이네. (학생 1) 한 명당 하나의 숫자가 결정되니까 사다리 타기로 순서를 정할 수 있는데... (학생 2) 선생님, 한 명에 한 숫자가 대응되게 되어 그렇다고 쓰면 되나요? (교사) 좋습니다. 우선 그렇게 쓰고, 더 좋은 표현이 있는지 생각해 봐도 좋습니다. (중략)	이질집단 짝(2명)활동 사다리 타기 앱 활용 활동지	사다리 타기가 일대일대응 관계 구조로 되어 있음을 인식하기 A, B, C와 1, 2, 3이 같은 개수이므로 일대일대응 가능함을 설명하기 수학적 표현의 다양성, 정확성 추구하도록 발문
전개	개념 설명 (과제 2) (과제 3)	(교사) 운동 경기 과정과 결과 설명할 때 역전하였다는 말 쓰는데 혹시 들어본 사람 있나요? (학생 3) 야구에서, 3대 1이다가 3대 7로 이기면 역전하였다고 말해요. (교사) 그렇죠. 역전하였다고 말할 때 사용하는 '역'이라는 표현을 함수에 써서 '역함수'라고 하면 어떤 상황일지 짐작할 수 있나요? (학생 4) 무언가 뒤집힌 것을 말할 것 같아요. (중략)	활동지 ppt	역함수 존재 조건 추측하기 역함수 존재 조건이 일대일함수가 아니라 일대일대응인 이유 설명하기 역함수 기호 표현 구분, 기호 표현에 따른 역함수 맥락 생성
정리	자기평가 및 차시 예고		자기평가지	

선정한 학습 주제의 교수학습과정안 주요 내용을 〈표 13-8〉에 기록해 보자. 세부 항목과 내용을 채우는 과정에서 앞서 설정한 세부 목표와 세부 과제를 수정할 수도 있다.

〈표 13-8〉 교수 · 학습과정안 작성 실습

단원				
성취기준				
학습 목표				
교수 학습방법				
과정	수업 흐름	주요 교수 · 학습 활동	구조/자료	목표/방법
도입	동기유발			
전개				
정리				

2 중등 수학 수업 다큐와 톺아보기 실습

2.1 중등 수학 수업 다큐와 톺아보기의 이해

앞서 열 개의 수학 수업 사례에서 택한 다큐와 톺아보기 방법을 〈표 13-9〉와 같이 요약할 수 있다.

〈표 13-9〉 수학 수업 사례별 다큐와 톺아보기 방법

수업 주제	다큐	톺아보기
선분, 직선, 반직선	• 수업 설계 영상 및 초안, 수정안 • 교사 발언과 행동, 판서 • 학생 발언과 행동, 활동지	• 공동체에서 설계한 과제가 수업에서 실제로 적용되는 양상 • 추측하기, 탐구 및 수정하기, 설명하기 활동
연립방정식	• 수업 설계 자료 • 교사 발언과 행동, 판서 • 학생 발언과 행동, 활동지	• 교사가 학생에게 다양한 수학적 표상을 사용하게 이끄는 과정 • 수학과 교육과정의 중점 요소가 구현되는 양상
미지수가 2개인 일차방정식	• 수업 설계 영상 및 초안, 수정안 • 교사 발언과 행동, 판서 • 학생 발언과 행동, 활동지	• 학생들이 수학적 표현을 사용하여 주어진 현상을 수학적 모델로 만드는 과정 • 학생들이 만든 수학적 모델을 현상에 적용하는 과정
대푯값	• 수업 설계 영상 및 초안, 수정안 • 교사 발언과 행동, 판서 • 학생 발언과 행동, 활동지	• 과제에 반영된 발산적 사고와 수렴적 사고 기회 • 교사의 수업 중 발문에 반영된 발산적 사고와 수렴적 사고 기회
명제	• 수업 설계 자료 • 교사 발언과 행동, 판서 • 학생 발언과 행동, 활동지	• 교사가 모둠 활동에서 주목하는 내용 • 교사가 전체 활동에서 주목하는 내용
역함수	• 수업 설계 영상 및 초안, 수정안 • 교사 발언과 행동, 판서 • 학생 발언과 행동, 활동지	• 교사와 학생들의 상호작용 양상
확률	• 수업 설계 자료 • 교사 발언과 행동, 판서 • 학생 발언과 행동, 활동지	• 확률의 덧셈정리와 곱셈정리 탐구 과정 • 수학적 확률의 정의에 내재된 등확률성 가정 탐구 과정
조건부확률	• 수업 설계 자료 • 교사 발언과 행동, 판서 • 학생 발언과 행동, 활동지	• 개별 시뮬레이션 활동으로 주어진 사건의 상대도수를 구하는 과정 • 개별로 구한 상대도수를 모둠 구성원과 논의하는 과정
증가, 감소, 극대, 극소	• 수업 설계 영상 및 초안, 수정안 • 교사 발언과 행동, 판서 • 학생 발언과 행동, 활동지	• 학생 참여 중심의 수업에서 교사가 안내자로 개입하는 양상 • 학생이 구성한 예를 학급 전체와 공유하고 논의하는 과정

수업 주제	다큐	톺아보기
모평균 추정	• 수업 설계 자료 • 교사 발언과 행동, 판서 • 학생 발언과 행동, 활동지	• 교사가 학생의 탐구 활동과 전체 학급 단위의 수학적 논의를 조직하는 방법 • 학생에게 권위를 분배하는 방법 • 수학과 교육과정의 요소가 수업에서 드러나는 양상

열 개의 수업 사례에 대하여 대체로 기록한 자료의 내용과 종류는 비슷하였으나, 분석 초점은 상당히 달랐음을 확인할 수 있다. 교사와 학생 사이의 상호작용 의도와 자세한 발언 내용은 녹화 또는 녹음한 자료를 전사(〈부록 3〉 참고) 및 분석하는 것이 관례이다. 연구 목적이 아니더라도 편견이나 왜곡 없이 수업을 이해하려면 수업 전, 중, 후의 각종 상호작용을 전사하여 의미를 찾을 필요가 있다.

2.2 중등 수학 수업 다큐와 톺아보기의 실제

수학 수업 다큐와 톺아보기를 위하여 준비해야 할 사항을 아래와 같이 질문 형태로 제시할 수 있다.

- 녹화, 녹음, 활동지와 판서 수집 등 다큐 자료 확보에 대하여 참여자에게 알리고 동의를 얻었는가?
- 녹화 및 녹음 장비를 확보하였는가? 장비 사용법을 익혔는가?
- 교육과정 문서, 교과서, 지도서, 선행연구 논문, 보고서 등 교육과정 추론 및 자료 분석을 위한 자료를 확보하였는가?
- 수업 설계 계획과 공동체 활동 일정을 정하고, 장소도 확보하였는가?
- 수업 실행 환경에 적합한 자료 수집 방안을 준비하였는가?
- 교사와 학생, 학생과 학생 사이의 상호작용을 적절한 위치에서 포착하여 전사하였는가?
- 판서 내용, 활동지, 자기평가지, 교사와 학생의 반성적 성찰 저널을 확보하였는가?

아래 자료는 〈부록 3〉에서 발췌한 것으로 연립방정식 수업 장면을 전사한 것이다.** 학급 전체와의 상호작용일 때는 '학생들'이 대화에 참여하는 것으로, 개별 학생과 대화할 때는 학생 이름을 가명으로 표기하거나 '학생 1', '학생 2'와 같이 번호를 붙여 구분

** 녹화 또는 녹음 자료를 자동으로 전사해 주는 프로그램을 활용하여 전사한 자료를 검토하여 수정한 후 분석하면 시간을 절약할 수 있다.

하기도 한다. 교사가 교실을 순회하거나 학생에게 활동을 전적으로 맡길 때는 지문으로 상황을 기술하면 된다. 전사 자료를 확보하지 못하면 수업 실행을 제대로 살펴보기 어려우므로, 녹화 또는 녹음 장비가 중간에 멈추지는 않는지 확인해야 한다.

송교사 : 일단 땅이 얼마 있어요?
학생 1 : 12000.
송교사 : 네, 12000 제곱미터. 단위 생략할게요. 그런데 어디와 어디가 지금 갈등 상황에 있어요?
학생들 : 단독주택이랑 공동주택.
송교사 : 응 단독주택이랑 공동주택 팀들이 지금 대립 상황에 있군요? 그러면 단독주택을 한 채 짓는 데는 얼마의 땅이?
학생들 : 600.
송교사 : 600. 공동주택을 한 채 짓는 데는?
학생들 : 400.
송교사 : 그러면 이 상황에서 이 땅을 모두 소유해야 한다면? 그 상황이에요. … 이와 같은 상황을 수학적으로 표현할 수 있나요?
학생들 : 네.
송교사 : 한번 그러면 표현해 보세요.

…

송교사 : (교실을 순회하며) x는 뭐고 y는 뭐예요?
학생 1 : x는 단독.
송교사 : 어 적어줘야죠. x, y가 무엇인지 설명을 해줘야죠.

…

송교사 : 이와 같은 상황이 수학적으로 표현이 가능했어요?
학생들 : 네.
송교사 : 어떻게 표현했어요? 불러주세요.
학생들 : $600x + 400y = 12000$.
송교사 : x는 뭐고 y는 뭔가요?
학생들 : x는 단독주택 수 … y는 공동주택 수.

수학 수업을 톺아보기 위하여 사전에 준비해야 할 사항도 있다. 전사 자료를 비롯한 기록물을 반복하여 들여다보면 다큐 자체가 주는 감동과 해석해야 할 사태가 두드러지기도 한다. 그러나 자료가 방대하므로 반복하여 들여다보기 쉽지 않고, 주의가 흩어져서 피상적인 이야기로 끝맺을 가능성도 생긴다. 연구자들은 코딩을 통해 주요 논제를 추출하는데, 엄밀한 연구 수행을 목적으로 하지 않으므로 수업을 설계할 때 고민했던 점이나 실행 과정에서 발생한 문제 등을 중점 사항으로 하여 자료를 살펴보아도 무방하다. 수학 수업을 톺아볼 때 다음 질문을 염두에 두기를 제안한다.

- 교육과정 해석 과정에서 주목한 쟁점들은 무엇인가? 그 쟁점들이 관련되는 수업 장면을 찾을 수 있는가? 수업 사례를 근거로 도출할 수 있는 결론은 무엇인가?
- 수업의 세부 목표가 달성되거나 달성되지 않는 장면은 무엇인가? 각각의 경우 판정 근거는 무엇인가?
- 선행연구에서 파악한 학습의 어려움과 교수 전략은 무엇인가? 수업에서 학습의 어려움을 포착하여 적절한 교수 전략으로 개입하는 장면이 있는가? 해당 교수 전략은 다른 상황에서도 효과적으로 활용될 가능성이 있는가?

네 명의 교사로 구성된 가상의 교원학습 공동체에서 역함수 수업의 설계, 실행, 성찰 과정의 톺아보기를 진행하는 상황을 생각해 보자. 교육과정 추론을 이끌었던 안교사는 세부 목표와 세부 과제 설정을 담당했던 차교사와 논의하여 역함수 수업을 다음과 같은 중점 분석 포인트에 따라 톺아볼 수 있다.

- 도입 단계에서 교사가 이전에 배운 함수 개념과 함수 표현을 적절히 설명하고, 사다리 타기 상황을 함수 개념과 정확히 연결하며, 다양한 함수 표현으로 나타낼 수 있음을 상호작용으로 안내하는가?
- (과제 1)을 해결하는 수업 장면에서 학생의 수학적 추론과 수학적 창의성이 발현되는 양상은 무엇인가?
- 학생들이 모둠 활동에서 일대일함수와 일대일대응의 경우 각각 역함수가 존재하는지 적절히 추측하고, 역함수 존재 조건이 일대일함수가 아니라 일대일대응인 이유를 타당하게 설명하는가? 교사가 이와 관련된 모둠 활동을 어떻게 지원하여 학생들의 추론과 의사소통을 촉진하는가?
- 학생들이 (과제 3)을 해결하면서 여러 함수 표현 방법이 쓰이는 맥락을 생성할 때, 학생들이 생성한 맥락의 종류와 교사가 사용한 발문은 무엇인가?

〈표 13-10〉 다큐와 톺아보기 계획

수업 주제	다큐	톺아보기

3 중등 수학 수업 다큐와 톺아보기의 결론

지금까지 중등 수학 수업 다큐와 톺아보기의 사례와 절차를 알아보았다. 이제 대장정을 마무리하면서 중등 수학 수업 다큐와 톺아보기의 결론을 어떻게 작성해야 할지 의견을 제시하고자 한다. 우리는 〈생각해 보기〉에서 두 가지 종류의 논점을 제시하고, 결론에서 사례 기반으로 두 논점에 대한 의견이나 시사점을 제시하였다. 첫 번째 논점은 국가교육과정과 해당 수업을 연계하여 이해할 때 고려해야 할 사항이다. 가상의 교원 학습 공동체에서 역함수 수업을 설계할 때도 국가교육과정에서 제시하는 핵심 아이디어, 성취기준, 교수·학습 방법 중 일부를 적용하고자 노력하였다. 이 과정에서 핵심 아이디어와 성취기준의 연결, 수학적 추론, 수학적 의사소통, 수학적 창의성 함양 방안 관련 논점을 도출하였다. 수업 실행 과정에서 이 논점 관련 수업 사태를 기록하고 분석한다면, 결론의 첫 번째 부분에 그 결과를 제시할 수 있다. 우리가 제시한 두 번째 논점은 예 구성 활동을 통한 수학적 추측과 정당화, 교사의 주목하기, 조건부확률 오개념 등 선행연구에 기반한 것이다. 교직 경력이 많아도 두 번째 종류의 논점을 중심으로 수학 수업을 이해하거나 성찰한 경험은 부족할 가능성이 있다. 국내외의 상당수 연구에서 효과적인 수학 교수·학습 방법이 밝혀졌고, 구체적인 수학 개념, 원리, 법칙을 학습할 때 겪는 어려움과 그것을 극복하도록 지원하는 방안도 제안하였다. 이를 확인하여 현실에 맞게 수정하고 보완하면 수학 수업을 새롭게 설계하고 실행하는 데 도움이 된다. 중등 수학 수업 다큐와 톺아보기에 도전하여 그동안 이해하지 못했던 수학 수업의 다양한 측면을 이해하길 원한다면 선행연구를 조사하여 적용하고 우리가 작성한 것처럼 결론의 두 번째 부분에 그 결과를 바탕으로 한 시사점을 제시할 것을 제안한다.

위의 두 가지 논점을 고려하면서 결론을 작성할 때 구체적으로 염두에 둘 수 있는 질문을 제시하면 다음과 같다.

▶ 국가교육과정과 교과서 해석 및 재구성 관련 핵심 논점에 대하여, 수학 수업 다큐와 톺아보기 결과를 바탕으로 내린 결론은 무엇인가? 다시 같은 주제의 수학 수업을 설계하고 실행한다면 어떤 점을 유지하고 어떤 점은 수정하거나 보완할 것인가?

- 핵심 아이디어, 성취기준, 내용 3범주, 교수·학습 방법을 고려하여 수업이 설계되었는가?

- 수업 설계에 반영한 핵심 아이디어, 성취기준, 내용 3범주, 교수 · 학습 방법이 수업에서 어떻게 실행되었는가?
- 세부 목표를 달성하였는가?
- 세부 과제가 세부 목표 달성에 적합한 역할을 하였는가?
- 다시 같은 주제의 수학 수업을 설계하여 실행할 때 유지하거나 수정해야 할 세부 목표와 세부 과제는 무엇인가?
- 다시 같은 주제의 수학 수업을 설계하여 실행할 때 유지하거나 수정해야 할 교수 · 학습 방법은 무엇인가?

선정한 주제를 학습하는 과정에서 예상되는 어려움 또는 자주 나타나는 오류와 효과적인 교수 전략 관련 선행연구를 조사하여 도출한 논점에 대하여, 수학 수업 다큐와 톺아보기 결과를 바탕으로 내린 결론은 무엇인가? 다시 같은 주제의 수학 수업을 설계하고 실행한다면 어떤 점을 유지하고 어떤 점은 수정하거나 보완할 것인가?

- 선행연구에서 밝힌 학습 어려움이 실제로 나타났는가?
- 선행연구에서 제안한 바를 토대로 설정한 과제 또는 교수 전략이 효과적이었는가?
- 사전에 예상한 것과 다른 학습 반응은 무엇인가?
- 실제로 나타난 학습 반응을 고려하여 수업을 설계할 때 수정할 사항은 무엇인가?
- 평가 방법은 효과적이었는가?
- 선행연구 결과 중 실효성이 있는 제안은 무엇인가?
- 해당 주제를 가르치고 배우는 문제와 관련하여 연구가 필요하다고 생각하는 측면은 무엇인가?
- 유사한 주제의 수업을 설계하여 실행할 때 고려할 필요가 있는 수학 측면 및 수학 교수 · 학습 측면의 시사점은 무엇인가?

수학 수업 다큐와 톺아보기 과정에서 이미 상당 분량의 텍스트를 확보하게 된다. 그러나 텍스트가 쌓인다고 수학 수업에 대한 통찰이 저절로 얻어지지는 않는다. 공동체 활동과 수업 실행을 성찰하면서 개별적으로 결론을 작성한 후 공유하고 다른 구성원의 결론도 확인하면 혼자서는 미처 생각하지 못했던 수학 수업의 여러 측면과 사태에 대하여 새롭게 이해하는 기회가 생긴다. 위에 제시한 질문 중 일부를 택하여 〈표 13-11〉과 같이 결론 개요를 만들고, 각자 독립적으로 결론을 작성한 후 온-오프 모임에서 공유할 수 있다.

〈표 13-11〉 수업 톺아보기 결론 개요 작성 예시

생각해 보기	결과 기반 결론
핵심 아이디어, 성취기준, 내용 3범주, 교수·학습 방법을 고려하여 수업이 설계되었는가?	• 역함수 개념 이해를 높였으나 역함수 개념 설명에 참여한 학생은 소수였음 • 여러 함수 표현 방법으로 일대일대응 관계 나타내는 것은 성공하였으나, 실수하는 학생 많았음 • 소수의 학생만 정확한 함수 표현 방법 기억 및 적용 • 시간 부족으로 기호 표현 사이의 번역 활동 생략함 • 수학적 창의성 발현 기회 있었으나, 시간 부족으로 교사가 창의적인 사고와 표현 제시한 경우가 있었음
다시 역함수 수업을 설계하여 실행할 때 유지하거나 수정해야 할 교수·학습 방법은 무엇인가?	• 사다리 타기 맥락에서 일대일대응 관계를 식별하고, 이를 함수로 나타내는 여러 표현 방법을 찾는 과제 유지 • 일대일대응 관계 사례를 다양하게 제시하는 활동 삭제하고, 일대일함수와 일대일대응의 차이를 설명하고 예를 들어 확인하도록 하는 것으로 수업 설계 변경 • .... • ....
역함수를 가르치고 배우는 문제와 관련하여 연구가 필요하다고 생각하는 측면은 무엇인가?	• 역함수 기호 표현을 의미와 연결하는 방안 연구 필요함 • 'X에서 Y로'를 'Y에서 X로' 바꾸고, 이를 '$f: X \to Y$'와 '$f^{-1}: Y \to X$' 또 '$y=f(x)$'와 '$x=f^{-1}(y)$'로 나타낼 때는 '정의역과 치역의 역전'으로 역함수의 의미를 설명함 • 함수와 역함수 그래프를 하나의 좌표평면에 나타낼 때, 역함수를 '$y=f^{-1}(x)$'로 표현하여 '정의역과 치역 유지'라는 오해로 인지 부조화 발생 • 함수 $y=f(x)$의 그래프와 그 역함수 $y=f^{-1}(x)$의 그래프가 직선 $y=x$에 대하여 대칭임을 이해하는 데에도 어려움 발생 • .... • ....

위와 같이 개요를 먼저 작성한 후 글로 풀어 쓰면 해당 주제로 수학 수업을 설계하여 실행하고 세세히 살펴본 결과를 요약하고 시사점을 제시하는 결론을 작성할 수 있다. 흔히 사용하는 수업 평가지는 도입, 전개, 결말에 이루어지는 교사의 언어와 행동, 학생 참여 양상과 수업 환경 및 운영의 적절성 수준을 판단하여 기록하는 것으로 이루어진다. 판단 근거를 파악하여 제시한다고 해도 해당 수업에 대한 이해와 개선을 도모하는 데 이와 같은 판단 기록이 크게 도움을 주지 못할 가능성이 있다. 이에 반하여, 수학 수업 다큐와 톺아보기의 결론은 해당 수업을 설계하여 실행한 공동체의 구성원이 심층적인 판단과 성찰, 시사점을 담고 있어서 수학 수업 역량을 함양하고 해당 주제의 수업을 이해하고 개선하는 데 매우 유익하다.

참고문헌

교육부(2022). **수학과 교육과정**. 교육부 고시 제2022-33호 [별책 8]. 세종: 교육부.

김상미(2023). 선분, 직선, 반직선의 학습 내용과 학습 계열 분석. **수학교육 논문집,** 37(4), 635-652.

홍성복, 이중권, 신태교, 이채형, 이병하, 신용우, 전형숙, 김형균, 권백일, 최원숙, 강인우(2017). **고등학교 수학**. 서울: 지학사.

Carroll, J. B. (1963). A model of school learning. *Teachers College Record, 64*(8), 1-9.

Stevens, F. I. (1993). Applying an opportunity-to-learn conceptual framework to the investigation of the effects of teaching practices via secondary analyses of multiple-case-study summary data. *The journal of Negro education, 62*(3), 232-248.

Tate, W. F. (2005). School mathematics and African American students: The need to revisit opportunity-to-learn standards. *Counterpoints, 131*, 178-210.

Wang, J. (1998). Opportunity to learn: The impacts and policy implications. *Educational Evaluation and Policy Analysis, 20*(3), 137-156.

Wijaya, A., van den Heuvel-Panhuizen, M., & Doorman, M. (2015). Opportunity-to-learn context-based tasks provided by mathematics textbooks. *Educational Studies in Mathematics, 89*, 41-65.

부록

부록 1 선분-직선-반직선 추론 수업의 지도안

<table>
<tr><td>주제</td><td colspan="3">선분, 직선, 반직선의 개수</td><td colspan="3">Designed by Team Trinity
수업교사</td></tr>
<tr><td colspan="3">과제의 목표</td><td colspan="4">교수 · 학습 지향</td></tr>
<tr><td colspan="3">• 선분, 직선, 반직선을 어떤 두 점을 지나는지, 그리고 뻗어나가는 방향성이 있는지, 있다면 양방향인지 단방향인지에 주목하여 구별하기(벡터의 크기, 시점, 종점으로서의 초기 개념과 연결하기)
• 점의 배열에 따라 만들어지는 선분, 직선, 반직선의 개수가 다르다는 것에 주목하여 한 평면 위의 직선과 점의 위치 관계를 고려하기
• 점의 개수를 늘려가면서 나타나는 선분, 직선, 반직선의 개수의 패턴을 찾고 설명하기(조합의 초기 개념과 연결하기)
• [직선, 반직선, 선분], [점과 직선의 위치관계]의 두 차시에 걸친 용어 정의 수준에서 다루어지는 교과서의 흐름을 바꾸어 문제를 통해 상위 수준과 하위 수준, 그리고 영역 간(도형, 패턴, 수열)을 연결하여 기본 도형으로서의 점과 선을 깊이 있게 이해하고, 추론과 의사소통의 기회를 제공하는 것을 목표로 한다.</td><td colspan="4">• 선분 → 직선 → 반직선 순서로 과제를 제시하여 두 점과 방향성이라는 핵심 아이디어에 주목하게 하기
• 과제의 문장에 직접적 힌트가 될 수 있는 방향, 배열 등의 어휘 포함하지 않기
• 학생들이 한 직선 위의 여러 점을 고려하는 경우가 생기도록 도트 페이퍼 제공하여 과제 접근성 높이기
• 교사가 설명하기보다 학생의 질문을 통해 문제를 제기하고, 제기된 문제를 논의하여 질문의 답을 찾아가도록 하기
• 개별활동-모둠논의-전체 논의의 큰 틀을 유지하고 초기 추측을 통한 사전 지식 확인과 과제를 해결하는 과정, 학습한 결과로서의 지식을 평가하기</td></tr>
<tr><td>관련된 2015 교육과정 성취기준</td><td colspan="6">[4수02-01] 직선, 선분, 반직선을 알고 구별할 수 있다.
[9수04-01] 점, 선, 면, 각을 이해하고, 점, 직선, 평면의 위치 관계를 설명할 수 있다.</td></tr>
<tr><td>관련된 2015 교과역량</td><td>문제해결</td><td>추론</td><td>창의 · 융합</td><td>의사소통</td><td>정보처리</td><td>태도 및 실천</td></tr>
<tr><td colspan="7">과제</td></tr>
<tr><td>추측하기</td><td colspan="6">소연이는 다음과 같이 주장했다! 소연이의 주장이 참인지 거짓인지 추측하고, 예를 들어 설명해 보세요.

한 평면 위에 서로 다른 점이 x개 있다면, 주어진 x개의 점으로 만들 수 있는 선분과 직선의 개수는 항상 같고, 반직선은 항상 그 두 배가 된다!

(아래 [점 종이]에 주어진 점들을 x개씩 선택하여 확인해도 됩니다.)</td></tr>
</table>

기대하는 학생반응	• 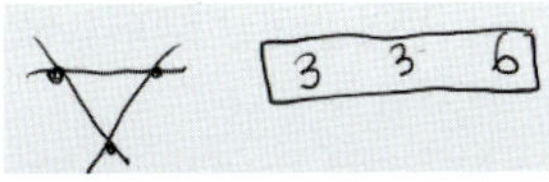 이므로 참이다. •  이므로 거짓이다. • 점의 배열에 따라 달라진다. → 이런 반응에 기초하여 탐구하기로 넘어가기
수업계획	• 개인활동-전체활동(5분~7분) • 선분, 직선, 반직선의 정의는 교사가 미리 설명하지 않고 문제를 해결하는 과정에서 학생들이 설명해 보도록 한다.(칠판에 적어 주목하기, 수정하기가 가능하도록 한다.)
탐구하기	소연이의 주장이 참이 되는 경우와 거짓이 되는 경우를 가능한 한 많이 찾아보세요.
기대하는 학생반응	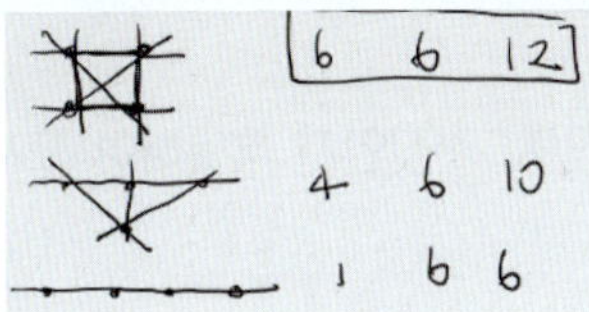 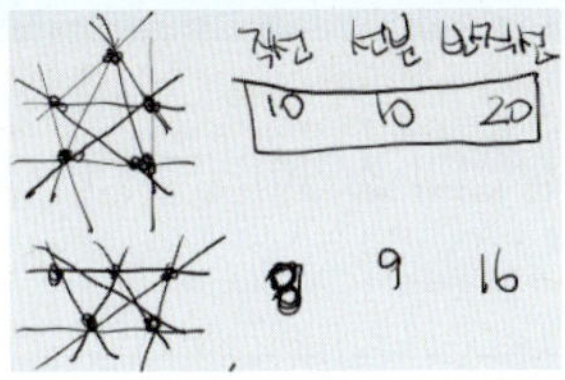 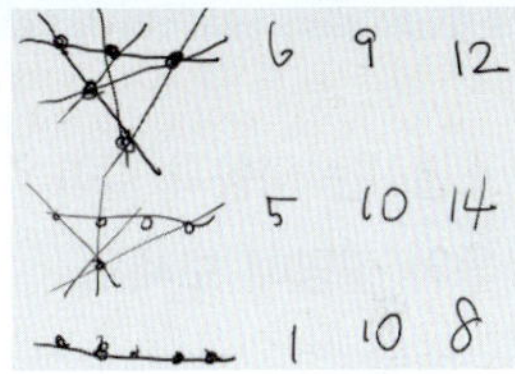
수정하기	소연이의 주장이 참이 되도록 문장을 수정하세요. 한 평면 위에 ( ) x개의 점이 주어졌을 때, 주어진 x개의 점으로 만들 수 있는 선분과 직선의 개수는 항상 같고, 반직선은 항상 그 두 배가 된다!
기대하는 학생반응	• 적어도 서로 다른 세 점이 한 직선 위에 있지 않도록 • 주어진 점들이 정x각형 모양이 되도록
수업계획	• 모둠활동-전체활동(15~20분) • 탐구하기와 수정하기를 묶어 모둠활동으로 진행한다. • 모둠에서 찾은 경우들을 자유롭게 발표하도록 하고, 새로운 경우들을 판서해 둔다. (A4용지에 적어 붙이고 학생들이 각자의 기준에 따라 배열을 새롭게 할 수 있도록 하면 좋을 것 같다.)
설명하기	수정한 문장이 항상 참이라는 이유를 설명해 보세요.
기대하는 학생반응	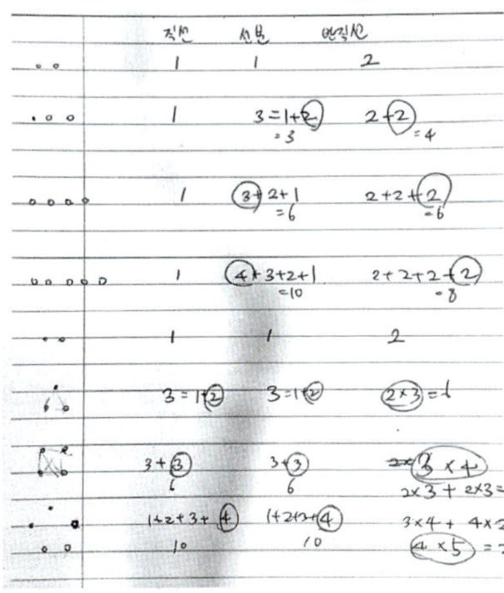 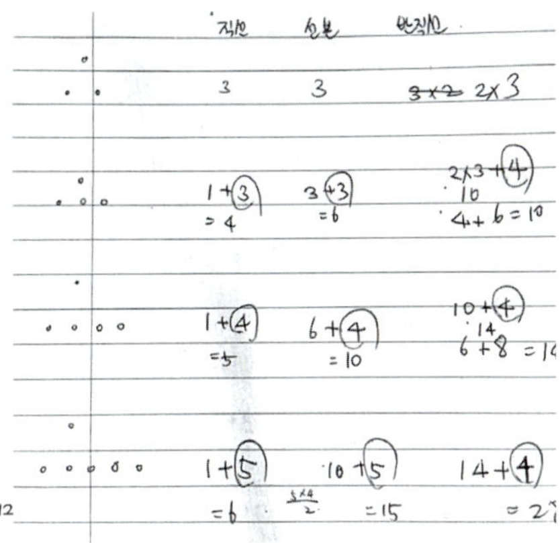
수업계획	• 모둠활동-전체활동(20분) • 모둠별로 만들어 낸 문장을 정당화할 수 있도록 한다. • 모둠 칠판을 이용하여 각 모둠의 설명을 적게 한 후, 교사가 순서를 정해 발표시킨다.

	• 가능하다면 다각형의 대각선의 개수로 일반화 하거나, 점이 늘어날 때마다 직선, 선분, 반직선의 개수의 수열을 일반화하는 것까지를 설명의 최종목표로 한다. • 수열을 이용하여 패턴을 완벽하게 설명하는 것보다 찾은 예를 바탕으로 추측하고, 추측을 설명하고, 이를 반박하고, 설명을 보완하는 과정에 주안점을 둔다.

주제	선분, 직선, 반직선의 개수	일신중학교	
		학생 반, 번호, 이름	

1. 소연이는 다음과 같이 주장했다! 소연이의 주장이 참인지 거짓인지 추측하여 표시하고, 예를 들어 설명해 보세요.

한 평면 위에 서로 다른 점이 x개 있다면, 주어진 x개의 점으로 만들 수 있는 선분과 직선의 개수는 항상 같고, 반직선은 항상 그 두 배가 된다.	
참이다!	거짓이다!

(아래 [점 종이]에 주어진 점들을 x개씩 선택하여 확인해도 됩니다.)

2. 소연이의 주장이 참이 되는 경우와 거짓이 되는 경우를 가능한 한 많이 찾아보고, 소연이의 주장이 참이 되도록 문장을 수정하세요.

수정한 문장
한 평면 위에 (　　　　　　　　　　　　　　　　　) x개의 점이 주어졌을 때, 주어진 x개의 점으로 만들 수 있는 선분과 직선의 개수는 항상 같고, 반직선의 개수는 항상 그 두 배가 된다!

3. 수정한 문장이 항상 참인 이유를 설명해 보세요.

수업 마무리	• 오늘 배운 주제의 핵심이라고 생각되는 것을 써 보세요. • 새로운 추측이나 연관되는 수학 개념을 써 보세요.

수업 실행과 반성	
목표에 부합하는 학생응답	
예상하지 못한 학생응답	
과제 설계와 다음 실행에 반영되어야 할 점	

부록 2 연립일차방정식 수업의 활동지

단원명	3. 연립방정식 3.2. 연립일차방정식과 그 해	차시	3~4/12
주제	연립일차방정식과 그 해		
단원의 흐름	• 1차시~2차시: 미지수가 2개인 일차방정식과 그 해 • 3차시~4차시 : 연립일차방정식과 그 해 • 5차시 : 식의 대입을 이용한 연립방정식의 풀이 • 6차시 : 두 식의 합 또는 차를 이용한 연립방정식의 풀이 • 7차시~9차시 : 연립방정식의 활용 • 10차시~12차시: 단원마무리		
수업 설계의 주안점	- 중학교 2학교 수학과 교육과정에서 미지수가 2개인 일차방정식의 개념을 접하고, 바로 만나게 되는 연립일차방정식과 그 해. - 연립일차방정식과 그 해는 우리에게 어떤 의미일까? 그 의미에 대해 곰곰이 생각해 본다. - 역사적 사료 속 구장산술이나 구일집 등에서 발견되는 연립방정식으로 접근했던 그 동안의 수업은 활용적인 측면에 중심을 두고 접근하였고, 여러 일상을 수학적 상황으로 끄집어 왔지만 다소 억지스런 설정은 불가피했다. - 그래서 내가 학생들과 나누고 싶은 다른 방향의 연립일차방정식과 그 해의 의미를 의사결정이나 문제해결을 위한 도구로써 접근해 보기로 한다.(미래핵심역량을 염두에 두고 설계하였다.) - 한 개의 조건이 놓인 갈등상황에서 해결책을 찾지 못하고 있는 장면에서 또 다른 추가 조건으로 문제가 해결되는 상황을 설계해 수학적 능력을 발휘하여 가장 적합한 해결책을 찾는 과정으로써 연립방정식의 해에 의미를 두는 데 무게를 두었다. - 두 차시에 걸쳐 계획된 수업은 첫 차시에는 〈신도시 건설〉이라는 갈등상황을 수학적 접근으로 합리적 해결책을 찾는 과정을 다루었으며, - 두 번째 차시에서는 직접적인 그래프를 던져줌으로써 수학적 상황임을 바로 인지하고 해결을 시도해서 연립방정식의 해를 찾아보게 하는 수업안을 설계해 보고자 한다.		
개략적 수업 흐름도	1. [생각열기] 일상 속에서 의사 결정의 과정 보기(5분) 2. [탐구학습1] 신도시 개발에 관한 의사결정하기(40분) =================== (2차시) ========================= 3차시는 개발 중.....		

[생각열기] 토요일 저녁 가족 5명(아빠, 엄마, 언니, 동생, 나)이 모처럼 TV앞에 모였다. 그런데, 5명이 선호하는 채널이 다양하다. 이럴 때, 어떤 선택을 하면 좋을까?(단, 집에 TV는 1대이다.)

[탐구학습 1] 신도시 개발

우리 시는 단독주택 지역과 공동주택 지역으로 나누어져 있다. 그리고 이 두 지역 사이에 아직 개발하지 않은 땅 $12,000\,m^2$가 있다. (단, 땅의 모양은 직사각형이다.)

시에서는 가장 좋은 개발계획을 세운 건설회사에 이 지역의 공사를 맡기려고 한다.

단독주택 주민들은 단독주택만 지어야 한다고 주장하고, 공동주택 주민들은 공동주택만 지어야 한다고 주장하고 있다. 시에서는 환경문제와 인구문제를 종합적으로 고려하여 어느 한 쪽의 주민들의 의견만을 따를 수 없다고 판단하고, 단독주택과 공동주택을 골고루 짓기로 하였다.

단독주택 한 채를 지으려면 $600\,m^2$의 땅이 필요하고, 공동주택 한 채를 지으려면 $400\,m^2$의 땅이 필요하다.

❶ M 건설회사에서는 단독주택 8채, 공동주택 18채를 지으려고 한다. 이 계획안은 가능한가? 가능하다면 그 이유를 적어보자.(수학적 표현 가능)

❷ M 건설회사 의견에 단독주택 주민들과 공동주택 주민들의 의견은 각각 어떠할까?

〈단독주택 주민 의견〉	〈공동주택 주민 의견〉

❸ M 건설회사 의견과 다른 계획안이 있는가? 있다면 그 계획안을 말해보자.

	계획안	단독주택 넓이	공동주택 넓이	전체 넓이
1				
2				
3				

❹ 여러 계획안에 각 주민들마다 이견이 발생하여 의견 조율이 쉽지 않다. 이 상황에서 하나의 계획안을 결정할 수 있을까? 결정할 수 없다면, 그 이유를 적어라. 그리고, 결정이 되기 위해 필요한 것이 무엇인지 자신의 생각을 적어보자.

❺ 결정이 쉽지 않은 상황에서 시에서는 인구와 주택 수요의 측면을 고려하여 하나의 조건을 제시하였다.

건설될 단독주택 수와 공동주택 수의 합은 25채로 정하기로 한다.

그러면, 이제 이 신도시 건설을 위해 건설되어야 할 단독주택 수와 공동주택 수를 결정할 수 있을까? 있다면, 그 수를 정하고 그 이유를 적어보자.

이유:

수학일기(오늘 수업을 마치며..)

부록 3 연립일차방정식 수업의 전사기록

1	송 교사	어떤 상황이에요? 일단 땅이 얼마 있어요?
	학생들	12000.
	송 교사	12000 제곱미터. 단위 생략할게요. 그다음 그런데 어디와 어디가 지금 갈등 상황에 있어요.
	학생들	단독주택이랑 공동주택
	송 교사	단독주택이랑 공동주택 팀들이 지금 대립 상황에 있군요. 그러면 단독주택을 한 채 짓는 데는 얼마의 땅이?
	학생들	600
	송 교사	600. 공동주택을 한 채 짓는 데는?
	학생들	400
	송 교사	400. 다 보고 계시나요? 4반. 네 저를 봐주세요. 문제 같이 정리하는 시간이니까. 그러면 이 상황에서 이 땅을 모두 소유해야 한다면. 그 상황이에요. 단독주택과 공동주택을 각각 몇 채씩 지어야 할까요? 1번 문제 우리 학생 1이 읽어주세요.
	학생 1	이와 같은 상황을 수학적으로 표현할 수 있을까.
	송 교사	이와 같은 상황을 수학적으로 표현할 수 있나요?
	학생들	네 있어요.
	송 교사	네 한번 그러면 표현해 보셔요.
		(학생 활동)
	송 교사	(교실을 순회하며) x는 뭐고 y는 뭘까요?
	학생 2	x는 단독.
	송 교사	어 적어줘야죠. x, y가 무엇인지 설명을 해줘야죠.
		(학생 활동)
	송 교사	이와 같은 상황이 수학적으로 표현이 가능했나요? 어떻게 표현했어요? 불러주세요.
	학생들	$600x + 400y = 12000$
	송 교사	x는 뭐고 y는 뭔가요?
	학생들	x는 단독주택 수
	송 교사	y는요
	학생들	공동주택.
	송 교사	공동주택 수

	송 교사	여기까지 다 썼어요. 그러면 이건 뭐죠? 이 식은 뭐예요 뭐가 뭐인 뭐라고 우리 지난 시간까지 학습했던 건데.
	학생들	미지수가
	송 교사	미지수가 몇 개인?
	학생들	2개인
	송 교사	2개인 이차방정식. 이거 해 구할 수 있죠?
	학생들	네.
2	송 교사	m 건설사에서 제안한 8채 18채가 있었는데 이거 말고 다른 안이 있는지 여러분들이 모둠별로 3개 안을 찾아서 할 건데요. 학습지를 먼저 2번 3번 전부 풀고 의견이 공통된 의견이 나오면 모둠 출판 가져 가셔서 계획안 3개를 정리하면 되겠어요. 시간 10분 줄게요.
		(모둠 활동)
	송 교사	계획안 한번 볼래요? 우리 모둠과 비슷한 모둠도 있고 다른 모둠도 있죠. 지금 4개, 각 모둠당 3개씩 냈는데 전부 다 검증 끝난 거죠? 넓이 총합이 전체 넓이가 12000이 되는 거 제가 쭉 모둠 활동 돌아다니면서 봤거든요. 잘 찾았어요. 지금 우리 모둠에는 못 찾은 걸 찾은 모둠도 있고, 찾은 걸 그대로 찾은 모둠도 있는데. 그러면 지금 우리는 미지수가 몇 개인?
	학생들	2개.
	송 교사	2개인 일차방정식을 하고 있네요. 그러면 미지수가 2개인 일차방정식을 우리 어디에다 표시해 봤죠? 지난 시간에?
	학생들	좌표...
	송 교사	수직선으로 안 됐나요?
	학생들	네.
	송 교사	왜 안 됐었죠? 수직선에 표시해봤죠 이상했죠 왜 안 됐죠?
	학생들	겹쳐가지고.
	송 교사	겹쳐가지고 xy 표기가. 그래서 좌표평면에 다 표시해 봤어요. 그러면 이 안을 전부 다 우리 함께 자기 모둠 3개만 점을 찍었으니까 이제 한번 같이 찍어봅시다. (10, 15). (10, 15) 한번 찍어볼까요? 갑니다 (12, 12). (12, 12). ... 계속 갈까요? (14, 9). 나는 우리 모둠 거 3개만 찍었는데 다른 모둠 것도 한번 불러볼게요. 계속. (20, 0)도 찾았네요 (20, 0). 뭐만 20채를 짓는 거죠? 단독주택만. 좋아요. (0, 30). 뭐만 30채 짓는 거죠? 공동주택만 30채. ... 찍어보셨나요? 아 잘 찍으신 분들도 있고 예. ... 그러면 저를 봐주시죠. 4반 여기 중에서 하나 선택해야 될 것 같은데 어떻게 선택하죠? 선택할 수 있을까? 선택이 어렵죠 너무 경우의 수가 많죠.
3	송 교사	결정을 위해서 조건을 하나 더 제시하겠습니다. ... 지금 시에서 제시했네요. 추가 조건 제시했어요. 추가 조건이 뭡니까? 건설된 단독주택 수와 공동주택 수의 합이 몇 채?
	학생들	25채.

	송 교사	이거 수학적으로 표현할 수 있나요?
	학생들	네
	송 교사	네 표현해 보세요.
		…
	송 교사	추가 조건을 수학적으로 표현했어요? 예 어떻게 표현했나요? 같이 갑시다.
	학생들	x 플러스 y는 25
	송 교사	그러면 여기에 또 해법을 찾아봅시다. 여기에 적합한 해를 찾아서 이번에는 이 좌표평면에(투명한 좌표평면 종이를 들며) 표현하겠습니다. 점을 찍어주세요.
		…
	송 교사	예 저를 봐주시죠. 여러분들 $x+y$는 25를 만족하는 점을 어디에다 표현해봤죠?
	학생들	좌표평면
	송 교사	좌표평면에 표현했어요. 했을 때 이것도 여러 가지 계획안이 나왔나요? 1개만 나오던가요 여러 개 나오던가요?
	학생들	여러 개.
	송 교사	이때도 결정을 못해요. 아까도 결정을 못했는데 이제는 결정이 됐나요? 근데 최종은? 최종이 몇으로 결정이 났죠? 여러분들?
	학생들	(10, 15)
	송 교사	(10, 15)? 최종 결정안 (10, 15)? 이 결정이 나올 수 있었던 이유는 뭐죠?
	학생들	그 앞에 한 거랑 지금 주어진 거랑
	송 교사	잠깐 집중합시다. 다 집중합니다. (10, 15)로 나올 수 있었던 이유가 뭐라고요?
	학생들	처음에 한 거랑 두 번째 한 거랑
	송 교사	두 번째 한 거랑
	학생들	겹쳤는데.
	송 교사	겹쳤는데?
	학생들	겹치는 점이 하나만
	송 교사	겹치는 점이 한 개만 나왔어요? 그래서 (10, 15)로 나왔어요?
	학생들	네.
	송 교사	예 이제 단독주택과 공동주택 팀들 싸울 일 없을까요?
	학생들	네.
	송 교사	최종 결정안 나왔어요. 그런데 지금 아이디어를 어떻게 했는가 보기 위해서 한번 좀 정리합시다. 저를 봐주시죠. 4반. 첫 번째 문제상황에서 여러분들 수학적 표현을 했어요? 맞죠?
	학생들	네.
	송 교사	두 번째 문제상황 수학적으로 표현했어요. 맞죠?

	학생들	네.
	송 교사	첫 번째가 뭐가 뭐인? 미지수가 두 개인 일차방정식. 두 번째도?
	학생들	미지수가 2개인 일차방정식
	송 교사	이거 2개를 함께 했더니 최종 결정안이 나왔어요. 그래서 한번 가봅시다. 학습지로 갑니다. 미지수가 2개인 연립 일차방정식 연립방정식이 무엇이었나 미지수가 2개인 일차방정식을 한 쌍으로 묶어놓았어요. 이것을 우린 뭐라고 하나요? 연립방정식. 그러면 그 해는 뭘까요? 그 연립방정식 해는 한번 같이 읽어볼까요? 두 방정식을 동시에 만족하는 값. x y 값을 해라고 한다.
4	송 교사	6번 문제, 학생 4가 읽어주세요.
	학생 4	신도시 건설 최종 계획안의 도출을 위해 활용된 수학적 아이디어는 무엇일까?
	송 교사	뭐가 있었죠? 이거를, 지금 최종안 내는 데 어떤 아이디어가 쓰였을까요?
	학생들	연립방정식
	송 교사	7번 문제를 우리 학생 5가 크게 읽어줄래요?
	학생 5	최종 결정된 단독주택 수와 공동주택 수의 의미는 무엇일까?
	송 교사	네 최종 결정되었던 10채, 15채. 이 수의 의미는 무엇일까요?
	학생들	해.
	송 교사	뭐의 해?
	학생들	연립방정식
	송 교사	연립방정식의 해.
	송 교사	여러분들, 이제 TV 채널로부터 시작했던 의사결정이 있다가, 어른들이 경험하는 갈등 상황에 놓여가지고, 그걸 의사 결정을 어떻게 하느냐를 뭐를 통해서 우리가 해봤죠?
	학생들	연립방정식
	송 교사	연립방정식을 통해 해봤어요. 그래서 의사결정이 완료되었어요. 그래서 연립방정식의 해라는 것은, 두 가지의 의견이 대립되었을 때 하나의 안을 도출하는 데 중요하게 쓰였죠?

부록 4 미지수가 2개인 일차방정식 수업의 지도안

<table>
<tr><td colspan="5">프로젝트명: 여행계획 세우기</td><td colspan="2">기간: 2023.5.8.~5.26</td></tr>
<tr><td>과목: 수학</td><td colspan="4">교사: 000</td><td colspan="2">2학년</td></tr>
<tr><td colspan="7">융합할 수 있는 과목: 국어, 수학, 미술, 진로와 직업</td></tr>
<tr><td>핵심지식과 이해
(교육과정
성취기준)</td><td colspan="6">조사한 내용과 조건을 가지고 미지수가 2개인 일차방정식 문제 만들기, 해결하기
[9수02-11] 미지수가 2개인 연립일차방정식을 풀 수 있고, 이를 활용하여 문제를 해결할 수 있다.</td></tr>
<tr><td rowspan="2">미래역량</td><td colspan="2">비판적 사고력</td><td></td><td colspan="2">협업능력</td><td>0</td></tr>
<tr><td colspan="2">문제해결 능력</td><td>0</td><td colspan="2">의사소통능력</td><td>0</td></tr>
<tr><td>프로젝트
아이디어</td><td colspan="6">수학여행의 오후 프로그램을 학생들이 계획하고 실행한다. 장소, 노선, 시간, 비용 등의 다양한 조건을 속에서 방정식을 만들고 해결한 후 해를 분석해 봄으로써 그 장소가 수학여행의 조건을 만족하는 프로그램이 될 수 있는지 판단하고 여행지도 및 미션지를 만들고 발표한다.</td></tr>
<tr><td>탐구질문</td><td colspan="6">수학여행을 가기 위한 여행 설계시 최적의 경로를 찾아라.</td></tr>
<tr><td>도입활동</td><td colspan="6">다양한 상황을 수학적으로 해결하기 위해 방정식을 어떻게 세워야 할까?</td></tr>
<tr><td rowspan="2">결과물</td><td>개인</td><td colspan="2">학습지</td><td colspan="3">평가할 내용지식과 역량:</td></tr>
<tr><td>모둠</td><td colspan="2">미지수가 2개인 일차방정식 세우기</td><td colspan="3">평가할 내용지식과 역량:</td></tr>
<tr><td>공개할
결과물</td><td colspan="6">학습지, 여행계획서, 여행지도 및 미션지</td></tr>
<tr><td rowspan="3">필요한
자원</td><td colspan="6">현장 관련자 또는 시설: 뮤지컬 담당자, 각 여행지 시설 담당자, 버스임차 담당자, 학교 행정실</td></tr>
<tr><td colspan="6">장비: 태블릿, 도서, 매직, 도화지 등등</td></tr>
<tr><td colspan="6">자료: 여행지 검색자료, 지역여행지 소개자료 등등</td></tr>
<tr><td rowspan="3">성찰방법</td><td colspan="2">배움일지</td><td>0</td><td colspan="2">표집조사</td><td></td></tr>
<tr><td colspan="2">전체토론</td><td>0</td><td colspan="2">어항토론</td><td></td></tr>
<tr><td colspan="2">설문조사</td><td></td><td colspan="2">기타</td><td></td></tr>
<tr><td>메모</td><td colspan="6">〈교과연계 흐름도〉
진로와 직업: 여행과 관련된 직업 소개(직업에서 하는 일)
페들릿을 통한 도입활동 및 진행사항 체크(수시)
반별 여행테마 정하기(4월)
중간고사 후 교과 도서관연계 활동을 통한 테마여행지 분석, 지도 구상(5월)
수학 - 여행계획 세우기(5월)
영어 - 가고싶은 여행지 소개 말하기(5월)
국어 - 가고싶은 여행지 소개글 쓰기(5~6월)
미술 - 여행지도 그리기 및 완성(7월)
기말고사 후 교과시간이용 가이드북 작성하기(7월)
* 각 교과 반별 테마 정한 후 관련 내용과 관련하여 정보제공 및 수업</td></tr>
</table>

<table>
<tr><td></td><td>1차 발표회 및 피드백(7월)
피드백 후 가이드북 및 지도 수정(8월, 교과미션 가이드북 속 포함하기)
체육, 도덕 - 안전교육, 여행규칙정하기(9월)
음악 - 반별, 조별 수학여행 테마송 만들기(9월)
수학여행 가기, 다녀온 후 기행문 쓰기(10월)
최종발표 12월</td></tr>
</table>

수업 지도안

<table>
<tr><td>대상</td><td>2학년 3 반</td><td>지도교사</td><td colspan="2">000</td></tr>
<tr><td>수업교과
및 단원</td><td colspan="2">연립방정식</td><td>일시</td><td>2023. 5 . 15 .(월) 6교시</td></tr>
<tr><td>수업주제</td><td colspan="4">▪ 수학여행 계획세우기</td></tr>
<tr><td>성취기준</td><td colspan="4">▪ [9수02-11] 미지수가 2개인 연립일차방정식을 풀 수 있고, 이를 활용하여 문제를 해결할 수 있다.</td></tr>
<tr><td>차시별
계획
(단원)</td><td colspan="4">1차시: 실생활에서 주어진 상황을 수학적으로 어떻게 해결할까?
2차시: 조건에 맞는 수학여행지 조사하기
3차시: <u>수학여행 계획 세우기</u>
4차시: 미지수가 2개인 연립일차방정식의 해
5차시: 미지수가 2개인 연립일차방정식의 해
6차시: 미지수가 2개인 연립일차방정식의 활용</td></tr>
<tr><td>수업의
흐름</td><td colspan="4">▪ 지난 시간에 조사한 자료를 가지고 테마 정하기
▪ 시간, 예산 등에 따른 미지수 정하고 미지수가 2개인 일차방정식 세우기
▪ 미지수가 2개인 일차방정식 풀기 및 조건에 맞는 최적화된 해 찾기</td></tr>
<tr><td>수업 철학
및
수업 설계</td><td colspan="4">- '수학은 왜 배우나요? 그냥 덧셈, 뺄셈, 곱셈, 나눗셈만 하면 살아가는 데 지장이 없어요' 학생들이 수학을 배울 때 항상 하는 질문이다. 다양한 분야에서 수학이 쓰인다는 것을 학생들에게 느끼게 해주고 싶다. 또, 학생들이 스스로 학습에 참여하여 새로운 경험을 하면서 자신의 변화와 성장을 할 수 있도록 돕는 역할을 하기 위해서 어떻게 수업을 설계하고 실천할 수 있을지에 대해 늘 고민하게 된다.
- 수학 교과에서 중요한 역량은 문제해결력, 추론, 의사소통이다. 단순한 문제를 기계적으로 풀기 보다는 다양한 문제상황 속에서 이를 해결하기 위해 배운 것을 적용하고 응용할 수 있어서야 한다. 그리고 문제상황을 다양한 기호나 언어로 표현하고 다양한 방법으로 해결할 수 있는 역량이 필요하다.
- 연립방정식 단원은 미지수가 2개인 방정식을 세워 이를 만족하는 해를 구하기 위해 방정식을 풀는 방법을 소개하고 제시된 다양한 문제상황에서 미지수가 2개인 연립방정식을 세우고 이의 해를 구한다. 구한 해가 문제상황에 맞는 해인지를 판단하는 연립방정식을 활용하는 단원이다.
- 이번 수업은 3차시로 수학여행 설계라는 실생활 상황을 두고 현실 속 여러 조건등을 조사하고 이를 바탕으로 재미있고 의미있는 수학여행 코스를 짜기 위해 학생들 스스로 미지수를 정하고 이에 대한 정보를 찾고, 미지수가 2개인 일차방정식을 세워 해결하도록 디자인한 수업이다. 실생활 상황을 수학적으로 모델링하는 부분으로 아이들이 찾은 정보 및 방정식 세우기를 이용해 최적화된 코스를 찾아갈 수 있도록 하고 정보의 종류 및 유용성에 따라 다양한 방정식을 세울 수 있고, 다양한 방법으로 문제를 해결할 수 있다는 것을 느낄 수 있도록 수업하고자 한다.</td></tr>
</table>

배움은 묻는 것에서 출발한다17	학번	2학년 ( )반 ( )번 이름 :
	단원	2.연립일차방정식
	학습 주제	미지수가 2개인 일차방정식

〈여행계획 세우기〉

학년 ( )반 ( )모둠

1. 여행 테마:
2. 여행 지역:서울
3. 우리 조가 선택한 여행지(후보)

   주어진 조건:

   1) 성균관대 새천년 홀을 중심으로 점심시간 포함하여 4시간, 체험처 2곳을 갈 계획
   2) 점심 1인당 10,000원, 입장료, 교통비 등의 비용 1인당 22,000원 기준

여행지		관람료	체험시간	여행지 평점		
1						
2						
3						
4						
5						
6						

4. 여행지 사이의 이동방법 구하기

출발지	도착지	이동수단	이동시간	이동요금		

5. 위의 정보를 이용한 미지수가 2개인 일차방정식을 쓰고, 해 찾기 - 현재차시

6. 최적화 경로는? 이유 적기

〈여행 계획서〉

학년 ( )반 ( )모둠

여행 테마			
여행 목적			
여행지 위치		가는 방법	
여행 코스 및 일정			
준비물			
역할 분담			
여행지 관련 정보(역사, 문화, 배경 등 유적지 소개)			
여행지 사진 및 지도			

부록 5 함수의 증가와 감소, 극대와 극소 수업의 지도안

1. 교재 및 단원명
   가. 교과서명: 고등학교 미적분 I
   나. 저자 및 출판사: 이강섭 외(2017), 미래엔
   다. 대단원: Ⅲ. 다항함수의 미분법
   라. 중단원: 2. 도함수의 활용
   마. 소단원: 3. 함수의 증가와 감소, 4. 함수의 극대와 극소

2. 단원 설정의 배경
   - 함수의 그래프의 개형을 해석하고 표현하는 데 중요한 단원
   - 많은 학생이 학습의 어려움을 가지는 단원
   - 적절한 과제 도입을 통해 학습을 어려움을 개선하고자 함

3. 단원 학습의 목표
   - 도함수를 활용하여 함수의 증가와 감소, 극대와 극소를 판정하고 설명할 수 있다.

4. 교수·학습 계획

대단원	중단원	소단원	차시	주요 학습 내용	학습 자료
Ⅲ. 다항함수의 미분법	2. 도함수의 활용	함수의 그래프 해석하기	1	함수의 그래프 해석과 표현	학생 활동지, PPT
		3. 함수의 증가와 감소	1	미분계수를 활용한 함수의 증가, 감소의 판정	학생 활동지, PPT
		4. 함수의 극대와 극소	1	미분계수를 활용한 함수의 극대, 극소의 판정	학생 활동지, PPT

5. 지도상의 유의점
   가. 상대적으로 수학에 대한 흥미가 낮은 학생으로, 교사의 일방적인 수업에는 잘 집중하지 못하므로 학생의 활동 결과물을 중심으로 수업 구성
   나. 탐구기회 제공
   다. 학생들의 반응을 예상하고 적절하게 대처할 수 있는 다양한 지도방법 준비

소단원: 함수의 그래프 해석하기
주요 학습 내용: 함수의 그래프 해석과 표현

과정	학습 내용	교수 · 학습 활동	학습 자료	시간(분)
도입	동기 유발	게임 형태로 진행될 수업 활동 안내		3분
전개	함수의 그래프 해석과 표현	모둠별로 주어진 그래프의 형태를 나타낼 수 있는 다양한 표현 확인 - 모둠별로 제시된 다양한 표현 확인 - 모둠별로 제시된 표현 중 공통된 표현 확인 - 각 표현의 적절성과 중요성, 장·단점 등 확인	조별로 다음의 그래프가 제시된 프린트 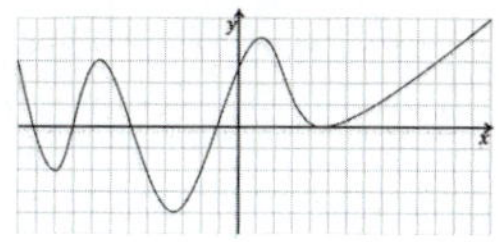	21분
		함수의 그래프 해석과 표현하기 게임 1라운드 - 대표 학생 두 명이 제시된 그래프 해석 및 표현 - 대표 학생의 표현을 듣고 모둠별로 그래프 그리기 - 제시된 그래프와 더 유사하게 그린 모둠이 승리	함수의 그래프가 제시된 활동지1 함수의 그래프를 그릴 수 있는 활동지1	10분
		함수의 그래프 해석과 표현하기 게임 2라운드 - 1라운드와 동일한 방식으로 게임 진행	함수의 그래프가 제시된 활동지2 함수의 그래프를 그릴 수 있는 활동지2	10분
정리	수업내용 정리	수업 중 제시된 그래프 표현을 위한 주요 단어나 문장 점검		4분
	다음 차시 예고			2분

소단원: 함수의 증가와 감소
주요 학습 내용: 미분계수를 활용한 함수의 증가, 감소의 판정

<table>
<tr><th>과정</th><th>학습 내용</th><th>교수 · 학습 활동</th><th>학습 자료</th><th>시간(분)</th></tr>
<tr><td>도입</td><td>이전 차시 점검

선수학습 점검</td><td>함수의 그래프에 대한 표현 점검

미분계수의 의미 확인</td><td>지난 시간 활동지
PPT</td><td>7분</td></tr>
<tr><td rowspan="4">전개</td><td>개념 탐색</td><td>함수의 증가, 감소의 의미 탐색
- 함수 $f(x)$가 어떤 구간에 속하는 임의의 두 실수 x_1, x_2에 대해 $x_1 < x_2$일 때, $f(x_1) < f(x_2)$이라면 함수 $f(x)$는 이 구간에서 증가한다.
- 함수 $f(x)$가 어떤 구간에 속하는 임의의 두 실수 x_1, x_2에 대해 $x_1 < x_2$일 때, $f(x_1) > f(x_2)$이라면 함수 $f(x)$는 이 구간에서 감소한다.
- 지난 시간에 함수의 그래프를 표현했던 주요 단어와 어구를 활용하여 안내</td><td>활동지</td><td>17분</td></tr>
<tr><td>과제 해결</td><td>미분계수와 함수의 극대, 극소 사이의 관계를 이해하기 위한 과제($f'(0)=0$인 함수 가능한 한 많이 찾기) 해결
- 학생의 답 확인 및 학급 내 공유
- 오개념이 반영된 답 공유 및 오개념 개선을 위한 안내</td><td>활동지
태블릿
스크린</td><td>15분</td></tr>
<tr><td>관련 정리 이해</td><td>미분계수의 부호와 함수의 증가, 감소 사이의 관계
- 함수 $f(x)$가 열린 구간 (a, b)에서 미분가능하고, 이 구간에 속하는 임의의 x에 대하여 $f'(x)>0$이면 $f(x)$는 그 구간에서 증가한다.
- 함수 $f(x)$가 열린 구간 (a, b)에서 미분가능하고, 이 구간에 속하는 임의의 x에 대하여 $f'(x)<0$이면 $f(x)$는 그 구간에서 감소한다.</td><td>활동지</td><td>5분</td></tr>
<tr><td>학습 내용 평가</td><td>주어진 구간에서 증가하거나 감소하는 함수 찾기 과제 해결</td><td>평가지</td><td>10분</td></tr>
<tr><td>정리</td><td>수업내용 정리
다음 차시 예고</td><td></td><td></td><td>3분</td></tr>
</table>

소단원: 함수의 극대와 극소
주요 학습 내용: 미분계수를 활용한 함수의 극대, 극소의 판정

과정	학습 내용	교수 · 학습 활동	학습 자료	시간(분)
도입	이전 차시 점검 선수학습 점검	함수의 그래프에 대한 표현 점검 미분계수를 이용한 함수의 증가, 감소 판정	지난 시간 활동지 PPT	7분
전개	개념 탐색	함수의 극대, 극소의 의미 탐색 - $x=a$를 포함하는 어떤 열린 구간에 속하는 모든 x에 대하여 $f(x) \le f(a)$이면 함수 $f(x)$는 $x=a$에서 극대가 된다고 하고, 그때의 함숫값 $f(a)$를 극댓값이라고 한다. - $x=a$를 포함하는 어떤 열린 구간에 속하는 모든 x에 대하여 $f(x) \ge f(a)$이면 함수 $f(x)$는 $x=a$에서 극소가 된다고 하고, 그때의 함숫값 $f(a)$를 극솟값이라고 한다. 극댓값과 극솟값을 통틀어 극값이라고 한다. - 지난 시간에 함수의 그래프를 표현했던 주요 단어와 어구를 활용하여 안내	활동지	17분
	과제 해결	미분계수와 함수의 극대, 극소 사이의 관계를 이해하기 위한 과제($x=0$에서 극값을 갖는 함수 가능한 한 많이 찾기) 해결 - 학생의 답 확인 및 학급 내 공유 - 오개념이 반영된 답 공유 및 오개념 개선을 위한 안내	활동지 태블릿 스크린	15분
	개념 이해	미분계수의 부호와 함수의 극대, 극소 사이의 관계 - 미분 가능한 함수 $f(x)$에 대하여, $y=f(x)$가 $x=a$에서 극댓값을 갖는다. ↔ x의 좌우에서 $y=f'(x)$의 부호가 양수에서 음수로 바뀐다. - 미분 가능한 함수 $f(x)$에 대하여, $y=f(x)$가 $x=a$에서 극솟값을 갖는다. ↔ x의 좌우에서 $y=f'(x)$의 부호가 음수에서 양수로 바뀐다.	활동지	5분
	학습 내용 평가	주어진 구간에서 증가하거나 감소하는 함수 찾기 과제 해결	평가지	10분
정리	수업내용 정리 다음 차시 예고			3분

부록 6 모평균 추정 수업의 활동지

매 시간 생각하고 고민하는 당신은 : 반 번 누구?

단원	Ⅲ. 통계 2. 통계적 추정	학습 목표	1. 모평균을 추정하고, 그 결과를 해석할 수 있다.	학습지 번호	4-5	완성도 확인	

〈활동과제〉

통그라미를 이용하여 고등학교 2학년 확률과 통계 중간고사 점수의 평균을 추정해보자.

1. 크기가 30인 표본에 대한 표본평균과 표본표준편차($n-1$)를 구하시오.

2. 1의 결과를 이용하여 확률과 통계 중간고사 점수의 평균 m에 대한 신뢰도 95%의 신뢰구간을 구하시오. (소수 둘째 자리까지 구하시오.)

3. 각 조에서 구한 신뢰구간 중에서 모평균을 포함하고 있는 신뢰구간의 비율을 구하시오.

*이것만은 꼭 알아두자!!!

모평균에 대한 신뢰도 95%의 신뢰구간이란 표본을 여러 번 임의추출하여 신뢰구간을 구하는 일을 반복할 때, 구한 신뢰구간 중에서 약 95%는 모평균을 포함한다는 뜻이다.

〈생각해 보기〉

1. 표본표준편차를 구할 때, 왜 $n-1$을 선택할까?

2. 신뢰구간 $0 \le m \le 100$은 신뢰도 100%이지만 신뢰구간이 유용하지 못하다. 신뢰구간이 유용하려면 어떻게 해야 할까?

부록 7 모평균 추정 수업의 전사기록

1	권교사	지금 연결 안 된 사람들 빨리 연결해 주시고. 자 그럼 시작해 볼게요. 여러분, 자 집중. 앞에 봅니다. 자 이제 조작 금지. 조작 금지. 이따 합시다. 자 오늘 우리의 목표 중간고사 확통 점수의 평균 추정하기. 자 우리 지금 확통이 248명이 시험을 쳤어요. 그래서 여기 랜덤으로 점수가 나와 있습니다. 얘들의 평균을 정확하게 구하려면 전체 다 더해서 248로 나눠야겠지만, 보통은 표본을 추출해서 평균이 어느 정도인지 예측도 하잖아요, 맞죠? 그래서 오늘은 표본 30개씩 추출해서 그 평균을 가지고 모평균을 한번 추정해 볼게요. 자 그러려면, 30개 데이터를 몇 번을 뽑을지를 정해야 되니까 그걸 지금부터 한번 해볼게요.
		우선은 탭에서 자료창 V1이라고 적혀 있는 바로 밑에 V1 바로 밑에 두 번 클릭해 보세요. 요런 변수 설정 창이 뜰 거에요. 그럼 변수명에 번호라고 씁시다, 번호. 바로 다른 것 건드리지 말고 저장. 자 그다음에 V2, V2에는 똑같이 변수명 점수로 할게요, 점수. 자 그럼 이렇게 변수가 설정이 됐어요. 자 그럼 일단 번호, 표본 추출 먼저 할게. 자 저번 시간에 이지통계에서 해봤는데, 여기서도 가능하, 가능하더라고. 자 왼쪽에 파일, 파일에 랜덤 자료 생성 켜주세요, 랜덤 자료 생성. 요 화면이 떠야 됩니다. 자 여기 무작위 난수라고 되어 있는데, 요 말은 임의추출이라는 말이랑 동일합니다. 임의로 번호를 추출해준다는 뜻이고, 자 우리는 번호 V1, V1 열을 선택해서 횡범위 할게요. 횡범위는 몇 개를 뽑을 건지 쓰면 돼. 1부터 얼마까지? 30까지. 자 내가 갖고 있는 데이터는 1부터 전교생 248. 확인 눌러보세요. 오 변수명 입력 안 했다. 확인. 자 번호가 이렇게 뜰 거에요.
2	학생 1	이거 선택해요? (태블릿 컴퓨터 화면에 있는 내용에 대한 질문)
	권교사	어. 뭘 선택해야 될까요?
	학생 1	평균
	권교사	뭐의 평균을 내죠?
	학생 1	변수?
	권교사	그렇지
3	권교사	이 평균이 모평균일까? 표본평균일까요?
	학생 2	모평균
	권교사	모평균? 그럼 표본평균은 어떻게 구할까요?
	학생 3	아! 똑같잖아!

학생 4	선생님 이거 V2번 하는 거 맞죠?
권교사	V2? V2가 뭐였죠?
학생 2	점수
학생 3	V2가 점수
권교사	너희가 뭐의 평균을 내고 있어요?
학생들	(웃으며) 점수
권교사	(같이 웃으며) 그럼 점수겠죠?
학생 2	네 맞아요.
학생 3	맞아요
권교사	(팔을 잡으며) 어색하게 하지 말고.
학생 2	네 맞아요. 왜냐하면, 표본평균이랑 이 모평균이랑 같잖아요.
권교사	아~ 표본평균이랑 모평균이 같기 때문에? 이게 모평균인데 얘랑 똑같다.
학생 5	네. 아닌가요?
권교사	여기 얼굴 가리고 있으니까 그냥 일단 들어봐요.
권교사	아 아닙니까? 꼭 표본, 표본 뽑은 평균하고 전체의 평균하고 똑같나요? 너희가 표본을 뽑은 30개 평균하고, 모평균이 똑같나요?
학생 2	아니요?
학생 3	아니, 달라요.
권교사	달라요. 그럼 같아요 달라요?
학생 2	아 달라요 달라요
학생 2	아, 잠깐만요. 질문을 다시 해 주세요
학생 3	아!
권교사	같아요.
학생 3	30분의 이거.
권교사	30분, 에? 갑자기 (웃으며) 뭐라고 하는거야. (학생들 같이 웃음) 못 따라갔어, 너의 질문을. 자 여기에 적힌 평균이라는 말이 뭐를 뜻하는지 찾고 있잖아요.
학생 5	네.
학생 2	뽑은 애들의 평균

	학생 5	30개 뽑았으니까 뽑은 애들의 평균
	권교사	그럼 걔는 표본평균일까요, 모평균일까요?
	학생 3	표본평균
	권교사	왜요?
	학생 2	뽑았잖아요.
	권교사	뽑았잖아요. 뽑은 애들의
	학생 2	30명 뽑은 애들의 평균이니까 이게 표본평균이에요
4	권교사	자. 여기서 연이어서 해볼게요. 얘들아 자 이제 집중. 1번 보세요. 여러분, 금방 우리가 표본을 추출했어요. 근데 어떤 모둠에서 번호 같은 게 여러 번 뽑힌 모둠이 있었어. 손 한번 들어 볼까요?
	학생들	(해당되는 조의 학생들이 거수)
	권교사	번호 똑같은 거 뽑힌 조? 어 이게 가능할까요?
	학생들	네.
	권교사	왜요?
	학생들	랜덤추출이니까/복원추출이니까
	권교사	와~ 진짜 소름이다. (칠판에 적으며) 자 박수 쳐 줘요.
	학생들	(학생들 박수)
	권교사	자 30개를 무작위로 뽑는데 임의추출은 기본적으로 복원추출을 기본으로 하고 있어요. 그 말은 뭐냐면, 첫 번째 번호 뽑아서 100번이 나왔다. 다시 그 번호 넣고 그 다음 번호를 또 뽑는 거예요. 그럼 똑같은 번호가 다시 나올 수 있겠죠? 맞아? 그래서 그런 모둠이 몇 모둠이 있었어요. 이상한 게 아니고 복원추출이라서 그런 거고. 어제 했듯이 요거 가지고 표본평균하고, 표본표준편차 구했죠? 자 여기서 또 질문이 나온 게 거기 여러분들이 딱 계산하면 표본평균이라고 안 적혀 있고 그냥 평균이라고 적혀 있잖아요. 그 값이 표본평균인 것 맞나요?
	학생들	네.
	권교사	아닌가요?
	학생들	맞아요.
	권교사	왜요?
	학생들	표본을 뽑았으니까.
	권교사	표본 30개 뽑아서 평균 계산한 거니까.
	학생들	네.

	권교사	오케이. 걔 입장에서는 그냥 걔의 평균을 낸 거잖아요? 걔가 표본평균 맞죠? 그 다음에 표본표준편차 구할 때 쌤이 어제 옵션에 선택을 하라고 했는데. 기억나요?
	학생들	n-1
	권교사	n-1 옵션 선택했나요?
	학생들	네.
	권교사	오 똑똑한데. 자 선생님 화면에서 보면 그냥 하면 n 밖에 안 나오고 옵션에서 n-1 클릭해야지 요렇게 n-1 값이 나오죠?
	학생들	네.
	권교사	이거는 왜 n-1 표준편차를 쓴다 했죠?
	학생들	너무 값이 작게 나와서
	권교사	너무 값이 작게 나와서 뭐랑 비슷하게 만들려고?
	학생들	그걸 뽑은 거랑
	권교사	그 그게 뭐지?
	학생들	모표준편차
	권교사	모표준편차. 그렇죠. 자 우리가 지금 구하고 싶은 게 신뢰구간이죠? 신뢰구간 공식 2번에 좀 써봅시다. (칠판에 적으며) 2번에 신뢰구간 공식 95프로로 오늘 추정합니다. x 바 마이너스 1.96 곱하기 루트n의 시그마. 플러스 1.96 곱하기 루트n분의 시그마. 자 여기에 있는 시그마는 무슨 표준편차에요?
	학생들	모표준편차
	권교사	모표준편차. 근데 우리가 통계를 낼 때에는 모표준편차를 쉽게 알 수 없어서 대신 표본표준편차를 쓸 건데, 그냥 n으로 나눠서 계산된 표본표준편차를 쓰면 시그마 값과 차이가 너무 많이 나서 n-1로 나눠서 그 표준편차를 조금 키운다고 했어요. 그래서 그 값을 요 자리에 대입한다고 했죠, 맞아요?
	학생들	네.
	권교사	자 그러면 지금부터 여러분들이 각각 구한 평균 요 자리 대입하고, n은 30을 대입하고 해서 직접 계산을 할 거에요.
5	권교사	자 우리 해석 한번 해볼게요. 앞에 친구들이 구한 신뢰도를 쫙 보세요. 완벽히 똑같은 게 있나요?
	학생들	아니요./전혀요.
	권교사	없죠? 우리가 표본을 무작위로 랜덤으로 추출했기 때문에 구간도 다 다르게 나오는데 그럼 이 구간이 겹치는 부분에 뭔가 모평균이 있을 거 같아요. 몇 점 정도 예상이 가능할까요? 몇 점 대?

학생들	40점
권교사	일단 40 몇 점일 것 같긴 하죠?
학생들	네.
권교사	자 모평균 공개할게요. (칠판에 모평균의 위치를 그린다.)
학생들	(학생들이 놀라며) 헉/오/오와/대박이다. (박수를 치고 웅성웅성하면서 감탄한다.)
권교사	자 42 자 우리 신뢰구간 몇 개 구했는지 생각해 보자. 하나 둘 셋 넷 다 여 일곱 여덟 아홉 열. 열 개 구했네요. 열 개 중에 42를 포함하는 거?
학생들	2개/들어가는거요?
권교사	들어가는 거 들어가는 거요.
학생들	여덟 개요. 여덟 개./ (학생들이 함께 세며) 하나 둘 셋 넷 다섯 여섯
권교사	이건 안들어가죠? (일곱 여덟) 이것도 안 들어가죠?
학생들	여덟 개
권교사	그럼 비율 십분의?
학생들	팔
권교사	그럼 확률을 퍼센트로 하면?
학생들	80퍼센트
권교사	자 우리 지금 신뢰도 몇 프로로 추정했어요?
학생들	95프로요.
권교사	근데 왜 여기 80프로가 나왔을까요?
학생들	그니까요!/오차범위?
권교사	자 95프로라는 뜻은 100개를 제가 다 구해봤을 때 95개 정도는 평균을 포함하고 있다는 뜻이에요. 근데 우리 몇 번밖에 안 해봤어요?
학생들	10번
권교사	10번밖에 안 해봤어. 10번 밖에 안해봤기 때문에 이렇게 나올 수 있어요. 사실 지금 샘이 오전에 다른 6반, 7반에서 10개씩 했거든 비율이 몇 프로 나왔을까요?
학생들	60프로/50프로
권교사	(칠판에 10개 10개를 적음)
학생들	에? 왜?

	권교사	6반도 다 포함하고 있었고, 7반도 다 포함하고 있었고, 우리반에서 두 개가 나왔어요. 너무 행복해.
	학생들	에?
	권교사	이게 나왔으면 좋겠어요. 그럼 종합해서 30개잖아요. 그럼 30분의 얼마인가요?
	학생들	28
	권교사	곱하기 100하면 몇 프로 정도 될까요?
	학생들	0.3
	권교사	자 계산기 꺼내서 빨리 계산해 보세요. 아하 아하 계산이 안 되네.
	학생들	93 쩜 ...
	권교사	93 쩜 뭐시기?
	학생들	93 쩜.. / 점점 가까워지네.
	권교사	네, 그렇죠. 제가 열 개만 뽑아서 했을 때랑 서른 개 데이터 뽑아서 했을 때랑 점점 95에 가까워지고 있죠?
	학생들	네.
	권교사	그럼 진짜 100개를 해보면 95개 정도 다 포함되겠죠? 근데 우리반에서 두 개나 포함 안 되는 게 나왔네요, 맞죠? 그래서 신뢰도 95프로라는 건 100개를 뽑았을 때 95개 정도기 때문에 10개만 뽑았을 때는 10개 다 포함될 수도 있고 8개만 포함될 수도 있어요. 오케이? 와 나 너무 행복해.
6	권교사	그렇죠. 모표준편차와 비슷하게 만들기 위해서. 자 그 다음에 2번은 우리 저번에 한번 샘이랑 같이 했는데 만약에 제가 확통점수에 모평균을 0점에서 100점 사이에 있을 것이라고 예상하면 100프로 신뢰할 수는 있지만 쓸모가 있다 없다?
	학생들	없어요.
	권교사	없어요. 당연히 0점부터 100점 사이에 있겠죠. 자 그럼 우리가 신뢰도 자체는 95프로로 유지하고 유지하면서 이 신뢰구간이 긴 것보다는 짧은게 더 유용하겠죠? 예상하기가. 우리가 신뢰구간 자체의 길이를 줄이려면 어떻게 해야 할까요?
	학생들	표준편차
	권교사	표준편차. 요 표준편차 어떻게 하면 좋을까요?
	학생들	작게.
	권교사	얘를 작게. 얘를 작게 어떻게?
	학생들	n-1
	권교사	n-1은 왜 썼죠?

학생들	키울려고.
권교사	시그마랑 차이를 줄일려고. 원래 우리가 점수를 그냥 확통을 다 쳤어요. 걔네들의 표준편차를 우리가 건드릴 수 있을까요?
학생들	없어요.
권교사	없어요. 그럼 얘 못 건드리겠네요?
학생들	n을 줄여요.
권교사	뭐를 변화시킬 수 있을까요?
학생들	n을 키워야 돼요.
권교사	n을 변화시킬 수 있겠네요. 우리 신뢰구간 미리 저번 시간에 배웠죠? 공식 기억나요?
학생들	2k 곱하기 1.96 시그마
권교사	얘는 변화시키기 어려울 것 같고 그러면 n을 어떻게 해야될까요?
학생들	키워요.
권교사	키워야죠. 이 전체 길이가 줄어들어서 모평균을 더 가까이 추정할 수 있겠죠? 자 그럼 우리가 30개 뽑았는데 30개보다 더 정확하게 신뢰구간을 쓸려면 더 많이 뽑으면 더 좋겠다, 그죠?
학생들	네.
권교사	그래서 신뢰구간이 유용하려면 n을 크게 하면 되겠네요. N을 크게 할수록 신뢰구간 길이가 짧아져 유용해진다. 나머지 조건이 딱 동일하다면 n을 크게 해야지 신뢰구간 크기를 짧게 줄일 수 있구나. 근데 그렇다 해서 n을 전교생 숫자만큼 뽑아버리면 너무 힘들겠죠?

찾아보기

중등 수학 수업 이야기

설계, 다큐, 톺아보기의 삼중주

지은이 이경화·김동원·김 연·문성재
노정원·박진형·정혜윤·구나영
펴낸이 조경희
펴낸곳 경문사
펴낸날 2025년 2월 24일 1판 1쇄
등 록 1979년 11월 9일 제1979-000023호
주 소 04057, 서울특별시 마포구 와우산로 174
전 화 (02)332-2004 팩스 (02)336-5193
이메일 kyungmoon@kyungmoon.com

값 27,000원

ISBN 979-11-6073-752-3